权威·前沿·原创

皮书系列为
"十二五""十三五""十四五"时期国家重点出版物出版专项规划项目

BLUE BOOK

智库成果出版与传播平台

交通运输法治蓝皮书

BLUE BOOK OF TRANSPORTATION RULE OF LAW

中国交通运输法治发展报告
（2024）

ANNUAL REPORT ON TRANSPORTATION RULE OF
LAW DEVELOPMENT IN CHINA（2024）

可持续交通创新中心／编

社会科学文献出版社
SOCIAL SCIENCES ACADEMIC PRESS（CHINA）

图书在版编目（CIP）数据

中国交通运输法治发展报告 . 2024 ／ 可持续交通创
新中心编 . --北京：社会科学文献出版社，2025.5.
（交通运输法治蓝皮书）. --ISBN 978-7-5228-5213-3

Ⅰ . D922. 144

中国国家版本馆 CIP 数据核字第 2025JQ0295 号

交通运输法治蓝皮书

中国交通运输法治发展报告（2024）

编　　者／可持续交通创新中心

出 版 人／冀祥德
责任编辑／刘　芳　李天君
责任印制／岳　阳

出　　版／社会科学文献出版社·法治分社（010）59367161
　　　　　地址：北京市北三环中路甲 29 号院华龙大厦　邮编：100029
　　　　　网址：www.ssap.com.cn
发　　行／社会科学文献出版社（010）59367028
印　　装／三河市东方印刷有限公司

规　　格／开　本：787mm×1092mm　1/16
　　　　　印　张：22.5　字　数：337 千字
版　　次／2025 年 5 月第 1 版　2025 年 5 月第 1 次印刷
书　　号／ISBN 978-7-5228-5213-3
定　　价／138.00 元

读者服务电话：4008918866

《中国交通运输法治发展报告（2024）》
编　委　会

主要编撰者简介

编委会主任

张瑞萍 北京交通大学法学院教授、博士生导师，英国阿伯丁大学访问学者。北京市交通运输法学会会长，北京市科技法学会副会长，中国法学会经济法学研究会常务理事，中国法学会国际经济法学研究会常务理事，中国国际经济贸易仲裁委员会、北京仲裁委员会等仲裁机构仲裁员。主持国家社科基金项目、教育部人文社科项目、司法部国家法治与法学理论研究项目及北京市社科基金项目等多项课题。

编委会副主任

王俣璇 北京交通大学法学院副教授、硕士生导师，美国加州大学伯克利分校访问学者。入选北京市法学会"百名法学青年英才"、北京交通大学"青年英才培育计划"。主持国家社科基金项目、北京市社科基金项目等多项课题，在《中外法学》、*Hong Kong Law Journal* 等中外核心期刊上发表论文多篇，出版专著1部。

袁 琳 北京交通大学法学院副教授、硕士生导师，美国康奈尔大学访问学者。入选北京市法学会"百名法学青年英才"、北京交通大学"青年英才培育计划"。主持国家社科基金项目、北京市社科基金项目等多项课题，在《中外法学》《法学家》《现代法学》《法学》《当代法学》等刊物上发表论文多篇。

摘　要

　　蓝皮书对中国交通运输法治发展情况进行全面梳理与分析，涵盖中国铁路、公路、水路、航空、物流等领域的法治建设细节，系统呈现了中国交通运输法治领域的发展态势和挑战，并就相关问题提出针对性策略和建议。交通运输作为国民经济中基础性、先导性、战略性产业，"十四五"时期，面临的形势更加复杂多变。铁路交通运输法治存在特色立法相对滞后、市场化机制不健全、执法标准不统一、应急处突能力欠缺等问题，对此应推进立法特色化、深化政企合作制度、促进执法标准统一协调、提升应急处突等综合能力。公路交通运输法治存在立法结构有待提升、执法方式不合理、执法安全培训欠缺等问题，对此应加大立法改革、推进智能监管、健全执法相对人保护、提升执法人员素养。水路交通运输法治存在立法不足、执法智能化水平有待提高等问题，应加强顶层立法设计填补空白、发挥指导性案例作用、完善执法机制。海上运输法治存在立法框架不合理、海洋环境公益诉讼标准不明晰、执法权责不明等问题，应积极推进国际合作并参与国际立法、强化海事司法专业化建设、明确海事执法职责。航空交通运输法治在立法上围绕《"十四五"民航立法专项规划（2021—2025 年）》稳步推进，但执法服务质量有待提升，应加强重点领域法规建设，坚守执法安全底线，提升监管效能。现代物流交通运输法治存在立法层级较低、立法体系不健全、执法权责模糊等问题，应完善相关立法、推动能动司法改革、加强监管部门执法协同合作，提高国际规则融合度。

　　本年度蓝皮书还就中国区域交通一体化、多式联运、空间领域交通运

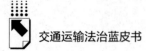

输、网约车平台法治发展进行专题梳理。区域交通一体化发展中面临着配套
法制不完善、管理机构缺失、财政协同难、内外部衔接不畅、社会开放程度
不足等问题，对此应制定高效力位阶的法律法规、协调行政管理、平衡财政
投入与回报、优化交通布局、推进政府与市场合作；多式联运法治发展方面
存在单据概念模糊、凭证功能缺乏法定性、经营者赔偿责任认定不清等问
题，应建立统一规则、明确多式联运经营人赔偿责任适用法律、加强与国际
的接轨。空间交通运输法治发展存在相关规则不足、国际法规范欠缺、争端
解决机制效率较低等问题，需加快航天立法，完善国内法律机制并积极参与
国际规则制定，以保障空间资产安全。网约车平台法治发展存在法律地位不
明确、平台责任界定不清等难题，需加强立法、明确各方权利义务、强化监
管，以实现行业规范发展。

关键词： 交通运输法治 交通强国 交通运输立法 交通运输执法
交通运输司法

目 录 ⤵

Ⅰ 总报告

Ⅱ 分报告

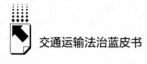

Ⅲ　专题报告

皮书数据库阅读**使用指南**

总 报 告

B.1
交通运输法治建设综合报告
（2022~2024）

张瑞萍 尹 婷*

摘 要： 2024年是我国实现"十四五"规划目标任务的关键一年，中国交通运输法治建设以习近平法治思想为根本遵循，深入贯彻落实党的二十大和党的二十届二中、三中全会精神，紧紧围绕建设交通强国目标，加快健全综合交通法规体系，持续推进整体统筹规划，加速重点领域立法，为交通强国建设提供坚实的法治基础；全面推进交通运输法治政府部门建设，促进行业治理体系和治理能力现代化。这一时期，涵盖铁路、公路、水路、民航、邮政等领域的交通运输法治建设不断深化，为交通运输行业的稳定发展提供了有力保障。未来，中国交通运输法治领域应立足新发展阶段、贯彻新发展理念、构建新发展格局，全面提升交通运输现代化治理水平和治理能力，服务交通强国战略目标。

---

* 张瑞萍，北京交通大学法学院教授、博士生导师，北京市交通运输法学研究会会长，主要研究方向为国际经济法学、经济法学、交通运输法学等；尹婷，北京交通大学法学院助理教授，研究方向为宪法与行政法学。北京交通大学法学院硕士研究生雷蕾、余晓蝶、肖雪对本文的写作提供了资料检索、文献整理、初稿撰写等方面的支持，特此感谢。

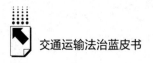
关键词： 交通运输法治　交通强国　全面依法治国

　　交通运输是国民经济中具有基础性、先导性与战略性的产业，是重要的服务性行业，是现代化经济体系的重要组成部分，是构建新发展格局的重要支撑和服务人民美好生活、促进共同富裕的坚实保障。"十四五"时期，我国综合交通运输发展面临的形势复杂多变。为了更好地实现交通运输与经济社会发展深度融合，促进交通运输产业的全方位转型，实现高质量发展，2022年1月18日《国务院关于印发〈"十四五"现代综合交通运输体系发展规划〉的通知》，要求各省、自治区、直辖市人民政府，国务院各部委、各直属机构认真贯彻执行《"十四五"现代综合交通运输体系发展规划》（以下简称《发展规划》）。该规划确定交通运输产业的近期发展目标为"到2025年，综合交通运输基本实现一体化融合发展，智能化、绿色化取得实质性突破，综合能力、服务品质、运行效率和整体效益显著提升，交通运输发展向世界一流水平迈进"。

　　在实现这一目标的进程中，在习近平新时代中国特色社会主义思想的引领下，我国交通运输法治领域全面贯彻党的二十大精神和党的二十届二中、三中全会精神，深入学习落实习近平法治思想，持续推进交通法治建设，加快健全综合交通法规体系，为加快建设交通强国、在中国式现代化道路上发挥开路先锋作用提供有力的法治保障。

　　综合交通运输领域主要包括铁路运输、公路运输、水路运输、航空运输、外太空以及物流运输等领域。本报告将对这些领域在2022~2024年的法治建设进行综述。

一　持续推进立法工作，不断完善法律法规体系

（一）法律法规制定和修改情况

　　2022年国务院发布的《发展规划》明确指出，要加快构建适应现代综

合交通运输体系的法律法规和标准体系，研究制修订公路、铁路、民用航空以及综合交通有关法律法规，促进各项制度有效衔接。此外，2021年国务院发布的《国家综合立体交通网规划纲要》强调加强交通运输法治建设，推动综合交通等重点立法项目制修订进程，促进不同运输方式法律制度的有效衔接，完善综合交通法规体系。

交通运输部办公厅于2021年10月28日发布的《交通运输"十四五"立法规划》（交办法〔2021〕69号）明确，"十四五"期间交通运输领域整体立法工作安排要聚焦行业改革和发展的实践需求，加快相关法律和配套法规的立法进程，"十四五"期间要完成《民用航空器事故调查条例》起草工作，形成草案送审稿报送国务院。加强重点立法领域的立法研究储备，涉及的领域包括跨运输方式、安全应急保障、交通运输市场监管、绿色交通发展以及智慧交通创新发展等。

国务院办公厅《关于印发国务院2023年度立法工作计划的通知》（国办发〔2023〕18号）和交通运输部办公厅《2023年交通运输法制工作要点》（交办法函〔2023〕123号）针对法治建设重点工作作出部署，要求加强重点领域立法，更好发挥法治固根本、稳预期、利长远的保障功能。交通运输部2023年和2024年立法工作计划围绕党中央、国务院重大决策部署，聚焦交通运输中心工作，加强重点领域、新兴领域、涉外领域立法，积极回应行业发展需求，加快填补立法空白区。

根据交通运输部2024年立法工作计划，我国将加快推进共计15部法律、行政法规的制订和修改。一是构建现代综合交通运输体系，加快建设交通强国，加快推进交通运输法、国防交通法、铁路法、民用航空法、邮政法等法律的制修订。二是深化重点领域改革，推动交通运输高质量发展，加快推进收费公路管理条例、农村公路条例、城市公共交通条例等条例的制修订。三是提升安全应急保障水平，牢牢守住安全生产底线，加快推进内河交通安全管理条例、船舶载运危险货物安全监督管理规定、铁路建设工程安全生产监督管理办法等的制修订。四是推进行业治理现代化，维护交通运输市场秩序，加快推进国际海运条例、内地与港澳间水路运输管理规定、邮票发行监督管理办法等的制修订。五是推进交通运输新老业态融合发展，保障从业人员合法权益，加快推进道路运输条例修订，研究推进船员条例、海事劳工条件检查办法等的制修订。六是加强生态环境保护与涉外法治建设，推进绿色低碳转型、扩大对外开放，加快推进海商法、港口和船舶岸电管理办法、船舶及其有关作业活动污染海洋环境防治管理规定等的修订。其中，《城市公共交通条例》已经于2024年8月19日国务院第39次常务会议通过，自2024年12月1日起施行。《城市公共交通条例》旨在促进城市公共交通健康发展，满足公众基本出行需要，保障城市公共交通安全运营，落实优先发展战略；明确政府在城市公共交通规划建设、运营管理、票价制定、财政补贴等方面的责任；明确运营企业和社会公众的安全责任和义务。

2023~2024年，国家层面制定或修订的与交通运输紧密相关的行政法规有7部（7部行政法规的具体情况见表1）、部门规章有72部。① 围绕交通运输体制改革中的重点工作与关键环节，相关部门按照立法权限完成综合交通领域法律法规、部门规章的制修订工作，不断完善标准规范体系，以落实"十四五"现代综合交通运输体系发展规划，构建适应现代综合交通运输体系的交通法规体系。交通运输部政府公开信息显示，2022年12月至2023年12月交通运输部共新增部门规章21部，2023年12月至2024年12月，交通运输部共新增部门规章15部。②

表1 2023~2024年交通运输相关行政法规制定与修订情况

序号	行政法规	时间	性质
1	《中华人民共和国国际海运条例》	2023-7-20公布/2023-7-20施行	修订
2	《中华人民共和国船员条例》	2023-7-20公布/2023-7-20施行	修订
3	《国内水路运输管理条例》	2023-7-20公布/2023-7-20施行	修订
4	《中华人民共和国道路运输条例》	2023-7-20公布/2023-7-20施行	修订

① 数据来源于国家法律法规数据库网，https://flk.npc.gov.cn/index.html，最后访问日期：2024年11月16日。
② 数据来源于交通运输部网，https://www.mot.gov.cn/，最后访问日期：2024年11月16日。

序号	行政法规	时间	性质
5	《无人驾驶航空器飞行管理暂行条例》	2023-5-31 公布/2024-1-1 施行	制定
6	《国际邮轮在中华人民共和国港口靠港补给的规定》	2024-4-22 公布/2024-6-1 施行	制定
7	《城市公共交通条例》	2024-10-17 公布/2024-12-1 施行	制定

2023 年，跨运输方式、铁路、公路、水路、民航、邮政等各领域"龙头法"和重点配套行政法规制修订工作稳步推进，建立了覆盖交通运输各领域的法规体系主体框架，基本上形成了系统完备、架构科学、布局合理、分工明确、相互衔接的综合交通法规体系。与此同时，针对交通运输新领域新问题，不断提出解决方案。"十四五"时期处于"两个一百年"奋斗目标的历史交汇点，迈入高质量发展新阶段以来，人、车、路等道路交通与协同建设要求仍将持续快速增长。针对道路交通相关行业企业安全主体责任落实不到位，农村交通安全问题凸显，货车、低速电动车等违法违规生产改装，道路通行条件总体不平衡等现象，党中央、国务院作出一系列重大决策部署，健全完善安全生产责任制体系，全面推进道路交通安全工作，[①] 推进道路交通安全法律法规体系的进一步完善。

2024 年度全国在交通运输领域，共发布地方性法规 82 部，自治条例和单行条例 2 部，其他规范性文件 4000 余部。[②] 全国 31 个省（自治区、直辖市）于 2024 年发布以及 2023 年公布于 2024 年生效的地方政府规章有 40 余部。[③] 规章内容涉及铁路沿线安全管理；机动车、城市公共汽车、出租汽车、电动自行车、轨道交通、海上旅游运动船艇等的管理；农用

---

① 参见《国务院安委会办公室关于印发〈"十四五"全国道路交通安全规划〉的通知》，安委办〔2022〕8 号。

② 数据来源于"北大法宝"，https：//www.pkulaw.com/law？way＝topGuid，最后访问日期：2025 年 2 月 14 日。

③ 数据来源于"国家规章库"，https：//www.gov.cn/zhengce/xxgk/gjgzk/index.htm？searchWord＝，最后访问日期：2025 年 2 月 16 日。

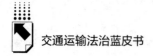

机械安全监督；测绘航空摄影管理；公路运输超限超载管理；航空口岸、船舶货运等方面。

（二）法律制度的持续建设问题

经过持续不断的努力，我国在现代综合交通运输法律体系的建设上成效显著，形成了跨运输方式、铁路运输、公路运输、水路运输、民航运输、邮政等六个系统构成的综合交通法规体系框架，形成了比较完整的法律系统。但是，在一些方面，综合交通运输法规尚存空白，立法工作尚无法做到及时精准回应行业发展需求。交通运输部要求，到2035年，我国基本形成系统完备、架构科学、布局合理、分工明确、相互衔接的综合交通法规体系，到本世纪中叶，全面建成与交通强国相适应的综合交通法规体系。① 要实现这一目标，还需要作出较大的努力。

长期以来我国主要依据部门规章、地方性法规、地方政府规章以及地方规范性文件对交通运输产业进行管理，对于建立统一、开放、有序的现代综合交通运输体系，解决我国综合交通运输发展不平衡、不充分问题，强化地区之间的衔接融合，因地制宜完善区域城乡综合交通网络起到了重要作用。但也存在法律层级不高、效力有限等问题。同时，在交通运输的各领域也存在一些需要解决的问题。

铁路运输领域的立法问题。虽然我国在高铁领域的发展具有世界领先水平，但是针对高铁产业上下游产业链以及专门的安全规范供给不足，相关规定零散分布于《中华人民共和国铁路法》中，立法相对滞后。我国幅员辽阔，经度纬度跨度大，各地地域性明显，但地方性法规特色不明显，难以调整具有地域性特点的交通运输问题。我国铁路里程不断增长，但针对铁路沿线安全的立法规则还存在欠缺，相应的警示规定不全面。我国已实行铁路政企分离改革，但是现有《中华人民共和国铁路法》中关于主管部门与铁路企业的职能规定仍较模糊。虽然目前我国与"丝

---

① 参见《交通运输部关于完善综合交通法规体系的意见》，交法发〔2020〕109号。

绸之路经济带"的共建国家签署了《关于深化中欧班列合作协议》，但是缺乏统一的国际铁路运输法律体系。在铁路运输领域我国已经处于世界领先地位，如何通过完善的立法持续保持这一地位，保障改革的进一步深化，成为今后立法工作的重心。

公路运输领域的立法问题。公路交通运输领域"一法两条例"（《中华人民共和国公路法》《收费公路管理条例》《农村公路条例》）的制修订尚未取得突破。作为重点领域重大立法项目，力争在2025年取得突破性进展。公路收费制度与养护体制改革是公路交通运输领域深化改革的两大部分，修订《中华人民共和国公路法》《收费公路管理条例》及制定《农村公路条例》，能够为实现公路建设向公路养护的过渡提供法律支持。但科学、合理和可持续的公路收费制度以及公路养护体制建设需要更为详细的规则。

民航运输领域的立法问题。预计到2025年，我国将实现从单一航空运输强国向多领域民航强国跨越的战略目标。完备的民航法规体系是推进民航法治政府建设和行业发展的基础性制度保障。我国已批准了《国际民用航空公约》《蒙特利尔公约》等多部重要的国际民航公约，未来需要将公约内容在《中华人民共和国民用航空法》中予以转化。同时，还需要修订有关航空安全、事故调查、运输责任、应急管理、数据监控管理等方面的相关规则，对于新兴的无人机新业态制度建设以及通航发展环境等引领高质量发展方面的项目作出针对性和前瞻性回应。

航空航天领域的立法问题。作为航天强国，我国尚未颁布直接相关的法律规范。[①] 为维护我国空间交通运输安全提供制度保障，也为履行相关国际义务提供法律支撑，我国亟须制定航空航天基本法，制定空间交通协调、避碰、应急管理等相关的技术标准和相关政策。

水上运输领域的立法问题。水路运输至今仍是我国及世界许多国家最重要的运输方式之一。2021年以来，我国对国内水上运输相关法律法规进

---

① 参见蒋圣力、王天翼《小卫星星座空间交通管理国际法律机制构建刍议》，《空间碎片研究》2021年第1期。

行了修订，主要包括《中华人民共和国海上交通安全法》《中华人民共和
国内河海事行政处罚规定》《国内水路运输管理条例》《中华人民共和国水
上水下作业和活动通航安全管理规定》等。由于《国内水路货物运输规
则》被废止，缺少内河航运以及货物运输合同的具体法律适用的针对性规
则，针对自贸试验区内河航运改革等新兴业务也存在法律保障不足等问题
需要解决。①《中华人民共和国海商法》作为第一部调整海上运输关系和船
舶关系的法律，为我国开展海商海事活动和国际航海贸易活动提供了法律依
据，2024年11月4日海商法修订草案提请十四届全国人大常委会初次审
议。修订草案对现行海商法作了较为全面的修改，完善了涉外关系法律适用
有关规则。此外，《中华人民共和国港口法》的修订主要围绕回应聚焦新形
势下世界一流港口建设及安全管理等要求展开。

多式联运领域立法问题。多式联运具有降本增效、整合运输资源、环保
节能、促进碳中和、拉动经济增长等优势，因而成为国际社会认可的重要运
输方式。推进"一单制""一箱制"是加速多式联运在中国发展的关键，是
未来完善相关法律制度的构建的着力点。"多式联运单证"在我国法律上尚
未形成明确的定义与概念，其凭证功能缺乏法定性。为解决多式联运不同运
输区段中需要反复填报单证的问题，我国倡导并推行"一单制"，并逐渐完
善相应法律规则。我国尚未制定有关多式联运的专门法律，相关的规定散见
于《中华人民共和国民法典》和《中华人民共和国海商法》中。实践中产
生的多式联运合同纠纷主要集中于经营人赔偿责任的认定和承担问题，但针
对该问题，我国尚不存在统一的法律适用标准，需要出台相应的规则。多式
联运纠纷多数情况下会涉及其他国家，但有关国际货物多式联运的唯一一个
国际公约《联合国国际货物多式联运公约》至今仍未生效，我国在多式联
运领域的立法和司法实践与其他国家之间仍存在较大区别，为了实现建设交
通强国的目标，有必要进一步完善国内相关立法，并积极参与相关国际规则

---

① 参见吴煦《〈海商法〉修改背景下的国内水路货物运输之立法模式选择》，《中国海商法研
究》2019年第1期。

的制定，提供中国解决方案。

物流领域的立法问题。2022年12月15日国务院办公厅印发的《"十四五"现代物流发展规划》是我国现代物流领域第一份国家级五年规划，对于加快构建现代物流体系、促进经济高质量发展具有重要意义。物流业在促进产业结构调整、转变经济发展方式等方面有着重要作用。我国物流业虽然发展迅速，但起步较晚，尚未制定全国层面的物流法，也没有形成行政监管的统一标准，需要加快物流业的相关立法和法规建设。

二　直面交通领域新问题，引领交通运输法治建设实践

近年来，随着中国经济现代化进程的加快，交通领域面临诸多新兴问题，包括智慧交通、绿色低碳交通以及共享经济等新兴业态的崛起，这些都对现有的交通运输法治体系提出了新的要求。

（一）智慧交通及其法治建设

制订智慧交通与数字交通发展规划。交通运输部出台了《"十四五"交通领域科技创新规划》和《数字交通"十四五"发展规划》，明确了发展目标、主要任务和保障措施，旨在推动交通运输科技创新和数字化转型。《交通强国建设纲要》《国家综合立体交通网规划纲要》《数字中国建设整体布局规划》均对发展智慧交通、推进交通基础设施数字化、建设数字中国作出了明确部署。2024年《中共中央 国务院关于加快经济社会发展全面绿色转型的意见》中提出要加快建设城市智慧交通管理系统。

在基础设施建设方面，交通运输部推动了智慧公路、智慧航道、智慧港口、智慧枢纽等新型基础设施的建设，以实现交通基础设施的数字化和智能化。2023年交通运输部发布了《关于推进公路数字化转型 加快智慧公路建设发展的意见》，提出了公路数字化转型的总体要求、主要任务和实施要求，以提升公路建设与运行管理服务水平。预计到2027年，我国公路数字化转型将取得明显进展，公路设计、施工、养护、运营"一套模型、一套

数据",基本上实现全生命期数字化,基本建成"部省站三级监测调度"体系,不断提高人民满意度。[①] 党的二十大报告明确要求强化网络安全保障体系建设,为保障公路水路关键信息基础设施安全及维护网络安全。未来将不断出台针对自动驾驶辅助技术、路况实时监测功能、绿色低碳新材料、新技术、新工艺推广应用的规范性文件。力争到 2025 年底,实现公路"安全保障能力系统提升、安全管理水平显著提升、交通事故明显下降"的目标,保障道路安全。

智慧交通的推广涉及无人驾驶、智能停车、智能信号系统等技术领域。交通法治理论的发展也逐步关注到这些新技术的合法性问题。例如,无人驾驶技术的应用急需法律法规的配套支持,以确保其合法性、安全性和规范性。智慧交通领域的法治建设必须紧跟科技发展的步伐,确保新技术的应用与法律框架相适应。

(二)数字安全及其法治建设

智慧交通不仅改变了传统的交通管理方式,也对现有的交通法治体系提出了新的挑战。国家在《数字交通"十四五"发展规划》中明确指出,要推动交通运输领域的数字化转型和科技创新,提升智慧交通基础设施的建设水平。[②] 在这一背景下,需要加强对数据治理的法律保障,特别是在交通信息的共享、隐私保护等方面。在大量数据被用于优化交通管理、提升服务水平的同时,也对数据的安全性提出了更高的要求。如何通过法律手段确保数据的安全性与隐私保护,成为新兴领域立法的关键议题。

智慧交通的发展离不开大数据和物联网技术的支持,但这也带来了数据

---

① 参见《交通运输部关于推进公路数字化转型 加快智慧公路建设发展的意见》,交公路发〔2023〕131 号;《中国民用航空局 国家发展和改革委员会 交通运输部关于印发〈"十四五"民用航空发展规划〉的通知》,民航发〔2021〕56 号。

② 参见交通运输部《数字交通"十四五"发展规划》,交通运输部网,https://xxgk.mot.gov.cn/2020/jigou/zhghs/202112/t20211222_3632469.html,最后访问日期:2024 年 11 月 16 日。

隐私保护、信息安全等法律问题。交通运输法治实践积极探索如何为数据共享和智慧交通提供法治保障。交通运输部建设了国家综合交通运输信息平台，推动了铁路、公路、水路、民航等多种运输方式的信息互联互通，提升了交通管理效率和服务水平。这种数据共享模式有助于优化公共交通资源的配置，为智慧交通的发展提供法治支持。同时，交通法治实践强调在推动智慧交通发展过程中，确保数据的合法使用和隐私保护，确保用户数据安全，推动数字交通健康发展。

（三）绿色交通及其法治建设

党的二十大报告提出，要加快发展方式的绿色转型，加快推动交通运输结构的调整优化。优化调整运输结构是加快建设现代综合交通运输体系的一项重点工作。2023 年政府工作报告对"交通领域"的政府工作提出了"建设高效畅通的物流体系""大力发展数字经济，支持平台经济发展""推动重点领域节能降碳减污"等建议。交通运输是消耗能源和产生碳排放的主要环节之一，2023 年国家发展改革委等 10 部门联合印发《绿色低碳先进技术示范工程实施方案》，提出将先进适用绿色低碳技术运用于重点领域降碳。

交通运输向绿色低碳智能方向转型，是高质量发展的必然要求。持续提升交通运输体系绿色化水平，促进交通运输方式转型的重点在于构建低碳城市交通体系和优化低碳综合运输结构。在低碳城市交通体系构建方面，《2023 年交通运输法制工作要点》提出全力推动《城市公共交通条例》的出台和实施。在综合交通运输结构调整优化方面，加快推动交通运输绿色低碳转型的重要方式之一是制定标准体系，交通运输部制定的《绿色交通标准体系（2022 年）》（交办科技〔2020〕36 号）涵盖综合交通运输和公路、水路领域，全面覆盖节能降碳、污染防治、生态环境保护修复、资源节约集约利用等方面，明确了节能减排和生态环境保护的标准，支持新能源交通工具的推广，并规定了充电桩、加氢站等基础设施的建设标准，确保了新能源交通工具的可持续发展。法律支持绿色交通基础设施

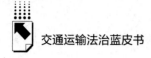
建设,为交通行业的低碳转型提供了保障,还为交通运输行业的可持续发展奠定了基础。①

(四)助力新业态发展

随着共享经济的发展,网约车、共享单车等新兴业态成为城市交通的重要组成部分,但也带来了新的法律监管挑战。2016 年《网络预约出租汽车经营服务管理暂行办法》出台,网络预约出租汽车经营服务行为得以规范。2024 年《中共中央办公厅国务院办公厅关于加快建设统一开放的交通运输市场的意见》,提出要加强交通运输领域市场竞争状况评估,依法查处垄断和不正当竞争行为,防止利用数据、算法、技术等手段排除限制竞争、侵害从业人员合法权益;依法对网络预约出租汽车、网络道路货运等平台经济领域开展跨部门协同监管和服务;依法加强对交通运输新业态经营者集中审查。

在加强对新业态的监管方面,2022 年,许多地方政府就有地方性法规、地方政府规章和行政规范性文件开始涉及聚合平台,如《合肥市出租汽车管理办法》《济南市客运出租汽车管理条例》明确对聚合平台进行监管,开启了依法规范网约车聚合平台之路。

在此背景之下,针对网约车平台等新业态平台抽成过高的问题,2023 年 4 月 17 日,交通运输部印发了《2023 年推动交通运输新业态平台企业降低过高抽成工作方案》,以保障交通运输新业态从业人员的合理劳动报酬,营造良好从业就业环境,促进交通运输新业态规范健康持续高质量发展。

2023 年 4 月 26 日,为做好网约车聚合平台规范管理工作,交通运输部办公厅、工业和信息化部办公厅、公安部办公厅、国家市场监督管理总局办公厅、国家互联网信息办公室秘书局发布了《关于切实做好网约车聚合平台规范管理有关工作的通知》(交办运〔2023〕23 号),要求各地有关部门

---

① 参见交通运输部《绿色交通标准体系(2022 年)》,中国政府网,https://www.gov.cn/zhengce/zhengceku/2022-08/23/content_5706441.htm,最后访问日期:2024 年 11 月 16 日。

要加强对网约车聚合平台经营行为的监督指导，各地交通运输、市场监管等部门要督促网约车聚合平台及合作网约车平台公司落实明码标价等要求，不得以不正当价格行为扰乱市场秩序。与此同时，交通运输部持续加大工作力度，指导各地交通运输部门及时跟踪掌握有关举措落实情况，定期调度各交通运输新业态平台企业。

三 聚焦交通运输法治政府建设，优化行政治理标准，提升治理水平

交通运输法治政府建设是指在交通运输领域，通过加强法治建设和依法行政，推动政府职能转变，提高政府治理能力和水平，实现交通运输行业的依法治理、有序发展和服务优化。其主要目标是构建职责明确、依法行政的政府治理体系，保障人民群众的合法权益，促进交通运输市场的统一、开放和公平竞争，为加快建设交通强国提供有力法治保障。

（一）深入学习贯彻党的二十大精神，统筹推进交通法治政府部门建设

1. 加强党的领导，强化党的二十大精神的指引作用

加强党的领导，深化交通运输法治政府建设。党的十八大以来，在党中央、国务院的坚强领导下，交通运输事业取得了历史性成就、发生了历史性变革，我国迎来了由交通大国迈向交通强国的历史性发展机遇。党的十九大报告提出建设交通强国的目标，党的二十大报告再次提出加快建设交通强国，并对交通运输相关工作作出部署安排，充分体现了以习近平同志为核心的党中央对交通运输工作的高度重视和殷切期望。[①] 各级政府尤其是交通部门要以习近平新时代中国特色社会主义思想为指导，深入学习贯彻党的二十

---

① 参见中华人民共和国交通运输部《加快建设交通强国报告（2022）》，人民交通出版社，2023，第3页。

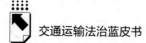

大精神，全面贯彻落实习近平法治思想，深刻领悟"两个确立"的决定性意义，增强"四个意识"、坚定"四个自信"、做到"两个维护"，统筹完善法治政府建设推进机制。[①]

深入学习贯彻党的二十大精神，统筹推进交通法治政府部门建设，是当前和今后一个时期交通运输部门的重要任务。要学习贯彻习近平法治思想，坚持在党的领导下发展中国的交通法治，确保法治政府建设的政治方向，将法治思维和法治方法贯穿到交通运输法治政府建设的各环节和全过程，为加快建设交通强国、努力当好中国现代化的开路先锋提供价值指引与理论指导。要将党的二十大精神深入贯彻落实到法治政府部门建设的各方面，加强法治意识和法治能力的培养，提升法治素养和依法行政能力，确保法治政府部门建设的正确方向。

2. 明确法治工作重点，服务法治政府建设

2021年中共中央、国务院印发的《法治政府建设实施纲要（2021—2025年）》，确立了未来五年内我国法治政府建设的总体目标，明确到2025年，政府行为要全面纳入法治轨道。2023年2月20日，交通运输部办公厅印发《2023年交通运输法制工作要点》，坚决贯彻落实党中央、国务院关于法治政府建设的重大决策部署，结合关于法治建设的新举措、新要求，交通工作面临的新情况、新问题，制发年度交通法制工作要点，统筹推进交通法治政府部门建设，强化法治引领和保障，扎实推动交通运输法治工作高质量发展。

国家层面形成了"一部三局"的综合交通运输管理体制架构，综合交通运输管理体制加快推进，离不开综合交通运输体制改革和综合交通运输标准体系持续建设。综合交通运输标准是指铁路、公路、水路、民航和邮政中两种及以上运输方式和领域协调衔接和共同使用的标准，包括基础标准、交通设施标准、运输装备标准、运输服务标准、统计评价标准5个部

---

① 参见习近平《高举中国特色社会主义伟大旗帜 为全面建设社会主义现代化国家而团结奋斗——在中国共产党第二十次全国代表大会上的报告》，中国政府网，https://www.gov.cn/xinwen/2022–10/25/content_5721685.htm，最后访问日期：2024年11月16日。

分。2022 年交通运输部组织修订了《综合交通运输标准体系（2022 年）》（交办科技〔2022〕52 号），提出到 2025 年基本建立覆盖全面、结构合理、衔接配套、先进适用的综合交通运输标准体系。该体系旨在通过标准体系建设推动综合交通运输重点领域标准补齐短板、提档升级，为综合交通运输提供有力支撑。2022 年 10 月 24 日，交通运输部、国家标准化管理委员会联合印发了《交通运输智慧物流标准体系建设指南》（交科技发〔2022〕97 号）。在具体实施方面，交通运输部成立了全国综合交通运输标准化技术委员会和交通运输部标准化管理委员会，形成了包括 3850 余项国家和行业标准的综合交通运输标准体系。截至 2023 年底，综合交通运输、铁路、公路、水运、民航、邮政等领域的现行有效国家标准 908 项、行业标准 3145 项、地方标准 2405 项①，适应交通运输高质量发展的标准体系基本形成。

现代公路工程标准体系建设成效显著。2023 年，交通运输部印发《交通运输部关于加快建立健全现代公路工程标准体系的意见》，旨在提升公路工程技术标准适用性、创新性、引领性，内容涉及建设高质量的公路工程通用标准，加强与综合交通设施标准统筹协调，严格规范路政管理标准，补充完善路产保护、涉路施工、大件运输、违法超限运输治理、执法程序、执法站所装备、公路路域环境综合评价等管理技术标准，提升公路路政管理服务水平等。

行业标准逐步制定并动态更新。2022~2024 年，交通运输部已发布数十项行业标准，涵盖综合交通枢纽、旅客联程运输和货物多式联运等领域。这些标准的制定和修订为推动各种运输方式的融合发展提供了有力支撑。交通运输部强调标准体系的动态更新，确保标准能够及时适应行业发展的新需求。

---

① 参见《交通运输标准化发展报告（2023）》，中国交通新闻网，https：//bigsmot.gov.cn/gate/bigs/www.mot.gov.cn/jiaotongyaowen/2024041t20240408_4115393.html，最后访问日期：2024 年 12 月 24 日。

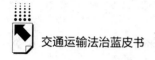

（二）深化交通领域"放管服"改革，优化交通运输营商环境

1. 实行统一开放的市场基础制度规则，加快建设统一开放的交通运输市场

加快建设统一开放的交通运输市场。加快建设统一开放的交通运输市场是建设全国统一大市场改革的重大部署和重点领域，而统一开放的交通运输市场离不开公平竞争的市场环境。为打造公平透明、可预期的法治营商环境，交通运输领域应严格落实统一的市场基础制度规则，加快建设统一开放的交通运输市场。这一目标主要通过深化交通运输体系改革、推进交通基础设施建设、优化营商环境等措施来实现。

建立全国统一大市场的两个关键词是"破"和"立"。其中"破"指的是破除地方保护和行政性垄断，清理隐形壁垒和歧视措施，破除过去交通领域市场要素资源不流通、地方主义和分割主义的弊端，在更大范围与更深程度上充分发挥市场在资源配置中的决定性作用，充分尊重市场竞争规律、法治规律。而"立"则指进一步完善公平竞争制度，激发创新活力。这涉及交通领域宏观政策与针对性改革举措合力，一方面涉及交通运输市场主体竞争环境的改善，另一方面也对交通运输领域政府提高综合监管效能提出要求。

深化"放管服"改革。继续深入推进简政放权，降低交通运输市场准入门槛，进一步激发交通运输市场主体活力。2022年10月15日，《国务院办公厅关于印发第十次全国深化"放管服"改革电视电话会议重点任务分工方案的通知》（国办发〔2022〕37号）提出，依法平等保护各类市场主体合法权益，开展制止滥用行政权力排除、限制竞争执法专项行动，进一步健全公平竞争审查制度，切实维护公平竞争市场秩序。

加强信用全环节监管。根据信用等级评估结果推行分级监管，开展信用修复工作、健全失信名单退出机制。同时，依托信用信息管理平台实现信用数据归集、共享，实现数据互联互通，助力行业高质量发展。发展智慧交通转变了传统的行业监管模式，形成"政府监督、行业引导、企业自律"协同监管的新局面，由此优化营商环境。

2. 进一步规范交通运输市场秩序

探索综合监管方式，推进有效市场和有为政府的有机结合。制定实施《交通运输行业综合监管办法》，聚焦监管重难点和薄弱环节，完善监管规则，健全以"双随机、一公开"（在监管过程中随机抽取检查对象，随机选派执法检查人员，抽查情况及查处结果及时向社会公开）监管为基本手段，以重点监管为补充、以信用监管为基础的新型监管机制，除特殊重点领域外，原则上市场监管领域的所有行政检查都应通过"双随机、一公开"的方式进行。促进信用监管与"双随机、一公开"监管有机融合，以监管方式创新提升事中事后监管效能。以北京为例，《北京市交通委员会关于进一步加强交通运输行业综合监管工作的实施方案》明确交通运输行业一体化综合监管的思路、目标、措施、任务和要求，涵盖风险、信用、分级分类、科技、协同、共治 6 项基本制度，明确着力构建以"风险+信用"为基础，与审批、信用、执法融合联动，覆盖事前、事中、事后全环节的一体化综合监管体系。

交通运输部针对实践中问题突出的铁路旅客运输安检、购票以及禁限物品处置等内容，广泛征集群众意见，修订相关运输管理办法。[①] 针对铁路建设施工，从强化铁路设备源头质量安全监督管理做起，出台相关规范性文件，落实监管要求，减少或者避免安全风险的发生。针对新能源动力锂电池运输，交通运输部等各部委联合出台相应政策，[②] 回应群众迫切需求，完善相应标准，提升标准化水平，助力科技国际化发展。

3. 持续提升交通政务服务质效

提升政府审批服务效能，提升政务服务数字化水平，推行政务一体化。为持续推进政务服务事项标准化、便利化，深化行政审批改革推进"证照分离"，2023 年 6 月 1 日，交通运输部公布了新修订的《道路运输车辆技术管理规定》，将近年来推行的道路运输车辆达标管理等安全管理制度和普货

[①] 参见《铁路旅客运输安全检查管理办法》，交通运输部令 2023 年第 21 号。

[②] 参见交通运输部等九部委以及中国国家铁路集团有限公司印发的《关于加快提升新能源汽车动力锂电池运输服务和安全保障能力的若干措施》，交运发〔2024〕113 号。

车辆异地检验、网上年审等利企便民举措上升为规章予以固化，以全面落实"三检合一"改革要求，强化道路运输车辆安全性能监管，达到提升道路运输车辆技术管理服务水平的要求。2023 年 6 月，交通运输部、公安部联合印发《交通运输部办公厅　公安部办公厅关于推进道路货物运输驾驶员从业资格管理改革的通知》（交办运〔2023〕35 号），推动实现"一次报名、一次培训、一次考试、申领两证"。简化道路货物运输驾驶员从业资格证申领手续，申请道路货物运输驾驶员从业资格证的人员，凭取得的相应机动车驾驶证可以向交通运输主管部门直接申领道路货物运输驾驶员从业资格证。

4. 持续深化许可审批制度改革，落实许可事项清单管理要求

推进落实行政许可事项清单管理工作。持续精简行政许可事项，制定动态管理权力清单，系统评估已经取消、下放及保留的行政许可事项的实施情况，明晰行政许可权力边界、规范行政许可运行，推进行政许可标准化、规范化、便利化，打造更加公平高效的审批环境。以航空行业为例，《国务院对确需保留的行政审批项目设定行政许可的决定》（国务院令第 412 号）已对民航企业及机场联合、重组和改制这一行政许可事项的条件和审批程序作出了规范。2022 年，交通运输部对交通运输领域目前保留的 67 项行政许可事项逐一制定实施规范，对本级实施的 38 项行政许可事项逐一制定办事指南。①

除此之外，全国范围内交通运输涉企经营许可事项全部实行"证照分离"改革。这意味着法律、行政法规及国务院决定设定的交通运输涉企经营许可事项已经逐项列明改革事项、设定依据、审批层级及部门、改革方式、具体改革举措和加强事中事后监管措施，形成了清单。地方性法规和政府规章设定的交通运输涉企经营许可事项也由省级交通运输主管部门依据省级人民政府公布的清单执行。

---

① 参见《交通运输部 2022 年度法治政府部门建设工作情况的报告》，中国政府网，https：//www.gov.cn/xinwen/2023-02/21/content_5742480.htm，最后访问日期：2024 年 11 月 16 日。

（三）持续推进综合行政执法改革，加快交通强国建设

1. 规范决策机制，推进依法、科学与民主决策

加快形成权责统一、权威高效、监管有力、服务优质的交通运输综合行政执法体制离不开决策制度的规范。健全行政决策程序体系意味着强化民主决策、依法决策意识，坚持重大决策由法制部门参与，重大事项由法制部门审核。建立公众参与、专家咨询、调研论证、合法性审查和集体决策相结合的决策机制，深化行政决策制度改革以增强交通运输领域科学立法、民主立法的实效性。做好行政规范性文件、重大行政决策等合法性和公平竞争审查工作，贯彻落实《国务院办公厅关于全面推行行政规范性文件合法性审核机制的指导意见》《公平竞争审查制度实施细则》，推进严格依法决策。

2. 强化交通执法队伍建设，明确职责和行为规范

党的二十大报告强调，要"深化行政执法体制改革，全面推进严格规范公正文明执法"。这一重要论述既指明了"执法体制改革"与"严格规范公正文明执法"密不可分的关系，同时也明确了全面推进交通运输领域公正文明执法的努力方向。2023 年，交通运输部办公厅印发《2023 年交通运输法制工作要点》，提出强化执法队伍建设管理，推动交通运输行政执法队伍整治形成长效机制。2024 年，交通运输部法制司发布《2024 年交通运输法制工作要点》，提出继续深化交通运输综合行政执法改革，从严落实执法规范化长效机制，积极构建智慧执法体系。

"整合职责和队伍"是交通运输综合行政执法改革的重要任务。一方面，要发挥法治政府部门建设领导小组的作用，更好地落实党政主要负责人履行推进法治政府部门建设第一责任人职责。开展法治培训工作，抓好领导干部这个"关键少数"，以提高法治素养和执法水平，切实推进严格规范公正文明执法。另一方面，要严格落实《交通运输行政执法人员职业道德规范》，在从事行政执法活动中必须遵循相应职业道德准则和行为规范，落实"推进法治专门队伍革命化、正规化、专业化、职业化"的要求，不断提升

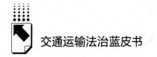

交通执法人员运用法治思维和法治方式深化改革、推动发展、化解矛盾、维护稳定、应对风险的能力。

3. 明确行政处罚裁量权基准，规范行政执法

明确行政处罚裁量基准。2021 年中共中央、国务院发布《法治政府建设实施纲要（2021—2025 年）》，要求全面落实行政裁量权基准制度，细化量化本地区各行政执法行为的裁量范围、种类、幅度等，并对外公布。2022 年 7 月 29 日国务院办公厅印发《关于进一步规范行政裁量权基准制定和管理工作的意见》，推动各地分别制定本地区本领域行政裁量权基准，指导督促各地区尽快建立行政裁量权基准动态调整机制，将行政裁量权基准制定和管理工作纳入法治政府建设考评指标体系，规范行政执法，避免执法畸轻畸重。

坚持交通运输行政处罚的合法合规。2022 年 8 月 12 日，国务院公布《国务院关于取消和调整一批罚款事项的决定》，决定取消 29 个罚款事项，调整 24 个罚款事项，其中涉及交通运输方面的有 12 个取消罚款事项、19 个调整罚款事项。本次调整多针对细微的程序性违法的罚款事项，如 10 项是对不按照规定携带相关证件、证书、报告的罚款事项。此次调整针对事项多、覆盖面广、社会影响范围大，涉及交通运输领域主要执法内容。根据交通运输行政处罚自由裁量权的过罚相当原则，取消和调整违反程序合法和正当的事项，或者处罚有失公允、过罚不当的事项，大多可列为高频执法事项。此次涉及交通运输部门调整的罚款事项中，"下调罚款起罚数额"的有 5 项，"下调罚款数额"的有 13 项，"调整罚款数额的计算方式"的有 1 项，取消和调整了一批不合理罚款事项，取消了部分许可事项或者下放了许可事项层级，简化了有关手续和证明材料，提高了政府服务便利化水平，增强了企业和群众获得感。根据不同情况增加了不同的罚款档次，分类细化，并降低了部分罚款事项的起罚数额和罚款数额，进一步规范了行政处罚裁量权，推动行政处罚更加公平公正。

为贯彻实施新修订的《中华人民共和国行政处罚法》，需要严格规范公正文明执法，优化法治化营商环境，对交通领域的行政法规部分条款予以修改，清理和调整违反法定权限设定、过罚不当等不合理罚款事项。国务院发

布《国务院关于修改和废止部分行政法规的决定》，对交通运输领域内的《道路运输条例》《国内水路运输管理条例》《国际海运条例》《船员条例》四部行政法规设定的部分法律责任条款进行了修改，主要包括"取消相关罚款事项""降低罚款数额""对同一罚款事项进行分类细化"三种情况。例如，原《道路运输条例》第 63 条对于未经许可擅自从事道路运输经营的行为，概括规定了一个处罚额度。考虑到未经许可擅自经营不同种类道路运输行为所产生的危害性不同，此次修改分别针对道路普通货物运输、危险货物运输设定不同的罚款规则，对危害程度较大的道路危险货物非法营运行为，保留原有处罚额度；对于危害程度较轻的道路普通货物运输非法营运行为，适度降低处罚额度。

4. 加强权力运行监督，明确政务公开规则

深化行政执法监督长效机制，规范文明执法，确保行政处罚与违法行为的事实、性质、情节以及社会危害程度相当。严格落实《中华人民共和国行政处罚法》《交通运输行政执法程序规定》，将交通运输部门行政行为全面纳入法治轨道，着力提升公正文明执法水平。例如，2022 年甘肃省交通运输厅印发《交通运输综合行政执法履职风险点清单》，强调增强底线思维，强化执法风险防控，确保执法工作在法治轨道上规范运行。将风险点概括为行政检查、调查取证、行政强制措施、行政处罚、执行环节、涉案财物处理、执法监督七大类，明确了风险具体表现形式，覆盖了行政执法全过程。

坚持以公开为常态、不公开为例外，大力推进决策、执行、管理、服务和结果公开，严格做到主动公开、内容全部公开。《交通运输部关于进一步深化交通运输法治政府部门建设的意见》得到深入实施，交通运输部按规定向党中央、国务院报告 2022 年度、2023 年度交通运输法治政府部门建设情况，并向社会公开。在地方层面，许多地方政府交通运输部门制定了专门的政务公开办法，如 2023 年辽宁省交通运输厅印发《辽宁省交通运输厅关于进一步做好当前政务公开重点工作的任务分解》，将政务公开重点工作任务进行分解，不断提升政策文件公开水平，完善强化公众参与机制，提升服务效能，积极发挥政务公开渠道作用。

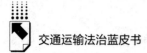

加强政务信息系统优化整合，推动政务数据有序共享。2023 年，中共中央、国务院印发《数字中国建设整体布局规划》，发展高效协同的数字政务，集中力量推动国家综合交通运输信息平台建设，实现铁路、公路、水路、民航、邮政各领域信息互联互通，打造综合交通运输"数据大脑"。持续推动行业政务数据资源共享，不断完善数据共享开放政策技术体系。深入推进交通运输领域数字政府建设，增强数据应用能力，引导行业部门用数据说话、用数据决策、用数据管理、用数据服务。

四　凝聚交通立法理论共识，推动交通运输法学发展

近年来，中国的交通运输行业取得了显著的发展，交通网络日益完善，服务能力显著增强，为经济社会的快速发展提供了强大的支持。然而，伴随交通运输行业的迅速扩展，新的法律需求和复杂的法律问题也层出不穷。交通运输法学作为一个新兴的法律学科，在应对这些问题时扮演着重要的角色。但目前交通运输法学的理论基础仍显薄弱，学界和实务界对该领域的许多问题还未形成统一的认识。这种情况不仅影响了交通运输法律体系的完善，也制约了法律的实施效果。因此，凝聚交通立法理论共识，推动交通运输法学的发展已成为当务之急。

凝聚交通立法理论共识是解决交通运输法律体系碎片化问题的基础。交通运输涉及公路、铁路、航空、水运、城市轨道等领域，而不同领域在立法上存在各自的特点与规制重点。目前，中国交通运输法体系主要由《中华人民共和国道路交通安全法》《中华人民共和国铁路法》《中华人民共和国民用航空法》《中华人民共和国海商法》等单项法律组成，这些法律在各自领域发挥了重要作用，但由于缺乏系统性和整体性，交通运输领域法律规范的碎片化问题较为突出。[①] 这种碎片化不仅表现在法律条文相互独立，还表

---

① 参见胡正良、曹译文《我国"综合交通运输法"立法宗旨的价值探析》，《学术交流》2019 年第 2 期。

现在各部门法之间缺乏统一的指导原则，无法形成一个有机的交通运输法律体系。例如，在道路运输和铁路运输之间，由于运输方式不同，其管理方式和法律规制也存在显著差异。公路运输领域的立法多集中于保障交通安全和维护运输秩序，而铁路运输的立法则更偏重运输服务的调控和行业规制。随着现代综合交通运输体系的发展，不同运输方式之间的衔接与融合成为趋势，但由于立法层面的差异，在实践中往往出现监管不统一、法律适用不一致的问题。这种局面要求我们在交通运输法学领域凝聚理论共识，推动跨领域、跨部门的立法协调，进而构建一个系统性强、统一协调的交通运输法律体系。

凝聚交通立法理论共识有助于交通运输领域的科学立法和制度创新。在现有法律框架下，交通运输领域的立法仍以部门法为主导，立法模式多为行政规制模式，强调政府在交通运输活动中的管理和控制职能。然而，随着市场经济的发展和交通运输行业的多元化，单一的行政规制模式难以适应复杂多变的市场环境和交通需求。在这一背景下，交通运输领域的立法应当从传统的管理导向转向服务导向，不仅要规范政府行为，还应更多地关注市场主体和公众的权利保护，确保法律体系能够平衡不同主体的利益诉求。为了实现这一目标，凝聚交通运输立法的理论共识显得尤为重要。学界需要就一些基础性问题形成共识，例如交通运输法的基本定位和目标、政府与市场在交通运输中的角色划分、法律对不同交通方式之间协调的作用等。这些共识的达成将为未来的立法提供明确的方向，并为制度创新奠定基础。例如，随着自动驾驶技术、无人机物流、共享交通等新兴技术的广泛应用，现有的交通运输法律体系显然无法完全适应这些新事物的监管需求。① 因此，交通运输领域的立法需要在理论共识的基础上不断创新，以应对新技术带来的挑战。

凝聚交通立法理论共识能够推动交通运输法律的实施与执法效果提升。在交通运输领域，法律的实施往往面临着多部门协作、执法主体复杂等问

---

① 参见胡正良、曹译文《我国"综合交通运输法"立法宗旨的价值探析》，《学术交流》2019年第 2 期。

题。以道路交通管理为例，道路交通安全涉及公安、交通、城市管理等多个部门，如何协调各部门的职能，确保执法的统一性和有效性，一直是交通运输法实施中的难点之一。如果在立法过程中缺乏理论共识，不同部门各自为政、执法标准不一的情况将难以避免。为了解决这一问题，学界和实务界需要就交通运输法的实施机制形成理论共识，明确不同部门在交通运输法律实施中的职责划分，并通过立法程序将这些共识固定为法律规范。只有在理论上达成一致，法律的实施才能具有稳定性和可操作性，执法的统一性和规范性才能得到保障。同时，随着智能交通技术的普及和应用，法律实施的手段也在不断更新。例如，大数据、物联网、人工智能等技术已经在交通管理中发挥了重要作用，如何将这些技术手段合法合理地应用于交通运输执法中，也需要通过凝聚理论共识来推动法律规则的完善和实施效果的提升。

凝聚交通立法理论共识还有助于应对交通运输领域的全球化和国际化挑战。随着"一带一路"倡议的深入推进，中国与世界各国在交通运输领域的合作日益紧密，国际交通运输的规则制定和法律协作已成为不可回避的重要议题。[①] 交通运输的国际化不仅要求我们在国内构建完善的法律体系，还需要在全球交通运输法律规则的制定中占据主动地位。因此，交通运输法学在发展过程中必须注重国际经验的借鉴和国际规则的对接。对此，中国需要在借鉴国外先进立法经验的基础上，结合自身国情，形成符合国内外交通运输发展趋势的法律理论框架。这不仅有助于提升中国交通运输法律的国际影响力，也能够为全球交通运输法律的完善贡献中国智慧和中国方案。

在推动交通运输法学发展的过程中，理论与实践相结合不可或缺。交通运输法学作为一门学术研究领域，既要关注学术上的创新与理论体系的构建，也要注重对实践中法律问题的回应。学界应加强对交通运输法基础理论的研究，尤其是对新兴问题的法理探讨，例如在自动驾驶技术的推广应用中，如何平衡安全监管与技术创新的关系；在共享经济模式下，如何

---

① 参见交通运输部《为共建"一带一路"贡献交科智慧》，交通运输部网，https：//www.mot.gov.cn/jiaotongyaowen/202310/t20231019_3928969.html，最后访问日期：2024 年 11 月 16 日。

保障不同主体之间的法律关系明晰。通过对这些问题的深入研究和理论反思，可以为交通运输法律体系的完善提供学理支持。同时，法律实务界的反馈与参与也是交通运输法学发展的重要推动力。法律的生命在于实践，立法的科学性和合理性最终要通过法律的实施效果来检验。因此，实务界的意见和建议对于交通运输立法的完善具有重要意义。在交通运输领域，法律问题往往涉及多方利益的平衡，如何在立法中兼顾不同主体的利益诉求，是法律制定者必须面对的现实挑战。通过凝聚立法理论共识，实务界的经验可以更有效地转化为法律条文，为立法提供现实依据，从而促进法律与实际需求的结合。

推动交通运输法学发展还需要依靠人才的培养和储备。作为一门新兴的法律学科，交通运输法学的发展离不开复合型法律人才的支持。高等教育应当结合交通运输行业的特点，设置相应的法律课程，培养既懂法律又熟悉交通运输行业知识的专业人才。同时，政府、企业和学术机构之间的合作也是促进人才培养的有效途径。通过建立多方合作机制，可以为交通运输法学研究提供更多的实践机会，培养法律人才的实际操作能力，提升法律服务的水平。

总的来说，凝聚交通立法理论共识是推动交通运输法学发展的关键环节。在当前中国交通运输行业快速发展的背景下，交通运输法的理论创新与法律实践紧密相关。只有通过凝聚共识，形成系统、协调的法律框架，交通运输法学才能在未来发展中走得更远。理论的引领与实践的创新相辅相成，必将推动中国交通运输法学迈向新的高度，为交通运输行业的高质量发展提供坚实的法治保障。

分 报 告

B.2
我国铁路交通运输法治发展的现状审视、问题探究与策略应对

黄 琳　邵爱清*

摘　要：　铁路作为国家重要基础设施，既是综合交通运输的骨干，也是保障国民经济正常运行的重要行业，在服务和支撑中国式现代化建设中肩负着重要使命和重大责任。当前，中国铁路交通运输法治发展注重立法、执法、司法三个层面的共同发展。立法层面，我国重视铁路安全监管，针对铁路施工、客运、货运、信息安全等内容制定了相应的法律规范；执法层面，我国顺应铁路行业法治发展需要，要求相关部门结合铁路行政处罚、铁路行政许可等执法手段发挥服务保障作用；司法层面，我国以规范专门法院设计和铁检公益诉讼职能为工作目标，着重推进专门法院和检察院的改革。但与此同时，我国铁路交通运输法治发展还面临着铁路安全立法和铁路建设行业市场化机制相对滞后、铁路执法标准不统一、铁路领域应急处突能力欠缺、国际

---

　* 黄琳，北京交通大学法学院讲师，主要研究方向为行政法学、行政诉讼法学；邵爱清，北京交通大学法学院硕士研究生，主要研究方向为行政法学、行政诉讼法学。

铁路运输法规体系不健全等问题。因此，为完善我国铁路法治体系，顺应时代需要，应着力补足铁路安全监管立法，推进铁路建设投资多元化，促进执法标准的统一协调并提升铁路执法的应急处理能力；同时，还需构建起统一的国际铁路运输法律体系，多层面完善我国铁路法治体系，保障铁路行业健康发展，推进铁路体制改革。

关键词： 铁路交通运输法治　铁路安全　铁路行业市场化　国际铁路运输

长期以来，铁路一直是国民经济大动脉、国家重要基础设施，是综合交通运输骨干，连通着重要城市、经济据点、工业重镇等主要客流集散地，在服务和支撑中国式现代化建设中肩负着重要使命和重大责任。2024年中国共产党第二十届中央委员会第三次全体会议审议通过的《中共中央关于进一步全面深化改革　推进中国式现代化的决定》再次提出要协同推进立法、执法、司法、守法各环节改革，完善基本公共服务制度体系，要求"推进铁路体制改革"，"推进能源、铁路、电信、水利、公用事业等行业自然垄断环节独立运营和竞争性环节市场化改革，健全监管体制机制"①。当前，中国铁路已经处于世界领先水平，如何通过改革的深化，持续保持领先地位，是下一阶段的核心命题。

保障铁路行业健康发展、推进铁路体制改革的首要任务是持续深化铁路法治建设。随着社会主义市场经济体制的不断发展和改革开放的不断深化，《中华人民共和国铁路法》（以下简称《铁路法》）的修订也应适应铁路改革和发展的新形势，加快重点法规立法进程，制定出台一批行业急需、社会反映强烈的规章。总体而言，《铁路法》修订不仅要构建国家铁路运输的监管制度体系，也要为地方铁路运输制度的建立和完善提供基本原则和制度框

---

① 《中共中央关于进一步全面深化改革　推进中国式现代化的决定》，中国政府网，https：//www. gov. cn/zhengce/202407/content_6963770. htm，最后访问日期：2024年12月24日。

架。地方也要根据上位法制定地方性法规，为解决铁路安全保障制度缺位、加强铁路沿线环境治理、确定各方主体责任、完善普法宣传制度等现实中的重点问题提供法律依据，持续稳定地维护铁路安全。另外，铁路运输的运营效益也是《铁路法》修订中需要重点考虑的一个问题。推进铁路建设投资的多元化、破除铁路运输市场的垄断、推动铁路运输的市场化、提供公益性运输补偿等已成为必然趋势；同时，深化国际合作也是未来铁路法治发展的一个重要方向。为推动"丝绸之路经济带"建设，我国可考虑积极推动国际铁路货物运输规则体系，统一国际铁路运输法律体系的构建，成为统一国际铁路规则制定的积极参与者、推动者。

一 现状审视：我国铁路交通运输法治发展的现状

（一）我国铁路交通运输立法以加强铁路安全管理为目标

铁路交通运输是现代运输的主要方式之一，具有大运量、低成本、占地少、绿色环保等特点，大力发展铁路运输符合我国国情和产业导向。从国家中长期发展规划看，铁路行业是调整运输结构、降低社会物流成本、打赢蓝天保卫战的先导产业，随着货运规模持续提升，数字化趋势明显，铁路运输行业也将迎来广阔发展空间。因此，我国陆续出台了一系列相关政策，支持、规范行业发展，为我国铁路运输行业的繁荣提供了良好的政治环境。2024 年，我国铁路运输领域新增的法律法规，主要包含 52 部部门规章、1 部地方性法规以及 8 部部门文件。新增的规章及其他文件以补充、规范有关铁路安全的事项为主题，内容涉及地方铁路安全、铁路客运安全、铁路建设施工安全、铁路货运安全以及铁路运输信息安全五个方面。

1.地方铁路安全

随着各省市铁路的快速发展，铁路沿线外部环境日趋复杂，尤其是高铁运行环境要求更高，铁路安全管理工作面临一系列新的挑战和考验。因此，地方陆续出台具有地区特色的铁路安全管理条例，以便更好地保障铁路安全和畅通、保护人民群众人身和财产安全。例如，2024年，湖北省出台了《湖北省铁路安全管理条例》。条例主要包括建设安全、线路安全、运营安全、协同与监督、法律责任五部分，涉及的内容主要聚焦在落实铁路线路两侧安全保护区的保护措施、严格根据铁路线路规划施工，以及建立政府与铁路运输企业沟通协调机制三方面，旨在全面保障铁路线路和行车安全、做好突发公共安全事件应对工作。

2. 铁路客运安全

新时代，社会公众对铁路运输服务也提出新要求新期盼，因此有必要坚持问题导向、立足为民服务，解决社会关注、旅客关心的安全检查难点问题，在确保安全的基础上，提升铁路运输服务标准化、专业化、便利化水平。为回应群众需求，交通运输部修订了《铁路旅客运输安全检查管理办法》。旅客运输安全检查是铁路旅客运输安全生产的重要环节。此次修订着重突出了压实铁路运输企业主体责任、完善铁路旅客运输各环节安全检查工作、明确禁限物品处置措施三方面内容，旨在强化安全治理，提升服务保障能力。

3. 铁路建设施工安全

2024年，国家铁路局共印发了4部铁路建设施工安全相关的部门规章。从具体内容上看，这些部门规章以防范、化解铁路建设工程的安全生产风险为主，并为铁路工程监管工作和铁路建设事故处理指明工作要点（见表1）。

表1　铁路建设施工安全方面新增部门规章

名称	内容概要
《铁路建设工程质量事故报告和调查处理办法》	（1）工程质量事故分级和报告的规定； （2）配合事故调查组工作； （3）做好事故部位工程处理，落实整改措施的相关内容
《铁道行业标准》	包含铁路施工的技术标准和工程建设标准

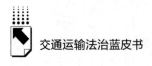

名称	内容概要
《铁路工程建设项目信息和信用信息公开管理办法》	(1)项目信息公开。建设单位对项目批准结果信息、建设管理信息、竣工验收信息等3类进行公开; (2)信用信息公开。审慎设置信用信息公开内容,规定公开主体; (3)公开时限、公开管理的相关规定
《加强城际铁路、市域(郊)铁路监督管理的意见》	(1)明确监管责任。国家铁路局、地方铁路监督管理局的行业监管责任和地方政府的地方管理责任; (2)明确企业安全生产主体责任; (3)完善技术标准体系、行政许可制度、运营安全评估制度等监管制度; (4)地区铁路监督管理局和省级交通运输主管部门等要主动担责、积极谋划,因地制宜探索创新

4. 铁路货运安全方面

2024 年,《中华人民共和国国民经济和社会发展第十四个五年规划和 2035 年远景目标纲要》实施中期评估报告继续提出,要巩固轨道交通装备,健全现代化基础设施建设体制机制。在系统装备与基础设施方面,国家以制定明确的行业标准和安全监管重点为抓手助推铁路行业发展。其中,标准化在推进铁路治理体系和治理能力现代化中发挥着基础性、引领性作用,是实现科学管理、规范铁路市场的有力支撑。国家铁路局不断提出要推动铁路设备科技创新和铁路高质量发展,编制《铁路设备源头质量安全监督管理实施细则》和《铁路设备使用和维修质量安全监督管理实施细则》,从优化装备技术标准体系推进政府主导制定标准,鼓励团体标准、企业标准创新发展。同时,对监管原则、监督检查计划及内容、问题整改要求、执法人员行为等进行细化和规范,以进一步保障监管工作的公平公正性,进一步强化铁路设备源头质量安全监督管理。

近年来,国家铁路局聚焦国家对认证、审批工作的最新规定,结合铁路"政企分开"改革后的新形势新要求,对《铁路产品认证管理办法》和《铁路运输基础设备生产企业审批实施细则》进行了较大幅度的修订(见表2)。国家铁路局每年也会更新《铁路专用设备产品质量安全监管工作重点》,对协调解决新产品许可办理问题、优化许可条件、完善许可目录、研究编制铁路专用产品质量监督计划等工作做出重点提示。

表 2　《铁路产品认证管理办法》与《铁路运输基础设备生产企业审批实施细则》修订内容

修订方面	《铁路产品认证管理办法》对铁路产品认证的管理职责、机构和人员资质、认证实施、认证证书、认证结果采信等内容作出了具体规定	《铁路运输基础设备生产企业审批实施细则》对铁路运输基础设备生产企业审批的条件与程序、证书管理、监督管理作了详细规定
法规依据	以《铁路安全管理条例》为依据,取消 2 项强制使用要求	根据《中华人民共和国安全生产法》,增加 10 项现场审查时"安全文明生产"部分的要求
许可程序	简化认证实施技术内容,统一规定认证目录、认证规则、认证标志,推动认证结果采信	优化许可产品目录和证书管理方式,取消"一企一证",实行"一类一证"
监管方面	修改机构资质与管理要求,明确认证机构主体责任;明确监督管理职责	进一步明确产品依法执行的标准

在保障铁路运输安全方面,国家铁路局还从驾驶人员的角度作出了明确的管理要求。2024 年新修订的《铁路机车车辆驾驶人员资格许可办法》继续落实国家统筹发展与安全、支持科技创新有关要求,结合铁路快速发展和安全形势变化需要,进一步调整了驾驶人员资格许可范围,优化了驾驶人员准驾类型及申请条件,增加了铁路企业和驾驶人员安全管理方面要求,确保铁路事业的健康发展。同时,国家对特殊货物运输情况也作出了明确规定。2024 年出台的《关于加快提升新能源汽车动力锂电池运输服务和安全保障能力的若干措施》提出,要进一步强化锂电池运输的全链条管理、强化动力锂电池源头安全监管、健全完善动力锂电池运输标准规则、提升动力锂电池国际供应链韧性和安全水平,并对新型货物的铁路运输提出指导意见。

5.铁路运输信息安全方面

党的二十大报告指出,完善重点领域安全保障体系和重要专项协调指挥体系,强化经济、重大基础设施、金融、网络、数据等安全保障体系建设。铁路作为我国国民经济的大动脉和国家重要的基础设施,更应避免出现数据泄露或破坏铁路重要信息系统的情况出现。因此，交通运输部在 2024 年颁布了《铁路关键信息基础设施安全保护管理办法》，内容主要包括明确铁路关键信息基础设施管理体制、压实运营者主体责任、加强对铁路关键信息基础设施的监督管理和保障三方面，以全面保障铁路关键信息基础设施的安全运行。

（二）我国铁路交通运输执法以服务行业发展为目的

1. 铁路行政处罚法规制定进一步完善

2024 年，国家铁路局共发布了 185 条行政处罚公开信息，涉及北京、上海、广州、武汉、西安、沈阳等城市，执法部门都是基于个人或单位影响铁路运输安全，给予了行政罚款或拘留等处罚措施。处罚原因具体包括违法进入铁路封闭区域、违反铁路线路安全保护区的规定、铁路区域内违规施工、扰乱乘车秩序、铁路施工单位负责人失职 5 项（见图 1）。

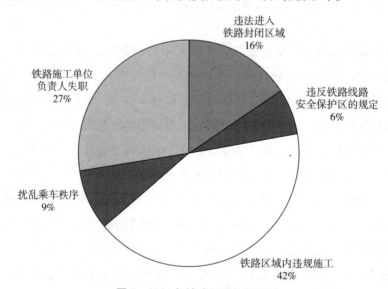

图 1　2024 年铁路行政处罚原因

资料来源：国家铁路局网，https：//www.nra.gov.cn/xxgk/gkml/，最后访问日期：2024 年 10 月 25 日。

上述现象在一定程度上可归结于罚则缺位。综观现行铁路领域的行政处罚相关制度规范，不少法规、规章中缺少具体详细的罚则，具体表现在某些条文中只含有法定义务，而法律责任部分没有相应的处罚规定。这无疑给铁路安全执法工作带来了难题，导致实践中铁路监管部门在处置违反法定义务的行为人时会面临两难选择：不纠正不处罚可能会危及铁路安全，而对该行为进行纠正处罚却缺乏法律依据，难以有效执行。①

为解决这一难题，近年来，铁路行政处罚法规不断完善、铁路安全监管不断加强。例如，根据国务院《进一步贯彻实施〈中华人民共和国行政处罚法〉的通知》要求，国家铁路局于 2023 年出台了《国家铁路局铁路行政处罚裁量权基准》，从制定依据、基本原则、裁量规则、工作要求等方面对铁路行政处罚裁量工作进行了进一步规范；在此基础上，还梳理归纳了 173 项铁路常见行政处罚事项，明确了各违法行为对应的处罚依据、裁量阶次以及具体标准，以便更好地保护当事人的合法权益。从裁量基准的实际功能来看，《国家铁路局铁路行政处罚裁量权基准》的实施有助于细化法律、法规、规章中的原则性规定或具有弹性的处罚种类、幅度等内容，能够在一定程度上避免铁路行政处罚裁量权被不合理使用，使铁路执法部门和执法人员在执法过程中贯彻防范为主、惩防结合的基本原则，做到社会效果和法律效果相统一，同时也对保障法律法规有效实施、维护社会公平正义具有重要意义。

另外，2021 年修订的《违反〈铁路安全管理条例〉行政处罚实施办法》也值得关注。这次修订的内容主要包括根据《中华人民共和国行政处罚法》（2021 年修订）完善回避、管辖、听证、行政处罚的适用、行政处罚决定书送达或当场执行等行政处罚实施的相关内容；同时，完善部分条款中将处罚改为行政处罚、增加法律法规规章规定前缀等相关表述。

此外，《铁路旅客车票实名制管理办法》中也对铁路运输企业未提供

---

① 参见吴璧君、姜阳、张建平等《高速铁路安全治理法律法规保障研究》，《综合运输》2022年第 2 期。

车票实名制管理必要场地、作业条件等行为设置了行政处罚规定，督促铁路运输企业严格落实车票实名制管理要求，为旅客出行创造安全的运输环境。

2.铁路行政许可持续深化改革减少企业束缚

优化资源配置，通过制定许可法规对铁路行业企业实行统一管理、统一标准、统一流程，深化风险防控，是当前铁路行业行政许可工作的重点方向。《"十四五"铁路发展规划》也对深化铁路行政许可审批制度改革提出新要求。根据这一要求，国家铁路局紧紧围绕深化"放管服"改革，积极实行政府权责清单制度，公布行政许可权力清单，使铁路行政许可行政主体明确自身责任和定位、优化行政资源的配置、提高行政效率，极大减少对企业的束缚，促进铁路运输行业健康快速发展。与此同时，为进一步落实党中央、国务院关于深化铁路行业改革和推进铁路市场化改革的有关要求，国家铁路局着手修订了《铁路运输企业准入许可实施细则》：删除了旧版文件第38条对独立、合作、委托运输经营方式的定义，同步删除申请材料中要求填写的相关内容，明确简化提供申请材料的情形；在"监督管理"章节增加相应条款，要求铁路运输企业落实《中共中央、国务院关于推进安全生产领域改革发展的意见》有关规定，履行安全生产责任保险制度。

此外，为贯彻落实国务院优化营商环境的有关要求，自2017年起，国家铁路局每年都发布《铁路专用设备行政许可企业监督检查计划》，主要内容包括切实规范和加强事中事后监管、督促铁路装备制造维修企业落实安全生产主体责任、防止铁路重特大事故发生等。

总体而言，铁路行政许可的各项规定既致力于保护企业的合法权利，提高企业竞争力，又为企业的发展指明了方向。[①] 今后，铁路领域的行政许可相关法规还将继续明确铁路经营开发的招商范围，规范统一招商程序，实现

---

① 参见吴璧君、王健飞、邢芳源等《铁路行政许可制度优化对策研究》，《综合运输》2023年第10期。

招商交易信息公开透明、操作全过程留痕追溯，力求有效防范经营开发招商廉洁风险。

3. 铁路行政强制缺少明确的执法依据

对铁路客运而言，车站民警和乘警都属于典型的融管理于服务的警种，侧重于服务，打击职能较弱。① 目前，有关铁路运输安全的法律规范大多缺少罚则的明确规定，铁路执法部门相应的行政强制措施较少。在此种情况下，对于部分违反相关法律法规但尚未造成严重后果的行为，铁路执法部门多采取口头教育措施，较少采取行政强制措施，无法有效解决威胁铁路运输安全的隐患。例如，《铁路旅客运输规程》中规定，对霸座或者其他扰乱秩序的行为应当及时报告公安机关。但《铁路旅客运输规程》没有规定，在公安人员到来前，铁路执法人员可采取何种强制措施。此外，对于应当实施隔离管理的、有可能危及列车和乘客安全的情况，《铁路旅客运输规程》也只规定了铁路运输企业可以拒绝运输，但没有说明当实际发生此类情况时可采取的行为手段。近年内新出台的相关法律规范也暂时没有涉及铁路行政强制的单独立法。

（三）我国铁路法治以规范专门法院设计和铁检公益诉讼职能为工作目标

铁路交通具有延伸、辐射的天然特点，根据"构建普通案件在行政区划法院审理、特殊案件在跨行政区划法院审理的诉讼格局"② 的要求，近年来，地方上不断推行铁路运输法院、铁路运输检察院跨行政区域管辖协作，推动整合铁路运输法院等机构。

2024 年党的二十届三中全会审议通过的《中共中央关于进一步全面深化改革　推进中国式现代化的决定》提出，要"规范专门法院设置。深化行

---

① 参见崔向前《论融合视野下的铁道警务行政执法效能优化》，《河南警察学院学报》2022 年第 4 期。

② 习近平：《关于〈中共中央关于全面推进依法治国若干重大问题的决定〉的说明》，《求是》2014 年第 21 期。

政案件级别管辖、集中管辖、异地管辖改革"①。有研究指出："专门人民法院在设立标准上，从过去的服务保障特殊部门或行业，转为'战略+专业'导向，立法上采取概括列举制，遵循法院设置法定原则，按照'中央批准+立法决定'模式设立，根据国家发展战略、产业集中程度、案件类型特点设置审级、科学布局。"② 最高人民法院在部署审判体系现代化时指出，要把重点放在已设立的专门法院如何用足用好政策红利、不断完善功能上。③与此同时，最高人民法院发布的《关于深化人民法院司法体制综合配套改革的意见——人民法院第五个五年改革纲要（2019—2023）》指出，设立跨行政区划法院的工作目标是消除诉讼"主客场"现象，④ 通过科学界定人民法院跨行政区划管辖案件的范围和标准，进一步优化司法资源配置，同时可以利用跨行政区划管辖的优势，实现消除涉诉案件受地方保护和行政干预影响的改革目标，⑤ 确保国家法律的统一实施和法治统一。因此，铁路法院的制度发展中要克服布局规则不明、审判中立不彰、程序不够健全、设置成本较高等问题，⑥ 解决当事人因异地诉讼而面临的问题，满足新时代"枫桥经验"倡导的就近解决纠纷的要求。

近年来，铁路检察院紧紧围绕上级检察院以及政府的安排部署，将加强平安铁路建设、维护铁路安全作为公益诉讼工作重中之重，集中治理了一批违法建筑、违法侵占、违法施工、危险物品侵限等严重危害铁路安全的重点隐患；同时确定了铁路地界红线、安全保护区、沿线安全管控区违法违规行为等三类监督重点。今后，铁检机关在积极回应铁路企业外部环境隐患治理

① 参见《中共中央关于进一步全面深化改革 推进中国式现代化的决定》，中国政府网，https://www.gov.cn/zhengce/202407/content_6963770htm，最后访问日期：2024年12月24日。
② 何帆：《新时代专门人民法院的设立标准和设置模式》，《中国应用法学》2022年第3期。
③ 参见白龙飞《稳中求进，守正创新，以审判工作现代化服务保障中国式现代化》，《人民法院报》2023年7月14日，第1版。
④ 参见程琥《习近平法治思想中的构建新型诉讼格局理论》，《中国法学》2022年第5期。
⑤ 参见方颉琳、王柱国《论铁路检察院公益诉讼管辖模式之构建》，《北外法学》2022年第1期。
⑥ 参见高翔《关于规范专门法院设计的几个问题》，《法制与社会发展》2024年第5期。

诉求的基础上，还要进一步适应经济社会发展要求，顺应公益诉讼发展的新形势，完善公益诉讼新领域探索依据，拓展铁检机关公益诉讼管辖范围，协调铁路法院公益诉讼起诉管辖，[①] 有效发挥铁检机关在维护国家和社会公共利益方面的作用。

二 问题探究：我国铁路交通运输法治发展的不足

（一）我国铁路交通运输立法领域的主要问题

法治是中国式现代化的重要保障。随着我国社会生活环境和铁路发展情况的变化，涉及铁路行业的各项法律、法规、规章不断完善，逐渐扩大、细化规范内容。与此同时，我国铁路交通运输立法领域仍存在一些不容忽视的问题。例如，当前《铁路法》中有关高铁运输安全管理的规定比较零散，未确立高铁安全管理的基本制度，高铁装备的相关许可制度、缺陷产品召回制度等都没有上升到法律层面，也未采用先进的风险管理制度；同时，《铁路法》对推进铁路建设投资的多元化，推动铁路运输的市场化方面内容还缺少规定。[②] 另外，法规、规章及地方性法规对一些现实问题也存在滞后立法的现象，如未设立铁路沿线安全保护区、铁路主管部门与国铁集团责任主体不明晰、国际铁路运输法律体系不统一等。

1. 高速铁路安全立法和地方安全特色立法相对滞后

随着高铁路网规模、客运周转量的快速增长和运营环境的日趋复杂，确保铁路运营安全已经成为国家公共安全的重要组成部分，是铁路必须履行的重大政治责任和社会责任。但是，目前我国有关高铁安全的立法相对滞后，在《铁路法》（修订草案）中没有对高铁安全的问题进行比较全面的上位法

---

① 参见焦军丽、张颖、代新叶《检察公益诉讼拓展新领域的有益探索——以山西铁检机关为例》，《三晋基层治理》2022 年第 3 期。

② 参见丁芝华《〈铁路法〉修订基本问题研究——兼评〈铁路法（修订草案）〉（征求意见稿）》，《南海法学》2022 年第 6 期。

规定，现有的地方政府规章适用范围有限，效力层级不高，难以满足大规模的高速铁路安全运营管理需求。为应对"高速度+复杂安全运营环境"的现实情况、满足高铁安全防护需求，需要高度重视高铁安全系统的法律法规建设。

地方铁路法律法规建设也相对滞后，地方政府的责权利并未在有关法律和法规上得到确立，导致地方政府履行铁路运营管理职能缺乏法规依据，遇到"应履职而不能履职"的困境。① 地方层面的突出问题是，地方性法规的特色欠缺。地方立法应致力于解决地方实际问题，具有针对性，能够体现地方特色。② 但从具体内容来看，不少地方立法的内容是在重复上位法或对其重新排列组合，并未作实质改变，由此便削弱了地方立法在解决地方问题时比国家立法更有针对性、更灵活、更便捷的优势，也降低了地方立法的可操作性，增加了执法和守法的成本。

2. 铁路建设和运输行业市场化机制不健全

近年来，国家加快推进铁路投融资体制改革，鼓励社会资本投资建设铁路，逐步放开城际铁路、市域（郊）铁路、资源开发性铁路和支线铁路的所有权、经营权，推动了地方铁路的迅速发展。为适应地方铁路快速发展需要，亟须结合各地铁路发展实际，加快出台地方铁路建设、运营、安全、改革等法律法规和配套管理办法，为地方政府合法履职提供法规制度保证，推动地方铁路法治化规范化管理。但值得注意的是，我国铁路投资的回报率比较低，如何让社会资本更多参与，成为铁路改革的重点环节。③《铁路法》（修订草案）也充分考虑了该问题，但对于铁路建设投资多元化、公益性运输补偿，以及铁路运输企业的市场主体地位还没有进行明确规定。④ 未来应当确立铁路运输市场化的原则，并规范合资铁路运输监管。

---

① 参见杨磊、赵会军、齐海龙《关于加快完善地方铁路立法的探讨》，《铁道经济研究》2022年第3期。
② 参见封丽霞《地方立法的形式主义困境与出路》，《地方立法研究》2021年第6期。
③ 参见杨磊、赵会军、齐海龙《关于加快完善地方铁路立法的探讨》，《铁道经济研究》2022年第3期。
④ 参见丁芝华《〈铁路法〉修订基本问题研究——兼评〈铁路法（修订草案）〉（征求意见稿）》，《南海法学》2022年第6期。

3.缺乏法律层面有关设立铁路沿线安全保护区的规定

随着铁路里程的增长，实务界对铁路沿线的安全问题愈加关注，但总的来说，高铁线路安全保护区制度等都没有上升到法律层面。对铁路沿线轻飘物和危树的整治是铁路沿线环境安全专项整治三年行动方案中的重点内容，[①] 目前，铁路安全保护区的取土、违法施工、异物侵入铁路建筑限界、破坏铁路设施等危害铁路行驶安全的行为仍然较为突出。例如，2024 年 2 月 20 日，贵州省盘州市境内，威红线红果站至上西铺站间 K66+500 附近垃圾站彩钢瓦掉落在线路上，造成威红线红果站至上西铺站间 XJG 区段出现非列车占用红光带，中断行车 43 分钟，影响货车 1 列。[②] 再如，2024 年 1 月 21 日，贵州省贵阳市境内，贵开线动车组列车运行至相思河—洛湾三江间上行线，司机听见主控车有一声异响，随即采取紧急制动，列车中断行车处，经查，系 4 名未成年人翻越铁路护网，进入铁路线路，在上行线左侧钢轨上摆放道砟，影响铁路行车安全。[③] 针对这些问题，我国《铁路法》第 46 条、第 68 条中涉及的有关铁路违法施工类情况只规定了事后整治的责任主体，缺少对预防主体的规定。

另外，针对铁路沿线安全的立法还存在隐患警示规定不全面的问题，严重威胁出行群众的生命和财产安全，例如，无人机在铁路沿线飞行的安全管理责任规定，仅在《浙江省铁路安全管理条例》第 28 条、《安徽省铁路安全管理条例》第 25 条等地方性法规里有所涉及，而上位法《铁路安全管理条例》中缺乏专门的规定。

4.铁路主管部门与国铁集团责任主体不明晰，落实责任不到位

我国实行铁路政企改革分开后，《铁路法》未完全明确两者之间的关系，在实践中铁路主管部门与国铁集团的职能分工还存在模糊的情况，部分

[①] 参见刘瑞全、刘素《我国铁路安全地方立法的现状评估、问题剖析与因应对策》，《铁道经济研究》2023 年第 1 期。

[②] 参见《安全生产月：九类典型案例警示！铁路沿线安全要重视》，腾讯新闻网，https://news.qq.com/rain/a/20240619A08L3H00，最后访问日期：2024 年 10 月 31 日。

[③] 参见《安全生产月：九类典型案例警示！铁路沿线安全要重视》，腾讯新闻网，https://news.qq.com/rain/a/20240619A08L3H00，最后访问日期：2024 年 10 月 31 日。

省份制定的办法在落实责任方面还不够清晰，特别是监管部门和地方政府约定的监管边界模糊，可操作性不强，[①] 存在宣示性条款多、法律责任条款少等问题。在铁路行业监管职责的问题上，国家铁路监管部门对地方铁路需不需要监管、监管到何种程度、与对国家铁路的监管有什么区别均未明确规定，同时铁路监管部门的权力职责的范围以及执法方式也未曾详细说明。[②]

铁路行业监管职责边界不清晰还体现在上文提到的铁路沿线安全治理问题中。《铁路法》与《铁路安全管理条例》虽然规定了治理铁路沿线安全风险的行政主体为地方人民政府、地方公安机关以及铁路监管部门，但是我国法律没有赋予铁路运输企业对沿线安全风险治理可行使的行政执法权，铁路运输企业与地方政府、铁路监管部门之间也存在的职责不清、权限不够明确等问题，[③] 导致铁路运输企业解决铁路沿线安全风险的能力有所下降，治理难度越来越大。

5. 缺乏统一的国际铁路运输法律体系

在共建"丝绸之路经济带"和中欧班列加速运行的背景下，减少铁路运输法律规则体系壁垒、助力国际贸易畅通、增强铁路运输的市场竞争力，已成为国际铁路运输包括联运行业最迫切的需求。[④] 由于《国际铁路货物运输公约》和《国际铁路货物联运协定》两大铁路运输规则体系并存，亚欧大陆间的铁路货物运输无法在一个统一的铁路运输规则体系下运行。虽然目前中国通过与"丝绸之路经济带"共建国家签署《关于深化中欧班列合作协议》，初步确立了以该协议为框架的国际铁路运输合作机制，但仍然存在诸如铁路轨距及调度信号系统制式不一、货物申报与通关规定烦琐等问题。[⑤] 因

① 参见吴璧君、姜阳、张建平等《高速铁路安全治理法律法规保障研究》，《综合运输》2022年第2期。
② 参见丁芝华《〈铁路法〉修订基本问题研究——兼评〈铁路法（修订草案）〉（征求意见稿）》，《南海法学》2022年第6期。
③ 参见董皓、崔有泉、孙丽君《高速铁路安全环境治理分析》，《中国安全科学学报》2020年第S1期。
④ 参见吕宁宁《"丝绸之路经济带"与统一国际铁路运输法律体系的构建》，《当代世界》2023年第8期。
⑤ 参见吕宁宁《"丝绸之路经济带"与统一国际铁路运输法律体系的构建》，《当代世界》2023年第8期。

此，中国作为亚欧大陆间铁路运输货物的最大来源地和铁路运输大国，应积极参与和推动国际铁路法统一化的立法进程，促进亚欧大陆国际铁路运输形成统一规制、条约及相关法律。

（二）我国铁路交通运输执法领域的主要问题

《提升行政执法质量三年行动计划（2023—2025 年）》指出，要强力整治行政执法的薄弱环节，如执法不严格不规范不文明不透明等突出问题，以提升行政执法质量和效能为目标，加快推进法治政府建设。铁路安全行政执法是保障铁路安全的重要一环，因此在预防与处置层面更要发挥执法人员的主观能动性，以避免问题发生、合理解决突发情况为主。目前，虽然国家铁路局已经发布了《国家铁路局铁路行政处罚裁量权基准》，但在事故调查、建设工程处罚等方面依然存在执法标准不统一的现象。另外，铁路执法系统在提升铁路领域应急处突能力方面，还有一定的进步空间。

1. 执法标准不统一

在执法实践中，时常存在对处罚种类、范围、幅度等进行自由裁量的情形，但因缺少对法律法规、规章中行政处罚裁量的适用条件、适用情形等予以细化、量化而形成的具体标准，导致同类案件不同的执法人员办案处罚差异较大。此外，部分执法人员存在对执法理念理解不足的情况，导致对执法原则的适用出现偏差。[①] 例如，执法人员只注重对《中华人民共和国治安管理处罚法》关于处罚种类、适用以及处罚程序的掌握，但对处罚结果的衡量却不太关注，导致行政复议或行政诉讼频发，行政相对人期待通过复议或诉讼来寻求救济。

在行政执法组织机构方面，由铁路局集团有限公司下设的安全监督管理办公室（简称"安监办"），受各地区监管局委托，承担一般铁路交通

---

① 参见崔向前《论融合视野下的铁道警务行政执法效能优化》，《河南警察学院学报》2022 年第 4 期。

事故的调查处理工作，配合开展铁路运输安全监督检查。这就会导致安监办既直接受企业的领导，又作为地区监管局的机构负责调查事故，容易出现对企业内部原因分析得不彻底、不充分等情况，[①] 不利于执法人员在行政执法中对一般事故责任的认定，造成对铁路工程建设项目违法违规处罚不统一的结果。此外，由于铁路工程建设项目的处罚金额区间大，铁路监管部门得以拥有较为宽泛的行政处罚裁量权，特别是在涉及合同价款达亿元以上的案件时，其自由裁量权甚至可达百万元以上，这无疑增加了"类案不同罚"的风险。因此，对执法人员而言，如何审慎而恰当地运用自由裁量权，有效防范执法过程中的不公正现象和廉政风险，无疑是一项极为严峻的考验。

2.铁路领域应急处突能力欠缺

铁路运输系统具有线路长、站点多、人流量集中的特点，使其易遭受暴力性袭击，也易成为非暴力性突发情况的目标。对于暴力性袭击，当前在与地方公安机关以及铁路相关站段单位的工作协调机制等方面仍不完善，职能部门定位不准、职责不清，特别是重大警情现场处置缺乏规范统一的协调指挥机制，[②] 部门之间的分工配合缺乏衔接，存在盲点、重叠和矛盾等情况，而且部分铁路公安基层所队应急处突预案针对性不强，没有及时更新完善。此外，铁路运输管理部门在防范暴力性恐怖袭击的同时，还应警惕非暴力性恐怖活动。非暴力的袭击方式通过对保障列车运行的各子系统施加影响，以达到影响铁路运输秩序的目的。[③] 例如，针对利用无人机干扰铁路交通的情况，当前缺乏有效的规范措施。我国有关无人机管理的条例主要由中国民用航空局制定，从内容上看这些条例是以无人机有序使用为目标进行规制的，没有关注无人机对公共安全造成的冲击，而且此类条例对无人机操作者的身份缺

---

① 参见章超荣《铁路安全行政执法现状分析及效能提升措施》，《铁道技术监督》2023年第2期。

② 参见张承先、刘晶晶、卢奇伟《铁路公安机关防控个人极端事件策略探讨》，《铁道警察学院学报》2023年第3期。

③ 参见高玉嵩《无人机给铁路反恐带来的风险及应对措施》，《广西警察学院学报》2022年第2期。

少必要的认定，即使存在相关违法违规情况也难以在现行法律体系下进行追责。①

（三）我国国际铁路运输不断推动"铁路提单"机制

《"十四五"现代物流发展规划》中指出，逐步建立适应国际铁路联运特点的陆路贸易规则体系，推动完善配套法律法规，探索使用铁路运输单证开展贸易融资。近年来，"一带一路"陆上跨国贸易中开始采用铁路提单这一新贸易凭证进行交易。铁路提单不仅能够替代运单作为运输合同和收货的凭证，而且货物管控能力更强，融资功能更高，能够满足对货物进行在途交易，以加速资金流转，②这将对国际陆上贸易大有裨益。然而，目前"铁路提单"设想仍缺乏法律支撑。

我国也出现了与"铁路提单"相关的商业实践与司法实践。重庆自由贸易试验区人民法院对于铁路提单持有人提起的物权纠纷案作出一审判决，③支持其确认货物所有权归属提单持有人以及提取货物的诉求。该案也被视为是我国首例"铁路提单"案。在该案中，Y公司委托Z公司通过中欧班列运输车辆，F公司购买了两辆奔驰轿车并持有铁路提单，但Z公司拒绝放货，F公司因此提起诉讼，要求确认车辆所有权并要求交付。本案争议点主要聚焦于"提单持有人是否可以提货"。法院在调查后认为，通过铁路提单流转来实现货物流转在现行物权法上有法律支撑，以铁路提单的流转代替货物流转，该做法不违反法律、行政法规强制性规定，且铁路提单的背书是当事人意思表示的最直接反映，本案F公司与Y公司之间交付铁路提单系提货请求权的转让，应视为完成车辆交付。结合F公司和Y公司所建立的车辆买卖合同这一基础法律关系，应予确认F公司取得车辆所有权。

---

① 参见高玉嵩《无人机给铁路反恐带来的风险及应对措施》，《广西警察学院学报》2022年第2期。

② 参见袁利华《提货权视角下国际铁路提单制度化问题研究》，《北京交通大学学报》（社会科学版）2022年第1期。

③ 参见《〈中国审判〉2020年度十大典型案例之八：铁路提单纠纷案》，网易网，https://www.163.com/dy/article/G26H3B240514C5MG.html，最后访问日期：2024年10月31日。

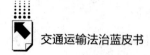

上述首例"铁路提单"案极具参考意义，有利于明确"铁路提单"交易的基本模式与规则，也有利于推进"一带一路"陆上贸易规则的法治化。[①] 然而，铁路提单也存在一些不可避免的问题。在本案裁判下，铁路提单持有人要求承运人交付货物的权利来源并非铁路提单的物权凭证功能，而是合同中所预设的"铁路提单是唯一提货凭证"这一安排，一旦将铁路提单的物权凭证功能与合同安排解绑，铁路提单能否正常发挥其物权凭证效用有待考量。[②] 我国目前不存在关于铁路承运人需要凭铁路提单交付货物的明文规则，作为物权凭证存在的铁路提单实际上未得到制定法的承认。一旦出现纠纷，实际收货人能否直接向承运人提出索赔，实际收货人的权益如何保障，这些也将成为司法实践的难题。[③]

三　策略应对：优化我国铁路交通运输法治的路径

（一）立法完善

1.补足高铁安全监管立法，推进地方铁路立法特色化

进一步修改《铁路法》，是完善高铁安全立法、建立健全地方铁路法规的重要手段。对于高铁相关安全监管制度的补齐可以参考《中华人民共和国道路交通安全法》，在对普通铁路的建设、运营安全规定后，设独立章节明确高速铁路的特别规定，补充高铁安全管理的相关制度，在立法层面提升高铁的安全性。同时要加快推进《铁路交通事故应急救援和调查处理条例》修订工作，全方位多角度完善铁路行业的应急处突工作，提升行业本质安全水平。另外，社会因素也是导致高铁安全事故的主要诱因之一，因此，在立

---

① 参见刘彬、沈敬容《铁路运单与"铁路提单"收货人权利辨析——以"一带一路"倡议为背景》，《区域与全球发展》2021 年第 5 期。
② 参见陈红彦、徐菲《铁路提单物权凭证功能的法律困境及其破解——基于司法裁判的分析》，《华南理工大学学报》（社会科学版）2023 年第 1 期。
③ 参见陈红彦、徐菲《铁路提单物权凭证功能的法律困境及其破解——基于司法裁判的分析》，《华南理工大学学报》（社会科学版）2023 年第 1 期。

法中至少应设置义务性条款，充分发动铁路行业以外的地方政府、部门单位和社会公众等路外力量参与维护高速铁路的安全，提倡社会公民做到全民守法，维护高铁安全运营良好氛围。

目前，地方铁路管理法治化、规范化水平有待进一步提高。一方面，相关的法律法规制度不健全，缺乏管理和法律依据；另一方面部分既有的管理规定不够全面，部分内容过于笼统，已不适应铁路改革发展需要。为落实国家政策要求，适应铁路管理体制改革，也需要加快开展地方铁路立法研究，围绕地方铁路规划、建设、运营、安全、改革等方面制定出台相关管理制度，切实保障地方铁路运输安全畅通，保护人身安全、财产安全和其他合法权益，① 不断提升地方铁路运输安全管理水平，更好地服务和支撑地方经济社会健康发展。同时，在立法理念上应当树立铁路安全的整体性理念，注重在立法中体现铁路安全的整体性和系统性，但在立法内容上，要突出地方立法的地方特色，② 地方需要根据各自实际情况，协调铁路系统之外各地区及各部门之间的工作共同维护铁路安全，真正为铁路安全提供法治保障。

2. 推进铁路建设投资的多元化

优化营商环境也是铁路法治未来的一个关键点。③ 未来铁路改革可以按照公益性与商业性标准对铁路建设工程进行分类，同时也将运输服务视为商业性环节。具体而言，自然垄断环节与竞争性环节由不同的市场主体经营，保障基础设施的供给质量；同时，客运票价和货运运价与市场接轨，并根据行情调节价格，实现各种供给多样化，全方位满足市场需求。另外，铁路行业也应当畅通投融资渠道，引入更多社会资本。例如，可建立一个铁路经营开发招商管理平台，构建全过程信息透明、流程规范、招商公正、监督全面

---

① 参见杨磊、赵会军、齐海龙《关于加快完善地方铁路立法的探讨》，《铁道经济研究》2022年第3期。

② 参见刘瑞全、刘素《我国铁路安全地方立法的现状评估、问题剖析与因应对策》，《铁道经济研究》2023年第1期。

③ 参见杨磊、赵会军、齐海龙《关于加快完善地方铁路立法的探讨》，《铁道经济研究》2022年第3期。

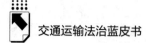

的高标准招商运行体系，① 推动行政化管理向市场化经营、法治化治理转变，全面提升国铁企业经营治理和管理水平，积极鼓励民营企业参与重大交通项目建设。值得一提的是，推动铁路资产经营开发，同样要注重完善管理监督体制机制，为有效解决铁路投融资、铁路债务风险防控等突出矛盾提供一个法律上的根本遵循。

3.完善铁路周边区域安全防护的立法

我国《铁路法》、《铁路安全管理条例》以及《高速铁路安全防护管理办法》中存在条款内容不具有针对性、不够具体的问题。完善铁路沿线安全防护的立法可以从上述薄弱之处入手，针对保护铁路重要基础设施、限制铁路沿线不当行为等内容制定详细规范，以保障铁路运输安全。② 例如，首先，在《铁路安全管理条例》中规定针对漂浮物类沿线安全风险的铁路运输企业和地方政府责任等。其次，通过完善铁路沿线安全信息公开制度，借助社会公众的舆论监督力量，推动铁路监管部门、铁路运输企业以及地方人民政府在沿线安全治理工作上的积极作为，进而提升铁路相关部门在治理铁路沿线安全风险方面的工作效率③；借助公开平台及时汇集公众在铁路沿线发现的安全风险信息，以此弥补铁路巡查人员在风险发现方面可能存在的时滞，确保铁路沿线安全治理工作更为全面和高效。最后，在《铁路法》以及《铁路安全管理条例》中规定沿线地方政府负有与铁路运输企业主动沟通协调的职责，以杜绝地方人民政府的懒政行为，加强与铁路运输企业之间的合作。

4.完善政企合作制度及责任分配制度

为完善政企分开后的合作制度及责任分配制度，应当明确铁路各方的安全管理职责。考虑到铁路运输监管的重要性，需要在法律上对地方

① 参见薛鹏梅《铁路经营开发招商管理平台建设探讨》，《铁道经济研究》2023年第5期。
② 参见章超荣《铁路安全行政执法现状分析及效能提升措施》，《铁道技术监督》2023年第2期。
③ 参见刘阳《铁路沿线安全风险法律规制研究》，石家庄铁道大学2023年硕士学位论文。

铁路监管体制的建立进行一定规范，特别是地方铁路监管机构的地位和职责。① 此外，要厘清铁路行业监管职责，对地方政府、铁路沿线路外企业投资建设的地方铁路、专用铁路和铁路专用线的监管责任主体进行清晰界定，彻底消除跨区域中央垂直管理的铁路行业监管部门与地方铁路行业监管职责之间的交叉与多头管理现象，从而建立起铁路行业监管部门与地方政府之间协调联动、共同管理的良好机制，确保铁路行业的有序发展。②

5. 构建统一的国际铁路运输法律体系

在"一带一路"倡议提出后，研究推进共建国家基础设施互联互通意义重大。针对《国际铁路货物运输公约》和《国际铁路货物联运协定》规则并存而导致的国际铁路运输适用范围、铁路货运运单等规定存在差异的现状，中国可在与"丝绸之路经济带"沿线国家签订的《关于深化中欧班列合作协议》的框架下，积极参与国际铁路运输规则的制定工作，推动铁轨的同轨化和边境通关的便利化等相关机制改革。推动新的统一国际铁路货物运输规则的制定需要对现有规则进行评估，仔细评估两套国际铁路运输法律规则的异同，并视情况确定哪份协定的相关规则应优先保留，以及根据需要增加制定哪些规则。中国铁路总公司也可考虑参与其中，联合有关外国铁路公司对草案实效进行检验，并在反馈中贡献中国智慧，分享中国的实践经验。

（二）执法完善

1. 促进执法标准的统一协调

促进执法标准统一协调是护航法治发展的应有之义，要避免区域内"类案不同办"对司法权威和公信力带来的不利影响。因此，各执法部门应加强执法情况互通，沟通法律、规范性文件和指导性案例的使用情况，探索

---

① 参见丁芝华《〈铁路法〉修订基本问题研究——兼评〈铁路法（修订草案）〉（征求意见稿）》，《南海法学》2022 年第 6 期。

② 参见公续刚《铁路行业监管法治化现状与建议》，《中国铁路》2023 年第 6 期。

建立司法检察案例数据库，为同类案件办理或共性问题提供参考；同时，积极推动铁路执法部门与辖区内地方政府职能部门联合执法，与铁路运输企业、铁路建设企业、铁路设备设施生产企业等建立联动信息平台。[①] 在此基础上，还需要完善行政执法监督制度。《提升行政执法质量三年行动计划（2023—2025年）》第26条指出，要推进行政执法案卷评查等工作，全面落实行政执法责任制。铁路执法部门可通过内部审查类案的处理结果来促进执法标准的统一，并通过责任落实规范和监督执法人员的行为。

在合理使用行政裁量权方面，铁路领域可同样采取"首违不罚"，不断健全行政处罚制度；对于情节复杂或重大违法行为应交由执法行政机关负责人集体讨论决定，保证执法程序严谨合法，执法结果公正公开。铁路监管部门可通过行政执法情况检查、行政复议附带性审查、行政执法投诉举报等方式，加强对行政处罚裁量权基准制度执行情况的监督检查。行政相对人提起行政复议和行政诉讼的，应按照法律规定及时处理，对于行政行为相对人申请听证的，也要按照法定程序启动。此外，还要严格落实行政执法人员资格管理，强化高铁安全执法人员的法律意识及对法条的理解，并加强对特别法定程序、自由裁量权、证据收集、涉法文书制作的学习，[②] 同时定期考核执法人员的专业知识和履职情况，培养执法人员的沟通协调能力，保证执法工作依法合规、尽职尽责。

此外，还要积极推动铁路执法部门与辖区内地方政府职能部门联合执法，并建立行政执法责任制，明确岗位职责，完善失责追究。执法部门可与铁路运输企业、铁路建设企业、铁路设备设施生产企业等，建立联动信息平台，构建沟通协调机制，尤其是高铁行驶速度快，信息数据化的处理要做到及时透明，确保高铁安全执法效率和质量。通过加强对内执法监督，保证执法程序严格遵守法律法规的规定，做到"事前防错，事中监督，事后纠

[①] 参见俞蕾《长三角区域检察协作的实践与探索——以上海铁路运输检察院实践为样本》，《中国检察官》2022年第1期。

[②] 参见章超荣《铁路安全行政执法现状分析及效能提升措施》，《铁道技术监督》2023年第2期。

错"，以提升行政执法质量和效能为目标，加快推进法治政府建设。

2. 提升应急处突能力

铁道警务行政执法担负着保障铁路运输安全与人民生命财产安全的重要使命①。对于铁路领域可能发生的突发情况，铁路公安必须保持清醒头脑和高度警觉，不断增强政治意识、忧患意识和责任意识，自觉投身应急处突常态化训练提升工作中。铁路公安机关应对极端事件的事前、事中、事后处理形成完善的工作流程体系，应从引导参与、源头防控、应急处置和防止扩大四个方面着手。②首先，立足全面防控，组织多种形式的宣传教育活动，传播正能量，充分发挥基层派出所源头防控功能，精准主动防范化解社会风险。其次，创建信息资源库整合共享机制，通过有效整合相关基础数据加大对安检查危工作的督促力度，严防违禁危险物品流向铁路区域，铁路公安机关要加强治安行政管理能力，准确适用执法依据，增强治安案件的查处技能；③事后通过官方媒体平台及时向社会发布信息，防止谣言扩散，及时有效遏制不良影响和社会恐慌。最后，为应对无人机给铁路安全带来的困扰，应扩大禁飞区的范围，将重点设施尤其是铁路运输系统中重点设施的空域设置为禁飞区，防范利用无人机进行的恐怖活动。

（三）司法完善

目前，由于铁路提单尚缺乏法律支撑，我国需要在政策上继续支持自贸试验区积极探索，以期形成更成熟的"铁路提单"商业实践。相关部门可参照海运提单并结合铁路运输的自有特点，研究铁路提单的示范文本，以指导实践。我国法院系统可提供司法案例示例，并随着实践以及相关立法变

---

① 参见崔向前《论融合视野下的铁道警务行政执法效能优化》，《河南警察学院学报》2022年第4期。

② 参见张承先、刘晶晶、卢奇伟《铁路公安机关防控个人极端事件策略探讨》，《铁道警察学院学报》2023年第3期。

③ 参见种昊彤、宋维才《新时期铁路公安基层所队应急处突能力提升策略》，《森林公安》2023年第6期。

化，出台司法解释明确铁路提单的法律属性，明确铁路提单是"承运人保证据以交付货物的单证"，[①] 通过司法实践强化铁路提单物权功能，对铁路提单的商业实践予以反复认可，推动铁路提单法律内涵的巩固。同时，努力发挥我国国际商事法庭在处理"一带一路"共建国家间贸易纠纷中的积极作用，争取形成更加具有广泛国际影响力的涉铁路提单纠纷司法判决。

---

① 参见陈红彦、徐菲《铁路提单物权凭证功能的法律困境及其破解——基于司法裁判的分析》，《华南理工大学学报》（社会科学版）2023 年第 1 期。

B.3
中国公路交通运输法治建设报告
（2022～2024）

裴洪辉　郭熙泽　谷宇浩*

摘　要： 近年来，中国公路交通运输行业高速发展，国家综合立体交通网建设日益完善，但其法治建设仍面临诸多挑战，诸如法律法规体系尚不健全、执法实践标准化不足、监管机制存在滞后性等问题，影响了行业的规范化和可持续发展。本报告基于对公路交通运输法治建设的系统性回顾，梳理了近年来《道路运输条例》《收费公路管理条例》《农村公路条例》等法规的制定与修订情况，并结合《"十四五"现代综合交通运输体系发展规划》等政策措施，分析其对行业治理的实际影响。同时，深入探讨当前执法实践中的痛点，包括地方执法标准不统一、逐利性执法现象仍存、智能执法体系应用尚未完善等，并通过典型案例揭示实践中的法治困境。在此基础上，提出一系列改进策略，包括加快法律法规细化、强化跨部门协同监管、优化执法流程、提高信息化和智能化监管水平以及加强从业人员法治意识培训，以促进公路交通运输法治建设的深化和行业治理能力的提升。通过这些优化措施，旨在推动我国公路交通运输行业向更加规范、高效、公平的法治化方向迈进，为交通强国建设提供坚实的法律支撑。

关键词： 公路交通运输　法治建设　执法规范化　智能监管

---

* 裴洪辉，北京交通大学法学院副教授，主要研究方向为法理学；郭熙泽，北京交通大学法学院硕士研究生，主要研究方向为诉讼法学；谷宇浩，北京交通大学法学院硕士研究生，主要研究方向为民商法学。

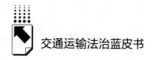

交通运输是国民经济的命脉，是构建新发展格局的重要支撑和服务人民美好生活、促进共同富裕的坚实保障。公路交通运输作为现代交通运输体系的重要支柱，在落实《"十四五"现代综合交通运输体系发展规划》、建设交通强国中占据重要一环。公路交通运输的发展不仅助推区域经济协调发展、提升城乡交通运输一体化水平、改善边境地区交通出行条件、打造城市现代交通系统、优化客运服务、提高货运效率，其发达程度更是映射了一个国家或地区的经济发展状况。我国公路交通运输虽然起步较晚，但近年来发展水平飞速提升，以公路为基础的国家综合立体交通网日趋完善、运输服务质量不断优化，人民获得感和满意度明显提升，不断推动我国经济高质量发展和中国式现代化进程。

预计到 2025 年，公路交通运输领域法治将取得一系列重要进展。第一，基础法律框架不断完善。公路交通运输领域"一法两条例"颁布实施，助力公路交通运输朝着更加规范化、科学化、高效化的方向迈进。第二，执法监督体系更加健全。相关法律法规的不断完善，行政执法有法可依，同时信息化技术的运用，行政执法的力度、准确度和效率进一步加大和提高。第三，行业管理更加规范，公路交通运输行业的市场准入、运营管理、服务质量等方面将得到进一步规范，同时随着法治建设的不断推进，从业人员的法治意识将不断提高，形成良好的法治氛围。

此外，2024 年 5 月，交通运输立法纳入《国务院 2024 年度立法工作计划》，年内完成草案起草工作，将为公路交通运输及其他运输方式提供基本的法律准则和规范，起到统领协调的作用。这不仅能填补我国跨运输方式法规系统的立法空白，还将为综合交通运输体系的法治化发展奠定坚实基础。

一 我国公路交通运输立法现状剖析

现阶段我国正处于加快建设交通强国的关键时期。交通运输领域立法以习近平新时代中国特色社会主义思想为指导，全面贯彻党的十九大、二十大精神，全力协调推动重点领域重大法律法规项目颁布实施，为"十四五"

时期交通运输高质量发展提供有力的法治保障。《交通运输"十四五"立法规划》科学统筹立法工作，围绕加强交通运输行业的法治建设，确保法律、行政法规和规章的有序制定，特别是在公路交通运输领域，①推动《中华人民共和国公路法》《收费公路管理条例》修订及《农村公路条例》的预备制定，实现由建设时代向养护时代的过渡，为公路交通运输高质量发展筑牢法治根基。2022~2024年，我国公路交通运输领域的新制定和修改的法律法规规章规范性文件，主要包含3部行政法规、11部规章以及其他规范性文件。

（一）行政法规

1. 公路交通运输迈向智能化、绿色化、一体化

交通运输是国民经济的基础性、先导性、战略性产业，完善的公路交通运输体系能够降低物流成本，提高资源配置效率，促进区域经济协调发展，更好服务于乡村振兴、区域协调发展、城乡融合发展。《"十四五"现代综合交通运输体系发展规划》提出，到2025年，网络布局方面，公路通车里程550万公里，其中高速公路建成里程19万公里。②主骨架方面，围绕高水平打造"6轴7廊8通道"，提出了建设交通主轴、交通走廊、强化主轴与走廊间衔接，集约利用通道资源等重点任务。基本贯通7条首都放射线、11条北南纵线、18条东西横线，以及地区环线、并行线、联络线等组成的国家高速公路网的主线，提高普通公路质量。枢纽方面，打造枢纽集群、优化枢纽城市功能、完善综合客货运枢纽系统。全球布局方面，打造全方位、多层次、复合型的"一带一路"交通基础设施网络等。公路交通运输领域具体体现在，三级及以上公路的乡镇比重达85%左右；西部地区普通国道二级及以上公路比重达70%，较大人口规模自然村（组）通硬化路比例超

---

① 参见《交通运输"十四五"立法规划 政策解读》，交通运输部网，https：//xxgk.mot.gov.cn/2020/jigou/fgs/202112/t20211209_3630395.html，最后访问日期：2024年5月15日。

② 参见《国务院关于印发"十四五"现代综合交通运输体系发展规划的通知》，交通运输部网，https：//xxgk.mot.gov.cn/2020/jigou/zhghs/202201/t20220119_3637245.html，最后访问日期：2024年12月10日。

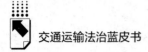
过 85%；加快城乡客运一体化发展，持续巩固拓展具备条件的乡镇和建制村通客车成果；等等。①

到 2035 年，基本建成便捷顺畅、经济高效、安全可靠、绿色集约、智能先进的现代化高质量国家综合立体交通网，基本形成"全国 123 出行交通圈"和"全球 123 快货物流圈"。《"十四五"现代综合交通运输体系发展规划》的实施有利于推动我国交通运输行业的高质量发展，完善我国的综合交通运输体系，提高运输效率和服务质量。从趋势上来看，未来公路交通运输将更加注重智能化、绿色化和一体化发展。

2. 优化运输结构：多式联运发展助力交通运输行业升级

现阶段我国运输结构有待优化。尽管 2018～2023 年，铁路和水路货运量占比由 25.2% 上升到 26.3%，公路货运量占比由 74.8% 下降为 73.7%，但铁路、水路运输的潜力尚未充分发挥，一些地区铁路运输能力不足，港口和大型企业铁路专用线通达性不高，各种运输方式的组合效率、集约效益和整体效能还未充分发挥。②《推进多式联运发展优化调整运输结构工作方案（2021—2025 年）》（以下简称《方案》）的实施，有利于推动各种交通运输方式深度融合，进一步优化调整运输结构，提高综合运输效率，降低社会物流成本，促进节能减排降碳。公路交通运输领域，《方案》提出加快推进港口集疏运公路扩能改造；深入开展公路货运车辆超限超载治理；大幅降低公路集疏港比例；推动在高速公路服务区和港站枢纽规划建设充换电、加气等配套设施。《方案》的实施对于推动我国交通运输行业的发展具有重要意义，但也面临一些挑战。一方面，多式联运的发展需要各部门、各地区之间的协同配合，在政策制定、规划建设、运营管理等方面存在一定的协调难度；另一方面，技术装备水平、信息共享程度等方面的不足也制约了多式联运的发展。

---

① 参见《六部门联合解读〈"十四五"现代综合交通运输体系发展规划〉衔接落实"两个纲要"一张蓝图绘到底》，交通运输部网，https：//zizhan.mot.gov.cn/sj2019/soujiuzx/faguizc_sjzx/202203/t20220304_3644336.html，最后访问日期：2024 年 5 月 17 日。
② 参见方海《有效应对交通运输结构绿色转型面临的挑战》，《学习时报》2024 年 6 月 24 日，第 5 版。

3. 优化罚款规定，推进智能监管

国务院为维护道路运输市场秩序，保障道路运输安全，保护道路运输有关各方当事人的合法权益，促进道路运输业的健康发展，制定《中华人民共和国道路运输条例》（以下简称《道路运输条例》）。自 2004 年 4 月 30 日公布以来，《道路运输条例》历经 2012 年、2016 年、2019 年、2022 年、2023 年五次修订。2023 年的第五次修订对不同的违法行为进行分类细化，根据其危害程度设定不同的罚款数额，更加符合"过罚相当"的原则，使行政处罚更加公平公正。

不合理的罚款可能会增加企业的负担，影响企业的发展积极性。为进一步推进"放管服"改革、优化营商环境，2023 年《道路运输条例》修改了不合理罚款规定，取消和调整交通运输的一批罚款事项，主要包括以下内容。一是对未经许可擅自从事道路运输经营的行为，依据危害性不同，细分为"擅自从事道路普通货物运输经营""擅自从事道路客运经营""擅自从事道路危险货物运输经营"三种情形，分别设定罚款数额。对危害程度较大的道路危险货物运输违法经营行为，保留原有处罚额度；对于危害程度较轻的道路普通货物运输违法经营行为，适度降低处罚额度；对于道路客运违法经营行为，下调起罚数额。二是对未按规定备案的情形分类处罚，并对从事机动车维修经营业务未按规定进行备案，经责令改正拒不改正的，适度降低罚款数额。三是对客运经营者、货运经营者（含道路危险货物运输企业或者单位）不按照规定随车携带车辆营运证（道路运输证）行为不再处罚。四是对客运经营者违法行为进行细化，适度降低处罚数额，合理下调处罚额度，对强行招揽旅客以及货物脱落、扬撒行为明确处罚数额。五是对允许无证经营的车辆进站从事经营活动以及超载车辆、未经安全检查的车辆出站或者无正当理由拒绝道路运输车辆进站从事经营活动的违法行为经营主体分为客运与货运两类，其中对货运站场经营者相关违法行为合理下调处罚额度。六是对外国国际道路运输经营者的违法行为进行细分，对其中未标明国籍识别标志行为，大幅下调罚款数额。

随着电子政务和技术的发展，取消了一些不必要的罚款，防止"乱罚

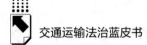

款"的现象，确保行政执法的公平性和有效性，服务保障高质量发展。罚款事项取消后，如何进行有效监管是重点。未来，随着电子政务和信息技术的不断发展，道路运输行业的监管方式将更加智能化。政府部门将更多地利用大数据、云计算、物联网等技术手段，对道路运输市场进行实时监测和分析，及时发现和处理违法违规行为，提高监管效率和精准度。

（二）部门规章

1. 降罚减负，从运输营商环境到行业规范的全方位变革

随着道路运输行业的不断发展、技术的进步以及市场需求的变化，原有的管理办法在管理的精细化、差异化上无法完全适应新的形势和问题。为进一步优化道路运输营商环境，2022 年 2 月 14 日，交通运输部、公安部、应急管理部对《道路运输车辆动态监督管理办法》进行修订。修订的内容主要包括以下几点。一是适当降低罚款额度，明确处罚对象，切实保障货车司机等交通运输从业人员合法权益。从适当降低有关道路运输经营者、监控平台等违规行为的罚款额度，进一步减轻行业企业和从业人员负担，删除在实践中因违法行为较难界定，执法矛盾较多的条款。同时在第 35、36、37 条中明确处罚对象。二是落实国务院"放管服"改革要求，删除标准符合性技术审查相关内容。① 罚款额度的调整和处罚对象的明确，体现了管理的人性化和科学性，能够更好地保障从业人员的合法权益，也有利于提高企业的合规意识。但是，道路运输车辆的动态监督管理涉及多个部门，道路运输管理机构、公安机关交通管理部门、应急管理等部门之间的协同配合，形成监管合力。建立信息共享平台，加强数据交换和沟通协调，提高监管效率和效果。

此外，为加强道路运输从业人员管理，提高道路运输从业人员职业素质，增强管理科学性，2022 年 11 月 10 日，交通运输部发布《关于修改

---

① 参见《交通运输部、公安部、应急管理部关于修改〈道路运输车辆动态监督管理办法〉的决定解读》，交通运输部网，https：//www.mot.gov.cn/2022zhengcejd/202202/t20220223_3642775.html，最后访问日期：2024 年 5 月 15 日。

〈道路运输从业人员管理规定〉的决定》，这是该规定自实施以来的第三次修订。本次修订细化实化了便民减负措施，对道路运输从业人员继续教育、从业资格考试制度、信息化管理制度、高频服务事项"跨省通办"等进行补充和完善。修订内容主要包括调整继续教育范围、加强两类人员管理、优化从业资格考试制度、降低罚款额度。[①]

2022 年修订的还有《网络预约出租汽车经营服务管理暂行办法》。修订背景是 2022 年 7 月 30 日《国务院关于取消和调整一批罚款事项的决定》印发实施。修订内容主要包括取消对未按照规定携带网络预约出租汽车运输证、驾驶员证行为的罚款，下调对未取得相关证件擅自从事或变相从事网约车经营活动等行为的罚款数额，并删除了未按规定携带证件行为的罚款规定。[②] 为规范机动车驾驶员培训经营活动，维护机动车驾驶员培训市场秩序，保护各方当事人的合法权益，2022 年 9 月 26 日《机动车驾驶员培训管理规定》修订，主要内容包括建立备案管理制度、完善教练员管理、规范驾培机构经营活动以及做好与相关法规的衔接，[③] 以推动机动车驾驶培训市场高质量发展。

2.道路运输规定的持续优化：顺应变革，强化管理与服务升级

《道路旅客运输及客运站管理规定》是为规范道路旅客运输及道路旅客运输站经营活动，维护道路旅客运输市场秩序，保障道路旅客运输安全，保护旅客和经营者的合法权益。自 2020 年 7 月 6 日施行后，历经 2022 年、2023 年两次修订。为落实《国务院关于取消和调整一批罚款事项的决定》，依据《关于修改〈道路旅客运输及客运站管理规定〉的决定》删除"不按

---

① 参见《关于修改〈道路运输从业人员管理规定〉的决定解读》，交通运输部网，https://www.mot.gov.cn/2022zhengcejd/202211/t20221114_3709510.html，最后访问日期：2024 年 5 月 15 日。

② 参见《关于修改〈网络预约出租汽车经营服务管理暂行办法〉的决定解读》，交通运输部网，https://www.mot.gov.cn/2022zhengcejd/202212/t20221205_3719512.html，最后访问日期：2024 年 5 月 17 日。

③ 参见《〈机动车驾驶员培训管理规定〉解读》，中国政府网，https://www.gov.cn/zhengce/2022-10/31/content_5722823.htm，最后访问日期：2024 年 5 月 15 日。

规定使用道路运输业专用票证"的罚款规定。交通运输部同一时间发布《关于修改〈道路运输车辆技术管理规定〉的决定》,删除了"关于未建立道路运输车辆技术档案或者档案不符合规定、未做好车辆维护记录行为"的罚款规定,根据相关标准修改、废止情况,对部分标准名称进行了更新。

《道路运输车辆技术管理规定》出台以来,历经 2019 年、2022 年两次局部修订,对于规范道路运输车辆技术管理工作、促进行业健康发展发挥了重要作用。但是随着形势的变化,涉及检验检测的相关要求需作出相应调整,利企便民相关举措也需要上升为规章予以固化。因此,2023 年 4 月 24 日,交通运输部公布了修订后的《道路运输车辆技术管理规定》,全面落实"三检合一"改革要求,强化道路运输车辆安全性能监管,提升道路运输车辆技术管理服务水平①。随着行业的发展,道路运输车辆技术管理将更加注重服务导向,管理部门将不断提升服务水平,为企业和从业者提供更加便捷、高效的服务,提高企业和从业者的满意度。例如,优化审批流程、缩短审批时间、提供在线服务等。

2023 年,为落实《国务院关于修改和废止部分行政法规的决定》,交通运输部对相关领域的规章进行了修订,公路交通运输领域规章修订内容如表 1 所示。

表 1 公路交通运输领域规章修订内容

规章名称	修订内容
《道路货物运输及站场管理规定》(交通运输部令 2023 年第 12 号)	(1)下调"对未取得道路运输经营许可擅自从事道路普通货物运输经营行为的罚款"数额; (2)下调"对货运站经营者对超限、超载车辆配载,放行出站行为中轻微行为的罚款"数额; (3)取消了"对道路货运经营者不按照规定随车携带道路运输证行为的罚款"

① 参见《〈道路运输车辆技术管理规定〉解读》,交通运输部网,https://www.mot.gov.cn/2023zhengcejd/202305/t20230506_3822045.html,最后访问日期:2024 年 5 月 18 日。

规章名称	修订内容
《道路危险货物运输管理规定》（交通运输部令2023年第13号）	（1）取消了"对道路危险货物运输企业或者单位不按照规定随车携带道路运输证行为的罚款"； （2）依据国家机构改革部署，对部分机构名称进行了相应修改； （3）依据近两年新颁布实施的《中华人民共和国安全生产法》，对处罚规定进行了梳理和调整，以与上位法保持一致； （4）根据近两年标准修改、废止情况，对引用的标准名称进行了相应更新
《机动车维修管理规定》（交通运输部令2023年第14号）	（1）下调"对从事机动车维修经营业务未按规定进行备案且拒不改正行为的罚款"数额； （2）依据国家机构改革部署，对部分机构名称进行了相应修改
《国际道路运输管理规定》（交通运输部令2023年第15号）	（1）下调"对未取得道路运输经营许可擅自从事道路旅客运输（含国际道路旅客运输）经营行为中轻微行为的罚款"数额； （2）下调"对外国国际道路运输经营者未标明国籍标识标志行为的罚款"数额
《放射性物品道路运输管理规定》（交通运输部令2023年第17号）	（1）取消了"对道路危险货物运输企业或者单位不按照规定随车携带道路运输证行为的罚款"； （2）依据国家机构改革部署，对部分机构名称进行了相应修改； （3）依据近两年新颁布实施的《中华人民共和国安全生产法》，对处罚规定进行了梳理和调整，以与上位法保持一致
《道路旅客运输及客运站管理规定》（交通运输部令2023年第18号）	（1）下调"对未取得道路运输经营许可擅自从事道路旅客运输（含国际道路旅客运输）经营行为中轻微行为的罚款"数额； （2）下调"对客运班车不按照批准的配客站点停靠或者不按照规定的线路、日发班次下限行驶等行为的罚款"数额； （3）取消了"对道路客运经营者不按照规定随车携带道路运输证行为的罚款"

3.强基护网：保障关基安全，助力交通强国

党的二十大报告明确要求强化网络安全保障体系建设，为保障公路水路关键信息基础设施安全及维护网络安全，2023年4月24日，交通运输部公布了《公路水路关键信息基础设施安全保护管理办法》，明确关基设施管理

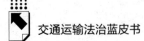
体制、建立关基设施认定机制、压实运营者主体责任、加强对关基设施风险隐患的应急处置、强化事前事中事后监管。[①] 未来对公路水路关键信息基础设施的安全保护管理将不断细化，在认定标准、安全评估、应急处置等方面预计会出台更具体的实施细则和操作规范，以提高管理的科学性和有效性。

（三）规范性文件

2022～2024 年，交通运输部印发《关于进一步加强普通公路勘察设计和建设管理工作的指导意见》，进一步加强普通公路新、改建工程勘察设计和建设管理，确保工程质量、安全、进度和投资效益，推动普通公路高质量发展，打造一流公路基础设施，编制《"十四五"公路养护管理发展纲要》，适应新的形势要求，促进公路养护管理高质量发展。中国银保监会、交通运输部联合发布《关于银行业保险业支持公路交通高质量发展的意见》，完善交通运输资金保障和运行管理体制，提高公路建设融资的市场化和可持续性。

为构建公路交通运输高质量发展标准体系，满足交通量增长需求，保障质量和安全，交通运输部发布了一系列公路工程行业的标准规范，涵盖高速公路改扩建、装配式混凝土桥梁、水下隧道、钢结构桥梁制造和安装、盐渍土地区路基、桥梁支座和伸缩装置养护更换、公路工程岩石、无机结合料稳定材料、集料试验以及农村公路简易铺装路面设计施工等方面，不断完善公路工程行业标准体系。

交通运输部办公厅发布《关于进一步加强公路建设市场信用信息管理和使用有关工作的通知》，加快建设统一开放、竞争有序的公路建设市场，进一步提升信用信息质量，提高行业监管水平，更好地服务市场主体，推进行业高质量发展。

公路收费制度与养护体制改革是公路交通运输领域深化改革的两大部

[①] 参见《〈公路水路关键信息基础设施安全保护管理办法〉解读》，交通运输部网，https：//www.mot.gov.cn/2023zhengcejd/202305/t20230506_3822046.html，最后访问日期：2024 年 5 月 16 日。

分，为加强基础设施养护，发展和规范公路养护市场，深化农村公路管理养护体制改革，交通运输部编制了《"十四五"公路养护管理发展纲要》，以适应新的形势要求，促进公路养护管理高质量发展，更好地服务公众安全便捷出行，服务加快建设交通强国。与此同时，《中华人民共和国公路法》《收费公路管理条例》修订和《农村公路条例》制定工作持续推进，将进一步调整完善收费公路政策，构建与交通强国相适应的收费公路制度体系。

为加强道路交通安全工作，国务院安委会办公室发布《"十四五"全国道路交通安全规划》，交通运输部发布《关于强化道路货物运输重点领域安全管理工作的通知》，强化道路货物运输重点领域安全管理。同时，为加强安全生产管理，交通运输部办公厅发布《关于公路水运工程建设领域落实安全生产强化年工作部署的通知》，最大限度防范遏制各类事故发生，扎实做好工程建设领域安全生产工作。交通运输部办公厅联合公安部办公厅发布《公路安全设施和交通秩序管理精细化提升行动方案》，力争到 2025 年底，实现公路"安全保障能力系统提升、安全管理水平显著提升、交通事故明显下降"的目标，为人民群众出行创造更加安全的公路交通环境。

为贯彻习近平总书记关于大力发展智慧交通等重要指示精神，促进公路数字化转型，加快智慧公路建设发展，提升公路建设与运行管理服务水平，交通运输部发布《关于推进公路数字化转型加快智慧公路建设发展的意见》。

建设交通强国是国家的重要战略目标，公路交通作为交通体系的重要组成部分，需要不断提高建设和管理水平，实现高质量发展。这一系列政策文件和标准规范的发布，是落实交通强国战略的具体行动，有助于构建现代化的公路基础设施体系。此外，完善的标准体系是公路交通运输高质量发展的基础，能够为公路建设、养护、管理等环节提供科学、规范的指导，确保工程质量和安全。当前发布的一系列标准规范，对于提高公路工程的整体水平具有重要意义，但仍需要不断根据实际情况进行修订和完善，以保持其适用性和先进性。在技术不断进步的背景下，公路建设需要加强科技创新，推动数字化、智能化技术的应用，提高建设效率和管理水平。公路数字化转型

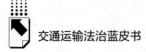

下，自动驾驶辅助、路况实时监测等功能将不断完善。绿色低碳成为必然要求，公路建设和养护注重节能环保新材料、新技术、新工艺的推广应用，加强资源循环利用以降低能耗和碳排放。养护市场逐步规范和壮大，随着公路里程的增加，养护管理重要性凸显，养护市场将规范，企业专业化、规模化水平提高，竞争激烈，同时，政府应加大对养护市场的监管力度，确保养护质量和资金使用效率。

二　公路交通运输领域的司法实践

（一）相关法律及司法解释概览

公路运输纠纷案件涉及领域包括民事、刑事、行政等方面，目前有关公路运输纠纷案件由各级人民法院管辖。在司法裁判中，法院主要引用《民法典》《刑法》《行政法》《行政诉讼法》《公路法》《公路安全保护条例》《道路交通安全法》《道路交通安全违法行为处理程序规定》等法律法规。《民法典》对运输合同作出专门规定，为公路货物运输合同纠纷提供了基本的民事法律依据；《刑法》则对危害公共安全罪中的交通肇事罪与危险驾驶罪等进行了规定，用于刑事领域的案件审判；《公路法》在公路运营许可等方面发挥重要作用。除前述法律法规外，还有部分司法解释，包括 2020 年 12 月 29 日发布的《最高人民法院关于审理道路交通事故损害赔偿案件适用法律若干问题的解释》、2000 年 11 月 15 日发布的《最高人民法院关于审理交通肇事刑事案件具体应用法律若干问题的解释》、2020 年 5 月 6 日最高人民法院、公安部、司法部、中国银行保险监督管理委员会发布的《关于在全国推广道路交通事故损害赔偿纠纷"网上数据一体化处理"改革工作的通知》等。

（二）典型案例剖析

1. 民事领域

公路交通运输领域的民事裁判主要集中在公路货物运输合同纠纷、机动车交通事故责任纠纷、公共道路妨碍通行损害责任纠纷。

被列为中国消费者协会发布 2021~2022 年度全国消费维权十大典型司法案例的张某某诉北京某快递服务有限公司等公路货物运输合同纠纷案①，明确了消费者与物流服务商签订服务协议，物流服务商为消费者匹配物流公司，物流服务商即完成了合同义务。物流服务商匹配的物流公司与消费者之间成立货物运输合同关系，因货物运输产生的相应损失应由物流公司承担赔偿责任。因物流公司系物流服务商匹配，作为物流服务商的合作方，物流服务商与消费者所签服务协议所约定的赔付标准等内容，对物流公司具有约束力。

某保险公司诉陈某某、杨某某、朱某某及林某某机动车交通事故责任纠纷案②中，法院明确在合同有效期内，保险标的的危险程度显著增加的，被保险人应当及时通知保险人，保险人可以增加保险费或者解除合同。被保险人未作通知，因保险标的危险程度显著增加而发生的保险事故，保险人不承担赔偿责任。以家庭自用名义投保的车辆从事网约车营运活动，显著增加了车辆的危险程度，被保险人应当及时通知保险公司。被保险人未作通知，因从事网约车营运发生的交通事故，保险公司可以在商业三者险范围内主张免责。

2. 刑事领域

刑事领域主要司法案例集中在危害公共安全罪中的交通肇事罪与危险驾驶罪。其中关于交通肇事罪的公报案例共 3 例，最高检和最高法发布的典型案例 20 例。如交通肇事案件中，已作为入罪要件的逃逸行为，不能再作为对被告人加重处罚的量刑情节而予以重复评价。其次，吊扣驾驶证期间驾驶车辆属于违反交通运输管理法规的无证驾驶行为，发生重大事故，致人重伤、死亡或者公私财产遭受重大损失的，应当认定为交通肇事罪。

---

① 参见北京市第一中级人民法院（2021）京 01 民终 9779 号判决书。
② 参见福建省高级人民法院（2022）闽民再 429 号再审判决书。

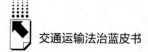

关于危险驾驶罪的主要指导性案例如宋某某危险驾驶二审、再审抗诉案①，对于就同一专门性问题有两份或者两份以上的司法鉴定意见，且结论不一致时，检察人员要注重从鉴定主体的合规性、鉴定程序的合法性、鉴定方法的科学性、鉴定材料的充分性及分析论证的合理性等方面进行实质化审查。

3. 行政领域

（1）行政处罚

公路交通运输领域行政执法涵盖行政处罚、行政许可、行政强制及其他行政行为，行政机关在执法过程中时刻坚持依法行政原则、比例原则、程序正当原则等，在平衡公共利益与个体权益，确保行政相对人的合法权益中发挥着至关重要的作用。

曾某某诉瑞金市公安局交通管理大队行政处罚案②中，行政机关认定曾某实施了"造成致人轻微伤或者财产损失的交通事故后逃逸，尚不构成犯罪"的违法行为。《道路交通安全法实施条例》第 92 条针对交通事故逃逸情形，明确的是民事责任认定规则，并非行政责任认定规则，并非减轻行政处罚的法定事由，逃逸人能否减轻、免除行政处罚，仍应当根据《行政处罚法》第 32 条的规定进行判断。

（2）行政许可

行政机关需要履行告知行政许可期限的义务，若行政机关在作出行政许可时没有告知期限，事后以期限届满为由终止行政相对人行政许可权益的，属于行政程序违法，人民法院将依法判决撤销被诉行政行为。但如果判决撤销被诉行政行为，将会给社会公共利益和行政管理秩序带来明显不利影响的，人民法院将判决确认被诉行政行为违法。张某某诉景洪市人民政府、景洪市交通运输局特许经营许可案③中，法院明确行政机关授予公共交通特许

① 参见《最高人民检察院关于印发最高人民检察院第四十五批指导性案例的通知》，《最高人民检察院公报》2023 年第 6 号。

② 参见江西省赣州地区（市）中级人民法院（2024）赣 07 行终 259 号判决书。

③ 参见《云南高院发布 2021 年度行政审判十大典型案例》，中国网，http：//union.china.com.cn/txt/2022-07/06/content_42027576.html，最后访问日期：2024 年 12 月 4 日。

经营权必须依照法定程序进行，不能违反相关法律法规的规定，未经公开公平竞争程序即将特许经营权直接授予经营者。

（3）行政强制

卢某某诉某交警大队行政强制措施案[①]中，法院明确了扣留车辆时车载货物的处理，当车辆被扣留时车载货物第一顺位处理权主体系当事人，只有当客观上当事人无法自行处理或当事人放弃处理权时，车载物品处理权移交至交通管理部门。就行政强制措施的可诉性而言，如交警强制检验血液行为属于行政诉讼受案范围，为相对人提供了有效的司法救济途径。行政机关在执法过程中，为维护社会管理秩序既要严格，但也要兼顾相对人实际情况，当行政处理存在裁量余地时，应当尽可能选择对相对人合法权益损害最小的方式。如实施扣留等暂时性控制措施不能代替对案件的实体处理，行政机关无正当理由长期不处理的，将构成滥用职权。

（4）其他行政行为

山东省成武县人民检察院督促消除道路安全隐患行政公益诉讼案[②]中通过调查发现交通肇事罪在侵害未成年人犯罪案件中占比逐年增加，严重危害未成年人人身安全。学校周边未按规定设置交通信号灯及其他附属交通安全设施，是导致事故发生的重要原因。《未成年人保护法》规定，政府应当依法维护校园周边的治安和交通秩序，设置监控设备和交通安全设施，预防和制止侵害未成年人的违法犯罪行为。某国际有限公司、湖北某高速公路有限公司诉湖北省荆州市人民政府、湖北省人民政府解除特许权协议及行政复议一案[③]行政机关在订立、履行、变更行政协议时，既要遵循行政法律规范，又要遵循平等自愿、诚实信用、依约履责等一般原则。对行政协议是否应当履行发

---

① 参见山东省济南市中级人民法院（2023）鲁01行终671号判决书。

② 参见山东省成武县人民检察院督促消除道路安全隐患行政公益诉讼案，最高人民检察院网，https：//www.spp.gov.cn/spp/bhsndn/202205/t20220525＿558429.shtml，最后访问日期：2024年12月4日。

③ 参见某国际有限公司、湖北某高速公路有限公司诉湖北省荆州市人民政府、湖北省人民政府解除特许权协议及行政复议一案，湖北省高级人民法院网，hubeigg.hbfy.gov.cn/article/detail/2022/05/id/6684512.shtml，最后访问日期：2024年12月4日。

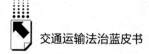

生争议的，负有履行义务的行政机关应当对其不履行义务承担举证责任。行政机关对不履行行政协议的事由，在协议订立时没有作出明确界定或约定，在协议订立后又不能作出合法有据的解释，不能证明履行协议可能出现严重损害国家利益或者社会公共利益的，人民法院应当结合案件情况和客观实际等因素作出对协议相对人有利的解释。

随着公路运输行业的快速发展和技术创新，相关法律和司法解释需要不断进行修订和完善。例如，对于新兴的运输模式如自动驾驶、共享出行等，需要及时制定相应的法律规范，明确各方的权利和义务，以保障行业的健康发展。

三　中国公路交通运输法治的行政执法趋势

公路交通运输法治化需要有大量的立法和行业标准作为治理前提，同时也需要相关的规范标准得到严格执行和普遍遵守，只有这样才能使得"纸面上的法"变为"行动中的法"。如前文所述，在立法方面，我国公路交通运输领域已经有了坚实的基础，继而严格执法就成为推进公路交通运输法治化实现的一个关键环节。

（一）中国公路交通运输执法现状

1.道路交通综合执法体制日趋完善

随着依法治国理念的持续推动，我国的法治建设取得了一系列的突破性进展，各部门法的法制建设处于蓬勃发展的阶段。全面依法治国要求不断深化行政执法体制改革，全面推进严格规范公正文明执法，完善行政执法程序，健全行政裁量基准。强化行政执法监督机制和能力建设，严格落实行政执法责任制和责任追究制度。执法办案越规范，公平正义的实现程度就越高，信仰法治的社会基础就越牢。为了回应实现全面依法治国总目标的要求，并实现公路交通运输管理方面的依法执法，首先要做到的便是在公路交通领域内要做到有法可依。

　　为维护道路运输市场秩序，保障道路运输安全，保护道路运输有关各方当事人的合法权益，我国于 2004 年 4 月公布《道路运输条例》，并历经了 2012 年、2016 年、2019 年、2022 年、2023 年五次修正。2022 年 7 月，国务院印发的《"十四五"全国道路交通安全规划》中提出："完善道路交通安全法律规范体系，完善道路交通安全设施标准和制度，制修订道路安全设施设计、施工、安全性评价等技术标准。加强统筹规划，推进交通安全管理、安全生产、交通运输等领域法律规范、技术标准之间良好衔接。提升执法管理水平与执法效能，提升重点违法违规行为治理能力，加强行刑衔接，严格依法追究相关人员和单位的法律责任。"2023 年 4 月，交通运输部印发了《加快建设交通强国五年行动计划（2023—2027 年）》及分工方案，在十大行动之九"交通运输深化改革提升管理能力行动"中提出，要全面推进交通运输工作法治化，完善交通运输法律法规体系，推动严格规范公正文明执法；要持续深化交通运输大部门制改革，完善适应交通运输一体化发展的体制机制，初步建成统一开放、竞争有序、制度完备、治理完善的交通运输高标准市场体系。同年，交通运输部陆续颁布、修订了《道路运输车辆动态监督管理办法》《公路水运工程质量检测管理办法修订》《交通运输行政执法程序规定》《公路水运工程施工单位主要负责人、项目负责人和专职安全生产管理人员安全生产考核管理办法》《交通运输工程监理工程师注册管理办法》《公路水运工程质量监督管理规定》《交通运输安全生产监督管理规定》等一系列涉及公路交通运输的建设、生产、管理、程序的相关执法规范。

　　2024 年，围绕《道路交通安全法》，国务院及其相关部门出台了《道路交通安全法实施条例》《道路交通安全违法行为处理程序规定》等一系列配套法规，细化了管理规定，为执法提供了更为具体的指导。同时，实施了一系列新的交通法规，如交通违法全面扣分制度、限制用他人驾照代扣分现象等，旨在通过严格的扣分机制提高驾驶人的守法意识，减少交通违法行为的发生。在技术层面上，大数据、人工智能、车联网、电子警察、无人机等先进技术在道路交通执法中得到广泛应用。通过信息化手段赋能精准化执法，建立执法数据统计分析制度，实现执法数据在行政决策、行业监管、优化服务等方面的应用。上述的各种措施，都提升交通管理的精细化水平，为人民提供了更加便捷、安全的出行环境。2024 年，各级交通运输部门深入践行执法为民理念，及时回应企业群众的所需所愿，积极破解从业人员的"急难愁盼"。通过形成一批"执法为民"服务品牌，提升队伍形象和服务质量。通过广泛开展交通安全宣传教育活动，深入学校、社区、企业等场所普及交通安全知识，来提高市民的交通安全意识和法规意识，共同营造安全、文明的道路交通环境。

全面依法治国是治国安邦的基本方略，有法可依是前提，依法执政是关键。目前公路交通运输领域的执法规范已经涵盖了公路交通运输领域的各个方面，执法体制建设趋于完善，规范逐渐细化，满足了有法可依这一前提。在日趋完备的法律体系下，牢牢把握依法执政才能真正实现立法初衷，维护公路运输市场秩序，保障公路运输安全，保护公路运输各方的合法权益。

2. 执法机构的专业化与规范化

2023 年交通运输部公布了《交通运输部 2023 年度法治政府部门建设工作情况》（以下简称《工作情况》）。文件显示，2023 年交通运输部持续深化交通法治建设，进一步深化交通运输综合行政执法改革，坚持以高水平法治服务保障交通运输高质量发展。2023 年，交通运输部依法办理行政复议案件 75 件和应诉案件 115 件。交通运输部梳理行政复议应诉案件基本情况及特点，并针对性提出意见建议，从源头上规范行政行为。针对行政复议案件中反映出的过罚不当、"一刀切"扣车等问题，约谈相关单位，切实提高行政执法规范化水平。为严格把好合法性和公平竞争审查关，交通运输部依法对 63 件党组规范性文件、行政规范性文件、重大行政决策等进行审查。开发线上审查模块，推动流程信息化。选聘法律顾问对 500 余份经济合同进行审查，规范经济合同管理。交通运输部还自觉接受外部监督，2023 年，办理完成 544 件人大代表建议和 224 件政协委员提案，建议、提案答复率100%。主动公开政府信息 474 条，受理政府信息公开申请 286 件。

《工作情况》指出，2023 年交通运输部深化综合行政执法改革。组织召开全国深化交通运输综合行政执法改革现场会，明确深化改革总体要求和工作任务，持续推进落实改革"后半篇"文章。邀请改革牵头部门开展集中调研，研究分析共性问题，推动加快形成权责统一、权威高效、监管有力、服务优质的交通运输综合行政执法体制。交通运输部始终坚持把建设高素质执法队伍作为推动交通运输高质量发展的基础性保障来抓。交通运输部坚持严的总基调，保持正风肃纪高压态势，通报违法违纪案件，发挥反面典型警示作用。组织开展综合执法检查，通过暗访基层执法站所、核查处理问题线索、查阅资料案卷、抽考执法人员、座谈调研等方式，以督促进、以查促改，进一步规范执法行为。同时，聚焦执法队伍素质能力短板弱项，建立线上培训课程体系，举办交通运输综合行政执法局长培训班、组织全国执法队伍轮训、开展"职业道德大讲堂"，以点带面推动执法队伍素质能力整体提升。组织京津冀地区、长三角地区等5个片区共26个试点单位开展区域执法协作试点示范，推动政策制度协同，加强数据信息共享和执法联勤联动，支撑保障区域协调发展战略。建立执法案例指导制度，组织开展行政执法案卷评查和典型执法案例评析，树立"社会效果好、人民群众满意"的好案卷标准。建成并运行部级执法综合管理信息系统，实现27个省份部省系统联网对接，为执法监管协同联动提供数据支撑。

总的来看，我国各项交通运输执法改革的发展稳中向好，但在一片向好的趋势下仍然需要注意以规范的方式积极回应发展中出现的种种执法问题。

（二）中国公路交通运输执法的问题

1. 交警非现场自动化执法方式存在挑战

近年来，人工智能技术的不断创新与应用，数字技术已经广泛地存在于公共行政管理领域。中共中央、国务院印发的《法治政府建设实施纲要（2021—2025年）》中提到"健全法治政府建设科技保障、全面建设数字法治政府"，数字法治政府也成为未来国家发展的新方向。"自动化行政"进入人们的视野，旨在一定程度上免于人工介入，利用自动化系统来承担原本应当由公务人员完成的部分或者全部工作的行政管理活动。自动化行政不断发展的同时，人类也在不断丧失对行政活动的部分控制权，甚至对传统的建立在人的尊严基点之上的公法秩序提出了挑战。① 公路交通执法领域是引入人工智能技术最早且发展最成熟的自动化行政领域，但是其仍面临诸多问题。

首先，执法主体本身的合法性存在怀疑。《行政处罚法》规定，行政机关实施行政处罚时，执法人员应当有两名以上，并且必须具有行政执法资格。根据这一规定，公路交通自动化执法时应该由两名执法人员对违章图像进行筛检，作出处罚决定。但是在实践中往往与上述应有状态相违背，大多是由辅警完成，且多数情况下为一名辅警，在极端情况下审查结果甚至不是由警务人员作出。《道路交通安全违法行为处理程序规定》第23条在程序上确认了执法部门工作人员以外的单位或个人可以提供机动车违法行为的照片或视频。虽然从该规定中可以得出非执法人员拥有调查取证权利的结论。但是，在现实工作中会存在审核违章视频的工作人员缺乏专业的训练和有关资格认定的考核，导致审核人员工作态度不够端正、业务水平不足和技术不够熟练，从而在非现场执法过程中产生许多失误。这类非执法主体所获取的证据是否具备法律效力，且能否作为行政处罚的要件是存疑的。

其次，自动化公路执法的案件的正义性难以保障。自动化公路执法主要依靠大数据背景下的人脸识别、视频追踪、声呐等设备记录行为人在交通道路安全管理中出现的违法行为，并运用自动行政裁量设备作出相应的自动处罚。自动行政裁量算法，是将行政法律规则和相应的处罚结果输入算法中，通过代码转换为特定的裁量因子，从而作出最终的裁量决定。这种方法作出的处罚结果可以说是具有客观性的。但是，在实践中的案例并非都是"教科书式"的案例，法律的生命是经验而不是逻辑，任何一个细微的变化都会影响最终的案件结论，目前的技术并不能完全符合上述对细微变化的判断。比如，在处理"公路超速处罚"案件时，温度、风速、湿度、气压等因素都会影响"声呐"系统的测速结果的准确性。自动化行政将公路执法

---

① 参见章剑生《数字化时代政府治理手段的变革》，《浙江社会科学》2022年第1期。

人员执法行为"标准化""样板化"，在具体细节问题的判断上，无法保障还原事实，其正义性是存疑的。

最后，行政相对人申诉难也是公路交通自动化执法方式需要面对的问题。作为行政法中的基本原则，正当程序原则要求任何行政机关对行政相对人做出影响行政相对人权益的行政行为时，必须遵循正当的法定程序。行政相对人应当被允许对行政机关作出行政行为所依据的事实、证据等提出自己的合理质疑，允许双方在行政行为生效前进行质疑、辩护、反驳等。但是在公路执法过程中，自动化的非现场执法，行政相对人的申辩权往往难以实现。自动化行政程序中如上文所述，其系统处于封闭性和程序性，相对人无法参与到行政行为生效前的任何过程，也意味着其不能在行政行为生效前做出任何有价值的申辩。将案件事实全部交由算法程序来作出最后的结果，往往只能裁量基本的、简单的行为。面对复杂的执法状况，现阶段其不能够化繁为简地解决问题，往往限制了行政相对人正当的权利实现，导致实体公正无法实现，因此自动化的非现场执法方式难免会存在争议。

2. 交通警察执法存在逐利性

交通警察在执法实践中，长久以来都无法杜绝逐利性执法这一问题。2021 年公安部在全国公安交通管理工作会议中提及这一问题，要求"进一步规范交警执法处罚，严禁逐利执法、粗暴执法"。[①] 同年，公安部发布《公安部关于贯彻实施行政处罚法的通知》，要求各级公安机关清除不合理罚款事项以及不符合行政处罚法规定的法规和规范性文件。

从 1990 年到 2024 年，我国汽车保有量从 0.55 亿辆飙升至 4.35 亿辆。[②] 全国公路总里程数创新高，2000~2022 年，全国公路总里程由 167.98 万公

---

① 《赵克志对公安交通管理工作提出要求 坚持以人民为中心的发展思想 扎实抓好防风险保安全保畅通各项措施落实》，公安部网，https：//www.mps.gov.cn/n2255053/n5147059/c7470942/content.html，最后访问日期：2024 年 5 月 10 日。

② 《全国机动车保有量达 4.35 亿辆 驾驶人达 5.23 亿人 新能源汽车保有量超过 2000 万辆》，公安部网，https：//www.mps.gov.cn/n2254098/n4904352/c9384864/content.html，最后访问日期：2024 年 5 月 11 日。

里增长至 535.48 万公里。① 汽车保有量和公路里程数的快速增加导致公路交通违法行为也快速增加，但一线执法人员编制数量并没有随着案件数量增加而增加。警力不足问题较为突出，执法人员不足和交通部门经费不足同交通违法行为的增多形成了一对矛盾关系。面对这种情况，交通运输部门通过增加辅警人员数量和借助智能交通违章监摄管理系统作为辅助执法的手段，来缓解这种矛盾。然而随着辅警人员和电子系统的增加使用，相关的必要经费开支也未完全纳入执法经费保障中。执法处罚与部门经费创收挂钩，会导致逐利性执法与运动式执法现象的存在。

3. 新入职警员执法安全培训需要优化

在交通公路运输执法过程中，不但面临警力、经费不足的问题，还面临着警力素质难以满足高速发展的社会需求。新入职的警员虽然会经历相应的培训课程，但课程的内容并不能保障实战所需。

首先，课程内容与实战需求不匹配。当前，各地组织开展新警培训时，缺乏相关需求的调研，没有从新警的角度设计制作课程内容，以致培训内容与实战需求不匹配，主要体现在以下几个方面。一是培训内容缺乏体系性、系统性。新警执法安全培训课程设置缺乏统一标准，各地组织的培训内容偏向碎片化，缺乏完善的体系，实用性也不高，新警在培训后对警队所处的行业环境、警队背景、工作中需承担的责任和义务缺乏整体感知和系统了解。二是执法安全实战培训类占比少。当前，各地的培训多以面授理论课程为主，实战训练较少，特别是徒手制止、警械制止、强制带离等作为单兵素质重要组成部分的警务技战术培训较少、训练不足。三是培训内容未根据不同岗位做定制化设计。新警大多集中在基础岗位，即执法、事故、宣传、办公室等。2 年内岗位流动率高、基数大、分布广，且大部分岗位工作琐碎、时间长、强度大，无法与其他内勤岗位同时进行有效的线上课程学习，也常常因勤务时间与培训时间冲突，而难以得到统一标准的线下集中培训。

---

① 参见《2022 年交通运输行业发展统计公报》，交通运输部网，https：//xxgk. mot. gov. cn/2020/jigou/zhghs/202306/t20230615_3847023. html，最后访问日期：2024 年 5 月 11 日。

其次，培训形式机械以致培训效果不佳。根据调研情况，当前各地公安交管部门开展新警执法安全培训仍然以集中授课方式为主，多样性、创新性不足，培训效果不佳，具体体现在以下几个方面。一是形式以单一授课方式为主。由教官或特聘专家进行大班集中授课，教学方法包括理论讲解、案例分析和课堂提问等培训形式，培训过程中互动、交流较少，课程知识点缺乏针对性、实用性。二是实训演练课程占比较少。部分地方开展内部培训时多以交管业务和集中授课为主，很少组织开展处理交通事故和涉及查处酒驾、毒驾、冲卡等危险驾驶行为的安全防护演练，重学习、轻练习，训后无法及时巩固学习和记忆效果，遇到紧急和危险情况时应急处置和安全防护仍做不到位。三是缺乏警组协同配合训练。在执勤执法过程中，遇到当事人敌对行为升级，有侮辱、谩骂、推搡、拉扯甚至暴力袭击等行为时，民警和辅警缺乏明确分工和协同配合，无法实现迅速控制并带离的处置效果。

最后，以短期培训为主缺乏对新警成长的持续关注。新警培训往往贯穿新警试用期的整个过程，短期培训无法取得预期效果。目前各地关于新警的培训，往往以1~3个月的集中培训为主，集中培训后则由用人部门实际负责新警安全防护意识的养成和业务能力的提升。但经过短期集中培训的新警，往往还不具备相应工作技能或不适应新的工作环境，仅由所属单位的传、帮、带无法弥补业务能力的不足。

（三）中国公路交通运输执法的完善

1. 健全对行政相对人申辩权的保护

《行政处罚法》第45条规定，当事人有权进行陈述和申辩。行政机关必须充分听取当事人的意见，对当事人提出的事实、理由和证据，应当进行复核；当事人提出的事实、理由或者证据成立的，行政机关应当采纳。行政机关不得因当事人陈述、申辩而给予更重的处罚。在智慧化中国建设中，自动化行政执法蓬勃发展。但是在注重公路执法效率的同时，决不能以牺牲行政相对人的申辩权为代价。保证行政相对人的申辩权必须纳入制度建设的考量之中。明确非现场执法自动化系统在公路执法的过程中处于辅助地位。在系统中，写入"行政相对人申辩内容考量"这一运行程序，并根据申辩内容的复杂性，划入人工介入的界限，当复杂程度较大时，选择人工执法人员介入，对案件进行重新审查，避免作出不合理的行政处罚结果，充分地保障行政相对人合法且正当的申辩权。

2. 加强交通运输管理部门的经费保障

逐利性执法的深层原因是部分地区的交通部门以经济利益为导向，将交通行政处罚作为了部门收入的手段，重罚轻管，以罚代管，运动式执法，忽视交通行政处罚应有的教育意义。同时，部分地区基层管理人员简单粗暴的执法方式也失去了交通行政处罚的教育警示意义。从公众的视角观察这些执法人员与部门的做法，这种"以罚代管"的执法方式完全背离了执法目的，其以逐利为目标，极大地影响了交通管理部门的公信力。

要彻底解决逐利性执法现象这一问题，就必须保障交通运输执法部门的经费充足，使执法人员执法时心无顾虑，以事实为依据以法律为准绳，公正执法。道路交通执法的财政机制需要调整、完善，经费不足问题得不到有效解决，道路交通执法部门的逐利性执法便无法得到彻底解决。公路交通执法部门逐利化执法与其经费保障模式有着密切的联系。尽管目前财政已实行"收支两条线"原则，但本质上还没有彻底摆脱原有模式。要消除逐利性执法现象，实现公正、廉洁执法，应由中央财政来承担其主要经费保障。但是这并不意味着要一味地增加道路交通执法部门的经费投入，需要合理地计算其经费数量，将其界定在合理的范围内，防止过度的经费支出导致其出现财政负担和怠于执法等现象的出现。只有合理地解决道路交通执法部门在经费问题上的后顾之忧，彻底斩断公安交警部门及其执法行为同私利之间的"纽带"，才能从根本上堵住因非公共利益驱使而产生的制度、机制、体制上的漏洞。

此外，在经费保障得到满足后，应当积极开展专项整治活动，如2024年4月至10月，江西省开展道路交通安全和运输执法领域突出问题专项整治工作，相关部门对投诉群众进行逐个回访，找到问题症结后，通过对重点执法人员个别谈话、加强执法人员教育培训、规范执法用语和执法行为等方式立行立改。经过为期 6 个月的专项整治，"逐利执法"、执法不规范、执法方式简单僵化、执法粗暴、执法"寻租"等 5 类问题明显减少，群众真真切切感受到专项整治带来的新变化。应以此专项整治活动为例，在全国范围内因地制宜地推进严格规范公正文明执法。

3. 提升道路交通运输执法人员素质与能力

加强队伍建设、提升素质形象，推动道路交通运输综合执法从"物理整合"向"化学反应"的转变，实现执法人员素质明显提升、执法能力和水平明显提高、执法权威和公信力明显增强、执法队伍社会认可度和群众满意度明显上升，打造一支政治坚定、素质过硬、纪律严明、作风优良、廉洁高效的道路交通运输综合行政执法队伍。

（1）提升政治素质

通过在交通运输行政执法队伍中开展讲政治、优作风、强服务专题教育工作，引导执法人员把好理想信念总开关，牢固树立执法为民的理念，严守政治纪律和政治规矩，确保做到忠于党、忠于国家、忠于人民、忠于法律。进一步加强基层党组织建设，具备条件的可把党支部建在执法大队上，扩大党的组织覆盖和工作覆盖。严肃党内政治生活，严格落实"三会一课"、民主生活会、组织生活会、民主评议党员等制度。充分发挥基层党组织战斗堡垒和党员先锋模范作用。

（2）提升专业素质

推进专业文化素质提升，提高交通运输、法律、管理类专业执法人员的录用比例，鼓励优先提拔使用大学本科以上学历领导干部。通过与高等院校开展合作共建等方式，积极创造条件支持在岗执法人员参加继续学历教育。推进综合业务素质提升，分期、分批对执法人员进行全员轮训，并组织对执法人员进行考试，着力培养跨门类、跨专业综合执法人才，促进各业务门类深度融合，使执法人员逐步全面系统掌握公路路政、道路运政等业务要求。

全面推行公路交通综合执法机构领导干部学法用法制度，领导班子成员每季度安排集中专题法律学习一次，深入学习贯彻习近平法治思想。将宪法、执法常用法律法规知识作为执法人员培训考试的重要内容。采取组织执法人员参加法庭旁听、录制法治学习微视频、开展法治征文等形式，切实提升执法人员运用法治思维和法治方法开展工作、维护稳定、化解矛盾的能力和水平。推进职业道德素质提升。举办"职业道德大讲堂"活动，通过诵经典、讲故事、省自身、谈感悟、作点评等多种形式，引导执法人员模范践行社会主义核心价值观，弘扬中华传统美德和时代精神，树立爱岗敬业、忠于职守、秉公执法、廉洁自律的职业道德精神，切实提升执法人员职业道德素质。

（3）提升执法能力

加强公路交通执法队伍岗位训练。区分年龄、性别和岗位开展执法人员体能达标测试。组织道路执法全过程现场训练，突出现场检查、调查取证、应急处置、案卷制作等模拟训练以及执法信息系统、新型执法装备应用训练。组织执法能力比赛活动，提升考核现场执法能力和水平。组织执法案卷评查活动，制定案卷评查标准，召开分析通报会，通报优秀和不合格案卷，总结经验、分析问题、提出改进措施。提升公路交通执法规范化水平。制定公布并动态更新道路交通运输综合行政执法事项指导目录。落实行政执法"三项制度"，制定重大执法决定法制审核清单，做到道路执法行为过程信息全程记载、执法全过程可回溯管理、重大执法决定法制审核全覆盖。

（4）提升服务质效

拓宽群众监督渠道。搭建新媒体监督平台，畅通政务网站、微信公众号、手机应用程序、便民服务热线等公众参与渠道，聘请群众监督员，发放道路执法评议卡，广泛开展执法效能评议，接受人民群众监督。强化层级监督考核。深入推进道路行政执法评议考核制度，细化考评内容和指标，采取日常督查与专项督查相结合、明察与暗访相结合，不断提升执法考评质量和水平。落实考评结果反馈机制，对优秀单位和个人予以通报表彰；对不合格单位和个人，通过纠正、约谈、通报批评、调离岗位等方式，及时处理，自我监督、自我净化。擦亮执法服务窗口，设立便民服务站，发放便民服务卡，设立公示栏，落实"谁执法谁普法"的普法责任制，加强对交通运输法律法规、相关政策、安全知识的宣传讲解，展示公路交通执法队伍良好精神风貌，以提升执法公信力。

B.4
中国水路交通运输法治发展实践
（2022~2024）

黄赤橙 于淼 梁炎平*

摘 要： 水路交通法治是保障水路运输行业健康发展的基石，但在对外贸易不断增长、绿色物流不断盛行的时代背景下，水路运输行业面临着市场环境变化、技术更新带来的诸多挑战，这必然影响中国水路交通运输相关法律的出台和修订、司法适用以及执法监管。基于此，本报告首先归纳了水路交通运输法律法规的修改历程和规范变化，通过典型案例，分析司法适用现状和提炼总结最新的法律政策内容，进而总结水路交通在立法、司法和执法层面中存在的法律制度缺失问题。展望未来，应加强顶层设计立法，关注新兴领域专项立法；将内河航运纳入海商法规则的适用范围，并增强规则的可操作性；完善执法机制，严格落实监管制度，实行信息化执法改革；关注政策导向，逐步引领水路运输法治的转型升级。

关键词： 水路交通法治 水路交通专项立法 水路货物运输 水路交通执法机制

2024年是深化实施"一带一路"倡议、水运行业蓬勃发展的一年。近几年来，立法机关积极回应水路运输需求，不断提高立法质量，补充修订现有法律，完善制度设计，增强规则可操作性，为水路运输的便利化提供重要

---

* 黄赤橙，法学博士，北京交通大学法学院讲师，主要研究方向为民法学；于淼、梁炎平，北京交通大学法学院硕士研究生，主要研究方向为民商法学。

法治保障，水路交通运输法治建设取得了显著成效。交通运输部提出了完善综合交通法规体系的实施意见，旨在到 2035 年基本形成系统完备、架构科学、布局合理、分工明确、相互衔接的综合交通法规体系。水路领域法规系统作为其中的重要组成部分，由水运基础设施法规子系统、水路运输法规子系统、水上交通安全和防污染法规子系统构成，涉及《中华人民共和国港口法》（以下简称《港口法》）、《中华人民共和国航道法》（以下简称《航道法》）、《中华人民共和国海商法》（以下简称《海商法》）等法律法规。展望未来，为支持引导水路交通基础设施数字化转型升级，有必要加强新兴领域专项立法、严格落实执法监管等工作。

一　中国水路运输发展及法治构建现状

水路运输是一种依靠船舶作为核心运输工具，通过海洋、河流、湖泊等水域进行运输的一种交通方式。水路运输是当前中国乃至全球众多国家的重要运输途径，是经济社会发展的基础性、先导性产业和服务性行业，是综合交通运输体系的重要组成部分。而水路交通法治是保障水路运输行业健康发展的基石，在国家"一带一路"倡议和海洋强国的建设与发展中提供了重要法治保障。近些年来，为统筹推进交通强国建设战略部署，在国家政策指引下，有关机构对《中华人民共和国海上交通安全法》（以下简称《海上安全法》）、《国内水路运输管理条例》等法律法规进行适时修订，增设了与水路运输新形势相适应的制度规范。随着河海航运的蓬勃发展，已经实施了30 年的《海商法》暴露出了内容和体系上的缺陷，《海商法》的修订已经纳入十四届全国人大常委会立法规划，修订《海商法》应把握本国国情、兼顾与国际法接轨，完善修法路径设计，服务于对外贸易和航运经济。①

截至 2023 年末，全国内河航道通航总里程达 12.82 万公里，全国运输

---

① 参见郭萍、黎理《史径望海，借鉴反思：中国海商法回顾与展望》，《中山大学学报》2021年第 2 期。

船舶的总数达到了 118300 艘，这些船舶的净载重量合计为 301000000 吨，而载客能力则达到了 810000 客，这些数据反映了我国水运总量的持续增长以及船舶向大型化发展的趋势。① 2024 年发布的《中华人民共和国 2023 年国民经济和社会发展统计公报》显示，在 2023 年，我国在水路运输领域实现了货物运输量的显著增长，总量达到了 9.37 亿吨，相较于上一年度，增幅达到了 9.5%；同时，以货物吨公里计算的运输周转量也达到了 129951.5 亿吨公里，同比增长 7.4%；在旅客运输方面，2023 年水路运输方式承载的旅客数量大幅跃升，达到了 2.6 亿人次。在对外贸易不断增长、绿色物流不断盛行的时代背景下，水路运输行业也面临着市场竞争、政策限制以及技术更新带来的挑战。②

目前，中国水路交通运输领域在货运量、客运系统、信息化建设、水上交通安全以及水上旅游等方面都取得了巨大的进步和发展。珠江水路运输更是在国家"交通强国"战略的引领和粤港澳大湾区建设的推动下实现了跨越式发展。③ 水路高速客运系统也得到了进一步的发展和完善。同时在全球信息化的背景下，计算机技术、现代通信技术等电子信息技术迅速地改造传统水路运输业的生产、管理和服务，水路交通运输向以信息资源为基础的智能化的新型水路交通发展。这些变化不仅提升了水运行业的整体水平，也为未来的发展奠定了坚实的基础。

二　我国水路交通的立法演变及规范

我国水路交通的立法体系较为完善，涵盖了多个方面，主要包括以下几类。第一，水运基础设施法规子系统。《港口法》规范港口管理、维护港口

---

① 参见交通运输部《2023 年交通运输行业发展统计公报》，《中国交通报》2024 年 6 月 18 日，第 2 版。

② 参见张玉珍、董璐《浅谈新经济形势下水路运输面临的机遇和挑战》，《中国航务周刊》2024 年第 8 期。

③ 参见珠江水运编辑部《2023 年珠江水运发展十件大事》，《珠江水运》2024 年第 1 期。

安全与经营秩序;《航道法》加强航道建设和管理,保障航道畅通;《中华人民共和国航标条例》规范航标的管理和保护,保障船舶航行安全。第二,水路运输法规子系统。《海商法》规范海上运输关系和船舶关系,包括船舶权利、海上货物和旅客运输合同等;《国内水路运输管理条例》规范国内水路运输经营行为和市场秩序;《国际海运条例》规范国际海上运输活动及运输秩序。第三,水路交通安全和防污染法规子系统。《海上交通安全法》规范海上交通安全和应急保障,包括船舶检验登记、船员管理等;《内河交通安全管理条例》规范内河交通安全和应急保障;《船舶和海上设施检验条例》规范船舶、海上设施及船运货物集装箱安全航行、安全作业所需技术条件;《防治船舶污染海洋环境管理条例》规范船舶及其有关作业活动污染海洋环境的防治及事故应急。第四,其他相关法规。如《水上水下作业和活动通航安全管理规定》维护水路交通秩序,保障船舶航行、停泊和作业安全,保护水域环境。

这些法律法规共同构成了中国水路交通的法律框架,旨在规范水路交通行为,保障安全,保护环境,促进水路运输业的健康发展。随着社会的发展和国际环境的变化,这些法律法规也在不断地修订和完善中。下文梳理近几年制定或修订的水路交通法律规范,以反映我国水路交通立法的最新发展。

(一)法律

1.《海上交通安全法》(2021年修订)

2021年4月29日,全国人大常委会对《海上交通安全法》进行了修订。《海上交通安全法》于1983年通过,2016年进行了第一次修正。2021年的修订是为了适应新的发展需求和提高海上交通安全管理水平,对海上交通安全管理、船舶监督、海上交通事故处理等方面的规定进行了完善。

《海上交通安全法》在我国海运领域发挥着基础性的作用,其制度设计的核心内容聚焦于以下几个关键方面:一是强化事前的制度性预防措施,二是加大事中及事后的有效监管力度,三是提升应急处置的能力与效率。本次修订主要聚焦于以下几个关键领域：第一，旨在改善海上交通环境，提高航行条件；第二，对海上交通行为进行规范，以维护良好的交通秩序；第三，加强对行政许可事项的监管，提升管理效率；第四，改进海上搜救体系，提高应急处理能力。此外，修订还加强了责任追究制度，并全面、系统地执行了我国在船舶登记、船舶检验、航行安全、船员权益保护、污染防治等方面所承担的国际海事公约义务。① 在全面依法治国大背景下，修订《海上交通安全法》是维护航运安全、深化"放管服"改革、统筹推进国内法治和国际法治的必然要求。②

2. 《港口法》（2018年修订）

《港口法》是调整中国港口行政管理关系、加强政府对港口实施宏观管理的重要法律，2003 年 6 月 28 日由第十届全国人大常委会通过。其核心内容是：明确地方政府对港口的直接管理职责，并实施政企分离的管理方式；通过港口规划、岸线资源的有效管理以及资源的合理布局，确保港口资源得到高效利用；开放港口建设和经营领域，允许多元化的投资与经营主体参与；确立港口业务经营者的市场准入标准，同时建立保障竞争公开透明与公平竞争的机制；构建旨在维护港口安全及保障其顺畅运行的制度体系。③

2018 年的修订是该法的第三次修订，修订内容主要包括两个方面。首先，为了贯彻落实国务院深化"放管服"改革的精神，进一步聚焦港口主业，对港口经营许可内容进行了精简。具体来说，取消了包括集装箱堆放、拆拼箱以及对货物进行简单加工处理"船舶港口服务"以及"港口设施设备和机械租赁维修"等经营许可相关子项要求。此外，还对保留的港口经营许可的具体内容、条件、程序进行了细化。④ 其次，为了进一步放开港口拖轮经营市场，促进其安全运行，补充完善了港口拖轮经营许可条

---

① 参见徐峰、郑宇立《〈海上交通安全法〉修改评析及相关制度完善建议》，《世界海运》2021 年第 10 期。

② 参见包继来《关于贯彻实施新〈海上交通安全法〉的几点认识》，《中国海事》2021 年第 9 期。

③ 参见《交通大辞典》编委会编《交通大辞典》，上海交通大学出版社，2005，第 449 页。

④ 参见世界海运编辑部《〈港口经营管理规定〉修订解读》，《世界海运》2018 年第 9 期。

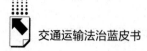

件。这些修订内容体现了我国在推进港口管理现代化、提高港口运营效率和服务质量方面的努力，同时也反映了政府在简政放权、优化营商环境方面的决心。

3.《海商法》

《海商法》是一部调整海上运输活动中的各种法律关系的法律，其内容涵盖了船舶所有权、海上货物运输合同、船舶优先权、船舶留置权、海难救助、共同海损等方面。1992 年公布、1993 年施行以来，随着中国航运业的发展和国际海事立法的变化，《海商法》也面临着不断地修改和完善的需求。《海商法》的修改旨在适应情势变迁和法律自身不足的问题，以实现该法的现代化，扩大适用范围，并使之更加符合国际接轨的要求。[1]《海商法》是一部具有特殊性和国际性的法律，其修改和完善是一个复杂而长期的过程其修订和完善旨在使《海商法》更好地适应中国航运经济的发展和国际海事立法的变化，为中国航运业和外贸业的发展提供坚实的法律基础。[2]

（二）行政法规

1.《国内水路运输管理条例》（2023年修订）

《国内水路运输管理条例》旨在规范国内水路运输的经营活动，维护其市场秩序的稳定，确保水路运输的安全无虞，并推动国内水路运输行业的健康发展。2023 年 7 月 20 日，根据《国务院关于修改和废止部分行政法规的决定》，《国内水路运输管理条例》进行了第三次修订。此次修订的目的是规范国内水路运输及其辅助业务的经营活动，确保市场秩序和运输安全。该条例突出了维护市场秩序的必要性，以推动国内水路运输行业的稳健发展；倡导和保障水路运输市场的公正竞争，禁止任何形式的垄断和不公平竞争，同时激励水路运输企业实现规模化和集约化经营，优化行业结构，强

---

[1] 参见胡正良、孙思琪《我国〈海商法〉修改的基本问题与要点建议》，《国际法研究》2017年第 4 期。

[2] 参见李国光《充分发挥海事司法职能作用推动海商法律体系完善发展——纪念〈中华人民共和国海商法〉颁布实施 20 周年》，《中国海商法研究》2012 年第 3 期。

调保护所有相关方的合法权益。这些修订措施反映了国家对水路运输行业的关注，目的是通过法律制度的完善来增强行业的整体竞争力和提升服务水平。

2.《中华人民共和国内河交通安全管理条例》（2019年修订）

《中华人民共和国内河交通安全管理条例》（以下简称《内河交通安全管理条例》）的目的是强化内河交通安全的监督管理，保持内河交通秩序的稳定，确保人民群众的生命财产安全得到保障，是加强我国内河交通安全管理、促进航运业发展、保护水域环境的重要举措，对于推动经济社会的可持续发展具有深远的影响。2019年3月2日，根据《国务院关于修改部分行政法规的决定》进行了第三次修订。

该次修订进一步强调了"安全第一、预防为主"的管理原则，首先，要求所有在内河通航水域从事航行、停泊和作业的活动都必须遵守这些原则，以保障人员和财产安全；其次，对船舶和浮动设施的航行条件、船员的适任要求进行了更详细的规定，提高了对船舶检验、登记和船员培训的要求，确保船舶和船员能够满足安全航行的需要；最后，对船舶的航行行为、停泊要求和作业活动进行了更加具体的规定，包括对船舶标志、航速、避让规则的明确要求，以及对可能影响通航安全的作业活动的管理和报告要求。修订加强了对危险货物运输的监管，明确了船舶在装卸、过驳危险货物或进出港口时的报告和同意程序，以及对危险货物事故应急预案和应急救援设备的配备要求。对渡口的设置条件、经营者的责任、渡口工作人员的资质要求进行了规定，并对航道、航标的管理和维护提出了更高标准，以保障通航安全。修订明确了船舶、浮动设施遇险时的自救和救助要求，以及海事管理机构在事故调查处理中的职责和程序。修订增强了海事管理机构的监督检查职能，对违反条例规定的行为设定了更为严格的法律责任，包括罚款、没收船舶等措施。这些变化体现了我国对内河交通安全管理的重视，旨在通过法律手段提高内河交通安全水平，预防和减少事故发生，保护人民生命财产安全和水域环境。

2023年10月10日，为进一步加强内河交通安全管理，交通运输部办公厅印发通知，公布《中华人民共和国内河交通安全管理条例（修订草案征求意见稿）》，并面向社会公开征求意见，意在对该规定进一步完善。

（三）部门规章

1.《上海黄浦江通航安全管理规定（2024年）》

2024年7月，中华人民共和国海事局发布《上海黄浦江通航安全管理规定（2024年）》，旨在确保上海黄浦江水上交通的有序进行，优化黄浦江的航行条件，保护船舶、设施以及人员财产的安全。其具体内容包括规定船舶在黄浦江航行的一般要求，即新增船舶在黄浦江航行、停泊、作业应当遵守的一般要求；优化航行规则，完善船舶避碰避让的规定，细化大型船舶航行、靠离码头应采取的安全保障措施，明确游览船和渡船的错峰、避让要求和细化完善船舶航行规则；完善停泊规则，明确船舶在规定时间内停泊的要求和黄浦江通航要素和通航安全技术要求等。《上海黄浦江通航安全管理规定（2024年）》在适应黄浦江通航环境新变化、进一步改善水域通航环境、提升船舶通航效率等方面具有重要意义。

2.《中华人民共和国内河海事行政处罚规定》（2022年修订）

《中华人民共和国内河海事行政处罚规定》的目的是规范海事行政处罚的实施，保护当事人的合法权益，加强并监督水上海事行政管理，以保障水上交通秩序的有序进行，并有效预防船舶对水域的污染。该规定于2015年5月29日由交通运输部公布之后又进行过四次修订。2022年修订明确了针对破坏海事行政管理秩序行为的行政惩罚措施，具体包括对违反安全管理规定的船舶和浮动设施的所有者或经营者的处罚，对船舶检验机构工作人员违规行为的处罚，以及对违反内河船员管理规定的处罚等。

3.《中华人民共和国水上水下作业和活动通航安全管理规定》

《中华人民共和国水上水下作业和活动通航安全管理规定》由交通运输部制定，其目的在于确保水上交通的有序进行，保障船舶在航行、停泊及作业过程中的运输安全，同时维护我国水域环境。该规定自2021年公布之日起施行。

该规定的发布有助于提高安全管理标准，完善水上水下作业的活动程序，确保责任到位，从而确保航行安全，并且能够加强对环境的保护，提高事故应急处置能力，确保一旦发生紧急情况能够及时有效地进行处理。总体而言，规定对于规范水上水下活动、保障通航安全、保护水域环境、促进经济社会可持续发展具有重要的推动作用。

4.《国内水路运输管理规定》（2020年修订）

《国内水路运输管理规定》于2014年由交通运输部发布，2020年根据《关于修改〈国内水路运输管理规定〉的决定》进行修订。《国内水路运输管理规定》主要规范了国内水路运输市场管理，明确了水路运输经营者的资质要求、运输行为规范、监督管理措施以及法律责任，目的是保障水路运输业务中各方参与者的合法权利，推动水路运输行业的持续健康发展。

2020年的修订主要包括以下几个方面的内容：优化政务服务和减轻企业负担，根据船舶最低安全配员标准；优化行政审批层级，下放部分客运许可权限；增加水路货物运输实名制管理和安全检查要求；补充水路旅客运输管理的相关要求等。这些修改旨在进一步规范国内水路运输市场管理，提升政务服务效率，保障运输安全，维护旅客权益，促进水路运输事业的健康发展。

（四）地方性法规及规章

1.《珠江口水上交通安全特别监管区管理规定（试行）》

《珠江口水上交通安全特别监管区管理规定（试行）》（以下简称《特别监管区管理规定》）是由中华人民共和国广东海事局于2024年4月11日发布，并于2024年7月1日正式实施的一项重要规定，有效期为两年。该规定旨在强化珠江口水域的交通安全监管，确保珠江口水上交通秩序，保护人民的生命财产安全，提升海事管理机构服务水平。《特别监管区管理规定》共计33条，内容涵盖15个方面，该规定的目标是维护特别监管区内航行作业以及其他与水上交通安全相关的活动秩序，进一步强化区域水上交通安全治理体系。《特别监管区管理规定》还强调了广东海事局统一实施特别监管区水上交通安全监督管理和服务保障的职责。通过这些措施,进一步优化珠江口的水上通航环境,确保区域内的水上交通安全。

2.《河南省水路交通运输管理办法》

《河南省水路交通运输管理办法》是2023年11月20日由河南省人民政府公布,自2024年1月1日起施行的一部地方政府规章,其明确了河南省水路交通运输发展的统筹协调、科学规划原则,要求县级以上人民政府加强水路交通运输建设,并通过建立全省港口投资运营平台,整合航道、港口、岸线及相关资源,增强港口综合竞争力。

该办法强调了水上应急救援和处置工作的重要性,要求各级政府和有关部门加强水路交通安全管理工作,落实管理责任,并制订运输保障预案,建立应急运输运力储备。办法规定了政府在征收、征用设备设施和财产方面的权利和义务,明确了交通运输主管部门的监督检查职责,并支持港口智慧物流服务平台和区域航运中心建设。对于违反规定的行为,办法制定了相应的法律责任条款,以确保各项规定得到有效执行。

3.《江西省水路交通条例》(2023年修订)

为了有效保护和合理利用水运资源,促进江西省水路交通事业发展,《江西省水路交通条例》于2021年通过,后于2023年由江西省第十四届人民代表大会常务委员会第四次会议进行了修订。该条例共8章64条,对航道和港口的规划、建设、养护、保护,港口与水路运输经营,水上交通安全及监管等方面作了具体规定。条例强化了对水路交通发展的促进作用。一方面,条例将水路交通发展纳入综合交通运输体系发展规划,统筹铁路、公路与水路的全面协调发展。另一方面,条例从促进水路交通转型升级发展等方面提出了具体要求:调整运输结构,推动大宗货物及中长距离货物运输向水路运输有序转移,提高江西省水路货运量占比;促进港航企业规模化、集约化、专业化发展;推进港口布局、运营、管理、服务一体化发展,鼓励省内港口与发达地区港口合作;等等。

（五）水上交通立法状况的评述

长期以来，我国水路运输因为国际海运与国内水运在法律适用上存在差异，形成了各自的法律体系，一直奉行"双轨制"模式。国内水运主要包括沿海和内河货物运输。随着中国国力的增强和市场经济的发展，加之"一带一路"倡议和"长江经济带"战略的推进，国内水运行业迎来了发展的黄金时期，其重要性和地位日益凸显。然而，尽管国内水运市场呈现强劲的发展势头，但相应的法律制度建设却尚未完全跟上，仍需进一步完善。我国水路交通立法问题主要集中在以下几个方面。

1. 法律体系的不完善

随着内河航运的不断发展，现行的水路运输法律体系已不能完全适应实践的需要。特别是 2016 年《国内水路货物运输规则》的废止，致使国内水路货物运输存在着法律上的漏洞，给司法实践带来了诸多法律问题。[1] 自《国内水路货物运输规则》被废止后，规范内河货物运输活动的法律实际上处于空白状态。内河运输法律的不健全不可避免地会导致内河法律适用冲突，需要制定或修订相关法律以填补这一空白。[2]

2. 法律适用的"双轨制"

我国实行国内水路货物运输和海上货物运输法律适用的"双轨制"，这种制度已经不适应现行航运实践。《国内水路货物运输规则》废止后，国内水路货物运输合同的法律适用主要依赖于《中华人民共和国民法典》（以下简称《民法典》）的相关规定，但这些规定缺乏足够的针对性和具体性，无法为合同当事人提供充分的行为规则。[3]

---

[1] 参见吴煦《〈海商法〉修改背景下的国内水路货物运输之立法模式选择》，《中国海商法研究》2019 年第 1 期。

[2] 参见高凡《论〈海商法〉修改背景下内河货物运输的立法模式》，《争议解决》2021 年第 4 期。

[3] 参见潘绍锋《〈民法典〉背景下国内水路货物运输案件审判疑难问题——最高人民法院〈国内水路货运意见〉发布十年回顾与展望》，第四届广州海法论坛论文，广州，2021 年 12 月。

3.《海商法》的适用范围问题

现行《海商法》将国内水路货物运输排除在适用范围之外，导致国际海上货物运输与国内水路货物运输实行不同的法律制度。随着航运业的发展，这种区分越来越显示出其局限性，需要将《海商法》的适用范围拓展至国内水路货物运输。[①]

4. 航运法的制定

我国尚未制定统一的航运法，该法律的缺失使得航运业的法律地位、发展方向、市场规则等方面缺乏明确的法律依据。制定航运法对于规范航运市场、保护航运当事人权益具有重要意义。

5. 法规体系框架结构的优化

根据综合交通法规体系框架结构的要求，需要优化水路法规系统，包括水运基础设施法规子系统、水路运输法规子系统、水上交通安全和防污染法规子系统，以实现法规之间的协调和统一。

6. 法律法规的修订与实施

根据工作安排，需要推动包括《海商法》《港口法》《航道管理条例》《国内水路运输管理条件》《海上交通安全法》等在内的多项法律法规的修订和实施，以适应行业发展需要，完善水路交通法规体系。

7. 新兴业态的立法缺失

随着自贸试验区内河航运改革的推进，新兴业务如沿海捎带等缺乏专项立法，这使得这些新兴业态的法律地位不明确，监管存在空白，需要通过专项立法来规范和保障其合法合规发展。[②]

8. 法律实践中存在疑难问题

在《民法典》施行背景下，国内水路货物运输案件审判中存在诸多疑难问题，如未取得国内水路运输经营资质的合同效力问题、实际从事运输的

---

① 参见黄晶《我国〈海商法〉对国内水路货物运输的适用》，《上海海事大学学报》2018 年第 1 期。

② 参见胡正良、孙悦《国内水路货物合同法律制度：当前主要问题之解决》，《中国海商法研究》2023 年第 1 期。

人的责任问题、承运人留置权问题、不可抗力的认定问题、诉讼时效问题等，这些问题需要法律的进一步明确。[①]

为了解决上述问题，我国应当扩大《海商法》适用范围，将通海可航水域货物运输合同纳入其中，缩小国内水路货物运输与海上货物运输的规则差异；加强国内水路货物运输的顶层立法，规范国内水路货物运输秩序；同时应加强对内河航运改革新兴业态的专项立法，辅之以国内水路货物运输行政监管，保障内河航运创新规范有序。通过上述措施，进一步完善我国水路运输的立法体系，促进水路航运业的健康发展。

综上所述，我国水路交通立法问题涉及法律体系的统一、内河运输立法的空白、现有法规的修订与完善、新法规的制定以及法规体系框架结构的优化等多个方面，需要综合考虑国内外航运市场的发展需求、安全环保要求以及法律体系的协调统一，以推动水路交通立法的进一步完善。

三　水路交通司法情况现状与分析

（一）司法情况概述

我国水上运输案件的审理主要由海事法院负责。海事法院是专门负责审理海事和海商案件的法院，其设置是根据我国的地理特点和水上运输发展的需要而建立的。截至 2024 年，中国设有 11 个海事法院，分别位于大连、天津、青岛、上海、宁波、武汉、厦门、广州、北海、海口和南京。这些海事法院根据地理位置和管辖区域的不同，负责审理各自辖区内的水上相关案件。

海事法院的管辖范围包括沿海和内河水路货物运输纠纷案件，以及与船舶、船员、海上保险、海难救助等相关的海事海商案件。为了提高审判效率

---

① 参见朱元达《无国内水路运输资质对合同效力的影响及认定——上海优利兴国际货运代理有限公司诉铜陵伟博船务有限公司航次租船合同纠纷案》，《航海》2024 年第 5 期。

和专业水平，一些海事法院设立了专门的水上运输审判庭或者海事审判庭，集中审理水上运输相关案件。《国内水路运输管理条例》和《中华人民共和国海事法院组织法》等法律法规对海事法院的设立、职能和管辖范围作了明确规定。海事法院在审理水上运输案件时，会依据《民法典》《海商法》等法律法规，确保案件审理的专业性和公正性。海事法院的法官通常接受专业的法律教育和实务培训，具备处理复杂水上运输案件的专业知识和能力。通过上述设置，我国的海事法院系统为水上运输行业提供了专业的司法服务，保障了水上运输市场的健康发展和法律秩序的稳定。

（二）典型案例分析

1. 夏某某等人重大责任事故案[①]

2012 年 3 月，左某某作为主导，召集了"X 号"等 4 艘平板拖船的十多位股东，经过讨论后共同签署了一份联营合同。在合同中约定，各股东将分别承担日常管理、财务管理、船舶调度以及其他运营任务。尽管这些船只未获得包括船舶检验合格证在内的合法运营资质，它们仍在安化县资江河段的部分水域进行了水路货运车辆运输业务。2012 年 12 月，根据段某某的调度安排，另两位股东操作"X 号"平板拖船在安化县烟溪镇十八渡码头装载了 4 辆货运车辆，计划通过水路航道前往安化县平口镇。由于"X 号"平板拖船没有车辆固定装置，驾驶人员仅在车辆左后轮处使用了长方形和三角形木块防止滑动，并且没有要求司机和乘客离开驾驶室。次日凌晨 3 时左右，当"X 号"行驶至平口镇安平村河段时，因驾驶人员操作不当导致船体侧翻，4 辆货运车辆滑入水库沉没。此次事故造成 10 名司机和乘客随车落水，其中 9 人不幸遇难，直接经济损失达到 100 万元。

根据司法机关的裁判结论，本案的重要意义为，准确认定交通肇事罪与重大责任事故罪。两罪均属危害公共安全犯罪，前罪违反的是"交通运输法规"，后罪违反的是"有关安全管理的规定"。关于两罪的适用问题，需要根

---

① 参见《最高人民检察院第二十五批指导性案例》，高检发办字〔2021〕5 号。

据 2000 年《最高人民法院关于审理交通肇事刑事案件具体应用法律若干问题的解释》第 8 条进行判定。但是上述司法解释针对的是"实行公共交通管理的范围"与"公共交通管理范围外"泾渭分明的情况，而一些区域的性质具有综合性，罪名适用难度较大，两罪的界分问题是该案主要提炼的指导意义。对于从事营运活动的交通运输组织来说，航道、公路等既是实行公共交通管理的范围，也是其生产经营场所；该类企业的运输活动，既是公共交通行为，同时也是生产经营行为；"交通运输法规"同时亦属交通运输组织的"有关安全管理的规定"。交通运输活动的负责人、投资人、驾驶人员等违反有关规定导致在航道、公路上发生交通事故，造成人员伤亡或者财产损失的，可能同时触犯交通肇事罪与重大责任事故罪，认定不同罪名会影响罪与非罪和追责范围的确定。应综合考虑行为人对交通运输活动是否负有安全管理职责、对事故发生是否负有直接责任、所实施行为违反的主要是交通运输法规还是其他安全管理的法规等，准确适用罪名。在具有营运性质的交通运输活动中，行为人既违反交通运输法规，也违反其他安全管理规定（如未取得安全许可证、经营资质，不配备安全设施等），发生重大事故的，由于该类运输活动主要是一种生产经营活动，并非单纯的交通运输行为，为全面准确评价行为人的行为，一般可按照重大责任事故罪认定。交通运输活动的负责人、投资人等负有安全监管职责的人员违反有关安全管理规定，造成重大事故发生的，应认定为重大责任事故罪；驾驶人员等一线运输人员违反交通运输法规造成事故发生的，应认定为交通肇事罪。该案中，夏某某等人违反多项规定在内河非法从事平板拖船营运业务，长期危险作业，生产安全存在巨大隐患，案发当天又存在操作不当行为，最终导致事故发生，应当依法认定为重大责任事故罪。[①]

2. 唐山某物流公司与某财产保险股份有限公司厦门分公司海上、通海水域货物运输合同纠纷案[②]

本案系国内水路运输合同纠纷，重点是唐山某物流公司的货损赔偿责任

---

① 参见元明、黄卫平、郭竹梅等《最高人民检察院第二十五批指导性案例解读》，《人民检察》2021 年第 8 期。

② 参见最高人民法院（2017）最高法民再 69 号民事判决书。

问题。

根据《国内水路运输管理条例》第 8 条和第 33 条的规定①，经营水路交通运输业务，应当经主管部门批准后，发给水路运输业务经营许可证件；相关企业或个人不得未经许可擅自经营或者超越许可范围经营国内水路运输业务。原《中华人民共和国合同法解释（一）》第 10 条规定，当事人仅因为超越经营范围订立合同而主张合同无效的，人民法院应当不予支持。沿海内河运输属于国家许可经营项目，唐山某物流公司没有取得政府主管部门颁发的国内水路运输经营许可证，作为承运人与建某公司订立国内水路货物运输合同，经营国内沿海货物运输，二审判决认定该运输合同无效，符合法律规定。本案系运输合同，即使合同无效，对于已经完成的运输货物无法返还，且涉案货物已经在运输途中灭失，故应当折价补偿。根据原《中华人民共和国合同法》第 58 条规定，尽管唐山某物流公司与建某公司对于涉案运输合同无效均存在缔约过失，但涉案货物灭失系船舶碰撞沉没事故所致，并非缔约过失所造成的损失，与合同无效没有因果关系，合同无效并不影响货损赔偿责任的认定。

3. 某货运代理公司与某航运公司水路货物运输合同纠纷案②

根据某粮油公司与某货运公司签订的物流合同、某航运公司签发的运单背面条款均载明适用《国内水路货物运输规则》（已失效）的相关规定，本案系国内水路货物运输合同纠纷。根据某货运公司和某航运公司的上诉请求及某保险公司的答辩意见，结合法庭的调查情况，本案二审的争议焦点为：一是案涉货物在承运人运输责任区间是否发生货损及货损金额的认定；二是某保险公司能否就案涉货损享有追偿权；三是某货运公司是否应就案涉货损承担赔偿责任及某航运公司是否应承担连带责任。本案中，某粮油公司与某货运公司签订的物流合同主体称谓使用的是"托运方"与"承运方"，且该合同明确约定了托运方和承运方关于陆运部分、海运部分、集装箱货物保险

---

① 《国内水路运输管理条例》已于 2023 年修订，本案的判决时间为 2017 年，2016 年与 2017 年的《国内水路运输管理条例》与现行法在第 8 条和第 33 条的内容上没有变化。

② 参见辽宁省高级人民法院（2021）辽民终 430 号民事判决书。

理赔部分双方的权利义务，还约定了费用结算方式、违约、合同纠纷解决方式等，具备了水路货物运输合同的构成要件和内容。故，某货运公司是案涉货物的承运人，某航运公司是案涉货物的实际承运人。根据某粮油公司与某货运公司签订的物流合同"因货物短少、淋湿、偷盗、侵占、翻车等造成古城粮油公司货物损失的，由某货运公司负责赔偿，且自毁损发生之日起七日内一次性赔偿全部损失"的约定及《国内水路货物运输规则》第45条要求实际承运人被委托履行运输职责的"承运人仍然应当对全程运输负责"的规定，合同承运人某货运公司应就案涉货损承担赔偿责任，实际承运人某航运公司应承担连带责任。

4."德某"轮与"长某"轮船舶碰撞及海难救助等纠纷案①

在长江口北槽深水航道，货船"德某"号与正在执行作业任务的工程船"长某"号发生了碰撞事故，由于现场救援队伍的迅速反应和专业救助，两艘船只及其所载货物均得以成功脱离了危险，避免了可能发生的严重后果。救助方向法院起诉两船相关涉事人员，要求其支付相应的救助费用与报酬；船载货物所有人等相关涉事人员，基于不同请求权，在多地海事法院提起水路交通碰撞损害责任纠纷、船舶租赁合同纠纷等一共9起诉讼。

在审理此案过程中，上海海事法院发现，4所不同的海事法院已分别立案多起与本案相关的船舶碰撞事故案件，而实际上，这些纠纷需统一处理。为此，法院主动介入，促使涉案各方就两船碰撞的责任划分及救助费用初步达成一致。基于这一共识，法院展开了详尽的核算工作，并最终推动了八方当事人达成全面和解协议。

在本案中，上海海事法院积极履行其职责，设身处地，依法细致区分各类债权，并严谨地审核损失细节，从而高效应对了一系列相互关联的纠纷。法院主动召集所有相关案件的当事人，耐心地向他们阐释法律原则，明晰事理，有力推动了各方共识的达成。通过这一系列的努力，法院不仅迅速解决了当前的

① 参见上海海事法院（2023）沪72民初1252号判决书。

争端，还有效避免了"一案结而多案起"及程序繁多但是效率不高的现象，充分展现了海事司法在社会综合治理体系中的关键价值和积极作用。

（三）司法适用评析

随着《海商法》的修订和相关立法的完善，我国水路运输司法体系正在逐步向更加科学、合理的方向发展。例如，《国内水路货物运输规则》的废止和《海商法》修改背景下对国内水路货物运输立法模式的探析，显示了我国在适应水运发展新形势需要、加强和完善水路交通立法方面的努力。此外，对于增设水上交通肇事罪的建议，也是对现行刑法在规制水上交通肇事行为上的一种补充和完善。[1]

然而，我国水路运输司法体系仍存在一些问题和挑战。一方面，我国对国内和国际海上货物运输实行的是两套不同的法律制度，这种"双轨制"模式导致了法律适用上的混乱和不一致性。另一方面，尽管《海商法》的修订被列入立法规划，但如何具体适用到内河运输以及如何界定承运人责任等问题仍然引起广泛关注。[2] 此外，国内水路货物运输合同法律适用问题的研究表明，现行法律体系在处理水路货物运输纠纷时存在缺陷，如我国《民法典》对于该领域的调整就不具有针对性，仅具有较为简单的规定。[3]

《国内水路货物运输规则》废止后，司法裁判在认定实际承运人与承运人负连带责任的问题上存在诸多问题，也探寻了相应的解决办法。第一种方案，当事人的合同约定了适用《国内水路货物运输规则》时，认定该约定有效从而适用相应规定。第二种方案，认定《国内水路货物运输规则》的内容构成水路运输惯例，从而适用《民法典》第 10 条，即习惯可作为民法

---

① 参见李思墨《我国刑法增设"水上交通肇事罪"的立法建议》，吉林大学 2018 年硕士学位论文，第 17~18 页。

② 参见张涛《〈海商法〉能否适用于内河运输——完善水运海商法律体系的专家探索》，《中国水运》2019 年第 2 期。

③ 参见滕鹏《我国国内水路货物运输合同法律适用问题研究》，大连海事大学 2020 年硕士学位论文，第 8 页。

的法源，从而适用相应规则。第三种方案，认定实际承运人为共同受托人，依据《民法典》第932条，判定承运人和实际承运人承担连带责任。司法实践中的上述方案均可一定程度解决所涉问题，但最根本的解决方案还是在于完善水路货运法律制度。在立法尚有困难的情况下，可通过指导性案例、司法解释等方式指引法律适用。[①]

既有研究基于对裁判文书的实证分析，指出了适用《民法典》不能满足水路货运纠纷的实践需要，《海商法》的修订可一定程度解决问题，将国内水路货物运输合同作为海上货物运输合同章的一节，对国内水路货运合同作出特别规定，同时可援引该章其他规定。此外，国内水路货运案件应当统一由海事法院管辖，避免同时由海事法院和基层人民法院审理而出现法律适用不统一的问题。[②]

四　水路交通执法领域政策呈现与评析

（一）水路执法现状

第一，交通运输综合行政执法改革基本完成。目前，交通运输综合行政执法改革基本完成，形成了交通运输新型执法体系，各省份根据实际情况专门设置了综合行政执法机构并划分了明确的职责。

第二，加强水路客运安全管理。交通运输部强调加强"三基"建设，即基层、基础、基本功建设，建立客船检验、客船经营资质、客运码头等相关信息共享机制，加大资金倾斜力度，加强安全监管和救捞力量，保障执法、救捞船艇、车辆、装备配备。[③]

---

① 参见王宁《实际承运人负连带责任司法认定的二元路径——以〈国内水路货物运输规则〉废止后为视角》，《世界海运》2024年第6期。

② 参见黄晶《中国水路货物运输案件司法诉讼现状、特征及启示——基于中国裁判文书网案例的实证分析》，《中国海商法研究》2021年第2期。

③ 参见《交通运输部关于进一步加强水路客运安全管理的通知》，交水规〔2020〕13号。

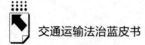

第三，确立法治政府部门建设目标。到 2025 年，交通运输部门行政行为全面纳入法治轨道，职责明确、依法行政的政府治理体系日益健全，综合交通法规体系进一步健全，严格规范公正文明执法全面落实。①

第四，开展水路运输及其辅助业核查工作。各地交通执法机构正在开展水路运输及其辅助业核查工作，重点关注危险品船、客船运输、脱管船舶等重点领域，聚焦海务人员、机务人员、高级船员配备和履职情况，自有运力配备，船舶登记证书和检验证书等重点环节。

第五，集中整治水路交通违法行为。例如，安徽省开展了"护航 2024" 1 号和 2 号行动，聚焦行业重点领域，强化安全隐患排查治理，优化执法监管服务，依法排查整治了一批水上交通安全隐患、查处了一批违法违规行为。

第六，构建全要素水上"大交管"模式。交通运输部海事局印发《全要素水上"大交管"建设工作方案》，统筹构建全要素集成的水上"大交管"管理模式，加快推进构建现代化、智能化水上交通动态管控新格局。

第七，执法队伍质量效能转变。交通运输法治工作的总体要求是推动执法队伍从数量规模向质量效能转变，深化交通运输综合行政执法改革，从严落实执法规范化长效机制，着力深化"四基四化"建设。

综上所述，我国水路交通执法现状表现为执法改革的完成、安全管理的加强、法规体系的完善、违法行为的集中整治以及执法队伍质量效能的转变等，整体上呈现规范化、现代化和智能化的发展趋势。

（二）水路执法政策

1. 水路运输指导政策

政府为推动内河水运和船舶技术的创新发展，制定了一系列政策文件，确立了明确的发展目标和方向，并提供了政策支持。

---

① 参见《交通运输部关于进一步深化交通运输法治政府部门建设的意见》，交法发〔2021〕
125 号。

《交通强国建设纲要》制定了我国交通建设发展的具体战略，突出了持续提高交通基础设施的建设质量、技术装备的现代化水平、科技创新的驱动力，以及推动智能化和绿色化发展的关键性作用。《国家综合立体交通网规划纲要》和《"十四五"现代综合交通运输体系发展规划》进一步明确了实现交通网络数字化、网络化、智能化和绿色化的目标。提出了完善电子航道图、建设智慧航道、推广绿色智能船舶、加强船舶智能技术研发等措施。

为深入贯彻落实交通强国战略部署，推动我国内河航运发展，《内河航运发展纲要》提出了应当建设现代化内河航运体系，提高运输船舶专业水平，并加快推进新能源和清洁能源船舶的广泛应用。2022年《关于加快内河船舶绿色智能发展的实施意见》提出的发展目标是，到2025年，我国绿色动力关键技术取得突破，船舶的装备智能化水平明显提升，内河船舶绿色智能标准规范体系基本形成。

为推动实施扩大内需战略，构建双循环相互促进的新发展格局，《扩大内需战略规划纲要（2022—2035年）》强调，要加速推进交通基础设施的建设进程，构建一个以铁路作为核心骨架、公路作为坚实基础，并充分发挥水运与民航各自优势的综合立体交通网。提升水运综合优势，构建世界级港口群，加快内河高等级航道网建设，构建综合交通枢纽体系。

2023年，《关于加快智慧港口和智慧航道建设的意见》印发，文件强调，到2027年，建成一批世界一流的智慧港口和智慧航道，以推动全国港口和航道基础设施的全面数字化。同时，加速内河电子航道图的开发进程，确保跨省航道与通航建筑物之间能够实现协同高效的调度管理，提升内河高等级航道在公共信息服务方面的智慧化水平。

2024年，财政部、交通运输部印发《关于支持引导公路水路交通基础设施数字化转型升级的通知》，该通知的核心目标是全速推进交通强国与数字中国战略的实施，努力实现水路交通基础设施向数字化、智能化的根本性转变与创新融合，以期激发新型生产力的强劲增长与繁荣发展。其核心聚焦于推动交通运输迈向高质量发展新阶段，旨在构建新型可持续交通体系。同

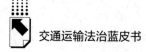

时，积极推动公路与水路等领域的创新应用部署，以此促进水路公路交通基础设施向更加智慧、更加安全的方向拓展，并深化产业间的融合共生。此外，还着重于交通运输行业的流程优化、系统性重构与制度性创新，旨在显著提升公共服务的供给能力、行业管理的运作效率以及产业间的协同创新活力。

2024年，《国家发展改革委办公厅等关于做好2024年降成本重点工作的通知》提出，调整优化运输结构；积极推动多式联运的蓬勃发展，通过鼓励并引导实施"单一文件"处理与"单一集装箱"运输制度，来优化多式联运流程。同时，加速推进港口等专用线路的建设，以促进大宗货物及中长距离货物运输从公路向水路的有效转移。

这些政策文件协同构建了推动中国内河航运与船舶技术革新发展的政策支撑体系，提供了实现目标的政策保障。随着这些政策的实施和技术创新的推进，中国内河航运业将迎来更加绿色、智能、高效的新时代。

2. 其他水路执法政策

我国水路执法政策还包括加强水路运输管理、维护运输秩序、提高运输效率等方面，具体政策内容包括以下几个方面。

（1）加强准入管理

交通运输主管部门根据水路客运市场运力供求关系、客运企业安全管理能力、安全记录和诚信记录等因素，强化市场管理，并在重点水域实施严格的省际客运市场宏观调控政策，促进集约化、规模化经营。

（2）强化船舶检验与船员管理

船舶检验机构须严格船舶检验，提升检验质量，严禁对违规改装、改建船舶发放检验证书；海事管理机构应加强船员职业资格管理，增强实操能力考核，并研究建立船员信用信息管理系统。

（3）强化水路运输经营者的责任

水路运输经营者严禁超载，严禁私自改装客运或危险品运输船舶，严禁接纳携带或托运国家明令禁止的危险物品及其他违禁品的旅客登船，同时应当具有规定的经营资质条件。违反相关规定的，水路运输经营者应当承担相应的责任。

（4）优先保障紧急运输

水路运输经营者在发生紧急危险情况时，应优先运送处置突发事件所需物资及相关救援人员，并服从交通运输主管部门的统一组织协调，建立运输保障预案和运力储备。

这些政策体现了我国政府对水路运输行业的规范管理和发展引导，旨在确保水路运输安全、高效运行，同时促进行业的健康发展。

（三）水路执法评析

我国水路执法政策主要围绕宏观政策指导、加强水路运输管理、维护运输秩序、提高运输效率等方面展开，在不断加强准入管理、严格船舶检验与船员管理的同时，强化水路运输经营者的责任，优先保障紧急运输，加强监督检查与信息报送。这些政策为规范国内水路运输经营秩序，引导行业规模化集约化发展，提升行业安全水平，促进国内水路运输业高质量发展保驾护航。

但是我国水路交通执法也面临着挑战。第一，执法智能化与信息化水平有待提高，水上交通执法在智能化和信息化方面还有提升空间。一些地区已经开始尝试通过建设水上电子卡口系统等手段来提高执法效率和智能化水平，但仍需进一步推广和完善。第二，执法取证难，在水上交通执法中，违章识别难、执法取证难是一个突出问题。为了解决这一问题，需要加强执法网络系统的建设，提高执法的智能化水平，以便更有效地进行违章识别和取证。第三，管控手段不足，水上执法存在管控手段少、威慑力不足的问题。为了增强执法的威慑力，需要创新执法模式，比如通过信用监管等手段来提高违法成本，从而增强执法效果。第四，安全责任体系需完善，强化企业安全生产主体责任落实是水上交通安全管理的关键。需要严格航运公司安全管理体系审核，强化体系运行监督管理，督促航运公司尤其是运营"四客一危"船舶的航运公司，切实加强安全管理。第五，风险防控和隐患排查治理，防范化解重大风险和深化重大隐患排查治理是水上交通安全管理的重要

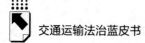

任务。需要摸排重点领域系统性、区域性、突发性安全生产风险，并严格实施重大隐患挂牌督办、整改销号。第六，重点领域监管需加强，在水上涉客运输、载运危化品船舶、商渔船防碰撞等重点领域，需要加大监管力度，严格执行相关安全规定，提高监管效率和效果。第七，基础支撑保障能力需要提升，应通过强化基础保障能力建设，包括建设水上交通综合监管指挥系统、推进智慧海事工程建设、加强水上交通安全监管设施建设等措施，提升水上交通执法能力。第八，监管执法需规范，需要完善水上交通安全执法制度和程序，依法严格查处违法违规行为，加大"四不两直"、暗察暗访、突击检查、"双随机"抽查力度，健全联合执法机制，加强安全监管信息互通共享。

综上所述，水上交通执法在提高执法效率和智能化水平、加强风险防控和重点领域监管等方面存在一些问题，需要通过技术创新、制度完善、人员培训等多种措施来解决。在执法监管上，需要充分发挥水路交通运输综合执法监督平台的功能，加大水上交通运输违法行为的打击力度，严格落实监管制度，杜绝执法人员不作为、乱作为行为，保障水路交通和谐向好发展。同时要加强执法队伍专业化建设，提升执法人员的能力水平，确保依法行政，保障行业稳定。水路执法领域还需要进一步加强信息化建设，利用科技手段提升执法效率和质量，如通过智慧执法出实招，加强信息化工作的应用和推广。这些问题的解决需要相关部门加强协作，建立健全的法规体系和执法机制，提高执法效能，确保水路交通运输的安全、有序和可持续发展。

五　2024年中国水路交通法治发展展望

展望未来，我国将进一步巩固完善水路交通法治建设，不断提高国家治理体系和治理能力现代化水平。在立法层面上，需加强顶层设计，将内河航运纳入《海商法》调整范围，并推进新兴领域专项立法；在司法层面上，对多式联运合同可通过扩张性解释的方式，缩小内河航运与海上航运规则的差异，淡化"双轨制"模式的影响，实现法律适用上的统一；在执法层面上，需进一步完善水上执法机制，严格落实监管制度，加强数字化执法建设，提升执法效益。

（一）立法层面

1. 加强顶层设计，填补国内水路货物运输领域的立法空白

原《国内水路货物运输规则》被废止后，实践上主要适用《民法典》合同编的条文来对国内水路货物运输合同进行规制，但是这种规制往往缺乏针对性和可操作性，国内货物运输合同法律制度缺失。由于《国内水路货物运输规则》已被废止，国内水路运输合同在法律依据上出现了空白，因此有学者建议将此类合同纳入《海商法》的管辖范围，以填补这一空白。但是由于国内水路货物运输与海上货物运输在地域范围、国内法与国际法接轨方面等规则上的差异，《海商法》难以满足国内水路运输的具体需求，长远来看，仍需总结国内水路货物运输规则的实践经验，逐步制定一部既能反映其特殊性，又能与海上货物运输合同法律制度相衔接的单行法。

2. 扩大《海商法》调整范围，将内河航运纳入《海商法》体系

受《海商法》调整范围的限制，国内涉及内河航运纠纷案件中存在诸多《海商法》调整范围以外的法律关系，并且，现行《海商法》存在一些具体制度或内容不明的立法缺漏，难以满足国内水运实践和司法实践需求。《海商法》在适用过程中衍生出的本土性，催生了内河航运纳入海商法体系的内在动力，而海事法院的司法实践则为内河航运纳入提供了现实性基础。① 因此，有必要将内河航运纳入《海商法》的调整范围，同时注意规范配置的合理性和立法理念的更新。

3. 与时俱进，推进水运新兴领域专项立法

随着自贸试验区内河航运改革的推进，自贸试验区正在探索允许外籍国

---

① 参见马得懿《法典的体系化和民族性：海上货物运输合同立法的实证研究》，《厦门大学学报》2023 年第 1 期。

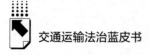

际航行船舶开展沿海捎带业务，并推动自贸试验区国际船舶管理服务创新试点，① 新兴业务如沿海捎带等领域缺乏专项立法以及电子商务和数字化技术的普及，实在法已经难以规制新兴领域发展引发的伴生问题，无法适应数字化时代的海商交易需求。立法机关可采用实证分析的方法，归纳总结司法和执法实践中的突出问题，授权行政机关先行立法试点，渐进式形成新兴领域专项立法。

（二）司法层面

1.扩张性解释多式联运合同，缩小规则适用差异

《多式联运单证统一规则》中已经明确了内河货物运输与海上货物运输之间的区别，但是在内河货物运输合同法律制度缺失的情况下，多式联运合同的扩张性解释为司法适用提供了合理的路径，由此缩小内河货物运输与海上货物运输"双轨制"模式的规则差异，在司法领域实现法律适用的统一。

2.发挥指导性案例的司法尺度作用，提炼适用于个案的规则

目前，经过长期的探索和实践，我国的案例指导制度已经形成了专题式发布的模式，特别是"人民法院案例库"的建设实践为指导性案例适用提供了必要基础。从法律效果看，可以通过类型化的案例数据，提炼个案的适用规则，弥补法律漏洞，推动疑难案件的解决。②

（三）执法层面

1.完善执法机制，严格落实执法监管制度

传统执法监管模式存在滞后性，难以及时处理水路运输中的突发情况。互联网、大数据的发展为执法监管创造了新的路径，即"互联网+监管"模式，可依托"智慧监管平台"，充分发挥水路交通运输综合执法监督平台的

---

① 参见宁波海事法院课题组《海事司法服务保障中国（浙江）自由贸易试验区建设航运法律问题调研——以浙江省海港集团为参考》，《司法海事论坛》2022 年第 3 期。

② 参见孙光宁《指导性案例专题式发布的实践及其改进》，《政治与法律》2024 年第 5 期。

功能，实时监测水路运输过程中经营者和执法人员的违法行为，营造良好的水路营运环境。[①]

2. 加强数字化执法建设，利用数字技术提升执法效益

随着数字技术的发展、ChatGPT 等生成式人工智能技术的应用，有利于优化监管部门的执法决策过程。通过数字化法治建设，可增强运输监管规则、监督守法情况、制裁不守法行为等领域的执法效益，显著提升执法质量，为水路交通运输执法保驾护航。[②]

（四）总结

我国水路交通法治发展将聚焦于深化法治建设、推进治理体系和治理能力现代化、健全法规体系、提升安全应急保障水平、推进行业治理现代化、加强生态环境保护与涉外法治建设等方面，以实现水路交通法治的全面发展和提升。

---

① 参见许垚、庄晨曦《提升"互联网+监管"发展水平 推进国家治理体系和治理能力现代化》，《宏观经济管理》2021 年第 5 期。

② 参见王正鑫《政府监管流程数字化运行的法治建构》，《中国行政管理》2024 年第 6 期。

B.5
中国海上交通运输法治的全球化进程
与本土实践（2022~2024）

吕宁宁　梁莹莹　刘千瑞*

摘　要：　新中国成立以后，尤其是改革开放以来，我国海上交通运输法治取得了巨大成就。然而，随着国际国内法律环境、航运产业结构等已经发生了深刻变化，现行海商法构建的法律制度体系在很多方面已滞后于发展，不能有效适应航运和贸易发展的需要，亟须进行全面修订。在立法方面，我国不断修订相关法律法规，例如《中华人民共和国海洋环境保护法》《中华人民共和国港口法》以及《中华人民共和国国际海运条例》等等，满足新形势下航运对立法的需求，推进国家治理体系和治理能力现代化。在司法方面，结合海事司法在实践中的发展，发挥司法解释与典型案例对海事法院审判的重要作用，调整中国海事司法的职能，深化案例指导制度。在执法方面，我国海事立法与相关政策文件正在加快制定与完善，为海上执法活动有法可依、于法有据奠定了基础。

关键词：　海上交通运输　海事立法　海事司法　海上执法

一　海上交通运输法治发展中的国际规则参与及意义

（一）《中华人民共和国海商法》与《统一提单的若干法律规定的国际公约》的关系和启示

《统一提单的若干法律规定的国际公约》即《海牙规则》，于1924年8

---

* 吕宁宁，北京交通大学法学院副教授，主要研究方向为国际法学；梁莹莹、刘千瑞，北京交通大学法学院硕士研究生，主要研究方向为国际法学。

月 25 日在比利时首都布鲁塞尔通过，确定了承运人与托运人在海上货物运输中的权利和义务。2024 年 8 月 25 日，时值《海牙规则》通过 100 周年，国内专家学者回顾《海牙规则》百年经验，对我国未来海上交通运输立法提出了新的展望。《海牙规则》作为国际海事法律的重要基石，自诞生以来，为国际海上货物运输立法奠定了基础，促进了全球海上贸易的繁荣与发展。中国虽未加入《海牙规则》，但现行《中华人民共和国海商法》（以下简称《海商法》）既有对《海牙规则》的部分借鉴，又有合理发展，成为海事法院审判的重要依据。《海商法》在制定过程中，借鉴了相关国际公约、国际惯例等海事法律，而后国际海事立法领域不断进行法律的修订与出台，《海商法》修订也迫在眉睫，这不仅是海商法理论和实务界的历史责任，更是践行海洋命运共同体理念、参与国际海事法律发展的智慧展示与当代使命。

（二）在海上安全、环保、船员权益保障方面的努力

2024 年 8 月 30 日交通运输部发布《履行国际海事组织文书框架性安排》（以下简称《框架性安排》），旨在促进海上安全，保护海洋环境，保障船员权益，便利海上运输。中国高度重视海上航行安全和海洋环境保护，致力于航运业的健康可持续发展，先后批准加入了约 40 个国际海事组织[①]主要公约和议定书。为充分履行这些国际公约赋予的权利和义务，根据《国际海事组织文书实施规则》（简称《III 规则》）有关要求，制定了《框架性安排》，以有效履行《III 规则》规定的船旗国、沿岸国和港口国各项责任和义务，为实现 IMO "清洁海洋上的安全和高效航运"的目标而不懈努力。

（三）积极参与海上交通运输国际规则制定的多重意义

参与海上交通运输国际规则的制定对我国意义重大。首先，通过积极参

[①] 国际海事组织（International Maritime Organization，IMO）是联合国负责海上航行安全和防止船舶造成海洋污染的专门机构。

与国际海事组织的规则制定和修订，不仅能提升我国在国际海运规则制定中的话语权，还能降低相关企业的海上交通运输成本。其次，国际海运规则的制定和实施有助于推动我国海运业的标准化和国际化进程，提升我国海运业的整体竞争力和国际地位。最后，通过参与国际海运规则的制定和修订，我国可以更好地保障国家利益和安全，确保我国在海运领域的权益不受侵害。

二 海上交通运输法治发展中的立法概况及趋向

（一）适应海上交通运输发展需求之法律的修订与完善

1.港口治理模式优化与多方面职能协同

基于港口产业转型升级的现实需求，交通运输部在 2023 年 5 月 31 日公开发布《中华人民共和国港口法（修订征求意见稿）》，广泛征集社会各界意见，这标志着我国港口法治建设进入新阶段。《中华人民共和国港口法》（以下简称《港口法》）自 2004 年 1 月 1 日施行以来，经历多次重要变革。2015 年将"港口采掘、爆破活动"行政许可调整至港口行政管理部门审批，海事管理机构仍负责"港外采掘、爆破活动"许可事项。2017、2018 年两次修订大力推进"放管服"改革，先后取消了"在港口建设危险货物作业场所、实施卫生除害处理的专用场所"和从事"港口理货业务经营"等若干行政审批事项。

此次修订着重聚焦三大创新领域：首先，着力优化港口治理模式，通过明确界定地方交通运输主管部门的权限范围与具体职责，构建更高效的港口管理体系；其次，贯彻落实"三管三必须"安全生产要求，致力打造以政府主导、部门协作为特征的全方位安全监督网络，注重与《中华人民共和国安全生产法》（以下简称《安全生产法》）的统一协调，健全各项执行细则，督促港口企业落实安全主体责任；最后，科学配置各级政府机构与港口企业在运营保障和运输服务领域的任务分工，为充分发挥港口枢纽功能、确保物流供应链高效运作提供制度支撑。

当前我国海上交通运输领域法律体系已经基本构建完成，中央及地方主要对相关法律法规做了进一步细化，以适应当前发展现状，为完成下一阶段的重点任务提供法治保障。《港口法》的修订符合时代发展要求，在发挥其上位法作用的同时，做好与《安全生产法》《中华人民共和国海上交通安全法》等其他法律法规的衔接。

2. 从单一防污到生态整体保护的法律框架调整

《中华人民共和国海洋环境保护法》（以下简称《海洋环境保护法》）的修订于 2023 年 10 月 24 日通过，自 2024 年 1 月 1 日起施行。《海洋环境保护法》自 1982 年颁布以来，在引领我国海洋生态环境治理工作发展进程中始终担当着关键职能，推动国家海洋环境治理理念从单一防污向生态整体保护转变，有效提升了社会各界海洋环境保护意识，完善了相关法律制度架构，从而加快了海洋生态文明建设的总体进程。[①]

经此轮全面修订，该法律框架实现由原有十章 97 条向新版九章 124 条的优化调整，新增 27 条具体实施条款。其中，第五章"工程建设项目污染防治"合并了旧法中的"防治海岸工程建设项目对海洋环境的污染损害"和"防治海洋工程建设项目对海洋环境的污染损害"两章。第七章"船舶及有关作业活动污染防治"在保留原法第八章基本框架基础上，充分吸收了各级海事管理机构多年实践积累的宝贵经验，将相关条文数量由原有的 11 条扩展至 14 条，补充了众多具有实践价值的重要规定。

（二）保障海上交通运输各方面运行之行政法规的修订

1. 提升船员管理水平与权益保障

《中华人民共和国船员条例》自 2007 年 9 月 1 日开始施行，截至 2023 年已进行七次修订。该条例始终坚持以提升船员队伍管理水平为核心目标，全面致力于维护广大船员群体的合法权益，切实保障水上交通运营安全，大

---

① 参见张海文《〈中华人民共和国海洋环境保护法〉发展历程回顾及展望》，《环境与可持续发展》2020 年第 4 期；郑少华《〈海洋环境保护法〉修订专题》，《浙江海洋大学学报》2020 年第 6 期。

力推动水域环境保护事业的持续开展。2023年的修订涉及多项制度调整：删减了第49条中关于"船员适任证书"的相关要求；删除了原第51条内容；将第55条改为第54条，删除了第1项的规定等。

2. 增强航运市场综合治理与权益保障

2023年8月21日，国务院公布了对《中华人民共和国国际海运条例》（以下简称《国际海运条例》）作出的最新修订。本次修订涉及14条重要条款的整体优化，其主要目标在于全面增强中国航运市场的综合治理能力，持续改善航运业发展环境，加快推进与国际通行标准的深度融合。在协调航运联盟与中国货主、托运人及港口经营人之间市场关系这一关键问题上，此次修订虽有进展但仍需继续完善。作为构建中国航运反垄断法律体系的重要组成部分，《国际海运条例》应当针对这一核心议题制定更加细致和具体的规范性条款，以更好地适应当前航运业发展新局面，有效保障中小型班轮公司和小港口的合法权益。

此次修订重点关注三大核心领域：首先是深化许可制度改革，将包括"国际集装箱船及普通货船运输业务许可""无船承运业务审批"等多项审批事项全面转变为更加灵活的备案管理形式，与此同时，创新性地将"从事内地与港澳间客船、散装液态危险品船舶运输业务许可"的审批权限由交通运输部下放至各省级交通运输主管机构，充分体现了简政放权的改革方向；其次是着力完善国际客船、国际散装液体危险品船运输业务的规定的各项具体标准，为推动国际邮轮旅游产业实现可持续发展提供制度保障；最后是针对内地与港澳特别行政区之间的集装箱船舶和普通货船运输业务，取消原有的经营许可制度要求，全面转向更加便捷的备案管理模式，从而进一步优化行政审批流程，提高行政效率。

3. 推动道路运输市场体系发展与管理现代化

作为我国首部系统规范道路运输经营管理行为的行政法规，《中华人民共和国道路运输条例》（以下简称《道路运输条例》）在促进建立统一开放、竞争有序的道路运输市场体系方面发挥了关键作用。该条例不仅有效推进了交通运输管理现代化进程的快速发展，更加强了依法行政理念的深入实施，切实解决了道路运输市场管理实践中急需法律依据的诸多现实问题。

该条例自 2004 年 4 月 30 日实施以来，已分别于 2012 年 11 月 9 日、2016 年 2 月 6 日、2019 年 3 月 2 日、2022 年 3 月 29 日进行了四次重要修订，每次修订都紧密结合市场发展新形势作出了适时调整和系统优化。通过持续不断地修订完善，该条例更加适应了现代道路运输业的发展需求，为推动行业持续健康发展提供了有力的法律保障。根据 2023 年 7 月 20 日发布的《国务院关于修改和废止部分行政法规的决定》，该条例已完成第五轮系统修订工作。本次修订的主要内容为取消了相关罚款事项，降低罚款数额，细化了同一罚款事项。同时要求各部门严格落实监管责任，创新、完善监管方式，提升监管效能。

（三）促进航运市场规范化与相关领域管理优化之部门规章的修订

1. 航运市场规范化发展的行政措施调整

2023 年 11 月 10 日，交通运输部公布了《关于修改〈中华人民共和国国际海运条例实施细则〉的决定》（以下简称《国际海运条例实施细则》），该细则自公布之日起施行。《国际海运条例》将"国际集装箱船、普通货船运输业务审批""无船承运业务审批"改为备案管理。为落实该决定要求，交通运输部对《国际海运条例实施细则》进行了相应修改，将上述 2 项许可改为备案管理并细化完善备案要求。此外，对国际客船、国际散装液体危险品船许可的审核模式进行优化，由省级交通运输主管部门初审后报交通运输部审核，调整为由交通运输部直接审核。这一措施显著提高了行政效率，简化了审批程序。这些调整措施的落实，有力促进了航运市场的规范化发展进程，全面提升了行政管理效能。

2. 强化安全生产责任制与监管效能

随着新修订的《安全生产法》于 2021 年正式实施，我国安全生产工作进入新的发展阶段。为适应新形势下的监管需求，交通运输部于 2023 年 8 月 18 日正式颁布《关于修改〈港口危险货物安全管理规定〉的决定》，本次修订工作全面落实了《安全生产法》的各项具体要求，重点强化了四个核心领域的内容建设：首先，系统性明确了安全生产主体责任，精准界定了各方主体的具体职责范围；其次，持续加强了管理部门的安全监管要求，构建了更加完善的监管机制体系；再次，全面提升了从业人员的权益保障措施，着力增强全员安全意识水平；最后，科学优化了危险货物范围的界定标准，细化了各项具体管理要求。这些措施的出台，为新修订的《安全生产法》各项制度要求的有效落地提供了翔实的实施指南。

3. 规范海员外派管理体系建设与海员权益保护

《中华人民共和国海员外派管理规定》（以下简称《海员外派管理规定》）自 2011 年实施以来，在规范海员外派管理体系、维护外派海员合法权益方面发挥了重要的指导作用。然而，在具体实践过程中也逐渐显现出一些亟须改进的问题。特别是在外派人员身份认证这一关键环节，现行《海船船员适任考试与发证规则》（2022 修订）以及《国际海上人命安全公约》（2024 修订）均未能提供明确的操作指南，这一情况在客观上增加了海上执法工作的实际难度。2023 年，《海员外派管理规定》完成了第四轮系统修订工作，在多个方面实现了重要突破：首先，进一步明确了外派机构的具体职责和法律义务；其次，建立了更加完善的外派海员权益保护机制体系；最后，优化重构了外派管理流程，全面提升了管理工作的效率水平。这些修订内容的实施，为规范海员外派市场秩序、切实维护海员各项权益提供了更加可靠的制度保障。

4. 高速客船航行规范与安全升级

《中华人民共和国高速客船安全管理规则》（以下简称《安全管理规则》）自 2006 年实施以来，对船舶公司、高速客船及其从业船员的安全管理工作实行了全面规范。随着实践经验的不断丰富和安全管理标准的持续提升，有必要对现行规则进行整体优化。特别是考虑到高速客船具有航速快、夜间航行风险较大等特点，为了切实提高夜航安全管理水平，建立更加规范的夜航管理制度体系，确保水上交通安全运行，相关管理要求需要进行调整和完善。

2023 年 11 月 17 日，《安全管理规则》进行了第三次修订，本次修订工作的顺利完成，标志着我国高速客船安全管理制度正式迈入新的发展阶段。它不仅切实解决了行业发展过程中的实际需求，更为未来高速客船运输事业的长期健康发展打下了坚实的制度根基。本次修订主要内容为完善高速客船定义、调整船员见习航行时间，简化进出港报告手续，修订后的规则将更好地服务于水上交通运输事业的整体进步，全面推进行业安全管理水平的持续提升。

三 海上交通运输法治发展中的法院设置与司法解释

（一）海事司法专业化建设的发展

自改革开放以来，我国的海上交通运输及对外贸易事业快速发展，我国所辖海域中发生的海事案件和海商案件数量不断增加，其中部分案件具有涉外因素。随着重要沿海城市开放程度不断加深，相关案件的数量也随之上升。通过行使司法管辖权及时妥善处理此类海事、海商案件，对于保护国内外的企业、组织和公民个人合法权益，推动我国海上运输和对外贸易事业的持续发展具有至关重要的意义。然而涉海案件往往案情复杂且专业技术性较强，普通法院难以妥善处理这类案件。1984 年全国人大常委会发布《关于在沿海港口城市设立海事法院的决定》，根据我国宪法和人民法院组织法关于设立专门法院的规定，以我国重要沿海港口城市为基点设置海事法院，主要负责处理相关海域内出现的海事海商案件。1984 年 5 月，最高人民法院与原交通部联合发布了《关于设立海事法院的通知》，标志着在上海、天津、青岛、大连、广州和武汉的 6 个海事法院的设立，自此开启了我国海事司法专业化建设的新篇章。

随着海洋活动的持续发展，最高人民法院已经将大量涉海纠纷案件划归海事法院管辖。截至 2024 年，我国已设立 11 个海事法院、39 个海事派出法庭，管辖在我国境内诉讼的海事、海商案件。我国是目前世界上建立专门海事司法机构最多的国家，构建了以海商法、海事诉讼特别程序法为核心，以船舶碰撞、海上保险、无单放货、海事诉讼特别程序法的适用海事赔偿责任限制、船舶油污、货运代理等司法解释条文为补充的海商事法律体系，极大地推动了海事司法专门化的进程。[①]

（二）海洋环境公益诉讼司法解释的制定与实施

为了深入理解与准确运用海洋环境保护法、海事诉讼特别程序法以及相关诉讼法的具体规定，明晰诉讼主体及所辖法院，为不同主体提起公益诉讼的衔接作出制度安排，因此亟须制定相关司法解释以系统化规范海洋环境公益诉讼案件的裁判标准。《最高人民法院、最高人民检察院关于办理海洋自然资源与生态环境公益诉讼案件若干问题的规定》由最高人民法院审判委员会第 1858 次会议、最高人民检察院第十三届检察委员会第九十三次会议通过，于 2022 年 5 月 15 日起施行。该规定旨在通过充分发挥海洋环境监督管理部门和人民检察院在海洋环境公益诉讼中各自的独特职能，构建一个较为完善且独立的、蕴含地域特色的海洋环境公益诉讼制度体系，从而有助于维护海洋安全、保护海洋资源、促进海洋法治进程，为海洋强国的战略目标提供坚实支持。

（三）典型案例

案例 1　海南省海口市人民检察院与梁某等海洋环境民事公益诉讼案[②]

【基本案情】梁某、薛某及其他人员在文昌市海域非法开采海砂五百余立方米，受到了没收非法所得海砂及罚款的行政处罚。随后，薛某与叶某的公司利用航道疏浚合同作为幌子，继续在该市海域开展非法盗采海砂活动，实际盗采量高达三千六百余立方米。最终，薛某等涉案人员因非法采矿罪被追究刑事责任。在此背景下，该市人民检察院向海事法院提起公益诉讼，要求各被告在其个人行为范围内承担连带责任，赔偿生态环境损失及支付专家

---

① 参见司玉琢、曹兴国《海洋强国战略下中国海事司法的职能》，《中国海商法研究》2014 年第 3 期。

② 参见《2022 年全国海事审判典型案例》，《人民法院报》2023 年 6 月 30 日，第 3 版。

咨询费用等相关支出。

【裁判结果】海口海事法院经审理后认为，被告在未获得海砂开采许可、未进行环境影响评估且未实施生态保护措施的前提下，擅自进行了采砂活动。这些行为违反了我国海洋环境保护等相关法律法规，对于周围海域的生态环境造成不可逆损害。尽管明知其行为违法，薛某、叶某等人仍合作进行非法采砂行动，构成了共同侵权的事实。依据法律，他们须承担相应的法律责任。因此，法院裁定薛某、梁某、简某连带赔偿本案造成的海洋生态环境损失；叶某、刘某以及涉事公司在损害限额内承担连带责任，所有被告还需共同负担专家咨询费用。

【典型意义】海砂在维护海洋生态系统平衡和保持海洋地质地貌稳定方面扮演着至关重要的角色。非法开采海砂会造成国家矿产资源、海洋生态环境破坏，未经处理的海砂流入市场可能会对区域居民生命和财产安全构成潜在风险，因此需要采取严厉措施予以打击。在该海洋环境民事公益诉讼案中海事法院一贯坚持严格保护、立体追责理念，在追究被告人刑事责任的同时，依据法律规定对非法开采海砂的主要行为人追究民事侵权责任，以此有效遏制盗采海砂的违法犯罪行为，推动海洋生态环境的修复与保护。充分展示了海事法院坚持践行习近平生态文明思想与法治思想，其在推动海洋生态文明建设中表现出坚定态度、正向行动以及重要影响力。

案例 2 STO 租船韩国股份有限公司与丰益贸易（亚洲）有限公司等海上货物运输合同纠纷案[①]

【基本案情】STO 公司某轮装从马来西亚向中国运输棕榈酸化油，在运输船只到达卸货港口后，收货人中向石油公司未能履行提货义务。因此，STO 公司向南京海事法院提起诉讼，要求提单上载明的托运人丰益公司、收货人中向石油公司以及通知方华东中石油公司共同承担因拒绝提货而产生的滞期费及船舶运营损失。

---

① 参见《2022 年全国海事审判典型案例》，《人民法院报》2023 年 6 月 30 日，第 3 版。

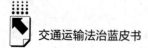

【裁判结果】南京海事法院在受理案件后，通过线上方式组织各方当事人进行听证和调解。短短43天就使得双方达成和解并且完成履行。船舶在其他港口卸货，STO公司向海事法院申请撤回起诉。

【典型意义】本案涉及的当事人均属于《区域全面经济伙伴关系协定》（RCEP）的成员国。韩国当事人主动选择在我国海事法院提起诉讼程序，而其他当事人并未针对仲裁条款的有效性提出管辖权异议，从而未导致诉讼程序的延迟。新加坡当事人亦积极参与了海事法院组织的线上听证会及调解活动。这体现了近年来我国海事法院司法效率与质量的双重进步，获得了不同国家当事人的信赖与肯定，我国海事司法的国际认可度不断攀升。本案中南京海事法院使用智慧法院成果，短时间内高效解决跨国纠纷，使得因无人提货停滞港口的"海上油仓"顺利卸货并重新启航，本案的成功处理展示了中国推动国际海事司法中心建设、成为国际海事争议解决首选地点的积极成果，增强了国际社会对中国海事司法的信任，推动了国际海事纠纷解决机制的优化与发展。

案例3　宁波港船多多国际船舶代理有限公司与深圳市鑫中孚供应链有限公司集装箱租赁合同纠纷案①

【基本案情】鑫中孚公司与宁波港船多多公司签订了集装箱租赁协议，共租用七百多个集装箱。然而，由于欧洲港口受到疫情影响而出现拥堵现象，集装箱流转缓慢以及核实其位置困难。因此，在归还集装箱的具体数量上，双方产生了分歧。基于此情况，宁波港船多多公司声称鑫中孚公司未能按时归还或逾期未还部分集装箱，并据此向后者提出了包括灭箱费用和超期租金在内的总计约两千万元人民币的赔偿要求。对此，鑫中孚公司则提起反诉，请求宁波港船多多公司退还已支付的押金及垫付的资金共计三百多万元人民币。

【裁判结果】受到疫情防控影响，涉案集装箱流转缓慢、核实位置难度

---

① 参见《2022年全国海事审判典型案例》，《人民法院报》2023年6月30日，第3版。

大，还有多起与本案租箱、还箱相关纠纷案件尚待处理。宁波海事法院积极介入，多次利用"海上共享法庭"平台促进双方沟通协商。最终，在法院的主持下，双方就争议的集装箱数量、损失及费用等达成了一致意见，并签署了调解协议，成功履行了协议内容。这一解决方案不仅圆满解决了本案，还一并处理了另外五起相关案件以及潜在的纠纷。

【典型意义】本案发生在疫情防控时期背景下，国外港口拥堵、集装箱回流不畅以及国内集装箱价格飙升且供不应求，导致了一系列集装箱租赁纠纷。这类纠纷普遍以涉案集装箱数量庞大、关联案件众多、涉诉金额较大以及境外证据难以获取等为特点。海事法院利用智慧审判系统和数字化改革成果，利用移动办案平台和"海上共享法庭"远程开展调解，成功解决多起纠纷。这不仅极大地降低了当事人的司法成本，确保纠纷得到妥善解决，维护了当事人的合法权益。该案的合理解决，展示了司法政策在帮助航运和货代企业减轻负担、恢复发展方面的灵活性和有效性，依法平等保护了市场主体的产权和企业的合法权益。此外，这一举措对于推动集装箱租赁行业规范化发展，以及实现航运产业链上下游的诉前调解具有积极促进作用。

案例4 福建省宁德市人民检察院与林某等海洋自然资源与生态环境民事公益诉讼案①

【基本案情】林某在没有获得海域使用权证和采矿许可证的情况下，擅自指挥高某驾驶船舶前往某海域，非法进行海砂盗采活动多达十七次，共计盗采了一万余立方米的海砂，并将这些海砂用于出售以获取非法利益。最终，林某和高某因非法采矿罪被追究刑事责任。该市人民检察院向海事法院提起海洋自然资源与生态环境民事公益诉讼。在这起诉讼中，该市人民检察院请求法院判决林某和高某共同承担连带责任，赔偿因非法采矿行为导致的生态环境损害及修复费用，总计六十八万余元。

---

① 参见《2022年全国海事审判典型案例》，《人民法院报》2023年6月30日，第3版。

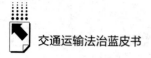

【裁判结果】在彻底查证事实之后，海事法院引导各方当事人就案件所涉损失赔偿达成了一项"海洋碳汇+替代性修复"的调解协议。两位被告需共同承担海洋生态环境损害修复费用，总计超过六十万元人民币。其中十八万元人民币将由两位被告通过自愿认购并委托海峡资源环境交易中心购买海洋碳汇的方式，在三年内分期履行。其余的赔偿款项则通过执行公益性质的劳务代偿方式来完成，包括参与相关海域的海洋环境治理辅助工作，例如海洋垃圾的清理、海岸线的维护以及海洋环境保护的宣传等，履行期限同样为三年。若在期限届满后，通过劳务代偿的金额不足以抵偿全部赔偿责任，两位被告还需承担剩余的赔偿义务。

【典型意义】海事法院遵循生态恢复性司法原则，综合评估生态环境损害程度、修复所需成本以及被告的经济状况和修复能力，将损害赔偿机制与海洋碳汇开发紧密结合，引导本案双方当事人和解。通过实施"海洋碳汇+替代性修复"的民事责任承担模式，能够有效规避因被告赔偿能力不足而导致的执行难题，同时解决赔偿金与生态治理修复不相衔接的问题，从而在一定程度上促进碳平衡目标的实现。本案不仅探索并拓展了海洋环境侵权损害赔偿机制的范畴，而且在司法创新方面迈出了重要步伐。海事法院在"一案一修复"的实践中，采取了惩罚与教育相结合的手段，充分展现了其司法职能。此举标志着海事法院在构建具备本国地域特色的海洋环境公益诉讼体系方面实现突破，同时也是司法领域为实现碳达峰、碳中和目标所作出的积极贡献。

以上案例充分发挥了最高人民法院典型案例的示范和引领作用，为深入贯彻落实习近平法治思想，立足新发展阶段，完整、准确、全面贯彻新发展理念，践行共商共建共享的原则，建立健全国际商事争端解决机制和机构，推动"一带一路"建设行稳致远提供了强有力的司法服务和保障。

（四）评价与发展

海事专门司法成立之初的职能主要在于审理海商事纠纷，保障海上运输和对外贸易的发展，这与当时中国社会发展对海事司法的需求是相吻合的。

然而，随着海洋经济发展的不断深入和海洋战略地位的日益突出，海事司法不能仅仅满足于成立伊始的职能设定。结合海事司法在实践中的发展和海洋强国战略对海事司法的需求，新形势下中国海事司法的职能应进行调整，要深化案例指导制度，强化海事审判理念的培养，培养准确把握涉海法律特殊性的海事审判理念，增加海事司法人员对海事实践的感性认识，此外还应加强海法体系研究，健全涉海法律保障。

四 海上交通运输法治的执法情况分析

（一）海上执法机制的发展现状与挑战

当前，我国海洋事业不断发展，海洋管理越来越受到重视。2018 年以来，我国海上执法机制体系发生了重塑性变革。2018 年，我国政府作出决策，不再保留原有的国家海洋局，将该局的职责范围与水利部、原农业部等部门的相应职能进行重组，将新组建的自然资源部划归国务院所属部门。此举旨在最大限度上减少海洋管理职能的重叠和多主体管理等棘手状况出现。同时，把中国海警纳入中央军委统一领导指挥的现役武警队伍，其执法权限涵盖行政、刑事及军事等领域，这标志着我国高层海洋综合执法迈入了一个新的时代。①

然而，2018 年的改革并没有从根本上改变 2013 年海上执法改革未实现全面深入整合的状况。尽管在中央层级实现了原有四支执法队伍的合并，但在地方层级却未进行相应的调整；在实际执法过程中，各机构仍维持原有的人员配置和职责分工，导致了"国家队"与"地方队"的区分，这一状况在2018 年的进一步改革后依然存在。地方海上执法机构在机构名称、机构性质、职责范围以及不同机构隶属关系等方面展现出诸多差异，构建了多元化的机

---

① 参见史春林、马文婷《1978 年以来中国海洋管理体制改革：回顾与展望》，《中国软科学》2019 年第 6 期。

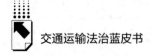
构布局方式。

虽然这种多样性有助于发挥各部门的专业优势，实现精细化分工，但同时也可能引发"多龙治海"的局面，导致职责重叠、政出多门以及内部资源消耗等问题。①

（二）海上执法依据的建构与完善

海上执法属于政府部门的一项行政执法活动，是由法定的或经国家授权的海洋行政执法机构，依据国家现行海洋法律法规，实施具体行政管理的行为。② 经历了海上执法重塑性改革之后，我国正在致力于建设以法律为核心基点，以规范性法律文件为主要内容、辅以政策文件的海上执法依据体系。

近年来，《全国人大常委会关于中国海警局行使海上维权执法职权的决定》（以下简称《决定》）的通过、《中华人民共和国刑事诉讼法》（以下简称《刑事诉讼法》）和《中华人民共和国人民武装警察法》（以下简称《人民武装警察法》）的修订，《中华人民共和国海警法》（以下简称《海警法》）的实施，共同构成了我国海上执法依据体系的法律核心。首先，《决定》主要解决了中国海警局的性质、职责、内部以及相关中央地方部门的关系等问题，进一步完善了我国海上执法依据体系。其次，《刑事诉讼法》和《人民武装警察法》的修订，一方面确认了中国海警局的侦查主体地位，另一方面增加了武警部队执行海上维权执法任务的援引性规定。最后，《海警法》的正式实施，对于明晰海警机构的组织关系、职责任务、合作模式以及法律责任提供了有力法律保障。

此外，以行政规章和地方性法规为主要组成部分的规范性法律文件对于海上执法依据体系建立起到了不可或缺的补充作用，其数量显著多于前者。它们往往涉及更加具体的操作程序、执法权限以及相关法律责任等，在实践中为我国海上执法行动提供了更具操作性的法律依据。例如，2020 年 2 月

---

① 参见崔野《中国海上执法建设的新近态势与未来进路——基于 2018 年海上执法改革的考察》，《中国海洋大学学报》（社会科学版）2022 年第 2 期。

② 参见李响《我国海上行政执法体制的构建》，《苏州大学学报》2012 年第 3 期。

发布的《最高人民法院、最高人民检察院、中国海警局关于海上刑事案件管辖等有关问题的通知》对中国海警局依法高效打击海上违法犯罪活动具有重大意义。① 与此同时，中央及沿海地区的各级政府加大了政策支持力度，密集出台了《关于深化生态环境保护综合行政执法改革的指导意见》《生态环境保护综合行政执法事项指导目录》《农业综合行政执法事项指导目录》《海警机构海上行政执法事项指导目录》等与海上执法或直接或间接相关的政策文件。

（三）总结

40 多年来，出于解决海洋领域突出历史问题与适应社会制度变革现实需要，中国海洋治理机制不断发展演进，经过了行政区行政、区域治理、整体性治理三种范式变迁，整体趋势显现出从局部分散模式到集成协同模式管理的转变。中央海洋综合管理展现出持续扩展的发展态势，地方海洋综合管理呈现区域化发展趋势，海洋执法队伍建设呈现相对集中的发展趋势，跨行业与跨区域海洋管理呈现统筹协调的发展趋势。

自改革开放以来，我国逐步对海洋管理的多元主体及其职责进行了有效整合，初步实现了从局部分散到集成协调的转化，从个别到全面的进步，从零散化到统一化的过程。与此同时，海洋管理的工作重点也发生了显著变化，从过去的仅强调资源的开发及利用的单一领域转变到维护国家的海洋权益和安全、防止海洋污染及保护海洋生物多样性、应对防灾减灾、打击海洋犯罪等公共事务治理的综合领域。自海上执法重塑性改革之后，我国关于海洋领域的法律法规及政策文件的制定和优化进程正加速推进，为海上执法活动提供了坚实的法律基础。然而，相较于建设海洋强国的战略目标而言，我国的海洋法律体系尚待完善，存在关键法律缺失、法律内容滞后、体系性建构不足、执法主体各异、法律执行效果与措施不一致、内部矛盾与冲突频出

---

① 参见崔野《中国海上执法建设的新近态势与未来进路——基于 2018 年海上执法改革的考察》，《中国海洋大学学报》（社会科学版）2022 年第 2 期。

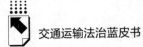

等问题，需要进一步深化改革。如何推进海上综合执法体系建设，如何填补海上执法体系中法律缺失以及更新法律滞后内容，如何解决地方执法机构多样化设置问题仍是现阶段我国海上执法亟待突破的典型困境。一方面，应加快推进海洋基本法的立法进程，为我国依法治海设立总抓手。对于海洋管理的基本原则、发展战略、体制机制设置等设置统领性规定，并与其他现有法律规范相协调，构建更加全面、合理的涉海法律体系。另一方面，根据海上执法现状动态调整现行法律法规，适时修订《海洋环境保护法》《渔业法》《海警法》等有关重要法律法规，将海上执法改革后的执法主体、职责分工、管理体制、权利救济等内容在法律制度中进行相应表现与更新。① 针对地方海上执法机构多样化设置问题，在之后的机构改革中可以因地制宜探索设置海洋管理机构，从源头治理地方多支执法队伍并存的乱象。同时，可以利用现有地方海上执法机构，设置跨部门沟通协作机制，汇聚各方力量联合执法，切实推动海上执法现代化建设。

---

① 参见崔野《中国海上执法建设的新近态势与未来进路——基于 2018 年海上执法改革的考察》，《中国海洋大学学报》（社会科学版）2022 年第 2 期。

B.6
我国航空运输的法治实践与规范探索

陆珂莹　范志勇*

摘　要： 近三年来，民用航空运输行业以习近平新时代中国特色社会主义思想为指导，法治建设取得积极进展和成效。在立法方面，围绕《"十四五"民航立法专项规划（2021—2025 年）》，从基础制度、安全领域、发展领域三方面，加强重点领域法规建设，推进重大立法项目开展，系统推进法治建设工作。在执法方面，持续深化"放管服"改革，完善航空运输行政执法制度机制、优化行政执法方式手段、全面提升行政执法的效率与质量，全力推动法治政府建设、加快优化营商环境。在司法方面，充分发挥法律解释的作用，统筹协调国内法与国外法的适用问题。

关键词： 民用航空运输　新兴领域立法　法治政府　涉外法治

一　航空交通运输市场基本现状

近三年来，我国民航系统高效统筹安全运行、恢复生产，取得了显著成效。民航在综合交通运输体系中的地位和作用更加凸显，安全形势总体保持平稳，行业运输生产稳中向好。

（一）民航行业运输生产稳健恢复，增量明显

2022 年，根据中华人民共和国交通运输部发布的《2022 年民航行业发

---

* 陆珂莹，北京交通大学法学院硕士研究生，主要研究方向为经济法学、民商法学；范志勇，北京交通大学法学院副教授，主要研究方向为经济法学、民商法学。

展统计公报》,① 2022 年国内航线与国际航线的完成运输总周转量均有所下降,全行业完成运输总周转量 599.28 亿吨公里,比上年下降 30.1%。

根据中华人民共和国交通运输部发布的《2023 年民航行业发展统计公报》,2023 年国内航线与国际航线的运输总周转量呈现不同幅度的提升,全行业运输总周转量 1188.34 亿吨公里,比上年增长 98.3%(见图 1)。

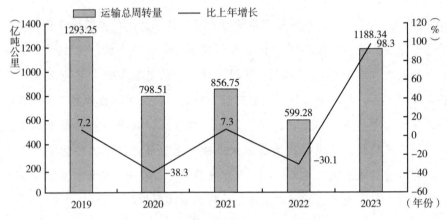

图 1 2019~2023 年民航运输总周转量

数据来源:《2023 年民航行业发展统计公报》,中国民用航空局网,http://www.caac.gov.cn/XXGK/XXGK/TJSJ/202405/t20240531_224333.html,最后访问日期:2024 年 10 月 25 日。

2024 年,我国航空运输生产稳健恢复,根据中华人民共和国交通运输部发布的 2024 年月度生产统计表,截至 2024 年 9 月,我国航空运输市场周转量整体上呈上升趋势,与 2023 年同期相比均呈上升趋势。截至 2024 年 9 月,我国航空运输累计总周转量为 1106.6 亿吨公里,比 2023 年同期增长 27.4%(见图 2)。

航空运输市场的持续向好在民航运输机场的业务量上得到了很好的体现。在机场的旅客吞吐量上,2023 年全国民航运输机场完成旅客吞吐量

---

① 《2022 年民航行业发展统计公报》,中国民用航空局网,http://www.caac.gov.cn/XXGK/XXGK/TJSJ/202305/t20230510_218565.html,最后访问日期:2024 年 10 月 25 日。

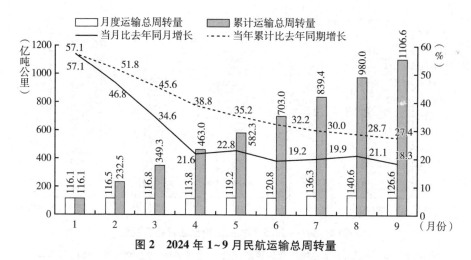

图2　2024年1~9月民航运输总周转量

数据来源：中国民用航空局月度运输生产统计，中国民用航空局网，http：//www.caac.gov.cn/XXGK/XXGK/TJSJ/index_1215.html，最后访问日期：2024年10月25日。

12.60亿人次，比上年增长143.3%（见图3）；在货邮吞吐量上，2023年全国民航运输机场完成货邮吞吐量1683.31万吨，比上年增长15.8%（见图4）。

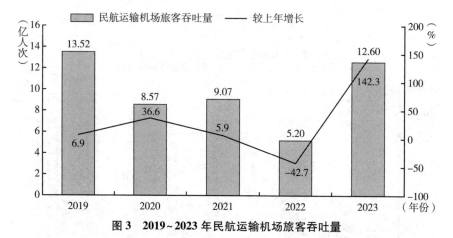

图3　2019~2023年民航运输机场旅客吞吐量

数据来源：《2023年民航行业发展统计公报》，中国民用航空局网，http：//www.caac.gov.cn/XXGK/XXGK/TJSJ/202405/t20240531_224333.html，最后访问日期：2024年10月25日。

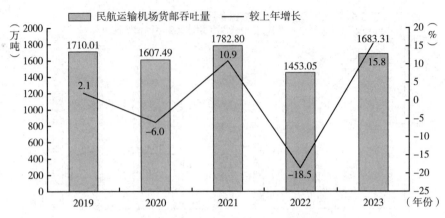

图4　2019~2023年民航运输机场货邮吞吐量

数据来源：《2023年民航行业发展统计公报》，中国民用航空局网，http：//www. caac. gov. cn/XXGK/XXGK/TJSJ/202405/t20240531_224333. html，最后访问日期：2024年10月25日。

2024年民航运输机场的每月旅客吞吐量相对稳定，与2023年同期相比稳步提升，至2024年9月，累计旅客吞吐量11.06亿人次，同比上升明显（见图5）。民航运输机场货邮吞吐量较2023年度平稳增长，处于较高的恢复程度，截至2024年9月，累计货邮吞吐量1450万吨（见图6）。

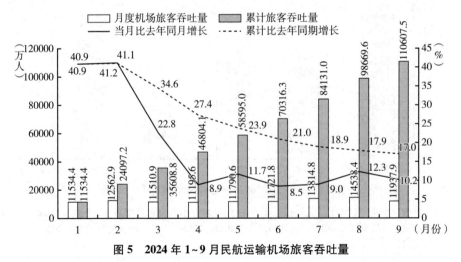

图5　2024年1~9月民航运输机场旅客吞吐量

数据来源：中国民用航空局月度运输生产统计，中国民用航空局网，http：//www. caac. gov. cn/XXGK/XXGK/TJSJ/index_1215. html，最后访问日期：2024年10月25日。

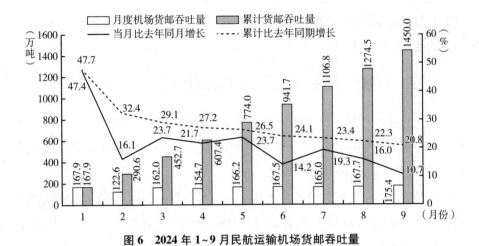

图6　2024年1~9月民航运输机场货邮吞吐量

数据来源：中国民用航空局月度运输生产统计，中国民用航空局网，http：// www.caac.gov.cn/XXGK/XXGK/TJSJ/index_1215.html，最后访问日期：2024年10月25日。

（二）民航行业基本盘稳中有进

2023年，中国民航行业在多重挑战中展现出强大的韧性与活力，基本盘稳中有进，为经济社会的持续发展提供了有力支撑。《2023年民航行业发展统计公报》显示，从机队规模到固定资产投资总额再到专业技术人员数量民航行业的各项关键指标均呈现出积极向好的态势，为行业高质量发展奠定了坚实基础。

第一，机队规模稳中有升。截至2023年底，我国共有运输航空公司66家，与上年持平。全行业运输飞机期末在册架数4270架，比2022年底净增105架。第二，固定资产投资不断增加。2023年民航固定资产投资总额1933.26亿元，其中，民航基本建设和技术改造投资1241.3亿元，比上年增长0.8%。截至2023年底，我国境内运输机场达到259个，比上年底净增5个。全行业新增跑道6条，停机位193个，航站楼面积59万平方米。第三，专业技术人员队伍保持稳定，规模不断扩大。截至2023年底，中国民航驾驶员有效执照总数为86091本，比2022年底增加4661本；全行业持照机务人员77021名，比2022年增加8029名；空管行业四类专业技术人员共

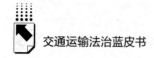

38921人，比2022年新增2156人，其中空中交通管制人员18078人，比2022年新增1059人。①

（三）民航行业高质量发展，不断取得突破

民航行业牢固树立新发展理念，将新发展理念贯穿民航各项工作的全过程，在行业崇尚创新、统筹协调、倡导绿色、厚植开放、促进共享，以贯彻新发展理念引领推动民航的高质量发展。

不断推进创新发展。民航全行业加快高水平科技创新人才队伍和民航特色新型智库建设，加强民航科技自主创新研发和成果示范。2023年，民航业获国家重点研发计划项目立项5项，国家自然科学基金民航联合研究基金重点项目立项18项，获评中国航空运输协会民航科学技术奖44项。航行新技术应用进一步推广，2023年，全行业具备HUD运行能力的航空公司和运输飞机分别达到36家和1492架，具备PBN飞行程序的运输机场达到252个。②

不断推进协调发展。2023年，全国通用航空共完成飞行137.1万小时（见表1），比上年增长12.5%。无人机飞行小时快速增加，全年无人机累计飞行小时2311万小时，同比增长11.8%。区域机场发展更加均衡，截至2024年9月，各地区旅客吞吐量与货邮吞吐量均较上年同期增长超过10%，其中，中部地区货邮吞吐量增幅明显，较上年同期增长67.7%。③

表1　2019~2023年通用航空发展状况

时间	通用航空企业数 （家）	机队规模 （架）	通用机场 （个）	飞行小时 （万小时）
2019年	478	2707	246	106.5
2020年	523	2892	339	98.4

---

① 《2023年民航行业发展统计公报》，中国民用航空局网，http：//www.caac.gov.cn/XXGK/XXGK/TJSJ/202405/t20240531.224333.html，最后访问时间：2024年10月25日。

② 《2023年民航行业发展统计公报》，中国民用航空局网，http：//www.caac.gov.cn/XXGK/XXGK/TJSJ/202405/t20240531.22433.html，最后访问日期：2024年10月25日。

③ 2024年中国民航月度生产统计表，中国民用航空局网，http：//www.caac.gov.cn/XXKG/XXGK/TJSJ/index_1215.html，最后访问日期：2024年12月25日。

续表

时间	通用航空企业数 （家）	机队规模 （架）	通用机场 （个）	飞行小时 （万小时）
2021 年	599	3018	370	117.8
2022 年	661	3186	399	121.9
2023 年	690	3303	449	137.1

数据来源：《2023 年民航行业发展统计公报》，中国民用航空局网，http：//www.caac.gov.cn/XXGK/XXGK/TJSJ/202405/t20240531_224333.html，最后访问日期：2024 年 10 月 25 日。

不断推进绿色发展。民航行业坚定不移走绿色发展之路，2023 年我国民航吨公里油耗为 0.292 公斤，较 2022 年下降 3.31%，较 2005 年（行业节能减排目标基年）下降 14.3%。截至 2023 年，机场场内电动车辆设备约 12790 台，充电设施 5802 个，电动车辆占比约 26.4%，较 2022 年增长了 10%。机场能源清洁化水平稳步提升，电力、天然气、外购热力占比达到 89.0%，较 2022 年增长了 7.49%。①

不断推进开放发展。民航高水平对外开放持续推进，截至 2023 年底，我国与其他国家或地区签订双边航空运输协定达到 131 个，比 2022 年底增加 2 个（所罗门群岛、委内瑞拉）。其中，亚洲 44 个（含东盟），非洲 27 个，欧洲 38 个（含欧盟），美洲 14 个，大洋洲 8 个。与我国建立双边适航关系的国家或地区达到 32 个。②

不断推进共享发展。2022 年建设的昭苏天马机场、阿拉尔塔里木机场、塔什库尔干红其拉甫机场等运输机场③，以及 2023 年建设的四川阆中古城机场、西藏阿里普兰机场等，均处于西部地区。同时，我国航空紧紧扭住供

① 数据来源：《2023 年民航行业发展统计公报》，中国民用航空局网，http：//www.caac.gov.cn/XXGK/XXGK/TJSJ/202405/t20240531_224333.html，最后访问日期：2024 年 10 月 25 日。

② 数据来源：《2023 年民航行业发展统计公报》，中国民用航空局网，http：//www.caac.gov.cn/XXGK/XXGK/TJSJ/202405/t20240531_224333.html，最后访问日期：2024 年 10 月 25 日。

③ 数据来源：《2022 年民航行业发展统计公报》，中国民用航空局网，http：//www.caac.gov.cn/XXGK/XXGK/TJSJ/202305/t20230510_218565.html，最后访问日期：2024 年 10 月 25 日。

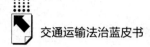

给侧结构性改革，做好需求侧管理，截至 2023 年，民航国内航线条数 5206
条，较上年增加 536 条，我国民航服务覆盖经济总量、地级行政单元更加
广泛。

（四）民航治理效能显著提升

民航行业积极应对经济形势大考，着力增强安全管控能力、应急处突能
力、风险抵御能力、依法治理能力、协同配合能力，深入践行真情服务理
念，全力优化服务品质，民航治理体系更加完善，治理效能显著提升。

首先，民航安全运行平稳可控。2022 年，运输航空百万架次重大事故
率十年滚动值为 0.011，通用航空事故万架次率为 0.0367。全年共发生运
输航空征候 291 起，其中运输航空严重征候 3 起。[①] 随着运量总周转量的
攀升，2023 年运输航空百万架次重大事故率十年滚动值为 0.0249，通用
航空事故万架次率为 0.0358。全年共发生运输航空征候 556 起，其中运输
航空严重征候 4 起，同比下降 31.5%，各项指标均较好控制在年度安全目
标范围内。[②]

其次，运输效率在有效管理下稳步回升，全行业在册运输飞机日平
均利用率自 2022 年开始迅猛发展，至 2024 年 9 月，每小时日利用率为
9.00（见图 7）。

最后，民航服务质量持续提升。2023 年，全国客运航空公司平均航班
正常率为 87.80%，较往年未出现明显波动；257 家机场实现"无纸化"便
捷出行，千万级机场旅客无纸化出行能力达到 100%；"通程航班服务管理
平台"共加入航空公司 38 家、机场 170 家、服务保障单位 246 家、航空销
售网络平台 5 家，完成通程航班信息录入 13518 条，新增航线城市对 1441
组，国内航线网络通达性拓展了 23%；41 家千万级机场开通旅客"易安检"

[①] 数据来源：《2022 年民航行业发展统计公报》，中国民用航空局网，http：//www.caac.gov.cn/
XXGK/XXGK/TJSJ/202305/t20230510_218565.html，最后访问日期：2024 年 10 月 25 日。

[②] 数据来源：《2023 年民航行业发展统计公报》，中国民用航空局网，http：//www.caac.gov.cn/
XXGK/XXGK/TJSJ/202405/t20240531_224333.html，最后访问日期：2024 年 10 月 25 日。

服务，402.2万名旅客注册"易安检"服务，平均过检时间2.56分钟，比普通安检时间缩减44.71%；民航局消费者事务中心共受理旅客服务投诉30.27万件，国内航空公司投诉响应率达100%。①

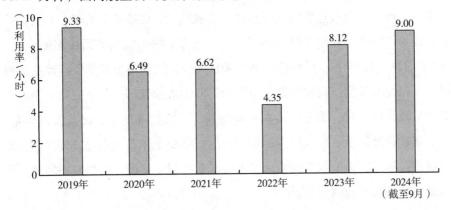

图7 2019~2024年民航运输效率

数据来源：《2023年民航行业发展统计公报》，中国民用航空局网，http://www.caac.gov.cn/XXGK/XXGK/TJSJ/202405/t20240531_224333.html，最后访问日期：2024年10月25日；中国民用航空局月度运输生产统计，中国民用航空局网，http://www.caac.gov.cn/XXGK/XXGK/TJSJ/index_1215.html，最后访问日期：2024年10月25日。

二 民航法治建设现状

完备的民航法规体系是推进民航法治政府建设的基础性制度保障，对民航安全发展改革具有重要的保障、规范、引领作用。当前，我国民航业迈向从单一航空运输强国向多领域民航强国跨越的新征程，要确保人民群众生命财产安全、满足人民美好航空出行需求，这对民航法规体系建设提出了新的更高要求。

2022年1月26日，民航局第二次发布行业五年立法规划《"十四五"民航立法专项规划（2021—2025年）》，在回顾"十三五"期间法规建设

---

① 数据来源：《2023年民航行业发展统计公报》，中国民用航空局网，http://www.caac.gov.cn/XXGK/XXGK/TJSJ/202405/t20240531_224333.html，最后访问日期：2024年10月25日。

基本情况的基础上提出了"十四五"期间民航立法工作的目标，指出未来五年要集中有限的立法资源，紧紧围绕民航强国建设的新特点、新需求，瞄准法规建设不适应高质量发展的问题和矛盾，从基础制度、安全领域、发展领域三方面，加强重点领域法规建设，推进重大立法项目的开展，并对具体要开展的立法项目作出了提前部署：第一，《中华人民共和国民用航空法》（以下简称《民航法》）修订，事故调查条例、机场条例等重点行政法规制修订，以及为落实上位法民航应急管理、监管数据管理、行政处罚实施办法等规章制修订项目；第二，适航审定体系、飞行标准体系、机场管理体系、空中交通管理体系、安全保卫体系、民航网络安全体系等强化安全管理方面的项目；第三，运输服务品质、无人机新业态制度建设、通航发展环境等引领高质量发展方面的项目。

近年来的民航运输领域的立法工作均围绕着上述规划有序地铺陈展开。2022年，民航局配合司法部开展《民航法》（修订送审稿）审查，配合交通运输部审查并完成《通用航空安全保卫规则》等22部规章的立改废工作，并审核了行政规范性文件59份，系统完善了行政法规体系。2023年，为加快推动《民航法》全面修订进程、配合出台《无人驾驶航空器飞行管理暂行条例》，民航局开展了涉及飞行运行、危险品管理等17部规章立改废工作。同时，全面落实行政规范性文件合法性审核机制，审核并发布民航局文件54件，推动行政法规体系持续完善。2024年，《无人驾驶航空器飞行管理暂行条例》开始施行，民航运输的法治建设工作得到了新发展。

（一）民航运输立法工作稳步推进

近年来我国无人驾驶航空器产业快速发展，已广泛应用于农业、国土、物流、科研、国防等领域，对促进经济社会发展发挥了重要作用。与此同时，实践中无人驾驶航空器"黑飞"扰航、失控伤人、偷拍侵权等问题日益凸显，威胁航空安全、公共安全和国家安全，风险挑战不容忽视。而从制度层面看，我国现行航空管理制度是基于有人驾驶航空器运行管理模式设计的，缺乏有效的针对无人驾驶航空器管理的相关制度规定，也难以适应无人驾驶航空器技术更新快、应用场景广等特点。

因此，为填补无人驾驶航空器管理法规空白、依法加强无人驾驶航空器飞行及相关活动的安全监管、有效化解和防范风险、促进相关产业持续健康发展，2023 年 5 月 31 日，国务院、中央军委公布《无人驾驶航空器飞行管理暂行条例》（以下简称《条例》），自 2024 年 1 月 1 日起施行。《条例》贯彻总体国家安全观，统筹发展和安全，在航空器及操控员管理、空域和飞行活动管理、监督管理、应急处置等方面进行了详细规定，着力构建科学、规范、有效的无人驾驶航空器飞行管理制度体系。

从具体内容来看，首先，无人驾驶航空器种类繁多，其性能、用途、运行风险等差异较大。因此，针对这一问题，《条例》按照分类管理思路，根据重量、飞行高度、飞行速度等性能指标，将无人驾驶航空器分为微型、轻型、小型、中型、大型五个类别，在设计生产、操控人员要求、飞行空域划设、飞行活动规范等方面，既明确了需要一体遵守的规则，又规定了差异化的监管要求，以更好地适应实际情况。

其次，为确保无人驾驶航空器飞行安全，《条例》规定了一系列制度措施，主要包括加强对民用无人驾驶航空器及操控人员的管理、规范空域划设和飞行活动、强化监督管理和应急处置三个方面。

最后，为统筹发展和安全，在确保安全的前提下促进相关产业健康有序发展，《条例》在着力完善监管规则的同时，从多个方面落实和体现了促进发展的要求。例如，对无人驾驶航空器实行分类管理，确立适度差异化的监管措施；根据无人驾驶航空器飞行活动的特点，简化飞行活动相关审批手续，缩短审批时间；对实践中应用范围广、安全风险相对较低的农用无人驾驶航空器实行相对宽松管理；等等。

总而言之，《条例》的颁布施行有利于激发行业企业内生发展动力，使企业生产制造更加规范有序、用户使用更加安全便捷、管理部门履职更加有力高效，在守住安全底线的前提下为相关产业发展营造良好的制度环境和外部条件。

进一步而言，《条例》是我国无人驾驶航空器管理的第一部专门行政法规，因此，为确保《条例》顺利实施，第一，要持续抓好宣传工作，帮助无人驾驶航空器生产经营单位、运营使用单位和个人以及政府相关部门工作人员等更好地掌握《条例》内容，做到知法守法；第二，要及时跟进制定配套制度，为《条例》的实施提供更为具体、操作性更强的支撑；第三，要完善监管基础设施，加快监管服务平台建设，提升监管的信息化、智能化水平。

（二）民航运输规章建设按步推行

2022 年至 2024 年 9 月，围绕《"十四五"民航立法专项规划（2021—2025 年）》的基本要求，民航运输各项规章建设按计划逐步推进。

首先，加强安全管理。第一，通过对民用航空器维修单位与维修培训机构的规定，对小型飞机适航规定的更新，对涡轮发动机、噪声的规定，对民航产品与零部件的规定，完善了适航审定体系，保障航空器在设计、制造和初始投入使用阶段的安全性和适航性。第二，通过对民航飞行签派员与大型公共航空运输承运人的严格管理，完善了飞行标准体系，以保障整个飞行过程符合安全标准和程序。第三，通过对机场工程建设、运行管理、专用设备、使用许可的规定，形成完备的机场管理体系，为民航安全运行打下坚实基础。第四，根据国际民航组织的新规则，对民航空中雷达管制期间进行调整，提高空中交通管制效率、增加空域容量。第五，根据技术发展与实践需要，对民航安全信息管理、情报工作、事件调查进行了详细的规定，以维护我国民航的信息安全。

其次，促进民航高质量发展。第一，通过详细规定民航的运输管理与危险物品运输管理，提高运输质量。第二，为配合《条例》的落实，对民用无人驾驶航空器运行进行了更细致的补充规定。第三，回答了通用航空发展中遇到的问题，对运行一般性要求、安保管理、行政审批等内容进行了规定。

2022~2024 年，我国航空交通运输领域的民用航空规章及其主要内容如表 2 所示。

表 2 2022~2024 年我国航空交通运输领域的民用航空规章

板块	领域	名称	主要内容
安全管理	适航审定体系	《民用航空器维修单位合格审定规则》(交通运输部令 2022 年第 8 号)	为规范民用航空器维修许可证的颁发和管理,保障民用航空器持续适航和飞行安全,从维修许可证的申请、颁发和管理、维修工作类别、维修单位的基本条件和管理要求、监督管理、法律责任等方面进行了具体规定
		《民用航空器维修培训机构合格审定规则》(交通运输部令 2022 年第 9 号)	为规范民用航空器维修培训机构合格证的颁发和管理,保障民用航空器的持续适航和飞行安全,从维修培训机构合格证的申请、颁发和管理、航空器维修人员执照培训机构的要求、机型维修、发动机型号培训机构的要求、监督管理、法律责任等方面进行了具体规定
		《正常类飞机适航规定(2022)》(交通运输部令 2022 年第 16 号)	随着航空科学技术的进步、航空工业和航空运输业的发展以及人们对航空安全性认识的深化,小型飞机适航要求在不断发展和更新,为进一步强化民航安全管理,确保民航飞行安全,对小型飞机分类方式进行调整,按照审定等级和性能等级重新组织规章内容;将规章中的技术性规定移入配套规范性文件;结合实践完善了安全性要求
		《涡轮发动机飞机燃油排泄和排气排出物规定(2022)》(交通运输部令 2022 年第 40 号)	对照国际民航公约及其附件 16 的新要求,对氮氧化物的监管、涡轴发动机的燃油排泄、非挥发性微粒物质(nvPM)的排放要求、亚音速涡喷涡扇发动机的烟雾(SN)排放要求、二氧化碳的排放要求进行修改
		《航空器型号和适航合格审定噪声规定(2022)》(交通运输部令 2022 年第 41 号)	对照国际民航公约及其附件 16 的新要求,提高航空器噪声排放标准,规定了倾转旋翼航空器的噪声要求和监管要求,对频带共用修正($\triangle B$)、峰值修正($\triangle peak$)和压气机转速(N1)等缺少的定义进行了补充
		《交通运输部关于修改〈民用航空产品和零部件合格审定规定〉的决定》(交通运输部令 2024 年第 5 号)	(1)对第 21.2D 条作出修改,在明确民航地区管理局自行实施审批工作的 5 项行政许可基础上,进一步明确了受民航局委托,实施部分民用航空器的型号合格证、补充型号合格证、技术标准规定项目批准书,以及适航证、出口适航证、外国适航证认可书的审批工作。(2)对第 21.35 条作出修改,在型号合格审定环节,免除载人自由气球、滑翔机和按《正常类飞机适航规定》确定审定等级为 1 级或 2 级的低速飞机功能可靠性试飞要求

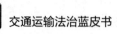

续表

板块	领域	名称	主要内容
安全管理	飞行标准体系	《民用航空飞行签派员执照和训练机构管理规则(2022)》(交通运输部令2022年第23号)	(1)调整申请飞行签派员执照的资格要求。一方面,从安全和学历门槛上提高要求,另一方面,放宽执照申请考试相关要求,便利相对人申请执照;(2)增加了飞行签派员执照权利和责任内容;(3)完善飞行签派员训练机构管理制度;(4)修订监督管理制度及法律责任
		《大型飞机公共航空运输承运人运行合格审定规则》(交通运输部令2024年第7号)	除针对国际民航公约附件的新变化进行了国内规章转化外,还结合《中华人民共和国安全生产法》,对运输航空公司安全管理体系、飞行运行管理体系、持续适航管理体系、人员资质管理体系等方面的管理政策和标准进行了梳理和完善
	机场管理体系	《运输机场专业工程建设质量和安全生产监督管理规定》(交通运输部令2022年第2号)	(1)明确了各参建单位在质量管理和专业工程建设安全上的义务和法律责任;(2)强调了专业工程监督管理的具体环节和内容,明确了民航局、民航地区管理局及受委托的质量监督机构在专业工程建设质量和安全生产监督管理方面的职责
		《运输机场运行安全管理规定(2022)》(交通运输部令2022年第7号)	(1)对机场内的不停航施工进行了严格规定;(2)明确规定机场管理机构、航空运输企业及其他运行保障单位的员工安全生产培训;(3)对航空油料供应进行了具体规定
		《运输机场使用许可规定(2022)》(交通运输部令2022年第17号)	(1)明确规定机场管理机构应严格落实检查任务,如对于适用性检查或者机场运行中发现的问题应及时开展航空研究或者安全风险评估;(2)规范了资料存档、手册修改审查等程序性事项
		《交通运输部关于废止〈民用航空企业及机场联合重组改制管理规定〉的决定》(交通运输部令2023年第6号)	民航企业及机场联合、重组和改制审核是《国务院对确需保留的行政审批项目设定行政许可的决定》(国务院令第412号)设定的行政许可事项。随着2021年《国务院关于深化"证照分离"改革进一步激发市场主体发展活力的通知》(国发〔2021〕7号)在全国范围内将该审批改为备案管理,2023年《法律、行政法规、国务院决定设定的行政许可事项清单(2023年版)》(国办发〔2023〕5号)中已不再包括该许可事项,因此失去了制度基础,需要予以废止
		《民用机场专用设备管理规定》(交通运输部令2024年第10号)	进一步明确民用机场专用设备的制造、检验、经营、使用和监督管理,完善机场设备管理制度体系,强化机场设备的安全适用要求

续表

板块	领域	名称	主要内容
安全管理	空中交通管理体系	《交通运输部关于修改〈民用航空空中交通管理规则〉的决定》(交通运输部令2022年第36号)	(1)将相关条款中雷达管制间隔标准按不同情况分别由"3公里"修改为"2.8公里","5公里"修改为"4.7公里","6公里"修改为"5.6公里","10公里"修改为"9.3公里",提高管制运行效率;(2)根据国际民航组织新规则,将相关条款有关需要向航空器通播的内容中的"跑道道面情况报告"完善为"跑道表面状况评估和报告",向航空承运人提供更为明确的跑道表面状态信息,同时对相应的报告规则作出修改
		《平行跑道同时仪表运行管理规定(2023)》(交通运输部令2023年第1号)	借鉴国际民航组织有关规定,对使用雷达信息进行的空中交通管制,在保证安全的前提下缩短了间隔距离标准,以提高空中交通管制效率、增加空域容量:(1)将相关条款中涉及的雷达管制间隔标准由"6千米"修改为"5.6千米",做好与《民用航空空中交通管理规则》的衔接;(2)适应管制运行需要,调整了平行跑道运行的相关内容;(3)明确进近管制员在部分情况下可以承担雷达管制员职责
	安全保卫体系	《民用航空安全信息管理规定(2022)》(交通运输部令2022年第18号)	(1)对负责民用航空安全信息管理工作的人员需满足的条件进行了规定;(2)就紧急事件与非紧急事件的报告流程进行了进一步的完善
		《民用航空器事件调查规定(2022)》(交通运输部令2022年第34号)	对照国际民航公约及其附件13《航空器事故和事故征候调查》的要求,对民用航空器事件调查的定位、目的和组织程序等内容作出完善:(1)进一步明确本规章适用于技术调查的定位;(2)优化事件调查权限和报告公布要求;(3)进一步明确调查组成员和参与调查的人员的保密义务;(4)明确本规章和国际民航公约附件13修订的协调机制
		《民用航空情报工作规则(2022)》(交通运输部令2022年第35号)	(1)对航空情报服务机构建立的情报质量管理制度,增加了确保航空情报准确性、及时性、完好性等要求;(2)优化了航空情报原始资料提供与审核机制;(3)在航行通告方面增加了无线电频率干扰、航天活动、烟花等影响空中航行的危险情况,以及跑道表面状况评估和雪情通告等内容

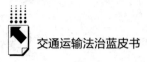

续表

板块	领域	名称	主要内容
高质量发展	运输服务品质	《民用航空危险品运输管理规定》(交通运输部令2024年第4号)	为了加强民用航空危险品运输管理,规范危险品航空运输活动,保障民用航空运输安全,规定了民航危险品的运输规则,内容涉及运输限制、运输许可、运输手册管理、托运人责任、承运人及其他地面服务代理人责任、运输信息、培训管理、监督管理、法律责任等方面
		民用航空货物运输管理规定(交通运输部令2024年第8号)	(1)突出关键环节安全监管,明确托运人、承运人、地面服务代理人的责任;(2)明确各方市场主体责任,新增了对地面服务代理人、机场管理机构的有关要求;(3)强化货运服务质量要求;(4)强化对市场主体的监督管理
	无人机新业态	《民用无人驾驶航空器运行安全管理规则》(交通运输部令2024年第1号)	(1)规范民用无人驾驶航空器的运行安全管理工作;(2)明确无人驾驶航空器操控员和安全操控要求、登记、适航、空中交通、运行与经营等管理要求;(3)按照面向运行场景、基于运行风险、分级分类管理的原则,将民用无人驾驶航空器运行划分为开放类、特定类和审定类;(4)根据重量和载人数量,将中、大型民用无人驾驶航空器系统类型划分为正常类、运输类和限用类;(5)确定构建以无人驾驶航空器运行管理平台为核心的监管支撑系统
	通航发展环境	《一般运行和飞行规则(2022)》(交通运输部令2022年第3号)	(1)对规章的章节结构和具体内容进行了重新编排;(2)简化了基本飞行仪表和设备的具体要求;(3)增加了大量基础术语定义,降低规章理解难度,提升可操作性;(4)修订后仅规定民用航空运行的一般原则与要求,不再规定具体的运行活动
		《小型商业运输和空中游览运营人运行合格审定规则(2022)》(交通运输部令2022年第4号)	(1)将运行一般性要求和合格审定统一并入总则,其他特殊要求按航空器种类细化分类管理;(2)在符合运行安全的前提下,删除与当前通航发展形势不相适应的相关限制性条款;(3)以附件形式明确了运输类飞机和直升机运营人编写运行手册的原则、方法和基本内容
		《民用航空器驾驶员学校合格审定规则(2022)》(交通运输部令2022年第5号)	(1)对章节结构作出了调整,将原规章中与行政审批条件相关的内容剥离为单独的合格审定章节,从人员、机场、航空器和设施、训练课程等方面分章节制定各类驾驶员学校的管理要求;(2)优化了审批环节,减轻申请人负担;(3)专门增加附件,明确特定用语的含义

续表

板块	领域	名称	主要内容
高质量发展	通航发展环境	《特殊商业和私用大型航空器运营人运行合格审定规则(2022)》(交通运输部令2022年第6号)	(1)明确了特殊商业运营人的范围,在原规章的基础上增加了商业跳伞服务运营人;(2)明确了特殊商业运营人运行合格审定的具体内容;(3)对私用大型航空器运营人和航空器代管人运行合格审定实行告知承诺制;(4)以附件形式明确了特定用语的含义,方便相对人理解和使用
		《通用航空安全保卫规则》(交通运输部令2022年第13号)	要适应新形势下民航安全工作需要,出台专门规章,弥补通用航空领域安保管理的立法空白:(1)明确了对通用航空器运营人安保工作的具体要求;(2)强调了在运输机场开展通航活动的特别要求;(3)规定了局方监管的具体要求
		《交通运输部关于废止〈非经营性通用航空登记管理规定〉的决定》(交通运输部令2022年第14号)	交通运输部决定废止《非经营性通用航空登记管理规定》(民航总局令第130号)
		《载人自由气球适航规定(2022)》(交通运输部令2022年第21号)	(1)将由加热空气和比空气轻的不可燃气体组合提供升力的混合气球纳入适用范围;(2)完善了技术性要求、提升整体安全水平;(3)完善了飞行手册要求
其他	涉外规定	《民用航空器国籍登记规定》(交通运输部令2022年第22号)	(1)删除了对外商投资企业的股比限制;(2)调整管理措施,明确由民航局细化关于在民用航空器上喷涂名称和标志等事项的管理要求;(3)明确了民用航空器国籍标志和登记标志位置、字高以及需要避免的混淆情形;(4)增加了特定情况下民用航空器登记国有关职责;(5)根据《行政处罚法》要求完善了法律责任规定
	监管标准	《民用航空计量管理规定》(交通运输部令2024年第6号)	增加了民航部门计量技术规范的规定,简化了法律责任,删去奖惩和经费条款。加强对民航计量工作的监督管理,保障民航量值的准确可靠

资料来源:中国民用航空局网,http://www.caac.gov.cn/XXGK/XXGK/,最后访问日期:2024年10月25日。

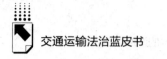

交通运输法治蓝皮书

在上述规章中,2024年出台的规章有以下7个。

1.《民用无人驾驶航空器运行安全管理规则》

为及时衔接2024年1月1日起施行的《无人驾驶航空器飞行管理暂行条例》相关制度安排,确保在民用无人驾驶航空器的适航管理、人员资质、登记管理、飞行活动等管理链条上形成"闭环",《民用无人驾驶航空器运行安全管理规则》从安全管理工作、安全操控要求、分类规定、监管系统几个方面全面规范了民用无人驾驶航空器的运行安全管理工作。

该规则落实了《无人驾驶航空器飞行管理暂行条例》要求,有利于构建科学、规范、有效的民用无人驾驶航空器运行安全管理制度,完善民用无人机法规体系鼓励并有序推进典型的运行环境和情景下的试点和示范运行,为无人机行业创新发展营造良好发展环境。

2.《民用航空危险品运输管理规定》

为了加强民用航空危险品运输管理,规范危险品航空运输活动,规定从运输限制、运输许可、运输手册的规范管理、托运人责任、承运人及其地面服务代理人责任、运输信息、培训管理、监督管理、法律责任等方面规定了民航危险品的运输规则。

规定施行后,一方面,要通过细化规定,督促企业加强自我管理、提升应急处置能力、推动落实企业安全主体责任,保障民用航空运输安全。另一方面,要通过简化行政手续、为企业提供高效便捷服务,促进企业自觉守法,推动该规定的落实。

3.《交通运输部关于修改〈民用航空产品和零部件合格审定规定〉的决定》

此次修改,主要涉及两个条款。一是对第21.2D条作出修改,在明确民航地区管理局自行实施审批工作的5项行政许可基础上,进一步明确了受民航局委托,实施部分民用航空器的型号合格证、补充型号合格证、技术标准规定项目批准书,以及适航证、出口适航证、外国适航证认可书的审批工作。

二是对第21.35条作出修改,在型号合格审定环节,免除载人自由气球、滑翔机和按《正常类飞机适航规定》确定审定等级为1级或2级的低

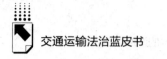

速飞机功能可靠性试飞要求。这些航空器设计简单，功能可靠性比较直观，可通过现有适航标准中的相关要求直接考察，产品安全可以得到保障。

4.《民用航空计量管理规定》

为加强对民航计量工作的监督管理，保障民航量值的准确可靠，在遵守国家计量法规的基础上，明确中国民航局的计量监管职责。要求文本内容力求准确、细致、易懂，并在增加民航部门计量技术规范的同时简化了法律责任，删去奖惩和经费条款。

5.《大型飞机公共航空运输承运人运行合格审定规则》

针对国际民航公约附件的新变化进行了国内规章转化，并结合《中华人民共和国安全生产法》，对运输航空公司安全管理体系、飞行运行管理体系、持续适航管理体系、人员资质管理体系等方面的管理政策和标准进行了梳理和完善。

（1）在运输航空公司准入条件方面

根据目前行业运行实践和国产飞机发展情况，结合通航法规体系重构的制度安排，调整 CCAR-121 部的适用范围为"多发涡轮驱动的运输类飞机"，提高 CCAR-121 部运输航空公司的准入门槛和运行安全标准，以适应行业高质量发展需要。

（2）在运输航空公司安全管理体系建设方面

第一，增加对企业主要负责人的职责和条件要求，细化对安全管理体系和落实岗位责任的相关政策。第二，明确飞行数据分析方案的定义和实施的基本原则，强化合理使用各类安全和运行数据，强化实施飞行数据分析方案的重要性。第三，完善运行合格审定的内容和标准，要求申请人必须建立与其运行性质和范围相匹配的组织管理体系。

（3）在航空公司飞行运行管理方面

第一，对航空公司的政策制定和手册管理，进行了细化。第二，强调航空公司的运行控制能力在确保飞行安全以及保障运行正常和效率方面的核心属性。第三，对于飞行运行标准和政策，梳理 CCAR-121 部与机场、空管、安保等规章之间的关系，细化对新开运行区域和航路的管理要求，完善制定机场最低运行标准的方法以及运行中掌握相应标准的政策；完善对基于性能导航（PBN）、低能见运行、延程等特殊运行的批准要求。第四，进一步严格机组成员的运行作风。第五，对于运行中的应急处置和报告，增加并完善了飞机追踪的政策，细化公司运行部门在协助搜救和救援方面的职责。第六，修订对运输航空公司航空卫生保障管理的相关规定，强化航空公司航空卫生工作的安全属性。

（4）在航空公司持续适航管理方面

第一，对于机载仪表和设备，调整对第二驾驶员的仪表设备要求，细化涡轮驱动发动机所需的仪表，按照国际民航组织公约附件最新修订，修改了对部分设备的装机要求。第二，在工程管理方面，严格维修副总、总工程师的准入条件，优化维修体系和培训政策。强调质量安全在航空公司工程管理方面的重要性。增加可靠性方案中对发动机监控的要求，完善对维修记录的管理规定。

（5）在航空公司人员资质管理方面

强化岗位胜任这一关键要素。第一，根据国际民航组织附件，修订原R章"高级训练大纲"为"基于胜任力的培训和评估方案"。第二，完善对飞行机组、客舱乘务组、飞行签派员训练大纲在危险品训练、安保训练和应急生存训练方面的内容及合格要求。第三，细化对飞行机组的训练要求，增加与实际运行区域相关的训练内容。细化合格证持有人在授权签派员执行飞机签派任务前，对其掌握的知识和能力进行验证检查的要求。

6.《民用航空货物运输管理规定》

为贯彻落实国家有关物流保通保畅、构建现代物流体系工作要求，支撑综合交通运输"四个体系"建设，将《中国民用航空货物国内运输规则》和《中国民用航空货物国际运输规则》合并修订为《民用航空货物运输管理规定》。

该规定以责任主体为主线，将货物托运、收运、运输、到达和交付等流程性条款作了删减，调整为明确各主体责任并聚焦运输关键环节的安全管理。同时，简化特种货物运输相关要求，并对信息报告、监督管理、法律责任进行了新的细化规定。此次修订有利于落实企业主体责任、提升航空货物运输安全和服务质量，从而适应航空货运发展新形势、激发行业发展活力。

7.《民用机场专用设备管理规定》

近年来，随着民航业的稳步发展，机场设备制造业规模持续扩大，行业新技术、新模式、新业态不断涌现，对机场设备行业适应新形势、新趋势提出了更高要求。为持续提升机场运行安全保障能力，进一步强化机场设备全链条管理，民航局组织修订了《民用机场专用设备管理规定》。规定进一步明确民用机场专用设备的制造、检验、经营、使用和监督管理，完善机场设备管理制度体系，强化机场设备的安全使用要求。

该规定不仅强化了民航行政机关的监督职能，明确了制造商、检验机构、经营单位及使用单位的法律责任，还将进一步提升机场设备从研发制造到经营使用的管理水平，对促进行业有序发展、规范设备市场秩序、保障航空运行安全发挥重要的保障作用。

（三）规范性文件与标准规范的法治保障成效显著[①]

在 2022~2024 年，我国共出台了航空运输相关规范性文件 247 件，在机场与航空器的建设与维护、驾驶规定、相关人员培训与考核、飞行运行规则与事件处理等方面进行了进一步规定。

其中，2024 年出台航空运输相关规范性文件 72 件，包括数据集制作规范、案例汇编、设备要求、人员培训、各类审核管理办法与评估程序。发布了标准规范 19 条，涉及机器设备校准、航空器附属设施（旅客登机梯、飞机清水车等）规定、飞机程序航图样式调整、飞机缓蚀剂技术规范、救生衣规范、座椅系统规定、机场电动车充电系统设置等。

（四）后续立法工作展望

针对实践中出现的新情况和新问题，立法应积极作出回应。

---

① 参见中国民用航空局网，http：//www.caac.gov.cn/XXGK/XXGK/，最后访问日期：2024 年 10 月 25 日。

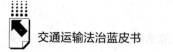

首先，在重大航空事故方面，一方面，要完善向航空器经营人追责的制度规定。在重大航空事故追偿的案件中，近年来出现了受害者为规避现有规定所设定的承运人限额，转向航空产品的生产者、销售者等产品责任主体提起航空产品质量瑕疵的诉讼的情形。细究之，与航空产品相关的零部件、原材料都属于特殊高科技产品范畴，危险一旦发生，损害巨大。因此，依据追究生产者的责任是合理的，但同时，应当将关注责任主体的目光扩大至所有使航空产品进入市场的主体以及对航空产品负有检测和修理义务的主体，通过明确航空产品设计者、生产者和维修者的产品责任及其归责原则，最大限度保护受害人的利益。① 另一方面，明确航空器出租人的责任地位。航空事故造成损害赔偿情况下，只要出租人没有对造成损害的飞机进行操作控制，出租人往往能够避免担责，但在近些年的航空事故案件中，被告范围已从承运人延伸至出租人。若不对出租人的责任地位进行确认，一方面将打击出租人对商业航空领域的投资力度，影响行业发展，另一方面也会增加法院的诉讼负担。因此，立法应明确出租人在何种事故情形下应承担何种责任，包括过失委托责任、疏忽监督责任、严格产品责任、替代责任等。②

其次，对实践中缓慢发展并逐渐成熟的代码共享商业模式下代码共享承运人的责任承担应进行进一步的规定，以满足行业发展的需要。我国《民用航空法》在公共航空运输中明确规定了航空运输承运人的连带责任，将代码共享中的实际承运人纳入法律的调整视野，明确代码共享承运人之间的在满足一定条件后要承担替代责任，但整体规定较为笼统。因此，在具体适用时存在请求权基础不明、代码共享实际承运人法律性质不明、存在不同运输方式时承运人角色认定混淆等问题。同时，国内对承运人的责任限额与公约规定的明显不同，导致较大的个案差异。这些问题都需要通过进一步的立

---

① 参见王晓蕾《论航空产品责任归责原则》，中国民航大学 2022 年硕士学位论文。
② 参见李震山《论航空器出租人对航空事故损害的赔偿责任》，中国民航大学 2022 年硕士学位论文。

法工作来解决。①

再次，随着民航运输市场的稳步回升，民用航空、通用航空、军用航空的矛盾正日益凸显，应在遵循公共利益优先原则与空域使用权独立原则的基础上，通过立法模式完善空域使用。一方面，制定和完善低空目视飞行规范和目视飞行高度标准，并对低空飞行管制、飞行间隔、飞行指挥等管理要求进行补充；另一方面，合理确定空域划分，进行类别化管理与使用，特别是对低空空域的发展和利用；优化空域资源开发、利用的成本与利益管理体制，设置宽松的空域资源权利主体的资格条件，提高权利主体对低空空域资源的利用效率。② 同时，针对通用航空发展与低空飞行管理的矛盾，应对传统航空管理体制进行革新，通过立法赋予地方政府参与低空管理职责，集合多方力量推动低空管理改革。③

最后，对于民航运输过程中的部分暴力类犯罪缺乏明确的证明标准，无法有效保护航空安全。以暴力危及飞行安全罪为例，由于缺乏可以证明的具体标准，在司法实践中，诸多危害行为适用其他罪名或被降格为行政处罚。因此，应结合民航航空运输实践与航空安全保卫趋势，科学评估并确立"危及飞行安全"的内涵及其指标体系，使其前端可与暴力行为相衔接，具体评判、比对暴力行为对飞行安全的危害性，得出是否危及飞行安全（及其程度）的司法判断；后端则自然延伸至罪状描述的"严重后果"，以暴力行为危及飞行安全指标体系的"危险状态"或"实害结果"匹配"尚未造成"或"已经造成"的具体后果，并为量刑提供指引。④ 针对民航设施的破坏类犯罪也存在类似的问题，"足以使航空器处于倾覆、毁坏危险"是一种危险状态而不是危害结果，对其状态的认定应通过被破坏的民航设施的类

① 参见梁彩月《论航空运输中代码共享承运人连带责任的认定》，南京航空航天大学2022年硕士学位论文。
② 参见程艳霞《我国空域资源使用法律制度构建研究》，中国民航大学2023年硕士学位论文。
③ 参见张克勤《低空管理中政府机构职能问题研究》，《北京航空航天大学学报》（社会科学版）2024年第7期。
④ 参见邓君韬《历史进程中的暴力危及飞行安全罪》，《北京航空航天大学学报》（社会科学版）2022年第4期。

型、航空器的飞行环境、专家及工程师的科学判定和专业分析、行为人认知能力等因素进行具体的规定；对"破坏"的界定也应结合物理性破坏和功能性破坏进行区分规定。①

三 稳步推进民航领域依法行政

2022~2024年，中国民用航空局统筹发展和安全，完善了行政执法制度机制，优化了行政执法方式手段、提升了行政执法的效率与质量，在法治轨道上履行行政职能，加快推动了法治政府的建设。同时，随着行政执法的完善，各地区民航系统在依法履职能力上稳步提升（见表3）。当然，当前民航领域法治政府建设仍然存在一些不足，运用法治思维和法治方式解决问题的能力有待进一步提高，行政执法质量以及监管效能有待进一步提升。

（一）优化行政许可工作，持续提升服务质量

2022年1月26日，民航局编制《"十四五"民航立法专项规划（2021—2025年）》，要求落实"放管服"、优化行政许可事项、简化流程，提高民航气象服务水平。

表3 2022~2023年各地区民用航空管理局的行政执法概况

年份	执法事项	中国民用航空局	新疆管理局	西北地区管理局	西南地区管理局	华东地区管理局	中南地区管理局	东北地区管理局	华北地区管理局
2022年	行政许可（件）	15236	3786	8277	31592	60524	649	0	0
	行政处罚（件）	0	4	20	56	44	62	12	50
	行政强制（件）	0	0	0	0	0	0	0	0

---

① 参见张静《破坏民航设施的犯罪认定研究》，中国民航大学2022年硕士学位论文。

续表

年份	执法事项	中国民用航空局	新疆管理局	西北地区管理局	西南地区管理局	华东地区管理局	中南地区管理局	东北地区管理局	华北地区管理局
2023 年	行政许可（件）	21870	6790	8761	42332	66490	642	0	0
	行政处罚（件）	0	8	8	40	45	75	12	33
	行政强制（件）	0	0	0	0	2	0	0	0

资料来源：中国民用航空局 2022 年、2023 年的政府信息公开年度报告，中国民用航空局网，http：//www.caac.gov.cn/so/s? qt＝%E6%94%BF%E5%BA%9C%E4%BF%A1%E6%81%AF%E5%85%AC%E5%BC%80%E5%B7%A5%E4%BD%9C%E5%B9%B4%E5%BA%A6%E6%8A%A5%E5%91%8A&siteCode＝bm70000001&tab＝xxgk&toolsStatus＝1，最后访问日期：2024 年 10 月 27 日。

　　首先，民航局依据产业发展的新业态，修改制定了部分行政许可规定。如根据国际民航公约的新规定，对涡轮发动机飞机燃油排泄和排气排出物、航空器噪声排放标准、空中交通管制的雷达管制间隔标准进行了修改；随着无人驾驶航空器产业快速发展，通过制定《无人驾驶航空器飞行管理暂行条例》及相关配套规章，明确了不同类型无人机的适航许可。

　　其次，为了加强对民航领域的监管、保障民用航空的运行安全，对民用航空器维修的许可、民用航空产品和零部件的审批、大型飞机公共航空运输承运人的准入条件、飞行签派员执照的获得、危险品运输许可、通用航空的合格审定等进行了进一步的补充。

　　再次，加快推进完成重点项目审批，支持行业发展。如成立民航局支持国产民机发展工作领导小组，高质高效完成 C919 型号合格审定和生产许可审定，推动加快国产大飞机产业化进程；持续推动 AG600 等国家重点型号审定，完成世界首个载人无人驾驶电动垂直起降航空器亿航 EH-216S 的型号合格审定。

　　最后，优化行政审批服务，切实提升服务质量。第一，在全国范围内推进通航运营人联合审定流程改革，支持航空公司灵活调整国内航班运力安

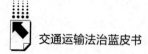

排，持续优化简化货运航线航班审批。第二，扩展电子证照共享应用，共有 9 个高频事项实现跨省通办。上线应用 8 种电子证照，健全民用航空器驾驶员电子执照全球验证机制，成为全球首个全面推广应用的国家。第三，积极提升政务服务效能，民航行政许可事项网上可办率达 96%，"一网通办"事项接近 50%。

（二）坚守安全底线，全力提升安全监管效能

在监管方面，首先，着力解决突出风险，针对行业安全投入不足、专业队伍技术能力下降、航空器工况不良等风险，老旧、偏远等类型机场运行安全风险，全国机场不停航施工管理风险等，开展专项整治。针对部分运输航空公司不安全事件多发趋势，组织开展专项督导和"四不两直"检查，加大货运航空公司飞行和维修业务领域监管力度。其次，针对空飘物、新型无线电干扰、军民合用机场跑道侵入、不停航施工、"机闹"、"三超"行李进客舱等典型问题加强监管不放松，以零容忍态度开展系统治理。再次，针对实践中陆续显现的中小航空公司安全基础薄弱、中小机场空管保障能力不足、鸟击事件居高不下、外来物击伤多发、通航安全运行风险突出等问题，按照"一问题一方案"开展专项整治。例如，针对突发的美国普惠公司 PW1100G 发动机安全运行问题，在全球范围内率先自主颁布适航指令，指导航空公司采取有效措施消除不安全状况。最后，丰富监管手段，坚持"盯人盯事件"与"盯组织盯系统"相结合，将综合安全审计、专项安全审计与日常安全监管有机结合，切实提升监管实效。

1.严格展开行政检查工作

首先，为应对民航领域发展新问题、加强行政检查监督，立法部门出台了各项法律规定，民用航空局也发布了多项规范性文件与行业标准。如《运输机场专业工程建设质量和安全生产监督管理规定》《机场专业行政检查计划编制管理办法》《运输机场专业工程建设质量和安全生产监督检查实施细则》《民用航空计量管理规定》《大型飞机公共航空运输航空卫生工作要求》《危险品货物航空运输存储管理办法》《民航安全管理体系审核管理

办法》等，为民航行政检查提供直接的法律依据，丰富了行政检查的内容、完善了行政检查的手段。

其次，对于实践中出现的重大社会性问题，加大了针对性行政检查工作力度。一是对于民航工程建设领域拖欠农民工工资的情况，通过发布《关于进一步加强民航工程建设领域根治拖欠农民工工资工作的通知》作出系统性回应，要求切实履行对民航专业工程的行业监管职责，并按照"谁审批谁负责"的工作原则，承担对局属单位建设项目的部门管理职责。二是在"3·21"东航 MU5735 航空器飞行事故发生之后，民航局第一时间下发《关于加强航空安全工作的紧急通知》，并部署开展行业安全大检查，成立督导组并于 3 月 29 日至 31 日赴华北、西南地区开展安全督导工作。

最后，为确保系统性的行政检查有序开展，根据《民用航空行政检查工作规则》，各地区管理局会提前制订每一年度的行政检查计划编制执行指南，明确一年中行政检查的范围与重点，为各单位各部门编制计划提供指导。2022~2024 年，各地区管理局依据各自辖区内特点开展了密集的行政检查活动。

以 2024 年为例，第一，针对特殊季节与重大节日开展了春运检查、雷雨季安全检查、防汛工作检查（排水、跑道表面评估）、鸟类迁徙期鸟防工作检查、换季运行安全检查、复杂天气运行安全检查等。第二，针对机场建设除开展年度检查外，还进行了机坪运行检查、安保质量检查、行李装卸检查、货邮安检检查、进港行李提速检查、消防安全检查、扩建项目工程质量安全检查、不停航施工检查、跑道入侵应对检查等。第三，针对飞行安全，开展了空管运行检查、飞行教员特情处置能力检查、部分航空公司运控能力检查、航线维修保障检查、航油供应检查、航空器投入运行前的适航检查、民航产品制造检查、新开航线运控风险检查、通航企业的经营与运行安全检查、航校基地飞行运行检查等。第四，针对运输服务开展了航班正常专项检查、旅客投诉服务工作检查。第五，针对民航局发布的各项规范性文件，各地区展开了落实情况的检查，例如，根据民航局

《关于开展地面服务中的旅客、行李服务行政检查工作的通知》的要求，吉林监管局对长春机场和南航吉林分公司开展地面服务中的旅客、行李服务工作专项检查；根据民航局《民用航空危险品运输管理规定》的要求，东北管理局会同大连监管局对大连机场和南航大连分公司的危险品航空运输安全管理工作开展联合检查，甘肃监管局赴危险品货物暂存区开展现场检查指导。

同时，各地区管理局对于辖区内的特殊情况开展了多项专门性检查。东北地区管理局针对东北地区冬季长、温度低、冻融多的问题，开展了多次机场道面检查工作；针对亚冬会的举办，开展了专项的运力检查。西北地区管理局针对沙尘天气，对能见度运行处置、户外保障设施等进行了机场专项检查，对扬沙、大风带来的客舱空中颠簸伤人事项进行了专项检查；对陕西飞行区内有高填方护坡的延安机场、安康机场进行了防汛工作专项检查。华东地区管理局针对沪昆大通道的运行实施准备工作开展了专项检查，梳理评估航空公司运行、空管保障、飞行程序实施等方面可能的运行风险，督导针对性管控措施拟定。新疆管理局针对阿克苏地区乌什县 7.1 级地震，组织评估辖区各机场受影响情况，对道面、灯光系统、供电系统、围界、消防、行输系统、航站楼等重点设施设备进行排查，对各机场停场航空器进行检查；对乌鲁木齐机场改扩建工程、新疆和静巴音布鲁克民用机场新建工程进行专项验收检查。

为进一步提高检查质量，各地区管理局以"民航服务提质增效年"为主题展开了交叉检查，如华北管理局、西北管理局进行了交叉检查；新疆管理局与西南地区管理局组织实施了交叉检查。

2. 依法实施行政处罚措施

民航行政处罚的主要法律依据为《民用航空行政处罚实施办法》，该部门规章在 2021 年根据《中华人民共和国行政处罚法》的修订进行了重要修改，但民航局在其 2022 年印发的《"十四五"民航立法专项规划（2021—2025 年）》中就民航行政处罚作出重要部署，指出后续应继续研究修订完善《民用航空行政处罚实施办法》，民航行政处罚的标准处于动态发展之中。

当然，在具体的处罚事项上，民航局发布的专业性文件为行政处罚提供了具体的标准。一方面，《民用航空器驾驶员学校合格审定规则》《特殊商业和私用大型航空器运营人运行合格审定规则》《民用航空器国籍登记规定》《民用航空器事件调查规定》《民用航空产品和零部件合格审定规定》《大型飞机公共航空运输承运人运行合格审定规则》等法律规范随着民航业发展与国际标准的发展所进行的修改，完善了行政处罚的标准；另一方面，《无人驾驶航空器飞行管理暂行条例》《民用无人驾驶航空器运行安全管理规则》《民用航空危险品运输管理规定》《民用航空计量管理规定》等新规则的发布，丰富了行政处罚的内容、强化了对民航业的监督管理。

3. 灵活适用行政约见方式

2022 年 8 月 31 日，民航局发布了《民航局安全生产行政约见实施办法》，明确了安全生产行政约见的启动条件和具体约见程序，以督促落实安全责任、指导加强安全管理为目标，对民航生产经营单位的主要负责人或民航行政机关负责人开展警示性谈话。

该实施办法规定，安全生产行政约见由民航局安全委员会办公室或经其授权的其他民航局部门以及地区管理局承办，就民航生产经营单位发生运输航空责任事故等不安全事件的安全生产主体责任严重缺失、对民航局部署或督办的安全事项未按期完成或完成不合格等事项进行约见。要求经营单位汇报近期安全状况，针对被约见的事由已采取的措施和进一步整改计划；相关地区管理局汇报被约见单位的安全监管情况、事件调查和处理情况；最后由承办机关对被约见单位及相关地区管理局提出工作要求，并视情况通报相关处理意见。同时强调，不得以行政约见代替行政处罚。

4. 及时实施行政强制手段

民航局通过发布新的法律规范，以安全性为考量，丰富了民航行政强制的内容。2022 年，在《飞行标准管理手册》第三卷维修监察员手册中明确了维修监察员与合格证管理局能够行使的行政强制措施。2023年，在《民用航空产品和零部件持续适航事件报告和处理程序》中明确如果有证据表明设计批准持有人的民用航空产品和零部件可能引起机队安全失控的，民航局能够采取的行政强制手段。2024年，在危险品监察员手册中规定了危险品航空运输的行政强制措施，明确了危险品监察员有权对正在发生的危险品运输违法行为实施强制措施。

（三）完善内外监督，推进行政权力规范透明运行

首先，有效开展内部考核监督。依据《民航安全生产工作考核办法》，开展对民航各地区管理局的首轮安全生产考核。印发《民航行政机关及其工作人员安全监管责任追究办法》，对党的十九大以来的责任原因严重征候开展安全监管自查和履职反思。同时，制定监管效能评价指标，在民航监管局试点开展监管审计。并针对监管结果，开展责任原因严重征候监管自查和履职反思，依法依规对行政机关和工作人员追责问责。

其次，切实推进信息公开，及时回应国际航线恢复、机票票价管理等焦点问题。2023年，通过民航局网站公开各类信息1315条，发布政策解读材料28篇。全年受理信息公开申请430件，按期办结率100%，数量同比增加72%。[①]

最后，强化行政权力监督。2022年，中国民用航空局全年共办理行政复议案件9件、诉讼案件4件、国家赔偿案件1件。[②] 2023年，共办理行政复议案件28件，行政诉讼案件7件，检察监督案件1件。[③]

---

① 数据来源：2023年民航局法治政府建设工作情况，中国民用航空局网，https：//www.caac.gov.cn/XXGK/XXGK/TZTG/202403/t20240326_223321.html，最后访问日期：2024年10月28日。

② 数据来源：2022年民航局法治政府工作报告，中国民用航空局网，https：//www.caac.gov.cn/XXGK/XXGK/TZTG/202303/t20230330_217785.html，最后访问日期：2024年10月28日。

③ 数据来源：2023年民航局法治政府建设工作情况，中国民用航空局网，https：//www.caac.gov.cn/XXGK/XXGK/TZTG/202403/t20240326_223321.html，最后访问日期：2024年10月28日。

（四）发布典型案例，强化警示监督效能

2022~2024 年，以飞行安全与飞机适航为核心，各地区管理局（监管局）共发布航空运输典型执法案例 20 余件，主要包括行政处罚案件与行政约见案件，体现出民航局对安全管理的重视。（见表 4）

表 4　2022~2024 年的各民用航空安全监督管理局典型执法案例

序号	行政机关	行政相对人	关键词	要旨
1	江苏监管局	南通机场集团有限公司(徐州观音国际机场)	净空保护区、行政处罚	2022 年 2 月 24 日,监管局对观音机场在 2021 年机场净空区域高大障碍物排查专项整治中发现 520 座高大障碍物事件进行了调查,发现公司在机场 55km 内净空保护区内未排查出超高障碍物(7 座风力发电机,已影响到机场飞行程序正常运行)
2	黑龙江监管局	中国飞龙通用航空有限公司	适航性资料、违规外委、行政处罚	2022 年 3 月 8 日,监察员发现飞龙通航涉嫌违反《民用航空器维修单位合格审定规则》(CCAR-145-R3)的规定,没有评估外委镀镉单位的施工标准是否满足制造厂手册要求,导致维修过程中烘干时间不满足制造厂手册要求,造成螺旋桨卡箍因氢脆断裂
3	乌鲁木齐监管局	中国国际航空股份有限公司	危险品货物、运输管理资质、行政处罚	2022 年 4 月 22 日,民航乌鲁木齐监管局对国航新疆分公司进行了现场执法检查,发现国航乌鲁木齐营业部从事危险品货物运输管理工作人员的 6 类危险品资质已过有效期并继续从事相关危险品运输管理工作
4	江苏监管局	连云港花果山机场建设投资有限公司	安全检查、员工违章行政处罚	2022 年 2 月 7 日,安检站验证员孙某某在 4 号安检通道对 KN5356 航班旅客安检期间,低头查看个人智能手表上的消息,未关注验证台前人员情况,造成送行人员杜某某未经安检验证,在接受人身检查后进入机场候机隔离区。孙某某违反岗位操作流程,发生违章行为,且经系统原因分析,非个别偶发,系该机场公司生产组织管理不到位,应同时追责

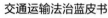 交通运输法治蓝皮书

续表

序号	行政机关	行政相对人	关键词	要旨
5	广西监管局	广西机场管理集团、南宁吴圩国际机场	安全检查、行政约见	2022年9月20日至10月23日,监管局对辖区机场开展航空安保专项测试9次,测试通过率为44.4%,暴露出辖区机场安检工作存在思想认识不足、重视不够、组织机构不健全、业务技能不扎实等问题
6	重庆监管局	华夏航空公司	通信失效、运输航空一般征候、行政处罚	2023年1月6日,华夏航空公司CRJ900/B-3230飞机执行G54985重庆—延安航班,起飞离地后因AECU组件脱开电气连接,陆空双向通信失效,构成一起运输航空一般征候。普查机队全部AECU组件安装情况后,发现4架飞机AECU托架锁扣有松动情况,在安全运行方面存在较大安全隐患
7	青海监管局	西部机场集团青海机场有限公司	非紧急事件、行政处罚	2023年1月23日,西宁机场11号跑道下滑设备故障,导致MU2314航班改变进近方式落地,在事发后48小时内,未按规定报告非紧急事件
8	桂林监管局	广州南联航空食品有限公司桂林分公司	逾期未改正、航空安保措施、行政处罚	2023年2月15日至17日,监管局对广州南联航空食品有限公司桂林分公司开展行政检查,发现公司配餐工作区和机供品存放区未严格执行分区封闭管理,存在原材料大门未锁闭、机供品存放区仓库门锁挂在门上未锁闭等情况;3月16日行政复查时,部分问题仍未整改
9	西北地区管理局	陕西天驹通用航空有限公司	安全隐患排查治理、行政处罚	陕西天驹通用航空有限公司在2023年2月17日发生一起通用航空一般事故。事故发生后,公司无法核实提供隐患排查治理工作程序;且事故发生前公司对直升机航路飞行中可能误入仪表天气条件的安全风险未采取管控措施,因此确认公司未建立安全隐患排查治理制度和程序并及时发现和消除安全隐患

序号	行政机关	行政相对人	关键词	要旨
10	温州监管局	温州机场	不停航施工、行政约见	2023年2月19日,温州机场在三期改扩建机坪工程施工场地西南侧进行施工时损坏了电缆,违反了《运输机场运行安全管理规定》,暴露出机场管理方、施工方在不停航施工管理中存在文实不符、风险意识不强、风险控制措施不具体等问题
11	重庆监管局	海航航空技术有限公司重庆分公司	未按工卡实施维修、行政处罚	2023年2月20日,由于维修人员未按规定完成维修步骤,西部航空A320/B-8249飞机执行PN6433(重庆—温州)航班时,在起飞后发现故障信息于是返航,构成一起机械原因的运输航空一般事件
12	厦门监管局	厦门太古飞机工程有限公司	紧急事件信息迟报、行政处罚	2023年4月11日,B767-300/JA605F号机执行厦门至东京成田机场航班爬升阶段驾驶舱冒烟返航,这一紧急事件未在12小时内报告
13	乌鲁木齐监管局	内蒙古华远通航	通航作业备案、行政约见	自2023年5月1日至19日,华远通航体验飞行活动超出了其批准范围
14	湖南监管局	岳阳三荷机场投资建设管理有限公司	安全隐患排查治理、行政处罚	2023年5月22日,成都航空A320/B-32AF飞机执行EU277X补班航班,岳阳机场配载人员未按要求核对离港系统内数据,也未与下个班组交接货物装载信息,致使长沙机场货运发现舱单中无装机货物信息,但飞机实际装载1005公斤货物,经测算,该航班飞机实际起飞重心与舱单起飞重心出现偏差,影响飞机稳定性和安全性,构成一起地面保障原因的一般事件
15	河南监管局	洛阳北郊机场有限责任公司	安全生产、危险品培训违规、行政处罚	2023年9月21日,河南监管局监察员开展洛阳机场危险品运输检查时,发现运输管理部、安检站部分人员危险品培训超过24个月有效期仍在上岗从事危险品航空运输有关活动

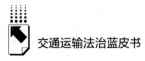

续表

序号	行政机关	行政相对人	关键词	要旨
16	新疆管理局	新疆龙昊通用航空有限公司	通航事故、行政处罚	2023 年 10 月 2 日,新疆龙昊通用航空有限公司 DA40NG/B-12A 飞机,在克拉玛依机场附近 5 号空域执行完夜间飞行训练任务后,返场途中,机组未对山区地形保持有效目视,未采取安全的越障飞行动作,导致飞机在山区坠毁,机上 2 人死亡
17	四川监管局	四川航空股份有限公司	擦剐航空器、行政处罚	2023 年 10 月 24 日,四川航空飞机在航后保障过程中,垃圾工在指挥垃圾车靠机时违反公司客舱服务部管理手册的要求,造成垃圾车停放位置不符合规定,造成垃圾车顶部摄像头擦剐飞机
18	浙江监管局	中国民用航空华东地区空中交通管理局浙江分局	低高度复飞、迟报、行政处罚	2023 年 10 月 24 日,厦航 B737-800/B-5657 号机执行 MF8204 兰州—杭州航班。杭州进近时,机组因未收到塔台落地许可复飞,复飞过程中最低高度 94 英尺。浙江空管分局未能在时限内报告事件信息,导致该事件信息迟报
19	湖南监管局	湖南机场股份有限公司	跑道侵入、行政处罚	2024 年 1 月 7 日,长沙机场在西南站坪 266 机位区域开展航空器地面遇险科目"三无"应急演练。长沙机场 3 辆消防车未经空管塔台许可进入机动区,穿越东跑道并进入东跑道与西跑道之间的 C 平行滑行道,导致空管指挥在西跑道运行的奥凯航 BK2863 航班中断起飞,执行中断起飞动作时空速 76 节
20	江苏监管局	深圳航空有限责任公司江苏分公司	安全生产、主体责任、管理职责、行政约见	2024 年 1 月 16 日,江苏监管局执法人员对深圳航空有限责任公司江苏分公司进行现场执法检查,发现公司保卫部未能有效准备相关迎检材料,公司方自行对照的检查单项目不全,内容缺项。1 月 27 日,江苏监管局再次到分公司开展行政检查,仍发现问题 19 项

序号	行政机关	行政相对人	关键词	要旨
21	重庆监管局	重庆鹏华航空科技有限公司	重大安全隐患、不合格航材、行政处罚	重庆鹏华航空科技有限公司在实施蒙皮活门（件号：VFT300B00）翻修的工作中违规使用了一批具有假证书的翻修器材包，属于不合格航材
22	云南监管局	苏南瑞丽航空有限公司	疲劳管理、训练大纲、培训、行政命令	2024年5月22日，在苏南瑞丽航空有限公司现场检查发现，公司管理层、飞管部领导发生人事变更后，个别新任职干部未按照疲劳管理培训大纲要求完成培训，不满足《CCAR121部合格证持有人的疲劳管理要求》（AC-121-FS-014R1）
23	辽宁监管局	陆某某	执照考试、作弊、严重失信、行政处罚	执照理论考试申请人陆某某在沈阳航空航天大学考点进行商用驾驶员执照理论考试的过程中，翻看其夹带的未经局方批准的材料
24	重庆监管局	西部航空有限责任公司机长刘某	岗位责任、非指令性位移、标准操作程序、行政处罚	2024年7月30日，西部航空PN6258合肥至丽江航班，机长刘某某在设置停留刹车手柄到"ON"位后，在未确认飞机是否有足够停留刹车压力的情况下，松开刹车踏板，导致飞机出现非指令性位移，违反了西部航空《标准操作程序手册》第"2.22.1操作程序"
25	陕西监管局	长安航空有限责任公司	行李牵引车、碰撞航空器、活动区道路交通安全、行政处罚	2024年7月16日，长安航空有限责任公司B737-800/B-1481号机执行9H8366航班，在西安咸阳国际机场121号机位航后保障期间，长安航空特种车辆驾驶员驾驶"民航 F-0121"行李牵引车运送航空器电源设备，驾驶员在下车交接设备过程中，未熄火状态行李牵引车自行移动撞击B-1481飞机右前机腹部，导致航空器蒙皮损伤超标，违反《民用机场航空器活动区道路交通安全管理规则》（CCAR-331SB-R1）第21条的规定

资料来源：中国民用航空局网，http：//www.caac.gov.cn/so/s? qt=%E5%85%B8%E5%9E%8B%E6%A1%88%E4%BE%8B&siteCode=bm70000001&tab=xxgk&toolsStatus=1，最后访问日期：2024年10月28日。

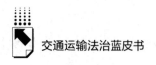

四 健全民航运输司法体系，筑牢法治建设根基

在中国裁判文书网以"航空运输"为关键词，就 2022～2024 年的裁判文书进行全文检索，共检索到 1649 份文书，其中刑事案由文书 24 份，民事案由文书 1302 份，行政案由文书 2 份，此外还涉及执行案由 14 份。其中尤以合同纠纷最多，涉及合同纠纷的文书多达 873 份。[①]

对航空领域的司法案件予以梳理后发现，纠纷主要集中于国内外的航空客运、货运合同纠纷，当然也涉及诸如与航空公司的劳务纠纷、无航空运输许可证提供就业指导与培训产生的纠纷，以及与第三方业务代理中介机构产生的民用航空运输销售代理合同纠纷等。后几种法律关系较为清晰，就案件事实与法律适用的争议较少，因此，本报告主要就国内外的航空客运、货运合同纠纷的审理情形进行分析。就航运合同是否具有涉外因素进行判断主要依据《统一国际航空运输某些规则的公约》（《蒙特利尔公约》）第一章第 1 条的规定，即国际运输指根据当事人的约定，不论在运输中有无间断或者转运，其出发地点和目的地点是在两个当事国的领土内，或者在一个当事国的领土内，而在另一国的领土内有一个约定的经停地点的任何运输，即使该国为非当事国。

（一）国内航空客运合同纠纷

1. 与航空公司产品有关的纠纷

这一类型纠纷的主要内容是旅客对航空公司提供的新产品或促销产品中相应条款的效力质疑，该类纠纷的产生主要集中于 2022 年及以前，其数量增多的主要原因是在疫情防控的背景下，航空公司出台了大量新产品或特价

[①] 参见中国裁判文书网，https：//wenshu. court. gov. cn/website/wenshu/181217BMTKHNT2W0/ index. html？pageId＝9a9ce1c362e7343f5cd350f6c302fe32&s21＝%E8%88%AA%E7%A9%BA% E8%BF%90%E8%BE%93&cprqStart＝2022－01－01&cprqEnd＝2024－10－29，最后访问日期：2024 年 10 月 29 日。

促销产品，而这些产品往往对其使用条件进行一定的限制，因此有旅客就这些限制性条款的效力问题质疑，认为其属于无效的格式条款。

对于这一问题，首先，法院往往先根据《中华人民共和国民法典》（以下简称《民法典》）第 496 条第 1 款对某个合同条款是否成为格式条款进行判断，即相关条款推出的是否为了重复使用而由条款提供方预先拟定，以及订立合同是否与对方充分协商。其次，在明确该条款为格式合同时，再根据以下两点主要因素判断其是否无效："一是该格式条款是否符合公平原则，只要格式条款项下的权利义务不是法律意义上的显失公平，那就可以认定为是公平的。二是格式条款的提供方是否采取合理方式提示对方注意重点条款。所谓重点条款，一定是与合同性质相关，涉及合同的根本性目的、基础性权利义务的，如在航空运输合同中是否平安、正点将旅客送达目的地等条款。认定本案系争格式条款是重点条款，要求拟定条款一方以合理方式提示对方，从司法解释和实践来看，多要求格式条款内容以黑体粗体斜体等显著方式标识出来"。[①]

2. 航班延误产生的纠纷

旅客和航空公司之间建立的是航空运输合同关系，对双方均有约束力，当事人应当按照约定全面履行自己的义务。航空公司依合同约定应将旅客准时送至目的地，同时履行相关法定附随义务。同时，根据《民法典》第 820 条的规定，承运人迟延运输或者有其他不能正常运输情形的，应当及时告知和提醒旅客，采取必要的安置措施，并根据旅客的要求安排改乘其他班次或退票；由此造成旅客损失的，承运人应承担赔偿责任，但是不可归责于承运人的除外。

因此，当航班延误时，一般通过两个方面判断航空公司是否承担以及承担何种程度的赔偿责任：一是航空公司是否有过错；二是航空公司是否履行了及时告知和补救的附随义务。

典型案例如"井某与某某公司航空旅客运输合同纠纷"[②] 一案，法院指

---

① 参见上海市长宁区人民法院（2023）沪 0105 民初 17286 号民事判决书。
② 参见上海市浦东新区人民法院（2024）沪 0115 民初 15884 号民事判决书。

出，一方面航班取消是由于机场宵禁，航空公司不可能采取措施来避免该情况的发生，属于不可归责于承运人的原因，故某某公司对航班取消本身无须承担责任；另一方面，在发生航班取消后的合理时间内，某某公司即为井某安排了住宿，并在次日上午为井某安排了替代航班，属于按照合同约定采取了补救措施，已全面履行了自己的义务。

3. 人身损害纠纷

对于航空旅客的人身损害赔偿，我国现行法律作出了较为明确的规定，因此该类型的纠纷较少。

法院一般通过两方面来确定承运人的责任。第一，判断旅客的人身伤亡由何引起。根据《民航法》第 124 条，因发生在民用航空器上或者在旅客上、下民用航空器过程中的事件，造成旅客人身伤亡的，承运人应当承担责任；但是，旅客的人身伤亡完全是由于旅客本人的健康状况造成的，承运人不承担责任。第二，判断承运人是否履行了合理的救助义务。根据《民法典》第 822 条，承运人在运输过程中，应当尽力救助患有急病、分娩、遇险的旅客。

也有法院援引原《中国民用航空旅客、行李国内运输规则》，对明知旅客存在特殊疾病仍承运的情形要求承运人支付部分经济补偿。该法院指出，根据原《中国民用航空旅客、行李国内运输规则》第 34 条规定：无成人陪伴儿童、病残旅客、孕妇、盲人、聋人或犯人等特殊旅客，只有在符合承运人规定的条件下，经承运人预先同意并在必要时作出安排后方予载运。在案例中，承运人在已知旅客患有心脏病、高血压等基础疾病的情况下，对其身体状态是否适合乘机的审查、评估上存在瑕疵，故应给予适当经济补偿。[①]

4. 财产损害纠纷

旅客在航运过程中遭受财产损害而产生的纠纷，具体可以分为两种情形，一种是发生在机舱内的财产损害，另一种是随机托运产生的财产损害。

针对第一种情形，在责任承担方面，《民航法》第 125 条规定，在运输

---

① 参见北京市顺义区人民法院（2021）京 0113 民初 21085 号民事判决书。

过程中旅客随身携带物品毁损、灭失，承运人有过错的，应当承担赔偿责任。在赔偿数额方面，《国内航空运输承运人赔偿责任限额规定》第 3 条规定，承运人应在 3000 元范围内承担赔偿责任。

实践中的争议往往在于对"运输过程"的认定，在"唐某某与上海某航空股份有限公司财产损害赔偿纠纷"[①] 一案中，在上下机期间，承运人为部分旅客下机而打开行李舱门造成行李掉落，导致原告身边的财产受损，法院认为，在承运人无法证明损害是由于第三人的行为所造成的情形下，应对旅客随身携带物品的毁损在 3000 元的范围内承担责任。

根据针对第二种情形，对于托运的一般财产的损失法律争议较少，频繁发生的争议主要围绕托运动物的死亡。在法律适用上，首先，《公共航空运输旅客服务管理规定》将动物托运的相关规定置于"行李运输"一章，可见对动物的托运按照托运行李处理。其次，根据《民航法》第 125 条规定，因发生在航空运输期间的事件，造成旅客的托运行李毁灭、遗失或者损坏的，承运人应当承担责任，但该损害结果是由行李本身的自然属性、质量或者缺陷造成的除外。

在实践中，争议主要围绕在动物的死亡是否归因于承运人，以及点击同意托运小动物的相关条款是否属于格式条款。典型案例如"邸某某与中国某航空股份有限公司航空运输损害责任纠纷"[②] 一案，对于第一个争议，法院通过托运小动物的容器和食物是否由原告自行提供、航班机型和货舱位置是否符合托运小动物的条件、当日航班是否正常起降、有无故障记录等因素综合判断该案是否属于正常运输条件下的小动物死亡；对于第二个争议，法院认为，原告在预订小动物托运申请时，必须点击同意被告就小动物托运设立的各个条款，该条款虽属格式条款，但被告已采取合理方式尽到提示提醒义务，且无不合理地免除或者减轻被告责任或加重原告责任、限制原告主要权利，不存在无效的情形，对双方具有约束力。

---

① 参见上海市浦东新区人民法院（2023）沪 0115 民初 39726 号民事判决书。
② 参见北京市顺义区人民法院（2021）京 0113 民初 18399 号民事判决书。

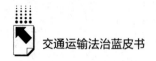

（二）国内航空货运合同纠纷

对于航空货运过程中物品毁损的承运人责任，我国法律进行了较为明确的规定，即《民航法》第 125 条。就国内航空货运合同的纠纷主要有两个方面：第一，承运人与货运代理人的身份识别；第二，货运代理人的损失赔偿问题。

1. 承运人与货运代理人的身份识别

身份识别问题是处理货运合同纠纷的基础，法院首先根据双方当事人之间是否签订了书面合同进行判断；在没有明确的书面合同的情形下，根据双方的交易记录以及实际履行的形式和内容进行判断。典型案例如"江西 A 公司与浙江 B 公司货运代理合同纠纷"① 一案，法院从交易内容与形式进行了全面的分析。在内容方面，从双方当事人之间的交易洽谈记录可以看出，A 公司只要求 B 公司为其寻找合适的空运航班进行订舱和出运货物；在形式方面，案涉空运提单显示货主是 A 公司，B 公司既非空运提单的签发人也非承运人。因此，B 公司和 A 公司之间形成货运代理合同关系而非运输合同关系。

同时，有法院在审理时指出，对于货物代理合同的履行行为，要透过表面形式分析其实质内容。在"宁波某国际物流有限公司与宁波某工贸有限公司货运代理合同纠纷"② 一案中，法院指出"货运代理人所赚取的报酬通常是通过其向委托人收取的费用与其支付给承运人等有关费用间的差价的形式体现出来，故实务中货运代理人采用'大包干'（向委托人收取一笔总数额，常冠以'运费'名义）形式收取服务报酬，但这并不影响其作为受托人的法律地位"。

2. 货运代理人的损失赔偿

在确认双方当事人之间成立货运代理关系后，判断货运代理人是否承担货损责任，主要是看货运代理人是否违反了合同中的代理义务或双方约定的

---

① 参见浙江省杭州市中级人民法院（2023）浙 01 民终 12227 号民事判决书。
② 参见浙江省宁波市鄞州区人民法院（2024）浙 0212 民初 4577 号民事判决书。

代理义务。典型案例如"北京某科技有限公司与北京某货运代理有限公司货运代理合同纠纷"① 一案，法院指出，被告作为货运代理人接受原告的委托，双方在缔约过程中明确了运输的时间、目的地与运输方式，因此被告既要按照约定通过航空运输的方式运送，也要保证货物按时到达，对其途中擅自变更运输方式所造成的原告损失，须承担赔偿责任。

与之相对应，在"某国际货运代理（上海）有限公司与上海某国际货物运输代理有限公司委托合同纠纷"② 一案中，法院则指出根据双方签订的货运代理合同，被告根据合同约定，完成了订舱、报关等事宜，并将有关订舱及报关情况反馈给原告，已经履行合同约定的全部内容，至于后续的航空飞行时间与目的港卸货等问题并不在合同约定的范围内，被告无须承担责任。

（三）国际航空客运合同纠纷

1. 人身损害纠纷

针对运输过程中旅客的人身损害，首先应判断双方是否属于《蒙特利尔公约》的当事国，若不是则适用承运人与旅客缔结的运输合同条款，并参照我国法律、司法解释的相关规定。

当双方均为公约当事国时，适用《蒙特利尔公约》第 17 条第 1 款规定："对于因旅客死亡或者身体伤害而产生的损失，只要造成死亡或者伤害的事故是在航空器上或者在上、下航空器的任何操作过程中发生的，承运人就应当承担责任。"

与国内的规定相比，该公约似乎未给承运人留下任何免责的缺口，但在实践中，部分法院通过对该公约中"事故"一词的解释，使案件得到了更为合理的解决。在"裴某、王某等航空运输人身损害责任纠纷"③ 一案中，法院指出，对公约中"事故"的定义应为"一种对旅客而言发生在意料之

---

① 参见北京市顺义区人民法院（2023）京 0113 民初 2893 号民事判决书。
② 参见上海铁路运输法院（2022）沪 7101 民初 247 号民事判决书。
③ 参见广东省广州市花都区人民法院（2023）粤 0114 民初 12327 号民事判决书。

外的，不寻常的，外部的事件"。基于此，法院通过对案件中旅客死亡的具体原因、登机前的健康状况、航空公司在发现该旅客不适时采取的行动等各方面综合分析，最终认定该案中旅客的死因不属于公约中列明的"事故"，承运人在尽到了救助义务的前提下不应承担赔偿责任。

2. 财产损害纠纷

针对国际航空客运托运过程中的财产损害，最常见的依旧是托运动物造成的动物死亡，根据典型案例"杜某、中国某航空股份有限公司航空运输财产损害责任纠纷"[①] 一案，法院指出，根据《蒙特利尔公约》第 18 条第1 款规定，对于因货物毁灭、遗失或者损坏而产生的损失，只要造成损失的事件是在航空运输期间发生的，承运人就应当承担责任；航空运输期间，系指货物处于承运人掌管之下的期间。且公约第 26 条规定，任何旨在免除本公约规定的承运人责任或者降低本公约规定的责任限额的条款，均属无效。因此，法院最终认为，尽管原被告通过签署"活动物托运人证明书"表示认可宠物犬在航空运输中的风险并同意该条款约定的承运人免责情形，但这一合同条款无效，航空公司仍需要承担相应责任。这就与国内托运过程中就财产损害的处置大不相同。

（四）国际航空货运合同纠纷

涉外的航空货运合同纠纷亦主要体现为货物毁损、灭失或迟延送达导致的货运代理合同纠纷，以及相应的保险人代位求偿权纠纷。

针对这类纠纷，首先需要判断双方是不是《蒙特利尔公约》的当事国，若双方均为公约当事国，则在责任承担方面，适用《蒙特利尔公约》第 18 条的规定。在赔偿方面，2019 年 5 月 27 日国际民航组织第 217 届理事会审议通过了对《蒙特利尔公约》责任限额的复审的决定，将在货物运输中造成毁灭、遗失、损坏或者延误承担的责任限额，由每公斤 19 个特别提款权提高至每公斤 22 个特别提款权。因此，在涉外航空货运合同纠纷中，只要

---

① 参见广东省广州市黄埔区人民法院（2023）粤 0112 民初 10470 号民事判决书。

原告有证据证明其货物在航空运输期间遗失或毁损的,被告就需承担每公斤22个特别提款权。

司法实践中,当涉及《蒙特利尔公约》当事国之间的国际货运合同纠纷时,当事人的争议焦点往往围绕具体条文的解释展开,对这些问题的处理,体现出我国法院恪守条约义务,致力于实现公约目的及宗旨的司法立场。2023年,在"某某公司6与某某公司7航空货物运输合同纠纷"①一案中,法院率先对"在《蒙特利尔公约》未明确约定时,缔约承运人向实际承运人追偿的诉讼时效是适用公约第35条的诉讼时效规定,还是适用我国民法典关于诉讼时效的规定"进行了分析。被告认为,《蒙特利尔公约》第35条关于诉讼时效的规定是整体性的规定,在航空器到达目的地之日起两年内未提起诉讼,则相关权利人获得赔偿的权利便会丧失和消灭。法院则认为,第一,从条文内容来看,《蒙特利尔公约》规定了"损害赔偿权"(right to damages)与"追偿权"(right of recourse)两个不同的权利。该公约关于诉讼时效的规定,即第35条规定:"自航空器到达目的地之日,应当到达目的地之日或者自运输终止之日起两年期间内未提起诉讼的,丧失对损害赔偿的权利",只消灭了一项权利,即损害赔偿权,并不涉及追偿权。第二,从其他相关条文来看,《蒙特利尔公约》第45条规定:"对实际承运人履行的运输提起的损害赔偿诉讼,可以由原告选择,对实际承运人提起或者对缔约承运人提起,也可以同时或者分别对实际承运人和缔约承运人提起。损害赔偿诉讼只对其中一个承运人提起的,该承运人有权要求另一承运人参加诉讼,诉讼程序及其效力适用案件受理法院的法律。"从该条规定来看,如果在第35条规定的两年期限内对一个承运人提起诉讼,该承运人应有权要求其他承运人参加诉讼,而第三方诉讼将受案件受理法院法律的程序和效力约束,不受第35条的限制。因此,缔约承运人向实际承运人追偿的诉讼时效应适用我国民法典关于诉讼时效的规定。

另外,涉外的航空货运合同纠纷有时还涉及海关问题,典型案例如

①　参见上海市长宁区人民法院(2023)沪0105民初4062号民事判决书。

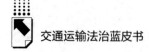

"某某公司、某某公司福州分公司等运输合同纠纷"① 一案，当货物经航空器运输至域外却被海关查扣时，双方就被查扣的原因、货物的处置、赔偿的责任等发生的争议则不涉及航空器的运输，无法适用《蒙特利尔公约》，此时，根据《中华人民共和国涉外民事关系法律适用法》第41条的规定、最密切联系原则及双方当事人同意适用我国法律的主张，应适用我国法律进行审理。

（五）司法实践问题推动立法工作的进一步完善

1.国内民航运输问题

国内民航客货运输中发生的损失多适用《民航法》第125条的规定，并通过《国内航空运输承运人赔偿责任限额规定》平衡合同双方的利益，各方面法律规定较为完善，但在实践中仍存在一些问题。如在旅客运输中承运人救助义务的履行判断方面，承运人何种程度的履行构成对救助义务的全面履行尚无明确规定。有观点指出，在判断承运人的医疗救助义务时应当采用善良管理人的标准进行衡量，要求承运人在发生紧急医疗事件时必须提供适当及时的医疗救助，但并不要求结果的有效性。②

2.涉外民航运输问题

国外民航客货运输中发生的损失多运用《蒙特利尔公约》的规定进行解决。但在适用公约的过程中，出现了诸多问题。

首先，是公约的适用问题。国内对公约存在适用错误与排除不当的情形，需要通过补足公约适用的国内法规定与加大公约适用的司法指导力度来进行完善。③

其次，是公约的条文内容引发的争议。第一，是对条文文义的不同解释，这就涉及司法机关基于公约目的、通过法律解释的方法解读公约内容的

---

① 参见广东省深圳市前海合作区人民法院（2022）粤0391民初8049号民事判决书。
② 参见段红文《论航空承运人的医疗救助义务》，中国民航大学2022年硕士学位论文。
③ 参见孟小桦《1999年〈蒙特利尔公约〉在我国法院的适用研究》，兰州大学2023年硕士学位论文。

问题；第二，是公约特殊规定的问题，对于同一类型的案件，适用国内法与公约的规定会出现较大的差异。对上述两个问题，当然可以通过法院对条文解释进行解决，如在旅客人身赔偿领域，通过对"事故"的解释减轻承运人的不合理责任承担，但这一手段显然是有限的。一方面，不同主体对条文的解释不尽相同，如有观点将"事故"解释为"对于乘客来说外部的、无法预见的或不寻常的事件"；也有人认为，对"事故"的解释还应"在航空固有风险要素的去留和异常性主客观判断标准上应根据实际情况进行选择"。① 因此，依靠个别司法机关对条文内容的解释容易出现同案不同判的情形。另一方面，对于一些复杂的问题，无法仅靠司法机关对条文内容的解释得到解决，如对于同样的条约内容与国内法规定差异较大的问题，在行李托运尤其是动物托运方面还未有明显的突破。因此，对于条约中的合理内容应加以吸收，通过国内法规修改的方式更充分地融入中国民航法律体系，如先行赔付制度②、第五管辖权③、航空承运人强制责任保险④等在内的一系列特别规定。

五　积极参与全球民航治理

2024 年，时值《国际民用航空公约》签署 80 周年之际，中国民航将落实全面依法治国战略部署，持续深化涉外法治建设，统筹国内法治和涉外法治，提高民航国际治理能力，为全球民航实现高水平安全和高质量发展贡献中国力量。

中国积极响应国际民航治理，推动更公平的国际规则制定。第一，中国

---

① 参见伍家恺《〈蒙特尔公约〉第 17 条项下"事故"的认定问题》，华东政法大学 2023 年硕士学位论文。

② 参见孟小桦《论先行付款制度及其在中国的设立——以 1999 年〈蒙特尔公约〉为参照》，《北京航空航天大学学报》（社会科学版）2022 年第 4 期。

③ 参见王妮《国际航空事故人身损害赔偿制度研究》，扬州大学 2023 年硕士学位论文。

④ 参见胡晓《航空承运人强制责任保险国际接轨模式研究——以双循环新格局为背景》，《北京航空航天大学学报》（社会科学版）2024 年第 1 期。

民航局根据国际民航组织对《国际民航公约》附件的修订，及时对国内相关规则进行修订。根据附件 13 的修订，进一步明确了国内民用航空器事故和征候的调查定位，并对调查工作职责和程序进行了优化；根据附件 16 的规定，对《航空器型号和适航合格审定噪声规定》进行了相应的修订，提高了航空器噪声排放标准；依据国际民航组织对疲劳管理的倡导和要求，在《大型飞机公共航空运输承运人运行合格审定规则》中增加了"疲劳风险管理系统"。第二，中国积极探索新兴领域立法，面对无人机在民航领域的应用日益广泛，制定《无人驾驶航空器飞行管理暂行条例》，在无人机治理方面贡献中国方案。第三，中国积极推动公平国际规则的制定。例如，中国对《制止与国际民用航空有关的非法行为的公约》即《北京公约》的制定发挥了多方面的积极推动作用。一方面，中国专家和相关部门积极参与《北京公约》的起草过程，凭借在民航领域的专业知识和丰富实践经验，为公约文本的制定提供了具有建设性的建议和方案；另一方面，中国积极宣传《北京公约》的重要意义和价值，表明了中国对于严惩针对民航业的国际犯罪活动、维护航空运输安全的决心和积极态度。

中国密切关注民航运输国际领域重点问题，积极讨论研究。针对近几年多国采取的领空关闭措施，国内学者展开了积极的讨论，指出领空主权本是地缘政治在天空的延伸，但随着国际局势的恶化，领空关闭从维护国家安全逐渐成为一个具有威慑力的制裁武器，有被滥用的可能。尽管《国际民用航空公约》为领空关闭所引起的争议提供了司法解决渠道，即国际民航组织理事会到国际法院的两审终审制，但外交谈判是争议解决的前置程序，因此外交谈判仍是首选的解决方式。① 又如，针对"一带一路"背景下第七航权开放的迫切需求，国内展开了积极研究，从国内与国外两个角度对完善第七航权的开放提出了可行的建议，包括健全航权交换法律体系、推进竞争立法、放松领域管制、协调共建国家法律规则冲突等。②

---

① 参见董念清《领空关闭的国际实践与中国因应》，《太平洋学报》2023 年第 11 期。
② 参见慈励行《"一带一路"背景下第七航权开放的法律问题研究》，中国民航大学 2022 年硕士学位论文。

六 2024年中国航空交通运输法治发展的预测

当前及今后一个时期是以中国式现代化全面推进强国建设、民族复兴伟业的关键时期，民航业作为国家重要的战略产业，是交通强国建设的重要组成，是推进中国式现代化的重要支撑。要准确把握民航的发展趋势，以民航高质量发展为中国式现代化贡献力量。

随着支持高质量发展的要素条件不断增多，我国民航将进入持续快速健康发展的新周期，运输生产回归自然增长，全面跨入提质增效阶段，逐步迈入产业融合时代。但需要明确的是，我国民航发展的主要矛盾仍然是人民群众多样化航空需求和民航发展不平衡不充分之间的矛盾，具体表现在安全水平不断提高的要求与安全保障能力不足的矛盾，持续快速发展的趋势与资源供给紧缺的矛盾，高质量发展的目标与发展短板弱项的矛盾，各类风险挑战叠加与行业韧性不强的矛盾。同时，民航业也将迎来低空经济发展所带来的机遇与挑战。

因此，要准确把握新时代新征程民航高质量发展目标和任务，从多维发力，不断完善民航法律法规体系，确保民航运营各环节有法可依。首先，要以牢固树立安全发展理念、努力实现高水平航空安全为基本任务。持续强化安全生产责任落实、提高应急处置能力、提升安全监管效能，将国家安全观落到实处。其次，注重科技创新引领作用、深入推进智慧民航建设，推动民航产业链向上下游延伸、向价值链高端迈进。在法治框架下优化资源配置、促进低空经济发展，为民航业注入新动能。最后，着力提升行业发展品质，不断巩固民航比较优势，提升航空枢纽国际竞争力，谱写交通强国建设民航新篇章。

B.7
中国现代物流交通运输法治发展现状、反思与展望

余晓蝶　赵虹颖　王俣璇*

摘　要：　物流业是现代化产业体系的重要组成部分，是促进国民经济的重要环节，是支撑现代化产业体系建设的重要保障。当前，我国物流业发展存在物流成本偏高、市场规则不统一、服务质效较差、制度性交易成本较高等问题。我国有关物流业的法律法规专业性近年来逐步增强，体系日趋完善，但仍存在部门和区域局限性大、标准不统一、管理难度大等问题。尤其步入数字时代以后，物流业数字化、智能化、绿色化转型发展需求攀升，对现代物流业法治发展建设提出更高要求。为此，应形成统一的制度性规则，协调不同部门、区域间的规范标准，健全涉物流纠纷的司法规则体系，明确各部门监管职责，强化法律引导作用，以推动现代物流高效运行，助推经济高质量发展。

关键词：　现代物流　物流法　物流交通运输法治　协同监管

物流业作为融合运输、仓储、货运代理及信息等多个行业的复合型服务产业，在国民经济中占据重要地位。其服务范围广泛，就业吸纳能力显著，

---

* 余晓蝶，北京交通大学法学院硕士研究生，主要研究方向为经济法学；赵虹颖，北京交通大学法学院硕士研究生，主要研究方向为经济法学；王俣璇，北京交通大学法学院副教授，主要研究方向为民商法学、经济法学。本报告感谢北京交通大学法学院硕士研究生崔鹤琼（已毕业，现就职于中石化烟台龙口液化天然气有限公司）、英国布里斯托大学法学院硕士研究生魏云岫、北京交通大学经管学院硕士研究生巴思懿、瑞典隆德大学经管学院硕士研究生卿莉莎提供的研究工作。

对推动生产、刺激消费以及调整产业结构产生了深远的影响。在推动产业结构优化、转变经济增长模式以及提升国家经济竞争力等方面，扮演着至关重要的角色。随着经济全球化、贸易全球化以及电子商务的发展，物流业开始从传统物流向现代物流转型。现代物流以信息技术为核心，强调资源整合和全过程优化，呈现系统化的显著特征。通过对包装、运输、装卸、仓储、流通加工、配送和信息处理等基本物流活动的有机整合，实现"整体大于部分之和"的系统效应。

现代物流是实体经济的"筋络"，连接着生产和消费，是现代化产业体系的重要组成部分。当前，我国物流发展仍存在许多问题，如仓储管理运营成本过高、物流市场大规则不统一、制度性交易成本较高等，从法治规范角度构建高效运行的物流交通运输法治发展体系是解决矛盾的重要抓手。近年来，国务院、交通运输部会同地方政府出台了多项涉物流交通运输领域的法律法规、部门规章，逐步形成物流法律关系调整的基本规则。据中国物流信息中心数据报告可知，2024 年第一季度，"社会物流总费用 4.3 万亿元，与 GDP 比率 14.4%，比上年同期、第四季度均下降 0.2 个百分点"[1]。综合而言，随着中央对现代物流业降低成本的多次强调，加之各部门加紧落实物流业的行业规范和行政监管，物流运行正持续向更加数字化、智能化、绿色化转型发展。

本报告将从现代物流交通运输的发展历程及立法建设、物流交通运输司法实践问题及改进建议、物流交通运输法治执法现状及问题审视、物流交通运输法治建设总体展望等四个方面进行讨论，旨在为中国现代物流法治发展体系建设提供有效建议，着力推动物流市场规则统一，构建高效顺畅的物流运输体系，更好支撑现代化产业体系建设。

---

① 《国常会聚焦补齐物流短板 统筹推进物流成本实质性下降》，中国政府网，https：//www.gov.cn/zhengce/202405/content_6950739.htm，最后访问日期：2024 年 10 月 29 日。

一 现代物流交通运输的发展历程及立法建设

（一）现代物流交通运输高速发展，迈入转型升级关键阶段

自 20 世纪 70 年代末引入物流概念以来，随着改革开放的深入，我国现代物流交通运输的法律制度发展经历了探索与起步、快速发展、转型升级三个主要阶段，反映出我国物流法律体系从初步建立到逐步完善，再到向国际化、现代化迈进的演进过程，为物流领域的稳健发展提供了坚实的法律保障。

1. 物流法治探索与起步，理论内容初步构建（1978~2001年）

我国物流法律法规起步晚，发展迅速。在《国务院办公厅关于批转武汉市经济体制综合改革试点实施方案报告的通知》中，首次出现"物流"二字，该通知指出，"武汉素称'九省通衢'，要围绕把武汉建设成为城乡结合、面向全省、沟通华中、联系全国和海外的现代化商流、物流、信息中心的目标，加快流通体制的改革"。在这一时期，中国启动了改革开放进程，物流行业亦随之逐步兴起，物流相关法律法规体系也开始构建。1987年，中国共产党第十三次全国代表大会在北京举行，提出了中国正处于社会主义初级阶段的理论，为物流行业的发展奠定了理论基础。同一时期，尽管物流法律法规体系开始建立，但尚处于初步发展阶段，相关法律法规体系并不健全，存在较多空白有待细化和完善。[1]

2. 物流法治快速发展，法律体系逐步完善（2002~2012年）

这一时期，我国物流产业迈入迅猛发展的新阶段，[2] 物流领域的法律法规体系亦得到进一步的完善。[3] 从整体来看，早期国务院所颁布的部门规范

---

[1] 参见王卓《"十五"期间我国商品流通的特点及对策》，《吉林商业高等专科学校学报》2001 年第 3 期；李学兰《中国现代物流法制环境建设》，《法学论坛》2004 年第 2 期；林勇、王健《我国现代物流政策体系的缺位与构建》，《商业研究》2006 年第 18 期。

[2] 参见陈金涛《完善我国现代物流法律制度的理论思考》，《当代法学》2007 年第 2 期。

[3] 参见李学兰《中国现代物流法制环境建设》，《法学论坛》2004 年第 2 期；张长青《中国物流法律体系的构建与完善》，《物流技术》2009 年第 7 期。

性文件和行政法规没有把物流作为独立的对象给予政策性的规划与鼓励,物流在较长一段时间内附属于生产业,为宏观经济服务。回顾 2008 年及 2013 年,我国交通运输部门实施了两轮重大改革,成功构建了以交通运输部为核心,国家铁路局、中国民用航空局、国家邮政局为支撑的大部门管理体制架构。这一管理体制架构的建立,为物流产业的蓬勃发展提供了更为有力的体制保障。与此同时,物流法律法规体系的不断完善,为物流产业的快速进步提供了坚实的法律支撑。

3. 现代物流格局巨变,高质量法治建设需求陡增(2013年至今)

近几年,国家高度重视物流行业的发展,使物流产业的格局发生了巨大的改变。物流逐渐依托供应链将生产、消费的过程进行有机结合,其产业的技术性和专业性等特点也在日益繁荣的商贸业中逐渐凸显,基于大数据、云计算、物联网、人工智能等向现代物流转变,因此其他有关部门也相继参与到物流业法规的制定中。当前,中国物流产业的发展战略正经历从速度导向向质量与效益导向的转变,同时物流相关法律法规体系亦日益重视提升产业的质量与效益。① 在此期间,中国政府对物流产业的结构优化与升级表现出更高的关注度,积极促进物流产业向高质量发展转型。② 相应地,物流法律法规体系亦在加大对物流产业结构优化与升级的支持力度,为物流产业的高质量发展提供了更为坚实的法律支撑。

(二)物流立法建设逐步完善,多维保障现代物流行业发展

1. 法律奠定行业发展基调,搭建现代物流运行基础性框架

我国关于物流领域的法律规范散见于《中华人民共和国民法典》(以下简称《民法典》)、《中华人民共和国电子商务法》(以下简称《电子商务法》)、《中华人民共和国出口管制法》(以下简称《出口管制法》)、《中华

---

① 参见王先庆《新发展格局下现代流通体系建设的战略重心与政策选择——关于现代流通体系理论探索的新框架》,《中国流通经济》2020 年第 11 期。

② 参见曹允春、连昕《现代流通体系支撑新发展格局构建的理论逻辑与实践路径》,《学习论坛》2021 年第 1 期。

人民共和国中小企业促进法》（以下简称《中小企业促进法》）、《中华人民共和国农产品质量安全法》（以下简称《农产品质量安全法》）等法律中，主要涉及快递物流方式交付时间的认定，物流运营单位安全查验制度，物流运输的物品范围及其出口管制，物流运输的风险与责任分配制度，对中小企业物流建设的支持政策，绿色物流发展建设以及对物流服务接受者的相关要求，农产品冷链物流加强基础设施建设以及冷链物流生产经营者的质量要求等内容。这些综合法律为物流行业的基本运作提供了基础性的法律框架。

在规范物流交易流程方面，我国《民法典》与《电子商务法》对电子合同订立、履行的特殊规则作出规定，为电子商务合同履行中产生的该类纠纷提供相应的判断标准，有助于正确界定相关权利的转移或者风险承担。在数字经济快速发展的今天，对电子交易行为的规范发挥了显著作用。

在推动物流基础设施建设方面，《电子商务法》《农产品质量安全法》《中小企业促进法》《乡村振兴促进法》均对推动物流基础设施建设、健全物流服务作出具体规定，为物流服务网络建设与发展创造了良好环境。

在倡导绿色物流理念方面，全国人民代表大会宪法和法律委员会关于《中华人民共和国电子商务法（草案四次审议稿）》修改意见的报告中增加了"环境保护要求"等一系列规定。最终通过的《电子商务法》顺应环境保护要求以及我国全面协调可持续发展战略的修改意见，对物流行业运营在宏观层面明确"环境保护"的导向，有利于物流行业的长期稳定、可持续发展。

在保障物流安全、惩治违法犯罪方面，《中华人民共和国反恐怖主义法》《出口管制法》对物流行业可能涉及的恐怖活动防范和惩治问题作出特别规定。同时，《中华人民共和国反间谍法》也设定协助支持国家安全机关工作的义务。上述规定直切要害，从源头处对不明客户身份、不明运输物体进行防范，为维护社会安全稳定提供了重要保障。

在规范电子商务平台物流服务方面，《电子商务法》对电子商务平台经营者的权利与义务作出详细规定。此类规范有利于维护物流行业的秩序，同时也是当代电子商务平台发展的必然要求。

2.行政法规、部门规章合力引导，推动现代物流专业性发展

在行政法规建设方面，我国正在积极推进城乡发展一体化与物流建设现代化，国务院颁布的与物流业直接相关的行政法规共计 13 部，其中 3 部颁布于 2013 年交通运输"大部制"改革深化之前，10 部颁布于"大部制"改革深化之后（见表 1）。该类法规与我国经济社会发展相适应，既包括迎合时代需求的冷链物流发展相关内容，也包括推动农村现代化的加快寄递物流体系建设相关内容；既有降本增效、营造良好市场环境的意见，也有推进电子商务与现代物流协同发展的相关规定；既有中长期的物流发展战略，又有指导国家级现代物流的发展规划。这些内容既有利于促进我国现代物流的全面协调发展，也使现代物流与电子商务相互促进、共同进步，是我国现代物流发展的应有之义。2013 年《交通运输部关于全面建设交通运输法治政府部门的若干意见》出台后，我国关于物流业所出台的行政法规专业性逐步增强，物流发展体系逐步完善，但是仍待形成一个有序竞争、节省经济成本、提高经济发展水平的物流环境。

表 1　国家层面物流行业重要政策法规汇总

序号	名称	发布部门	发文字号	发布日期
1	《国务院办公厅关于印发〈"十四五"现代物流发展规划〉的通知》	国务院办公厅	国办发〔2022〕17 号	2022.05.17
2	《国务院办公厅关于印发"十四五"冷链物流发展规划的通知》	国务院办公厅	国办发〔2021〕46 号	2021.11.26
3	《国务院办公厅关于加快农村寄递物流体系建设的意见》	国务院办公厅	国办发〔2021〕29 号	2021.07.29
4	《国务院办公厅转发〈国家发展改革委交通运输部关于进一步降低物流成本实施意见〉的通知》	国务院办公厅	国办发〔2020〕10 号	2020.05.20
5	《国务院办公厅关于推进电子商务与快递物流协同发展的意见》	国务院办公厅	国办发〔2018〕1 号	2018.01.02
6	《国务院办公厅关于进一步推进物流降本增效促进实体经济发展的意见》	国务院办公厅	国办发〔2017〕73 号	2017.08.07

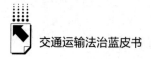

续表

序号	名称	发布部门	发文字号	发布日期
7	《国务院办公厅关于加快发展冷链物流保障食品安全促进消费升级的意见》	国务院办公厅	国办发〔2017〕29号	2017.04.13
8	《国务院办公厅关于转发〈国家发展改革委物流业降本增效专项行动方案(2016—2018年)〉的通知》	国务院办公厅	国办发〔2016〕69号	2016.09.13
9	《国务院办公厅关于转发国家发展改革委〈营造良好市场环境推动交通物流融合发展实施方案〉的通知》	国务院办公厅	国办发〔2016〕43号	2016.06.10
10	《国务院关于印发〈物流业发展中长期规划(2014—2020年)〉的通知》	国务院	国发〔2014〕42号	2014.09.12
11	《国务院办公厅关于促进物流业健康发展政策措施的意见》	国务院办公厅	国办发〔2011〕38号	2011.08.02
12	《国务院办公厅转发交通运输部等部门关于推动农村邮政物流发展意见的通知》	国务院办公厅	国办发〔2009〕42号	2009.05.23
13	《国务院关于印发物流业调整和振兴规划的通知》	国务院	国发〔2009〕8号	2009.03.10

在部门规章建设方面,目前,全国各部门颁布与物流业有关的部门规章共计140余部。各部门根据法律、国务院颁布的行政法规,结合自身职能,针对物流园区建设、冷链物流发展、推进物流现代化等方面进行了一系列适合我国国情的规划。

交通运输部对涉及邮政和快递管理的规章进行了全面梳理,旨在加强行业监管,保障服务质量和安全,促进邮政和快递业的健康发展。如《邮政普遍服务监督管理办法》《国务院关于取消和调整一批罚款事项的决定》的印发实施,取消和调整了33个罚款事项,要求各相关部门完成部门规章修改和废止工作,对《邮政业寄递安全监督管理办法》的个别罚款事项作出修改。同时,对关于委托行政处罚的内容作出修改,规定邮政管理部门的委托行政处罚统一按照《中华人民共和国行政处罚法》和《邮政行政执法监督办法》执行。此次修改成为促进邮政业进一步有序发展的重要保障。同时，交通运输部发布《快递市场管理办法（2023）》，以加强市场经营秩序规范、强化快递业安全管理。其中，第 28 条第 3 款规定"经营快递业务的企业未经用户同意，不得代为确认收到快件，也不得擅自将快件投递到智能快件箱、快递服务站等快递末端服务设施"引发广泛关注，这一规定进一步保护了消费者的权益，确保快递服务更加规范和透明。除此之外，2023年，海关总署新发布规章 3 部，对部分海关规章予以废止和修改，并对仓储物流的相关规章进行了更新，颁布了《中华人民共和国海关对保税仓库及所存货物的管理规定（2023 修正）》和《中华人民共和国海关对出口监管仓库及所存货物的管理办法（2023 修正）》，进一步完善了保税仓库管理制度。

3. 地方性法规、地方政府规章补充完善，建立区域物流发展蓝本

目前，我国各省市结合本地区自身具体情况制定了物流业发展条例、物流安全管理条例等地方性法规，例如《福建省促进现代物流业发展条例》、《鄂州市现代物流业发展促进条例》、《乌鲁木齐市寄递物流安全管理条例》（已经失效）。另有针对物流行业管理的地方政府规章，如 2019 年修正的《佛山市寄递物流安全管理办法》、2022 年施行的《合肥市邮政快递管理办法》，以及 2023 年颁布的全国首个省会城市快递行业地方性法规《广州市快递条例》。这些法规及规章一定程度上规定了当地物流业的发展要求，极大地促进了当地物流行业的运行和发展。

4. 最高人民法院、最高人民检察院出台意见，明确物流纠纷处理方向

针对我国实际问题，最高人民法院、最高人民检察院就国际物流发展、水路运输、物流纠纷等方面发布相关意见，在一定程度上回应了物流现实发展的需求。《最高人民法院关于为广州南沙深化面向世界的粤港澳全面合作提供司法服务和保障的意见》中提到要服务保障国际航运物流枢纽建设，深化海事审判改革，加强专业化海事审判机制建设，妥善审理航运物流等案件。《最高人民法院关于为促进消费提供司法服务和保障的意见》指出，要准确认定货运物流服务提供者、快递物流经营者等市场主体在疫情防控中做好防疫物资和重要民生商品保供"最后一公里"的线上线下联动。《最高人

民法院关于人民法院进一步为"一带一路"建设提供司法服务和保障的意见》中提到，要依法促进国际物流发展，探索国际海运、中欧班列、陆海新通道、国际公路运输案件的专业化审判机制，正确适用准据法及国际公约，促进国际货物多式联运、跨国铁路单证等国际物流规则完善。在《最高人民法院关于为长江经济带发展提供司法服务和保障的意见》中，最高人民法院要求依法审理相关水路货物运输、港口码头建设、船舶建造、仓储物流、货运代理、船员劳务等海商案件，维护区域内诚实守信、开放统一的市场。

最高人民检察院亦出台《最高人民检察院关于支持和服务保障浙江高质量发展建设共同富裕示范区的意见》，依法惩治新型网络犯罪以及向网络空间蔓延的传统犯罪，包括利用物流渠道实施犯罪等网络犯罪黑灰产业链。在《最高人民检察院关于贯彻落实〈中共中央关于全面推进依法治国若干重大问题的决定〉的意见》中，要求严肃查处粮食仓储物流、中西部铁路和城际铁路、新支撑带区域交通等基础设施建设中的职务犯罪，为物流领域的安全发展提供有力的司法引导。

（三）现代物流立法建设的困境与挑战

随着现代物流的快速发展，物流法律法规不完善的问题也逐渐暴露，成为现代物流健康、可持续发展的瓶颈。

首先，现代物流法律体系有待健全。物流产业作为一种复合型产业，具有业务分散、环节众多、范围较广的特点，而每一个领域和环节背后的法律背景各有差异。正因如此，世界范围内尚没有关于物流的统一性立法。我国现代物流法规体系虽然逐渐完善，但仍存在不足之处。现代物流交通运输虽立法较多，但也较为分散，尚未形成统一的物流法，[①] 与物流相关的规范散落在各法律法规、部门规章中，形成了调整物流法律关系的一般规则和调整

---

① 参见狐承志《规范物流法律体系 促进物流经济健康发展》，《中国物流与采购》2018年第23期；叶求政《我国物流法律体系的立法思考》，《物流科技》2023年第22期。

物流环节的具体规则，① 缺乏系统而专门的法律规定。从部门规章的分布可以看出，现有与物流相关的规章多是部门性、区域性的，其适用范围和对象通常基于特定部门、区域的实际情况而定，因不同部门与区域之间存在差异，导致目前缺少在全国范围内具有统一性的专门法律文件对物流业进行系统的规范和管理，存在部门上的局限性和管理上的不协调。同时，部门性、区域性的规章也增加了物流业跨区运营的运营成本和管理难度，② 不利于物流业长期统筹发展。在地方性法规与地方政府规章层面也存在同样的问题，因不同地区经济发展水平、产业结构特点不同，相应制定的地方性法规和地方政府规章存在显著的区域局限性，不能形成统一的全国性规则，阻碍了物流业资源的高效配置和流通。同时，中国现行的物流法律规范大部分并非直接针对物流活动整体制定，而仅仅是就物流活动中的一个环节所进行的规定，缺乏系统性，因此，交通运输集约节约和系统性、整体性、协同性等一体化发展问题日益突出。另外，一些新事物、新业态的出现在给交通运输带来机遇的同时，也带来了一些挑战，对交通治理提出了更高要求。例如，相关技术标准、安全监管规定等相对滞后的问题亟须通过法治手段来解决。

其次，相关立法层级较低。我国并未统一制定物流法。近年来，各界对于物流法制定、完善农村物流基础设施建设、促进冷链物流发展、限制第三方物流、降低物流成本、推进物流标准化试点城市建设、建立国际物流保障协调工作机制、智慧物流标准体系建设等方面提出了相关议案。例如，在第十一届全国人民代表大会上，徐景龙等 31 名代表、任玉奇等 30 名代表（第 45、458 号议案）提出，物流法律不健全在一定程度上阻碍了我国物流业的快速健康可持续发展。从整体上看，现行规范性文件无论从数量还是质量上，都无法达到对物流行业全面调整的目标。③ 现行规范性文件特别是法律规范在数量上明显不足，同时存在繁杂分散、缺乏系统性等

---

① 参见叶求政《我国物流法律体系的立法思考》，《物流科技》2023 年第 22 期。

② 参见朱本合等《区域性物流与法治交通建设发展问题探析》，《人民交通》2018 年第 1 期。

③ 参见朴银玥《论我国物流法律体系的建构》，《中国储运》2023 年第 2 期。

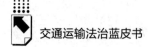

问题。此外，现行规范性文件在质量上也有待提升。由于立法层级较低，各个文件之间存在交叉，不同的行政法规、部门规章及行业规定之间存在衔接不畅的问题，在实际应用中难以形成统一的标准，为执法、司法工作增加难度，难以对物流业后续发展起到示范作用，严重制约了物流业的规范化发展。

最后，现代物流体系与国际规则的融合度有待提升。从国际条约的参与情况来看，我国加入国际条约的时间相对较晚，并且缺乏充足的、与国际条约相对应的国内法对条约的适用性加以保障。随着跨境电商等新兴商业模式的发展，现代物流作为其中的重要一环，面临前所未有的发展挑战。传统的物流法律法规大多基于早期贸易方式拟定，难以应对新的法律挑战，在适用范围和具体调整规则方面都存在极大的局限性，无法满足现代物流的国际发展需求，需要制定新的法律规范来适应现代物流业务的发展。对于国内法尚不完备的物流行业而言，缺乏相应的国内法依据，阻碍了物流行业开拓国际市场，限制了我国物流业的发展潜力和国际竞争力，影响了该行业长足、可持续的拓展。[①]

综上，我国物流行业发展至今已取得瞩目成就，但在法律规制中仍存在较大问题。目前并没有一部专门的物流基本法用于物流行业相应行为的规制，在法律设置中总体呈现物流立法相对滞后、法律制度协调性不足等问题。我国现行的物流行业法规及配套规章制度，在一定程度上能够应对物流活动中的法律适用问题。然而，随着物流行业的持续蓬勃发展，现有的法律体系已难以适应日益专业化和广泛化的物流行业需求。物流法律体系中的一些漏洞，导致物流活动缺乏适当的调整与规范，进而引发了一系列后续的法律问题，难以保障我国物流行业长期稳定、可持续发展。加强物流行业法治建设既是社会发展的民心所向，也是促进物流业现代化发展的必然选择。然而现代物流涉及领域众多，物流法的制定依旧任重而道远。

---

① 参见郭春淏《如何助力现代物流行业发展——从立法层面探析》，《物流科技》2023年第14期。

二 现代物流交通运输法治的司法情况

（一）物流司法困境凸显，裁判标准难以统一

我国当前涉及物流领域的司法裁判实践主要涉及合同领域、侵权责任领域以及劳动领域。在司法裁判中，法院引用《民法典》《电子商务法》等法律规范，结合物流行业在权利义务分配、网点建设、用工管理等方面的特殊实践，处理物流企业与上下游经营者、劳动者及第三人之间的纠纷问题。但因法律关系构成复杂、权利义务相互交织、主体责任模糊不清、新兴产业法律认定困难①、物流业典型案件司法不统一②等问题，司法实务工作面临严峻挑战。

在合同法领域，诉讼争议涉及合同签订与合同履行的全过程，法律关系复杂，裁判难度较大。③ 例如，最高人民法院公报案例"骏荣内衣有限公司诉宏鹰国际货运（深圳）有限公司等海上货运代理合同纠纷案"④，涉及托运人与承运人之间签订的货物运输合同是否属于格式合同以及合同效力的判断。此外，由于物流交易以托运人或承运人一方购买保险服务为惯例，此类案例亦以包括保险人在内的三方合同关系纠纷为常态。例如，最高人民法院发布的第四批涉"一带一路"建设典型案例"日本财产保险（中国）有限公司上海分公司等与罗宾逊全球物流（大连）有限公司深圳分公司等保险人代位求偿权纠纷案"涉及保险公司代位求偿权是否超过诉讼时效以及法律适用的判断。

在侵权法领域，纠纷集中于承运人职工在物流运输途中造成第三人人身

---

① 参见翟辉《新型物流模式下承运人非法占有运输物的行为性质》，《法律适用》2021 年第 6 期。

② 参见张敏《司法视角下物流行业法适用统一研究》，《中国海商法研究》2015 年第 3 期。

③ 参见黄鹭鹭《全程物流服务合同法律性质与法律适用研究》，《中国海商法研究》2021 年第 1 期。

④ 参见《中华人民共和国最高人民法院公报》2019 年第 7 期。

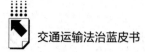
或财产损害的情形。法律适用的难点包括机动车损害赔偿责任主体的确定、挂靠运营情形下的责任分配、保险人的责任范围等。例如，"康某、王某诉张某、利辛县某物流有限责任公司、吴某、上海某汽车维修有限公司、中国人民财产保险股份有限公司上海市某支公司交通事故责任纠纷"一案，[①] 尽管是一起典型的机动车交通事故责任纠纷案件，但由于多名家庭成员在同一交通事故中不幸身亡，他们之间基于继承与被继承的关系，权利义务关系错综复杂。同时，案件牵涉车辆所有人、驾驶员、维修公司、挂靠单位、保险公司等多个责任主体，在多人同时遇难的交通事故中，各责任主体应承担何种责任、如何承担责任，成为此类案件的核心问题。尽管本起交通事故发生在《中华人民共和国侵权责任法》（以下简称《侵权责任法》）实施之前，但案件所涉及的众多争议焦点，例如挂靠车辆发生交通事故时挂靠单位应承担的责任，车辆维修期间发生事故责任归属，以及在同一起交通事故中多人死亡时保险公司如何在交强险责任限额内进行赔付等问题，在《侵权责任法》实施后仍未得到明确解答。因此，对这类典型案例的辨析，不仅对审判实践具有重要的实务意义，同时也给实务操作带来了巨大的挑战。

在劳动法领域，物流行业特别是新业态成为创造新增物流就业的主力，法律问题呈现多样化、复杂化的形态。其中快递、电商、驾校等成为近年来涉及劳动争议案件较多的行业，尤其是互联网平台与快递员的劳动关系认定问题跃升为近年的热点议题。物流行业作为集能动性和周期性等特点于一体的行业，在用人制度方面常见不规范之处，例如由劳动者自备交通工具，双方无书面合同，以及劳动者不享受社会保险、加入工会等权益，用人单位将劳动者注册为"个体工商户"以规避用工主体责任等。平台对从业者的"劳动管理"与传统认定劳动关系所要求的依附性、从属性、拘束性产生分歧，以"劳务"为标的的新业态交易模

---

① 参见甘青峰、林庆强《多名家庭成员死亡的交通事故中当事人的诉讼地位及责任承担》，《人民司法·案例》2012年第12期。

式导致传统行业法律问题的裁判思路和分析方法发生变化。在司法实践中，法院基于不同物流企业的特定做法进行个案分析，且易受具体纠纷场景的影响。

（二）完善司法机制，能动司法助力现代物流高质量发展

为贯彻落实党的二十大精神，2022年最高人民法院就"人民法院充分发挥审判职能，服务保障现代物流高质量发展"进行了专题研究。研究认为，充分发挥审判职能，公正高效化解现代物流快速发展中产生的各类矛盾纠纷，平等保护物流市场主体合法权益，是人民法院认真贯彻落实党的二十大精神，为推进中国式现代化提供有力司法服务的具体体现。[①]

1. 构建现代物流市场，助力高水平司法服务

为了促进我国现代物流的高质量发展，提供更高水平的司法服务至关重要。首先，我们必须推动建立一个规范高效、公平竞争、统一开放的物流市场环境。这包括妥善处理涉及物流上市企业的各类民商事纠纷，确保物流上市企业的有序发展。其次，我们应依法保护中小微物流企业的合法权益，引导市场主体诚信经营，公平竞争，有序发展。最后，妥善处理与物流企业融资相关的纠纷，对于促进物流企业优化资源配置、实现可持续发展同样不可或缺。[②]

2. 瞄准行业发展靶心，强化法律审执职能

为确保现代物流业关键发展方向的精准服务，持续实施涉外商事海事审判的精品战略，致力于构建国际商事海事争议解决的优选地，以支持和保障国际物流网络化的发展。充分利用人民法庭、巡回审判、在线审理等便民诉讼机制的优势，以促进农村物流的快速发展。妥善处理涉及重大物流基础设施的纠纷案件，依法支持这些基础设施的建设，进而推动商贸物

---

① 参见王丽丽《为我国现代物流高质量发展提供更高水平司法服务》，中国法院网，https://www.chinacourt.org/article/detail/2022/12/id/7078295.shtml，最后访问日期：2024年10月28日。

② 参见王功荣等《航运企业在"海陆仓"融资方式中的法律风险及防范》，《中国海商法研究》2013年第3期。

流的升级和优化。[①] 同时，应加大力度依法严惩物流领域刑事犯罪，为现代物流发展营造安全、清朗的法治空间，妥善审理物流企业与劳动者的劳动争议，大力保护物流企业的知识产权，服务深化物流领域"放管服"改革，充分保障物流企业胜诉权益。

3. 健全物流纠纷司法规则，完善司法保障机制

未来，要进一步健全涉物流领域的法律规则体系。研究制定运输合同司法解释，完善多式联运法律适用规则，通过明确运输合同责任界定、赔偿范围等关键要素的解释规则，为司法实践提供清晰指导，充分发挥司法文件、典型案例的指引作用，针对物流纠纷的热点、难点问题给出具体指导意见，指导人民法院司法实践，增强法律在实践中的可操作性，为物流业提供清晰明确的法律预期。同时应完善高效便捷的司法保障机制。建立涉物流纠纷的统筹协调机制，提升诉讼服务水平，减少当事人诉讼成本，促进提高司法效率。此外，随着全球化进程加速，应着重关注跨境物流司法业务，深化涉物流纠纷的国际司法协助，尽可能减少跨境物流纠纷中的国际法律障碍，助力跨境物流纠纷解决。[②]

综上，公正、高效、便捷的司法程序是保障物流交通运输发展的关键。对此，应建立物流交通运输纠纷司法统筹协调机制，完善物流交通运输纠纷的司法解释，充分发挥典型案例的指引作用，为物流交通运输纠纷提供明晰的法律预期。

三 我国物流交通运输法治执法现状及问题审视

（一）监管部门多元并行，明确职责提高效率

2009 年《国务院关于印发物流业调整和振兴规划的通知》，将物流业的

---

① 参见赵沪湘《提升海事审判软实力 为建设海洋强国、实现经济腾飞保驾护航》，《中国海商法研究》2014 年第 3 期。
② 参见王丽丽《为我国现代物流高质量发展提供更高水平司法服务》，中国法院网，https://www.chinacourt.org/article/detail/2022/12/id/7078295.shtml，最后访问日期：2024 年 10 月 28 日。

调整与振兴列入规划，对物流产业发展的目标、主要任务及政策措施作出明确规定。在相关部门各司其职、各负其责的基础上，加强现代物流业发展的组织与协调；按照精简、统一、高效的原则和决策、执行、监督相协调的要求，改革物流管理体制；针对影响物流业发展的土地、税收、收费、融资和交通管理等方面的问题，完善物流政策体系；鼓励银行业金融机构、中央和地方政府多渠道增加对物流业投入的工作；并号召行业社团发挥规划制定、政策建议与技术合作等组织、中介作用。为了给物流业的健康发展创造良好的政策和体制环境，2011 年国务院办公厅印发《关于促进物流业健康发展政策措施的意见》，明确国家发展和改革委员会要会同有关部门做好对各项政策措施落实情况的督促检查工作。2014 年《国务院关于印发物流业发展中长期规划（2014—2020 年）的通知》中写道："地方各级人民政府要加强组织领导，完善协调机制，结合本地实际抓紧制定具体落实方案，及时将实施过程中出现的新情况、新问题报送发展改革委和交通运输部、商务部等有关部门。国务院各有关部门要加强沟通，密切配合，根据职责分工完善各项配套政策措施。发展改革委要加强统筹协调，会同有关部门研究制定促进物流业发展三年行动计划，明确工作安排及时间进度，并做好督促检查和跟踪分析，重大问题及时报告。"2018 年颁布的《国务院办公厅关于推进电子商务与快递物流协同发展的意见》要求商务部、国家邮政局会同有关部门加强工作指导和监督检查。2021 年《推进多式联运发展优化调整运输结构工作方案（2021—2025 年）》明确交通运输部、国家发展改革委、国家铁路局、中国民航局、中国国家铁路集团有限公司等各司其职、分工负责。2021 年《"十四五"冷链物流发展规划》中提到国家发展改革委要会同有关部门建立冷链物流发展协调推进工作机制。2022 年《"十四五"现代物流发展规划》要求在确保信息安全的前提下，推动交通运输、公安交管、市场监管等政府部门和铁路、港口、航空等企事业单位向社会开放与物流相关的公共数据，推进公共数据分享；国家发展改革委要会同国务院有关部门加强行业综合协调和宏观调控；建立现代物流发展专家咨询委员会，助力规划落地。此外，国内部分地区还专设了主管物流业的机构。例如成都、重庆、济南、长沙等城市都设立了口岸与物流办公室，负责协调指导物流产业的发展。

物流行业作为国民经济的重要组成部分，同时是现代化产业体系的重要组成部分，具有联动多行业、多产业的特点，这一特性决定了其监管工作的复杂性。在物流监管工作中，因涉及众多领域、环节和部门，因此物流监管工作分属多个部门，目前暂无特定的统一部门进行专职监管。多部门的监管模式虽然在一定程度上能充分发挥各自的特色优势，但也带来许多隐患，如监管职责不清、推诿扯皮频繁、监管效率低下、监管标准不同、部门联通较差等，难以形成有效的监管合力。为更好推动物流监管工作高效有序进行，需要进一步明确各部门的监管职责，建立统一的监管标准，完善各部门信息协调与共享。

（二）物流发展政策持续发布，行业发展趋势日渐明确

截至2024年10月，国务院共出台10项政策，其他中央部门共出台部门规章398部，地方性法规4部，地方政府规章4部。

我国高度重视物流行业发展，制定我国现代物流领域第一份国家级五年规划——《"十四五"现代物流发展规划》，旨在有力推动现代物流体系构建，推进物流提质、增效、降本，提升产业链供应链韧性和安全水平，有效助力稳增长、稳就业、稳物价，为构建新发展格局、推动高质量发展、推进中国式现代化提供有力支撑，具有重要里程碑意义。物流领域出台了一系列政策支持，相关政策体系不断完善，覆盖物流发展的各个方面。具体而言，我国物流行业政策发展要向以下趋势改进。

第一，政策支持力度持续增强。保障对物流基础设施的财政资金支持，持续对物流企业实施税收优惠，鼓励金融机构加大对物流企业的信贷支持力度，以解决物流企业融资难、融资贵的问题。

第二，政策体系更加完善。相关部门加强对物流政策的协调与统筹，加快完善物流相关法律法规，加强对物流政策执行情况的监督检查。

第三，发展方向更加明确。加快构建现代物流体系，包括推动物流科技

创新，培育壮大物流新业态新模式、提升物流服务的质量与效率。例如，《"十四五"现代物流发展规划》明确未来我国现代物流发展重点领域包括加快国际物流网络发展、补齐农村物流发展短板、促进商贸物流提档升级、提升冷链物流服务水平、推进铁路（高铁）快速稳步发展、提高专业物流效率和提升应急物流发展水平。

1. 商贸物流：现代商贸流通体系建设启航

为支持我国城乡商贸物流发展，鼓励企业物流信息化升级与改造，2022年12月，国家发展和改革委员会发布《"十四五"扩大内需战略实施方案》，要求"加快构建以国家物流枢纽为核心的骨干运行网络，完善区域分拨配送服务网络，优化城市物流配送网络，发展城乡高效配送"。2023年，交通运输部、工业和信息化部、公安部、财政部、农业农村部、商务部、国家邮政局、中华全国供销合作总社、中国邮政集团公司联合发布《关于加快推进农村客货邮融合发展的指导意见》，全面推进乡村振兴工作的部署要求，深入推进农村客运、货运物流、邮政快递融合发展。2024年，财政部办公厅、商务部办公厅发布《关于支持建设现代商贸流通体系试点城市的通知》，指出财政部、商务部从2024年起分批开展现代商贸流通体系试点城市建设工作，意在通过试点工作打造一批城乡统筹发展、辐射带动力强、供应韧性好的现代商贸流通节点城市。打通商贸流通节点，有利于畅通国内大循环、建设全国统一大市场。

2. 智慧物流：加强智能物流标准与安全双保障

近年来，我国政府不断推动物流发展，提出要发展智能物流建设。国家对智能物流业发展高度重视，从政策上加强引导，加大扶持力度，出台了一系列鼓励政策。[①] 2022年，交通运输部国家标准化管理委员会发布《关于印发〈交通运输智慧物流标准体系建设指南〉的通知》，为加快建设交通强国提供高质量标准供给。2023年，中共中央、国务院印发《数字中国建设整体布局规划》，指出建设数字中国是数字时代推进中国式现代化的重要

---

① 参见程雪军《区块链技术规制的国际经验与中国策略》，《中国流通经济》2021年第3期。

引擎，是构筑国家竞争新优势的有力支撑。为贯彻大力发展智慧交通的指示精神，交通运输部公布了《铁路关键信息基础设施安全保护管理办法》。为深入践行党的二十大报告明确加强网络安全保障体系建设的要求，交通运输部还发布了《关于推进公路数字化转型加快智慧公路建设发展的意见》，要求提升公路设计施工数字化水平，提升公路养护业务数字化水平，提升路网管理服务数字化水平。2024 年，交通运输部办公厅、国家市场监督管理总局办公厅联合印发《国家级服务业标准化试点（智慧交通专项）实施方案》，并启动 2024 年面向智慧物流、智慧出行及相关新型基础设施方面试点项目征集工作，重点围绕智慧物流、智慧出行及相关新型基础设施等方向，为推动新质生产力发展和加快建设交通强国、质量强国提供强有力的标准支撑。

3.绿色物流：助力绿色物流全方位发展

随着绿色物流政策逐渐清晰和细化，国家层面不断通过制定政策、指标对物流排放进行规范和监督[1]，同时推进绿色包装，运输结构调整，标准体系建设，推进新能源汽车的广泛应用来促进物流行业的绿色转型。例如，交通运输部办公厅印发《绿色交通标准体系（2022 年）》，要求各单位要高度重视绿色交通领域的标准化工作，积极参与相关标准的研究储备和制定修订；交通运输部、公安部、商务部关于印发《城市绿色货运配送示范工程管理办法》的通知，倡议加快建设交通强国；国家发展改革委、国家能源局发布《关于完善能源绿色低碳转型体制机制和政策措施的意见》，部署新形势下如何推进能源绿色低碳转型、优化交通运输结构；国家发展改革委等部门发布《关于加强新能源汽车与电网融合互动的实施意见》，规定了加强统筹协调、压实各方责任以及强化试点示范等保障措施；国家发展改革委等两部门印发《关于进一步加强节能标准更新升级和应用实施的通知》，指出要大力推进物流等重点行业和产品设备节能降碳更新改造；国家发展改革委

---

① 参见邹雄智《全面推进依法治国背景下绿色物流法治化研究》，《企业经济》2016 年第 11 期；董夏馨《绿色经济对物流行业发展趋势影响研究》，《安阳师范学院学报》2021 年第 1 期。

等八部门对外发布《深入推进快递包装绿色转型行动方案》，明确到 2025 年底，快递绿色包装标准体系全面建立，促进电商、快递行业高质量发展，为发展方式绿色转型提供支撑；国家铁路局等三部门发布了《关于支持新能源商品汽车铁路运输服务新能源汽车产业发展的意见》，积极鼓励开展新能源商品汽车铁路运输业务，不断提升铁路运输服务标准化、规范化、便利化水平，保障新能源商品汽车铁路运输安全畅通，促进降低新能源商品汽车物流成本、助力国家新能源汽车产业发展。

4. 农村物流：完善物流网络助力乡村振兴

农村物流是推动农产品进城"最初一公里"和消费品下乡"最后一公里"的重要保障，对促进乡村振兴具有重要意义。① 为做好农业农村物流现代化规划，2022 年交通运输部等四部门发布《关于进一步提升鲜活农产品运输"绿色通道"政策服务水平的通知》，以期进一步提升鲜活农产品运输"绿色通道"政策服务水平。商务部、国家邮政局等八部门发布《关于加快贯通县乡村电子商务体系和快递物流配送体系有关工作的通知》，推动农村电子商务和快递物流配送协同发展。2023 年中共中央、国务院印发了《关于做好 2023 年全面推进乡村振兴重点工作的意见》，要求做好当年和今后一个时期"三农"工作。农业农村部办公厅发布《关于继续做好农产品产地冷藏保鲜设施建设工作的通知》，提出按照"补短板、塑网络、强链条"工作思路，推动冷链物流服务网络向乡村下沉。中央财经委员会办公室、中央农村工作领导小组联合发布《关于推动农村流通高质量发展的指导意见》，要求到 2025 年我国农村现代流通体系建设取得阶段性成效，基本建成设施完善、集约共享、安全高效、双向顺畅的农村现代商贸网络、物流网络、产地冷链网络，流通企业数字化转型稳步推进，新业态新模式加快发展，农村消费环境明显改善。

5. 航空物流：保障航空物流顺畅运行

近年来，国务院、中国民用航空局、交通运输部等先后针对我国航空货

---

① 参见陈伟伟《乡村振兴背景下农业供应链金融的发展与展望》，《上海商业》2021 年第 8 期。

运行业出台多项支持和规范政策,大力推动我国航空货运行业发展。中国民用航空局具体政策如下:发布《"十四五"航空物流发展专项规划》,这是中国民航首次编制航空物流发展专项规划,为构建优质高效、自主可控的航空物流体系提供精准指引;发布《危险品货物航空运输临时存放管理办法》,明确了危险品货物、临时存放、机场控制区、存放专用区、存放专用库等基本术语以及各相关方的管理权限和主体责任;印发《航空物流保通保畅工作指南》,从八大方面明确机场、航空公司等市场主体推动保通保畅工作的主要方向和关键路径。

6. 跨境物流:提升跨境物流应对之力

我国高度重视"构建跨国物流枢纽体系",陆续出台了多项支持中国跨境物流行业发展的相关政策,解决电商背景下物流链的法律问题。[①] 例如,国务院发布《中国(新疆)自由贸易试验区总体方案》,要求制度创新以建设联通欧亚的综合物流枢纽,创新物流运输服务模式,畅通跨境物流和资金流。《商务部等 17 部门关于服务构建新发展格局推动边(跨)境经济合作区高质量发展若干措施的通知》,指出支持符合条件的边境经济合作区开展国家新型工业化产业示范基地建设。

7. 冷链物流:筑牢冷链物流发展根基

2022 年,交通运输部等五部门发布《关于加快推进冷链物流运输高质量发展的实施意见》,加快推进冷链物流运输高质量发展。财政部、商务部发布《关于支持加快农产品供应链体系建设 进一步促进冷链物流发展的通知》,支持农产品供应链体系建设。2023 年,国家发展改革委发布《关于做好 2023 年国家骨干冷链物流基地建设工作的通知》,公布了新一批 25 个国家骨干冷链物流基地建设名单。国家发展改革委印发《城乡冷链和国家物流枢纽建设中央预算内投资专项管理办法》,重点支持已纳入年度建设名单的国家物流枢纽、国家骨干冷链物流基地和国家级示范物流园区范围内的基础性、公共性、公益性设施补短板项目。2024 年,交通运输部办公厅、国

---

① 参见吴佳鸿《跨境电商背景下物流供应链的法律问题解决分析》,《中国商论》2024 年第 4 期。

家市场监督管理总局办公厅联合印发《国家级服务业标准化试点（智慧交通专项）实施方案》，强调在冷链物流方面，通过标准化试点创新智慧交通发展模式，实现相关产品、服务和技术等成套标准验证与先进标准研制、应用、推广。

8. 多式联运与产业链：强化多式联运发展动力

2022 年以来，各级主管部门出台大量从管理视角、部门视角出发的政策规划，在部门间、行业间进行沟通协调，为多式联运的发展提供了良好的政策支持和市场环境。例如，交通运输部、国家发展改革委印发的《多式联运示范工程管理办法（暂行）》，进一步规范了多式联运示范工程创建程序及要求。《2023 年国务院政府工作报告》提出，要确保产业链供应链稳定，完善现代物流体系。2023 年，国务院办公厅发布《关于推动外贸稳规模优结构的意见》，在强化贸易促进拓展市场、优化外贸营商环境等方面作出工作安排。交通运输部、商务部、海关总署、国家金融监督管理总局、国家铁路局、中国民用航空局、国家邮政局、中国国家铁路集团有限公司联合发布《关于加快推进多式联运"一单制""一箱制"发展的意见》指出，力争通过 3~5 年的努力，多式联运"一单制""一箱制"法规制度体系进一步完善，多式联运信息加快开放共享，多式联运单证服务功能深化拓展，多式联运龙头骨干企业不断发展壮大，"一单制"服务模式和"一箱制"服务模式加快推广，进一步推动交通物流提质增效升级，更好地服务支撑实现"物畅其流"。交通运输部、国家发展改革委发布《关于命名中欧班列集装箱多式联运信息集成应用示范工程等 19个项目为"国家多式联运示范工程"的通知》，为推进我国多式联运高质量发展和交通运输结构调整优化作出贡献。2024 年，交通运输部、财政部根据《关于支持国家综合货运枢纽补链强链的通知》组织开展 2024 年国家综合货运枢纽补链强链竞争性评审工作，进入支持范围的城市名单如表 2 所示。

表 2 2024 年国家综合货运枢纽补链强链城市名单

城市名单	牵头城市	城市数量
大连和沈阳	大连	2
上海和苏州-无锡-南通	上海	2
南昌-九江	南昌	1
青岛	青岛	1
深圳和珠海、赣州	深圳	3
南宁	南宁	1
海口和三亚	海口	2

数据来源：《2024 年国家综合货运枢纽补链强链支持城市公示》，财政部网，https：//jjs. mof. gov. cn/tongzhigonggao/202407/t20240731_3940818. htm，最后访问日期：2024 年 12 月 5 日。

注：根据竞争性评审结果，前 12 个城市进入 2024 年国家综合货运枢纽补链强链支持范围。以"-"连接的为《现代综合交通枢纽体系"十四五"发展规划》明确的组合型枢纽，视为一个城市予以支持。

9. 以交通物流支持营商环境建设：宏观统筹营商环境发展路径

2022 年，中共中央、国务院《关于加快建设全国统一大市场的意见》印发，从全局和战略高度加快建设全国统一大市场。交通运输部印发《关于做好交通运输业助企纾困扶持政策落实工作的通知》，建立完善专项工作机制，明确牵头部门，确保责任落实、任务落实、措施落实。2023 年，国务院发布《关于进一步优化外商投资环境加大吸引外商投资力度的意见》，支持外商投资企业梯度转移。商务部办公厅等两部门《关于印发国家级服务业标准化试点（商贸流通专项）第一批典型经验做法的通知》，推广国家级服务业标准化试点（商贸流通专项）第一批典型经验做法，就有关事项通知各地要结合当地实际，学习借鉴有关经验做法。中国人民银行等三部门发布《关于进一步做好交通物流领域金融支持与服务的通知》，强调金融部门要把做好交通物流领域金融服务摆在重要位置。国家发展改革委等四部门发布《关于做好 2023 年降成本重点工作的通知》，提出降低物流成本的具体任务，包括完善现代物流体系、调整优化运输结构和继续执行公路通行费相关政策。国务院办公厅转发国家发展改革委、财政部《关于规范实施政府和社会资本合作新机制的指导意见》的通知，要求合理把握重点领域，政府和社会资本合作项目主要包括物流枢纽、物流园区项目。2024 年，交通运输部办公厅下发《关于全面推广应用道路运输电子证照的通知》，通过全面推广应用电子证照，推动交通物流降本提质增效，持续优化营商环境，深化便民利民惠民服务。

综上所述，国家物流执法政策推进的主要任务和重点工程涉及资源整合、通道建设、服务体系、价值链条、民生保障、应急能力、提质增效、产业融合、数字赋能、绿色物流、供应链战略、国际网络、农村物流、商贸物流、冷链物流、高铁快运、专业物流、市场主体、科技与人才体系等方面，体现了融合创新发展的战略意图。

（三）多部门协同监管共进，全面保障物流执法实践

行政监管在保障物流行业持续健康发展中发挥着重要的作用。当前，我国物流领域的行政监管主要集中于以下三个方面：第一，严格审核物流站点的运营资质，提高物流业集约程度，整合物流资源，维护物流市场交易秩序；第二，加强物流途中运输的监督，严厉打击各类违法违规现象，保障道路安全；第三，建立统一的快递物流服务标准，提升消费者满意度，促进电商行业发展，营造良好的消费市场。

1. 交通运输部门：加强运价与运营资质监管

截至 2024 年，在交通运输部已公开的行政处罚中，共有 12 份关于物流违规经营行为的行政处罚决定书①（见表 3）和 6 份关于物流违规经营行为的处罚通告（见表 4）。②

---

① 《交通行政处罚决定书（交水运国际罚决字〔2021〕1-12 号）》，交通运输部网，https：//xxgk. mot. gov. cn/2020/jigou/syj/202112/t20211230_3633973. html，最后访问日期：2024 年 12 月 5 日。

② 交通运输部网，https：//zwfw. mot. gov. cn/pages/index/xingzhengchufa/index. html，最后访问日期：2024 年 12 月 5 日。

表3 交通运输部行政处罚情况统计

序号	处罚对象	处罚事项
1	某商船株式会社	实际执行运价与备案价格不一致
2	某综合航运有限公司	实际执行运价与备案价格不一致
3	辽宁某物流有限公司	实际执行运价与备案价格不一致
4	某快递国际货运代理服务(上海)有限公司大连分公司	实际执行运价与备案价格不一致
5	某伯罗特股份公司	实际执行运价与备案价格不一致
6	某海运有限公司	实际执行运价与备案价格不一致
7	某南美航运公司	实际执行运价与备案价格不一致
8	某国际货运代理(上海)有限公司深圳分公司	实际执行运价与备案价格不一致
9	深圳市某货运代理有限公司	实际执行运价与备案价格不一致
10	某集装箱运输有限公司	实际执行运价与备案价格不一致
11	某运集装箱有限公司	实际执行运价与备案价格不一致
12	烟台某轮渡有限公司	实际执行运价与备案价格不一致

数据来源：交通运输部网，https://xxgk.mot.gov.cn/2020/jigou/syj/202112/t20211230_3633973.html，最后访问日期：2024年12月5日。

表4 2019~2024年交通运输部关于物流领域的行政处罚通告及依据汇总

序号	执行检查地	处罚对象	违规行为	处罚依据
1	青岛、宁波和深圳	13家国际集装箱班轮公司和6家无船承运企业	运价未备案或实际执行运价与备案运价不一致	《中华人民共和国国际海运条例》第37条
2	大连、青岛、厦门和广州	9家国际集装箱班轮运输公司和8家无船承运业务经营者	实际执行运价与备案价格不一致	《中华人民共和国国际海运条例》第37条
3	天津、宁波和深圳	7家国际集装箱班轮运输公司和无船承运业务经营者	实际执行运价与备案价格不一致	《中华人民共和国国际海运条例》第41条
4	大连和天津	2家国际集装箱班轮运输公司和2家无船承运企业	实际执行运价与备案价格不一致	《中华人民共和国国际海运条例》第41条
5	厦门	5家国际集装箱班轮运输公司	实际执行运价与备案价格不一致	《中华人民共和国国际海运条例》第45条

序号	执行检查地	处罚对象	违规行为	处罚依据
6	青岛和宁波	12家国际集装箱班轮运输公司和1家无船承运企业	实际执行运价与备案价格不一致	《中华人民共和国国际海运条例》第45条

数据来源：交通运输部网，https：//zwfw.mot.gov.cn/pages/index/xingzheng_chufa/index.html，最后访问日期：2024年12月4日。该表根据交通运输部2019~2024年发布的关于国际集装箱班轮运输公司和无船承运业务经营者的通告所作。

2.市场监督管理局：加大违法违规经营行为惩治力度

2021~2024年，中国市场监管行政处罚文书网公开数据显示，共有3000余份关于物流违规经营行为的行政处罚决定书，以下为公开范围内的6篇代表文书摘录（见表5）。

表5　市场监督管理局处罚决定书摘录

序号	处罚对象	处罚依据与处罚种类	违法事项
1	利辛县王人镇某物流仓储库	处罚依据：《城市房地产开发经营管理条例》 处罚种类：吊销许可证件	当事人长期未开展经营活动
2	江阴某物流有限公司	处罚依据：《中华人民共和国特种设备安全法》第84条第1项 处罚种类：罚款	当事人使用未经检验的特种设备
3	张家口某物流科技有限公司	处罚依据：《网络餐饮服务食品安全监督管理办法》第33条 处罚种类：法律、行政法规规定的其他行政处罚,警告	当事人现场未能提供对送餐人员的食品安全培训记录
4	保定某物流代理有限公司	处罚依据：《中华人民共和国价格法》第41条、第42条,《价格违法行为行政处罚规定》第13条、第16条 处罚种类：罚款	当事人行为违反了《中华人民共和国价格法》第13条第2款"经营者不得在标价之外加价出售商品,不得收取任何未予标明的费用"的规定
5	江苏某物流投资有限公司	处罚依据：《中华人民共和国电力法》第66条 处罚种类：警告,罚款	违反"禁止任何单位和个人在电费中加收其他费用",构成电力价格违法行为

序号	处罚对象	处罚依据与处罚种类	违法事项
6	江苏某国际物流有限公司	处罚依据:《江苏省价格条例》第57条 处罚种类:警告,没收违法所得	当事人利用和镇江港务的紧密关系,以及货主(船方)必须制作运单的不利条件,变相强制货主(船方)通过当事人处制作运单,并接受制单价格

数据来源:中国市场监督管理局网,https://cfws.samr.gov.cn/list.html,最后访问日期:2024年12月5日。

物流行业的竞争格局较为复杂,市场化程度较高,参与者众多,包括大型国有物流企业、国外大型物流企业以及民营物流企业。在这样的背景下,市场监督管理总局通过加强监管和政策引导,努力维护市场的公平竞争秩序。近年来,市场监督管理总局在物流行业的竞争监管方面采取了一系列措施。

在对物流领域主要竞争情况的分析中,可以归纳出以下三个显著特点。第一,航空运输领域展现出明显的规模经济特征,市场准入壁垒较高。由于航空运输业是一个规模效应显著的网络型行业,进入相关市场面临着较高的规模经济壁垒、航权和航班时刻限制。这些因素共同作用,导致航空运输行业的市场准入壁垒较高,使得潜在竞争者难以进入相关市场。因此,需要进一步采取措施保护和促进市场公平竞争。第二,水上运输领域的并购活动较为频繁。随着水上运输业集中度的进一步提高,从经营者集中案件的审查情况来看,水上运输领域经营者集中以横向集中为主,交易方式以股权收购为主。参与集中的主体主要涉及港口码头服务、海上货运代理、集装箱班轮运输等行业。全球跨境贸易需求的增长,促进了水上运输领域供应链的调整,部分竞争者通过并购方式扩大产能,以提升自身的竞争力。第三,仓储领域资本跨界入局频繁,行业转型升级的势头明显。在仓储领域的经营者集中案件中,除了传统物流地产企业持续发力,还有商业地产、电商平台、快递企业等各类资本跨界入局。这一现象反映出行业转型升级的明显趋势。面对日益激烈的竞争,仓储业务可能已成为电商、快递企业新的业务增长点。提高仓库的存储密度、出入库效率，缩短仓内周转期，已经成为行业竞争的新方向。①

市场监督管理总局及其下属机构通过发布政策指导、组织专项执法行动、加大监管力度等措施不断加强物流领域反垄断和反不正当竞争执法力度，深入推进公平竞争政策实施，营造公平竞争环境。

以上海机场（集团）有限公司与东方航空物流股份有限公司新设合营企业案为例，2022 年 9 月 13 日，市场监督管理总局决定在附加限制性条件下批准此项新设企业申请。审查认为，该集中可能对上海浦东机场货站服务市场及以浦东机场为起点或终点的国际/国内航空货运服务市场产生排除或限制竞争的影响。市场监督管理总局附加限制性条件批准了此项集中，具体包括：保持机场集团与东航物流在浦东机场货站业务上的相互独立性，确保双方独立开展公平竞争；确保机场集团、东航物流与合营企业之间的相互独立性和竞争性；确保机场集团、东航物流与合营企业之间不交换竞争性敏感信息，合营企业独立运营；机场集团、东航物流继续履行与相关客户已经签署的浦东机场货站服务合同；机场集团、东航物流与合营企业应提供公平、合理、无歧视的浦东机场货站服务；合营企业每年邀请中国航空运输协会监督指导。②

在市场监督管理总局发布的贵州某物流有限公司滥用市场支配地位案③中，滴滴出行与贵州某物流有限公司签订协议，由后者协助滴滴司机办理《网络预约出租汽车运输证》。2019 年 12 月至 2021 年 8 月，该物流有限公司利用在兴义市的主导地位，强制司机通过其指定人员购买车险。经调查，该物流有限公司在兴义市网约车办证服务市场中占据超过 53% 的市场份额，具有市场控制力。其限定交易行为无正当理由，损害了市场竞争和交易相对

---

① 参见国家反垄断局编《中国反垄断执法年度报告（2022）》，中国政府网，https://www.gov.cn/lianbo/bumen/202306/P020230612294618624831.pdf，最后访问日期：2024 年 10 月 29 日。

② 参见《市场监管总局关于附加限制性条件批准上海机场（集团）有限公司与东方航空物流股份有限公司新设合营企业案反垄断审查决定的公告》，国家市场监督管理总局反垄断执法二司官网，https://www.samr.gov.cn/fldes/tzgg/ftj/art/2023/art_b22512c79afb44a8b6e5674d6d89983b.html，最后访问日期：2024 年 10 月 29 日。

③ 参见贵州省市场监督管理局行政处罚决定书（黔市监价处〔2022〕10 号）。

人利益，违反了《中华人民共和国反垄断法》第 17 条第 1 款第 4 项规定，构成滥用市场支配地位。

3.邮政局：强化快递监管与服务质量提升

邮政管理部门的职权范围包括准入管理、安全监管、服务质量管理和市场秩序管理等。2023 年，全国各级邮政管理部门开展市场行政执法检查 3.4 万人次，检查市场主体 11668 家次，办理邮政市场行政处罚案件 6606 件，实施行政罚款 5345 万元。2023 年，全国各级邮政管理部门办理邮政行业安全监管类案件 3357 件、快递市场准入管理类案件 1581 件、快递服务质量管理类案件 1225 件、生态环境保护监管类案件 433 件、快递市场秩序管理类案件 8 件、集邮市场监管类案件 2 件（见表 6）。2024 年，邮政管理工作要做好全面加强党的领导、持续深化交通强国邮政篇建设、补短板强弱项完善寄递网络体系、持续提升寄递服务质量、不断提升行业科技创新和标准化水平、坚持以高水平安全保障高质量发展、着力推动行业绿色低碳发展、认真做好快递员群体合法权益保障、持续推进有为政府建设、加强国际和港澳台交流合作等十项工作，奋力谱写交通强国邮政篇。[①]

表 6　行政处罚案件类型情况统计表

序号	类别	数量(件)	占比(%)
1	邮政行业安全监管类	3357	50.82
2	快递市场准入管理类	1581	23.93
3	快递服务质量管理类	1225	18.54
4	生态环境保护监管类	433	6.56
5	快递市场秩序管理类	8	0.12
6	集邮市场监管类	2	0.03
合计		6606	100

数据来源：国家邮政局网，http://zfgk.spb.gov.cn:8081/SPXzzfApp/base/base/spBaseXzzfOpenAction/spBaseXzzfOpenZnAction!toSpXzzfOpenZnZFQKTG2.action，最后访问日期：2024 年 12 月 24 日。

---

① 参见《2024 年全国邮政管理工作会议在京召开》，中国政府网，https://www.gov.cn/lianbo/bumen/202401/content_6925146.htm，最后访问日期：2024 年 10 月 29 日。

在 2023 年邮政市场行政处罚案件中，数量占比居前十位的涉案违法行为分别是：安全设备安装、使用不符合国家或行业标准 997 件，占比 15.09%；开办快递末端网点未按规定备案 691 件，占比 10.46%；违反快递服务标准 590 件，占比 8.93%；未采取措施消除事故隐患 375 件，占比 5.68%；未按规定报送实名收寄信息 318 件，占比 4.81%；未按规定对从业人员进行安全生产教育和培训 273 件，占比 4.13%；超范围经营快递业务 265 件，占比 4.01%；未按规定作出安全检查标识 257 件，占比 3.89%；违反投递服务规定 249 件，占比 3.77%；未按规定分拣作业 239 件，占比 3.62%。基于邮政类行政处罚案件相关情况，经统计常见的邮政类违法情形的处罚依据及处罚标准如下（见表7）。

表 7　常见邮政行政处罚案件类型、处罚依据及处罚标准

序号	违法情形	处罚依据	处罚措施和处罚标准
1	安全设备安装、使用不符合国家或行业标准	《中华人民共和国安全生产法》第99条	一般情形:责令限期改正,可以处5万元以下的罚款
			逾期未改正:处5万元以上20万元以下的罚款
2	开办快递末端网点未按规定备案	《快递业务经营许可管理办法(2019)》第32条,《快递暂行条例》第18条、第40条	责令改正,处1万元以下的罚款
3	未采取措施消除事故隐患	《中华人民共和国安全生产法》第41条、第102条	一般情形:责令立即消除或者限期消除,处5万元以下的罚款
			逾期未改正:责令停产停业整顿,对其直接负责的主管人员和其他直接责任人员处5万元以上10万元以下的罚款
4	未按规定使用实名收寄信息系统	《邮件快件实名收寄管理办法》第14条、第19条	责令改正,处1万元以下的罚款
5	未按规定对从业人员进行安全生产教育和培训	《中华人民共和国安全生产法》第97条	一般情形:责令限期改正,处10万元以下的罚款
			逾期未改正:责令停产停业整顿,并处10万元以上20万元以下的罚款

数据来源：国家邮政局网，https：//www.spb.gov.cn，最后访问日期：2024 年 12 月 24 日。

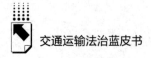

依法加大快递市场监管力度。《快递市场管理办法》自 2024 年 3 月 1 日起施行，为了确保其有效实施，各级邮政管理部门也加大了监管力度。仅 2024 年 3 月，就受理核处用户申诉事项 2.5 万余件，立案调查快递市场违法违规行为 531 件，并已经办结案件 325 件。其中，涉及适用《快递市场管理办法》立案调查的案件有 239 件，已办结案件 203 件。对于存在违规行为的企业，管理部门采取了教育与处罚相结合的方式，大部分企业因情节轻微被予以行政警告，少数企业被处以 3000 元以下的行政罚款。①

努力构建快递市场良性竞争生态。2024 年，国家邮政局组织了一次专题会议，旨在规范市场秩序并提升服务质量。会议首先强调了坚决遏制"内卷式"恶性竞争的必要性。良性市场竞争应致力于技术创新、质量提升和效益增长，而非单纯的价格和业务量竞争。其次，会议着重提出要增强快递服务在质量上的竞争力。整个行业必须将发展的重点转移到提升质量和效益上，推动快递服务从"有没有"向"好不好"转变，以高品质服务促进高质量发展。最后，会议强调了持续提升创新发展的能力。创新是提高快递服务质量的核心要素，也是摆脱"内卷式"恶性竞争的根本途径。快递企业需要进一步增强创新意识，进一步激发劳动、知识、技术、管理、数据和资本等生产要素的活力，以凝聚推动高质量发展的内在动力。②

组织开展快递服务质量突出问题专项整治行动。依据会议的规划，国家邮政局拟于 2024 年在全国范围内实施快递服务质量关键问题的专项治理行动，重点聚焦加强快递末端服务规范管理、规范快递服务作业流程、提升快递服务客服质量、强化合规经营意识、维护服务网络稳定等五个方面。③

---

① 《国家邮政局市场监管司相关负责人介绍〈快递市场管理办法〉施行整月情况》，国家邮政局网，https://www.spb.gov.cn/gjyzj/c100015/c100016/202404/ff5678acabba452db9da299ec29e59db.shtml，最后访问日期：2024 年 10 月 29 日。

② 《坚决防止"内卷式"恶性竞争，国家邮政局召开规范市场秩序、提升服务质量专题会议》，国家邮政局网，https://www.spb.gov.cn/gjyzj/c100015/c100016/202408/7e344a856dc842a0a9e8cfe27872e193.shtml，最后访问日期：2024 年 10 月 29 日。

③ 《坚决防止"内卷式"恶性竞争，国家邮政局召开规范市场秩序、提升服务质量专题会议》，国家邮政局网，https://www.spb.gov.cn/gjyzj/c100015/c100016/202408/7e344a856dc842a0a9e8cfe27872e193.shtml，最后访问日期：2024 年 10 月 29 日。

2024 年，在上一年度的工作基础上，国家邮政局举办全国邮政行政执法人员业务能力提升培训班，深入学习领会习近平法治思想，贯彻落实国务院办公厅《提升行政执法质量三年行动计划（2023—2025 年）》工作部署，切实提升邮政行政执法人员的思想政治素质和业务工作能力，对邮政局执法工作从地方立法经验、邮政行政执法经验、委托执法工作情况等全方面作出更为详细和深入的探讨、改进。

4. 海关部门：筑牢新兴业态风险防御之堤

对外贸易日益繁荣，打造内联外通的现代国际物流体系离不开海关的门户功能。随着"关检合一"改革深入推进，海关已经逐渐整合和统一了商检环节相关的行政处罚执法体系。申报不实稳居海关走私违规类行政处罚案件的案由之首。

根据适用的法律以及案件行为的性质，从相关的违法行为分类统计可以看出进出口环节申报不实或者未申报是最常见的违法形式，其次是违反国家禁止/限制进出口货物管理规定的违法形式。在出口环节，主要包括擅自出口未报检货物案件、知识产权侵权案件、价格申报不实影响出口退税案件以及税号申报不实影响许可证件管理案件等。此外，跨境电商作为近几年快速发展的外贸新业态，案件呈高发状态，违法形式包括进口不在跨境电子商务零售进口商品清单上的货物，贸易方式、价格等申报不实等。

5. 生态环境部门：加快绿色物流转型推进进度

近年来，生态环境部门对物流企业的环境违法行为采取了严格的监管和处罚措施。在具体执法行动上，生态环境部门采取了包括现场检查、非现场检查等方式，这些检查不仅包括对企业的日常监督，还包括对违法行为的查处。对于物流企业的生态环境处罚覆盖了废气排放、废水处理、固体废物污染、非法贮存、非法运输以及环境保护设备出现故障暂停使用未向生态环境部门报告等方面。同时，生态环境部门还期望通过推动快递包装绿色治理、减少污染排放、促进绿色低碳转型等措施，实现物流行业的绿色发展和环境保护目标。

6. 中国消费者协会：持续深化消费者权益保护

中国消费者协会在持续深化消费者权益保护方面发挥了重要作用，特别是在处理寄递服务投诉维权方面。随着电子商务和物流行业快速发展，寄递服务相关的投诉日益增多，中国消费者协会积极维护消费者权益，推动行业规范发展。

（1）处理寄递服务投诉维权

网络购物带动了快递业务的迅猛发展，但其安全性、时效性、规范性仍处在较低水平。[①] 据《2023 年全国消协组织受理投诉情况分析》统计，邮政业服务投诉共 14468 件，占 2023 年服务大类投诉量的 1.09%。[②] 截至 2024 年上半年，根据《2024 年上半年全国消协组织受理投诉情况分析》可知，邮政业服务投诉共 7160 件，占服务大类投诉量的 0.91%，相比 2023 年上半年有所下降，但仍有进一步改进的空间。[③]

消费者的投诉问题主要涵盖以下几点：第一，快递员在未征得消费者同意的情况下，擅自将包裹存放在快递柜或家门口；第二，消费者拒收包裹后，快递公司却伪造签收记录；第三，包裹发出后长时间未送达，且在发生损坏时无法得到及时的处理；第四，保价条款存在不公平现象，理赔过程不合理，同时存在夸大宣传保价金额的问题，对于贵重物品未进行必要的保价提醒；第五，在网购退货过程中，易燃易爆物品如锂电池无法通过快递寄回，导致消费者权益难以得到保障；第六，偏远地区快递服务的收费不透明，且在到货后要求额外加价才能完成收件；第七，快递单上充斥着广告，以免费福利为诱饵吸引消费者参与，但实际操作中需填写大量个人信息，且

---

① 参见孙国荣《论电子商务中消费者权利的保护——以合同控制为视角》，《法律适用》2015 年第 5 期。

② 参见《2023 年全国消协组织受理投诉情况分析》，中国消费者协会网，https：//www.cca. org. cn/Detail？catalogld = 475804068798533&contentType = article&concentld = 532016498171973，最后访问日期：2024 年 12 月 4 日。

③ 参见《2024 年上半年全国消协组织受理投诉情况分析》，中国消费者协会网，https：//www. cca. org. cn/Detail？catalogld = 475804068798533&contentType = artide&contentld = 577390197321797，最后访问日期：2024 年 12 月 4 日。

获得福利的难度较大；第八，当发生纠纷时，消费者甚至会遭到快递员的电话威胁。

例如，2023 年 5 月，玉溪市新平彝族傣族自治县的卢女士通过"12315 微信小程序"投诉漠沙镇某快递站存在乱收费问题。卢女士称，到店取快递需要支付每个包裹 2 元的费用，而店里没有取件收费标准的声明或告示。新平彝族傣族自治县消费者协会接到该投诉后，安排工作人员到快递站进行调查了解。站点负责人解释，因多数快递公司只提供无偿派送快递服务至县城，而从县城到乡镇的运输费用由第三方物流公司先行承担，再向消费者收取每件 2 元的快递费。消费者协会工作人员指出，"第三方物流公司提供有偿派件服务前未征求消费者意见而直接收取费用，而且取件收费标准也未公示，从而侵害了消费者的知情权和自主选择权"。该超市负责人表示立即整改，并接受消费者监督。经双方协商后达成和解意见，即第三方物流公司接到快递物品时需先充分征求货主意见，是否接受 2 元的寄递服务费，接受的货主由第三方物流公司提供派件服务，不接受的货主需自己到县城取件，充分尊重消费者的知情权和自主选择权。①

（2）消费监督调查

此外，中国消费者协会还发挥消费监督作用，发布了《2022 年农村消费环境与相关问题调查报告》。调查结果显示，农村消费环境目前仍面临着一些问题和障碍。其中，农村快递、物流配送体系建设短板较为突出，31.0% 的受访者认为所在地缺少电商服务点和快递点，30.7% 的受访者则认为农村电商快递配送慢是最迫切需要解决的问题。就此，中国消费者协会建议加快推进乡村物流快递配送体系建设，尽快补充农村快递点位数量，细化农村快递物流网络，提高县级层面快递物流的配送效率，切实保护农村消费者合法权益。②

---

① 《典型案例：快递二次收费惹投诉 消协调解化纠纷》，云南省消费者协会网，http：//yn315. org. cn/html/details. html？articleId = 67&channelId = 2191，最后访问日期：2024 年 10 月 29 日。

② 《2022 年农村消费环境与相关问题调查报告》，中国消费者协会网，https：//www.cca. org. cn/Detail？catalogId = 475803785949253&contentType = article&contentId = 526001663021125，最后访问日期：2024 年 12 月 5 日。

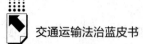

2023 年，中国消费者协会针对快递"最后一公里"问题，联合地方消费者协会开展农村物流消费体验活动，覆盖电商落地配送、末端服务等环节。

（3）消费民事公益诉讼

消费民事公益诉讼旨在保护社会全体消费者的公共利益，针对的通常是不直接导致原告私人利益损害，但危害社会公共利益或市场秩序的行为。消费民事公益诉讼至今已积累了近十年的实践经验，呈现出新的发展态势，[①]其制度功能定位为"威慑—补偿"的二元结构。[②] 在消费者权益受损事件中，尤其是集体消费者的公共利益受损时，公益诉讼可以弥补传统救济手段的不足，维护国家和社会的利益。

全国首例以判决形式确认格式条款无效的消费民事公益诉讼案——重庆市消费者权益保护委员会诉重庆某汽车销售服务有限公司消费者权益保护民事公益诉讼案中，重庆市消费者权益保护委员会在受理消费者投诉过程中发现重庆某汽车销售服务有限公司拟定的《汽车销售合同》存在不公平、不合理条款，限制了消费者的合法权益，遂于 2023 年 4 月 3 日向该公司发出整改劝谕函。重庆某汽车销售服务有限公司于 2023 年 4 月 13 日提交了整改报告，但重庆市消费者权益保护委员会认为其未完全整改，仍有两项格式条款侵害消费者合法权益：一项规定消费税调整后增加税款由消费者承担，另一项规定该公司不承担因第三方导致的交车时间延迟所产生的违约责任。2023 年 6 月 8 日，在重庆市人民检察院第一分院的支持下，重庆市消费者权益保护委员会向重庆市第一中级人民法院提起消费民事公益诉讼，请求法院依法判令上述格式条款无效。2023 年 12 月 5 日，重庆市第一中级人民法院作出一审判决，判决上述两项格式条款无效。[③]

---

① 参见刘学在、尹思媛《消费民事公益诉讼：实践困境与突破路径》，《广西社会科学》2022 年第 11 期。

② 参见杜乐其《消费民事公益诉讼损害赔偿请求权研究》，《法律科学（西北政法大学学报）》2017 年第 6 期。

③ 参见《315 主题活动 | 中消协发布 2023 年"全国消费维权十大典型司法案例"》，中国消费者协会网，https：//www.cca.org.cn/Detail？catalogId = 475800366178373&contentType = article&contentId = 525808397758533，最后访问日期：2024 年 12 月 5 日。

近两年物流交通领域的执法工作着重于加大对交通安全、环境保护、安全生产以及电子商务等方面的监管和执法力度，以维护行业秩序、保障公共安全和促进行业健康发展。与此同时，我国物流业的行政监管已基本形成了全方位、多部门的体系，保护了物流行业的合法权益，规范了物流运输行业的交易市场秩序，严厉打击了物流运输行业中的违法违规行为。但是我国目前的物流法律法规仍缺乏专门性和系统性，与物流环节相关的内容散见于多部法律法规，缺乏针对性和可操作性。尤其在与消费者生活密切相关的快递物流领域，各有关部门应当切实加强对物流企业行为的规范，建立统一健全的物流信用评估机制，① 督促其依法诚信经营，充分尊重消费者权利。

综上，物流在中国对内和对外经贸中正发挥着不可忽视的作用，跟随中央指向性政策和全面依法治国总方针的引导，物流法治的建设已有一定基础，但仍处于上升期，无论是总体性上层建筑的构建和规划，还是局部实践性问题以及与其他法律领域交融的部分，物流法治都还有相当的发展空间和良好的发展前景，需要各方共同努力予以推进。

四　现代物流交通运输法治建设总体展望

展望未来，2025 年中国将进一步巩固落实物流法治改革，持续完善物流法治建设。从立法环节来看，需要积极推动物流交通运输立法，争取推动《交通运输法》尽快出台。② 加速推进物流交通运输相关法律法规的修改完善，聚焦交通运输重点领域、新兴领域、涉外领域，制修订一批行业发展急需、社会公众亟盼的部门规章。③ 从司法环节来看，需要进一步加强物流司

---

① 参见赵婷婷《基于电子商务背景下快递行业问题的预防机制》，《商业经济》2019 年第 12 期。
② 《交通运输部关于印发 2024 年立法工作计划的通知》，交通运输部网，https://xxgk. mot. gov. cn/2020/jigou/fgs/202405/t20240521_4139508. html，最后访问日期：2024 年 10 月 29 日。
③ 《〈加快建设交通强国五年行动计划（2023—2027 年）〉印发实施》，交通运输部网，https://www. mot. gov. cn/jiaotongyaowen/202303/t20230331_3784979. html，最后访问日期：2024 年 10 月 30 日。

法工作，全方位提升物流领域的司法能力。从执法环节来看，需要全面加大物流监管力度，持续有效防范化解重点领域与新兴领域风险。

（一）加快立法进程，推动国际协调与重难点物流领域规范化

积极推动《交通运输法》立法，加强物流领域专门立法，是建设交通强国的必然要求，也是推进现代物流体系化建设、国际物流畅通、新兴业态规范发展的重要保障。[①]

第一，加快立法。《交通运输法》是综合交通法规体系的"龙头法"，是交通运输系统的顶层设计，为交通运输法规体系提供基本依据。推动《交通运输法》立法，为交通强国建设提供法治轨道，同时为物流领域专门立法提供基本指导。目前物流领域相关法律法规呈现分散、不系统的特点，推动《交通运输法》立法并配合制定物流领域专门立法，能够整合物流领域相关法律法规、部门规章及地方性法规和规章，统一基础性标准，形成全面而系统的法律框架，为物流业提供更清晰、明确且不矛盾的法律指引。

第二，加强与国际接轨，加快推动物流体系建设。2024年，国务院总理李强在《政府工作报告》中强调，"加快国际物流体系建设，打造智慧海关，助力外贸企业降本提效"。全球化背景下，物流行业与国际市场的联系日益紧密。为了提升我国物流企业的国际竞争力，物流法律法规应当更加注重与国际规则的衔接。一方面，要积极参与国际物流规则的制定；另一方面，要探索将国际公约和惯例转化为国内法的路径，为我国物流企业在国际业务中合规经营提供保障，同时也为外国物流企业在我国的运营提供法律要求。

第三，完善对物流业重点领域、新兴领域的规范要求。结合国家政策要求，要大力推动物流行业数字化、智能化、绿色化转型，实现全国物流设施一体化联通、物流枢纽合理化布局。物流业的新兴业态如智慧物流、冷链物

---

① 《推进〈交通运输法〉立法势在必行正当其时》，交通运输部规划研究院网，https://www.tpri.org.cn/n274/c393044/content.html，最后访问日期：2024年10月29日。

流、绿色物流均为现代物流规范的重点、难点，未来物流领域立法应更加注重对新兴业态的规范和引导。强化物流信息安全保护、细化物流企业绿色包装要求、完善冷链物流设施建设及运营管理等方面的法律规范，着力打造前沿、高效、明确的法律标准。[①]

（二）培养物流司法人才，发挥典型案例指导作用

司法实践在物流领域健康发展中起着规范性、指引性的重要作用，要加强司法在物流领域的建设，推动物流司法朝着更加公正的方向发展。

第一，提升工作人员专业素质，明确物流领域纠纷解决机制。现有纠纷解决机制在应对物流行业的合同纠纷、侵权纠纷、劳动纠纷等复杂案件中呈现疲态。未来应培养专业的物流领域审判人员，提高审判人员对物流行业知识熟悉程度，以便能够更加准确地认定事实、适用法律，从而提高审判效率，提升审判质量，为物流行业提供更加专业的司法服务。

第二，提供典型案例指导。物流领域司法纠纷存在法律关系构成复杂、权利义务相互交织、主体责任模糊不清、新兴产业法律认定困难等难题，且现有物流业典型案件并不统一，难以为物流司法提供明确指引。未来，应当充分发挥典型案例的指导作用，进一步完善物流案例指导制度。对物流行业如智慧物流等热点、难点问题进行分析和解读，为司法实践提供参考依据，提高司法的统一性和可预测性。

（三）统一标准明确职责，鼓励执法模式创新性转型

行政监管是物流行业健康发展的重要保障，未来我国物流交通领域法治建设应在执法工作中进一步革新和改进，以确保物流法律法规的有效实施，构建有序、健康的市场环境。

第一，制定统一的监管标准，进一步明确监管职责。目前中国物流业表

---

① 参见《国常会聚焦补齐物流短板　统筹推动物流成本实质性下降》，中国政府网，https://www.gov.cn/zhengce/202405/content-6950739.htm，最后访问日期：2024年12月4日。

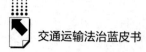

现出监管职责不清、监管效率低下等问题，进一步明确各部门的监管职责，建立更加科学合理的监管分工体系是执法领域改革的必由之路。此外，考虑到物流业不可避免的区域性、部门性特征，在明确统一的基础性规则的同时，应当加强部门之间的协同合作，形成监管合力，提高监管效率。

第二，创新执法方式。推动物流行业数字化、智能化、绿色化转型，一方面要求物流行业发展创新，另一方面也要求执法技术创新。科技将在物流执法中发挥越来越重要的作用，特别对于智慧物流、绿色物流、冷链物流等新兴物流业态，传统的监管方式可能无法有效、全面保障监管法律法规的实施。未来，利用大数据、人工智能、物联网等技术手段对物流企业进行监管，对提高监管效率具有巨大作用。执法工作人员应积极学习新兴技术手段，将之运用于执法工作中，以共同推进执法创新性改革。

总之，我国物流交通运输法治建设在未来应当逐步迈向立法完善、司法改进、执法优化的法治蓝图，紧密契合新时代加快建设交通强国的要求，以法治途径为现代物流业打造健康、有序的市场环境和运营平台，为物流行业的可持续发展提供更加坚实的法律保障。

专题报告

B.8

中国区域交通一体化发展中的
法律问题及建议

王熠珏　高歌　李嘉*

摘　要：　区域交通一体化建设作为推动经济发展一体化的关键手段，对全面建设社会主义现代化国家具有重要战略意义。当前我国区域交通一体化面临着配套法制不完善、综合性交通管理机构缺失、区域经济发展水平相异、交通运输体系衔接不畅、社会开放程度不足等问题。为实现区域交通运输系统的整体优化和协调发展，有必要加强法制建设以明确区域合作协议的法律效力，协调区域内行政管理而统一行使行政职能，同时平衡一体化进程中区域间财政投入与回报分配，并优化区域交通布局和建设综合交通运输系统，进而推进区域交通一体化的政府与市场合作。

关键词：　区域交通一体化　区域合作协议　行政管理　公私合作

---

* 王熠珏，北京交通大学法学院助理教授，主要研究方向为刑法学、新技术法学；高歌，北京交通大学法学院硕士研究生，主要研究方向为刑法学；李嘉，北京交通大学法学院本科生。

2024年党的二十届三中全会在《中共中央关于进一步全面深化改革　推进中国式现代化的决定》中明确将高质量发展作为全面建设社会主义现代化国家的首要任务，要求健全推动经济高质量发展的体制机制。就助推经济高质量发展的各类机制而言，"交通"无疑是区域经济的网络和命脉，交通设施投资建设本身就是一种经济活动，可以促进基础设施的建设，提供更多的就业岗位，且交通基础设施一旦建成，将对当地经济产生显著的促进作用，其效益主要体现在降低运输成本及提升运输流量两方面。① 从社会发展经验来看，交通一体化往往是区域经济整体发展以及区域经济潜力能够得到充分发挥的重要基础。从狭义角度而言，交通一体化意味着不同交通运输技术和模式间的融合，借助技术创新手段，促使公路、铁路、水路及航空等多种运输方式实现高效协同运作；而从广义层面解析，交通一体化实际蕴含了更为广泛且深远的战略意蕴，即通过促进交通建设与社会福利、生态保护及城市规划等多领域的融合协同，深入推进社会一体化发展。

区域交通一体化较之以往的交通运输模式具有以下优势。一是高效性。各类交通运输方式互联互通是区域交通一体化的主要成果之一，能极大地提高交通运输效率，且交通运输业具有很强的产业关联效应和空间集聚效应，能够带动相关产业的快速成长，从而促进区域内产业结构的优化升级，助益区域经济一体化发展。二是绿色环保性。在达成交通一体化目标的过程中，交通运输体系会得到全面优化升级，交通资源能得到更加高效的利用，进而提升区域发展的整体效益。同时，区域交通一体化的实现能够更科学地统筹规划并合理利用区域内的交通资源，进而有效规避重复建设、铺张浪费的现象，达到节约建设成本和土地空间资源的效果。三是信息的透明性与系统的整体性。推动区域信息公开、共享是实现区域交通一体化的重要基础和必然要求，由此能打破区域间的行政界限，削弱地方保护主义色彩，实现区域交通系统内各类实体要素与运行环境的优化配置和重新组合，促进交通结构优

---

① 参见中国科学院可持续发展战略研究组编著《2004中国可持续发展战略报告》，科学出版社，2004，第57~58页。

化升级。同时，在此进程中，区域交通系统内外的资金流动、物资流通、人才交流、技术传递、信息互通等得以顺畅有序地进行，交通结构将更为合理，最终达到区域交通整合的理想状态。[①]

总之，区域交通一体化作为促进区域经济发展一体化的重要手段，是新时期全面建设社会主义现代化国家的重要议题，有助于打破行政壁垒，消除部门界线以及地域限制，进而实现对区域内全部交通资源统一的整体性规划、集中性管理、系统性组织及高效性调配。鉴于此，本报告将从区域交通一体化的发展演进、运行成效及相关法制建设三方面予以检视，分析区域交通一体化进程中所面临的现实困境，继而以此为契机，为实现区域交通运输系统的整体优化和协调发展提出相应的政策建议，旨在有效满足各类交通需求并提升区域经济发展的整体效益。

一　我国区域交通一体化的发展演进、运行成效及相关法制建设

（一）我国区域交通一体化的发展演进

经济发展，交通先行，交通一体化的建设发展与区域经济发展相辅相成。世界上部分发达国家的城市化建设起步较早，其交通运输体系历经数十年建设，已经较为成熟和完善，其建设经验与发展路径值得借鉴。以日本为例，东京首都圈作为全球区域交通一体化发展的标杆，构建了一系列配套体制机制来保障首都圈交通一体化的稳步推进，实现了城市与各类轨道交通网络的协同发展。首先，出台了多部专门性法律法规进行指导保障。在"二战"前后日本都市圈扩张阶段，日本政府针对都市圈国土资源与交通的融合发展，出台了一系列法律法规，例如《城市规划法》《宅铁法》《首都圈整备法》《土地区划整理法》《铁道便利法》等。这些法律法规的制定为国

---

① 参见王石启、朱最新《珠三角一体化的政策法律问题研究》，人民出版社，2012，第23页。

土资源开发及交通发展提供了政策性指导与专门性保障，显著提高了二者融合发展的效率，为后续实现首都圈一体化繁荣发展奠定了坚实基础。其次，设立了统一的综合交通运输主管部门进行一体化高效统筹。成立于 2001 年的日本国土交通省，由原先的运输省、建设省、国土厅及北海道开发厅合并而成，负责全国交通运输、国土开发与整治利用等事宜的全面统筹监管。国土交通省下辖铁道局、都市局、国土开发厅等机构，其中都市局和铁道局合作协调，共同参与和规划土地开发建设、铁道建设等项目的开展。可见，国土交通省的设立不仅有助于在统筹管理过程中内化外部协商成本，还能在实施层面促进都市圈国土布局与交通规划的统一发展。最后，构建主体广泛、层级分明、职能清晰的交通一体化专门决策机构。从最初的运输省都市交通审议会到现在的运输政策审议会，日本不断完善交通领域专门决策机构，围绕都市圈交通一体化建设过程中的各类问题进行针对性讨论并独立于政府做出交通发展相关决策，促使一体化进程持续加快。审议会的主体范围广泛，内部成员涵盖了国土交通省、地方政府、交通运营企业的代表以及相关学者和普通民众，其组织结构自上而下依次设置了专业分科会、部会、工作组及小委员会等，层次清晰，职能明确。[①] 又如，美国大都市区交通一体化进程的推进促使城市圈中心城市规模持续扩张，彼此间的联系日益紧密，社会经济分工也更加明晰，逐步演化形成了多中心城市群。随着时间的推移，这些城市群进一步发展成为具有多层次、多中心特征的大城市群经济圈。在以纽约为代表的美国大都市圈交通一体化规划进程中，为避免各州之间司法、行政管辖权的冲突，美国地方政府逐渐形成了自愿合作的治理机制，通过政府间协议和组建区域自治组织等方式，地方政府实现了有效的府际自愿合作，降低了合作过程中面临的交易成本和交易风险，促进了合作关系的稳定持续，从而实现对大都市区交通规划等领域的有效治理。[②] 再如，在英国交通

---

① 参见王超、郭婷《京津冀交通一体化体制机制建设的国际经验及对策研究》，《交通运输部管理干部学院学报》2021 年第 4 期。

② 参见徐增阳、余娜《美国大都市区治理中的地方政府自愿合作：何以兴起？何以持续？》，《华中师范大学学报》（人文社会科学版）2018 年第 3 期。

一体化建设进程中，英国交通部自 20 世纪 80 年代末开始实施一体化交通规划，其一体化交通发展理念为实现交通与经济繁荣、健康、环境保护和社会公平的可持续发展。[1]

就我国而言，"交通一体化发展"是指在相关交通政策及法律法规的引导下，多个地域相近的区域或者国家，为了满足经济发展需求，打破行政区划的局限，建立一个统一的跨区域的组织机构，从而优化交通资源配置，促进区域可持续发展。[2] 区域交通一体化在城市化发展战略中起到了十分重要的作用，2010 年国务院《关于印发全国主体功能区规划的通知》（国发〔2010〕46 号）明确指出，依托"两横三纵"交通通道来实现通道上的城市发展，其中"两横三纵"交通通道即为实现交通一体化的过程。随着"一带一路"倡议的正式推行，我国于 2015 年确立了构建六大经济走廊的战略布局，这一举措深刻揭示了交通一体化发展形成的科学合理的交通通道对国家发展战略实施的关键作用。[3] 及至 2016 年，《关于稳步推进城乡交通运输一体化提升公共服务水平的指导意见》正式出台，将交通一体化作为城乡统筹协调发展、缩小城乡发展差距、实现精准脱贫和全面建成小康社会的重要举措。2021 年国务院发布的《"十四五"现代综合交通运输体系发展规划》（国发〔2021〕27 号）明确指出，要建设多层级一体化综合交通枢纽与城市群一体化交通网，为我国未来的交通一体化进程提供了指导目标与践行指南。围绕多个城市群，以铁路、高速公路为核心，提升城际运输通道功能，加强核心城市快速直连，构建多节点、网络化的城际交通网，实现城市群内主要城市间"2 小时通达"。持续推进京津冀、长三角、粤港澳大湾区城际、市域铁路的整体建设，有序推动成渝地区双城经济圈城际铁路和市域（郊）铁路建设，加强与高速铁路、普速铁路一体衔接，扩大对 5 万人

---

① 参见张晓、康灿华《英国一体化交通规划实践及其对我国的借鉴》，《当代经济》2009 年第 22 期。
② 参见石佑启、朱最新《珠三角一体化的政策法律问题研究》，人民出版社，2012，第 23 页。
③ 参见姜策《国内外主要城市群交通一体化发展的比较与借鉴》，《经济研究参考》2016 年第 52 期。

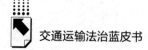

口以上城镇的有效覆盖。此外，应当有序推进其他城市群的城际交通建设，构建有效衔接大中小城市和小城镇的多层次快速交通网络，积极推进利用既有铁路富余运力开行城际列车。

总之，交通一体化是都市圈区域一体化发展的引领者和重要载体，为区域经济协同发展提供了关键支撑，也是全国各地区域一体化发展普遍选择的破题领域。

（二）我国区域交通一体化的运行成效

从全国范围来看，强化重点城市群城际交通建设是落实交通强国战略的题中之义。2021 年，中共中央、国务院在《国家综合立体交通网规划纲要》中提出，建设面向世界的京津冀、长三角、粤港澳大湾区、成渝地区双城经济圈四大国际性综合交通枢纽集群。这些典型地区的运行成效对其他城市群城际交通建设的有序推进具有重要借鉴意义。

1. 京津冀地区交通一体化的运行成效述评

2014 年，习近平总书记提出"要把交通一体化作为推进京津冀协同发展的先行领域，通盘考虑、统筹规划、共同推进区域重大基础设施建设和交通格局优化，科学规划并建设现代化、智能化的交通网络体系，加快构建三地快速、便捷、高效、安全、大容量、低成本的互联互通综合交通网络"[①]。京津冀地区牢牢抓住疏解北京非首都功能这个"牛鼻子"，2021 年 12 月 25 日，北京市交通委员会联合天津市交通运输委员会以及河北省交通运输厅出台了《京津冀交通一体化发展白皮书（2014—2020 年）》，明确此后的工作主要着眼于以下方面：一是推动交通基础设施互联互通；二是打造一体高效的运输服务，智能化、绿色化、均等化水平大幅提升；三是不断健全和完善协同发展机制，持续深化法制、政策、标准协同。2024 年 2 月 26 日，北京市交通委员会公开发布了京津冀协同发展战略下交通一体化的进展报告。报告指出，

---

① 中共中央党史和文献研究院编《习近平关于城市工作论述摘编》，中央文献出版社，2023，第 77 页。

在北京、天津、河北交通部门的紧密合作和共同努力下，以轨道交通为核心的多节点、网络化、全覆盖交通基础设施体系的建设稳步推进，"轨道上的京津冀"初步成型。此外，北京将迎来"八站两场"枢纽新格局，具体如下。

首先是高速公路总里程实现了近四成的增长。随着京津冀地区多条高速公路的竣工开通，现已形成以北京为中心，包含7条首都放射线、3条横线及2条纵线的主要高速公路网络，有效优化了单核放射型的道路网络架构。京津冀地区高速公路总里程与2014年底相比增长了38%，达到1.1万公里。

其次是15条地铁线路紧密连接着外围新城及副中心区域。国家铁路干线的覆盖率稳步提高，以京津为核心并与河北各个城市互联互通的全国性高速铁路网络已接近完工。区域地级以上城市高速铁路全覆盖以及京张高铁、京哈高铁等线路的相继建成通车，使得京津冀到中原、东北、山东半岛城市群等邻近地区的通勤时间显著减少，有效缩短了地区间的时间与空间距离。同时，随着京津城际延伸线、京唐城际等多条铁路线路的开通以及北京—滨海城际等多条新线路的加速建设，邻市间的通勤时间基本能控制在1.5小时乃至1小时以内，京雄津保唐"1小时通勤圈"已经建成。

最后是北京与天津等多地实现了交通码的互联互通。自2015年起，京津冀三地联合推行交通联合卡，实现区域内一卡通行，引发全国多地效仿。北京城市轨道交通与天津、上海、广州等城市实现了二维码"一码通行"的联通应用。"一卡通"已在全国范围内得到广泛且有效的应用。同时，为满足环京地区居民的通勤需求，北京目前常设38条跨省公交线路，向17个环京县市及地区提供日常交通服务。此外，通勤定制快巴服务也于2022年开始试点运营，引入网上预约、远程安检等新型服务模式，站点和线路会依据乘客需求灵活调整并实现广泛覆盖。快巴服务深受欢迎，日均乘客承载量高达5800人次，显著提高了环京地市居民进京通勤和日常出行的效率，跨区域的便捷出行服务日益成熟。①

---

① 《京津冀协同发展交通一体化"成绩单"发布　2024年年底北京将迎来"八站两场"枢纽新格局》，北京市人民政府网，https://www.beijing.gov.cn/gongkai/shuju/sjjd/202402/t20240227_3570832.html，最后访问日期：2024年11月16日。

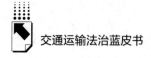

综上所述，在全国范围内，京津冀区域的协同发展水平居于领先地位，其安全、便捷、高效、环保且经济的综合交通运输体系构建已取得瞩目的成果。然而，随着京津冀协同发展战略迈上新台阶，交通一体化的发展也进入攻坚克难的关键时期，在发展理念、协调机制、土地资金、政策法规等方面存在的一些长期性、深层次的矛盾和问题，亟须进一步提升交通网络布局、区域空间布局及产业格局之间的适应度与协调性，此外，运输服务质量还无法有效满足人民群众美好出行需求，对于跨区域、跨部门的重大项目及关键事务，其协商机制尚待完善，而在交通运输绿色化、智能化、安全化等方面，区域交通的发展水平仍需进一步提升。

2. 长三角地区交通一体化的运行成效述评

自党的十八大以来，长三角地区交通网络不断完善。2020年4月2日，国家发展改革委与交通运输部联合发布《长江三角洲地区交通运输更高质量一体化发展规划》（发改基础〔2020〕529号）（以下简称《长三角交通一体化规划》）提出，长三角将形成以轨道交通为骨干，公路网络为基础，水运、民航为支撑，以上海、南京、杭州、合肥、苏锡常、宁波等为主要节点，构建对外高效联通、内部有机衔接的多层次综合交通网络。具体而言，首先要构建一个多维立体且内外通畅的高效运输走廊，为实现上述目标亟须对各类交通运输结构及站点枢纽等进行综合的统筹优化，实现与国内外其他经济板块的高质量互联互通；其次，要着力打造一个便捷高效的城际交通体系，聚焦于轨道交通、普通国省道及高速公路等的建设发展，依托快速运输通道，推动区域内城市间能实现直接且快速的通达；最后，要建设统一高效的都市圈通勤交通体系，聚焦于上海大都市圈及其邻近都市圈，充分利用各类交通运输方式，实现都市圈内"1小时通勤"。《长三角交通一体化规划》为长三角交通一体化建设指明了发展目标，即至2025年，以一体化发展为核心，在精确识别并弥补发展短板的基础上，持续加速构建长三角区域现代化综合交通运输体系；而到2035年，则聚焦于更高质量的发展，全面建成一个供需精准对接、资源高效集约利用、服务质量国际领先的长三角现代化综合交通运输体系，从而形成与国土空间布局、产业升级趋势、人口流动格局及生态环境保护之间协同共进、和谐共赢的发展新态势。其中，上海作为国际门户枢纽的引领者影响力将辐射全球，以智能绿色为导向的交通科技创新将走在世界前列，同时，一体化机制、运输规则、标准规范将引领世界潮流。

当前，沪苏浙皖区域已展现出资源共享、协同并进的可喜态势。自长三角一体化发展载入国家发展蓝图以来，该区域在交通运输领域硕果累累。针对省际交通项目，三省一市交通运输部门总计签订28项合作协议并构建了项目进展互通机制，极大地推动了长三角区域交通一体化的发展进程。同时，交通基础设施投资规模持续扩大，铁路、高速公路网不断织密，综合交通运输体系的发展成效日益显著，对经济、社会等方面发展的贡献有目共睹。具体而言，一是长三角区域的轨道交通构建、高速公路及快速公路网建设在运营里程、密度等方面均实现了历史性突破；二是长三角区域充分发挥海江河联运的独特优势，构建了连接广泛通畅、江海通达的高等级航道网络；三是长三角区域的世界级机场集群已初步成型，旅客吞吐量实现大幅度增长，机场的客运保障能力迈上了新台阶；四是得益于三省一市交通运输综合管理部门的协同努力，截至2022年底，长江三角洲的交通运输市场迎来了平等竞争、有序开放的新局面，"一网通办"服务模式成效斐然，实现了道路运输、水路运输等10类电子证照的跨省市互认与共享。①

整体而言，长三角地区的交通网络已总体成型。然而，交通一体化的深入发展对长三角地区既存的综合交通运输体系一体化发展水平提出了更高的要求，亟须强化综合交通运输体系与人口分布模式、国土空间规划以及产业优化布局的适应与协调能力。当前长三角交通一体化发展还存在几个显著问题有待解决，具体体现在以下四个维度。一是综合交通网络存在显著结构性矛盾。公路与内河航道的连通性与通畅性存在短板，部分城际交通通道及对外运输通道存在运力瓶颈。此外，局部区域的轨道交通网络覆盖率较低、功

---

① 《长三角交通运输重大合作成果发布综合交通发展成效日益彰显》，交通运输部网，https://www.mot.gov.cn/jiaotongyaowen/202306/t20230608_3842245.html，最后访问日期：2024年11月16日。

能定位模糊、标准体系混乱。二是枢纽节点的协同效率及国际竞争力尚显薄弱。港口、机场等交通枢纽间的协同机制不健全，综合交通枢纽的衔接效率和流畅度有待提升，现代航运服务功能亟须进一步深化。三是运输服务一体化进程亟须加速。全流程、一站式、一单制等先进服务模式的发展滞后，同城化、通勤化服务存在明显不足，集装箱铁水联运比例偏低，严重制约了运输效率和服务品质的提升。四是一体化体制机制尚未健全。跨地区、跨部门规划与建设运营的统筹协调力度较弱，导致土地等资源的供需矛盾尖锐，资源利用集约化、高效化程度偏低。此外，信息孤岛、政策碎片化、标准不统一等问题仍然制约着统一开放运输市场的形成以及一体化的深入发展。

3. 粤港澳大湾区交通一体化的运行成效述评

在粤港澳大湾区社会经济迅猛发展的背景下，跨行政区域、跨交通方式、跨行业主体的多元化交通出行需求日益凸显，交通基础设施互联互通、交通指挥精细化治理以及出行服务品质提升成为推动区域发展的关键议题。粤港澳大湾区在交通基础设施领域的发展成就已为其发展成为世界一流湾区奠定了坚实基础。粤港澳大湾区不仅拥有连接国内外各大城市的机场群、港口群，还构建了连接泛珠三角和东南亚的铁路枢纽，其核心区的道路网络密度已超过纽约、东京、旧金山三大湾区。此外，大湾区内城市群规模庞大，经济一体化与城乡融合发展的态势基本形成。随着大湾区融合发展的进一步深化，城市群内的人流、车流、物流活动将更加频繁，交通需求将持续增长，预计至 2035 年，大湾区跨城市出行的年均客流量将达到 8.7 亿人次，主要交通枢纽、节点及对外通道的运输压力急剧上升，将为大湾区交通的协同发展带来极大挑战。因此，需要加速推进大湾区综合交通运输体系的一体化建设，提升交通运输效率，最大化利用交通资源，促进大湾区交通深度融合与协调发展。①

2021 年 9 月，中共广东省委与广东省人民政府发布的《广东省综合立体交通网规划纲要》明确指出，至 2035 年，成熟的快速交通骨干网络、健全的

---

① 参见朱世强《构建大湾区一体化综合交通运输体系》，《小康》2020 年第 35 期。

普通干线网络以及广泛覆盖的基础通达网络全面建成，运输通道、服务以及枢纽体系得到优化完善，统筹融合与高质量发展迈向更高台阶，"12312"出行交通圈（珠三角地区内部主要城市间 1 小时通达，珠三角地区与粤东粤西粤北地区 2 小时通达，与国内及东南亚主要城市 3 小时通达，与全球主要城市 12 小时左右通达）和 "123" 快货物流圈（国内 1 天送达，东南亚主要城市 2 天送达，全球主要城市 3 天送达）全面成型，粤港澳大湾区交通强省的战略目标基本实现。展望 2050 年，结合《广东省综合交通运输体系"十四五"发展规划》的部署，新技术、新业态加快发展，综合立体交通网向更高质量、更高效率、更高品质迈进，粤港澳大湾区综合交通发展水平全球领先，交通强省全面建成。

简言之，粤港澳大湾区高效便捷的现代综合交通运输体系已初见雏形，为促进大湾区交通进一步协同发展，亟须解决行政壁垒、行业藩篱、服务差异这三个主要制约因素。[①] 具体而言，从行政壁垒的角度，大湾区建设缺乏合作发展激励机制、区域共谋共建共享机制和高层次的统筹协调机制。共谋共建共享机制和激励机制的缺乏会导致大湾区内各行政属地在共同规划与建设方面缺少主动性和积极性，协同发展的意识薄弱。此外，由于缺乏高层次的统筹协调机制，各城市的交通建设更倾向于独立进行，交通基础设施难以实现有效衔接且技术标准难以达成一致，大湾区的互联互通与协调发展受阻，出现无序竞争、资源低效配置等现象。从行业藩篱的角度，各类交通行业呈现彼此分隔、相互独立的状态，多元协同治理和多式联运能力有待提升。不同交通行业有着较为独立的运营商，出行服务间的相互整合衔接能力较弱，亟须形成完整、顺畅的出行链，从而便利群众出行，降低群众的出行成本。从服务差异的角度，交通服务的质量和标准不统一，导致乘客出行效率低下，影响乘客出行的体验感和满意度。

4. 成渝地区交通一体化的运行成效述评

2021 年 10 月 20 日，中共中央、国务院印发的《成渝地区双城经济圈

---

① 参见朱世强《构建大湾区一体化综合交通运输体系》，《小康》2020 年第 35 期。

建设规划纲要》指出，成渝地区双城经济圈是长江经济带与"一带一路"倡议的重要组成部分，具有联结西南和西北，促进东亚与南亚、东南亚之间交流互通的独特区位优势。作为我国西部地区产业根基最坚实、人口最稠密、市场潜力最大、创新驱动力最强、对外开放程度最高的区域，成渝地区双城经济圈在我国发展格局中具有举足轻重的战略地位。

当前，川渝两地已经在公路建设、航空合作、铁路共建、水路完善、运输服务升级等多方面交通建设中取得显著成就。一是公路体系日趋完善。从高速公路到农村公路，双城经济圈形成了更为紧密的路网。联合设计、联合招商、联合建设、联合审批的"四联合"跨省高速公路合作模式建立，保障公路建设的快速落地实施。二是国际航空门户枢纽能级显著提升。川渝世界级机场群加速形成，川渝机场集团合作共赢格局形成。三是铁路合作共建提质增效。成渝高铁完成高水平改造，成达万高铁项目正在有条不紊地推进，与此同时，成渝中线高铁的建设工作亦已正式拉开帷幕，[1] 预计建成后将成为国内高速铁路的新标杆，以最高的建设标准成就最快的运行速度。四是长江上游航运中心提速建设。干支协同的货运航线逐渐建立；首创嘉陵江梯级通航建筑物跨省联合调度模式，嘉陵江航运等级显著提升；川渝两地的港口企业正携手成立长江上游港口联盟。五是交通运输服务的品质持续优化。开启国内首个"铁江联运一单制"试点，嘉陵江干线与支线直达的集装箱班轮服务常态化开通；[2] 统一服务标准，健全群众异地办事的体制机制；基本实现川渝公共交通"一卡通"和多条汽车线路车票联网互售。[3]

2021年10月中共中央、国务院印发的《成渝地区双城经济圈建设规划纲要》明确了成渝双城经济圈的建设发展蓝图，至2025年，双城经济圈将在创新活力、经济实力及国际竞争力等方面取得显著成就，构建起一条特色

---

[1] 参见李勇强、严一格《融媒发展深耕轨道助力双城经济圈建设——厢遇APP打造新型融媒体社交平台》，《新闻研究导刊》2020年第24期。

[2] 参见张斯婧、蒋正施《成渝双城经济圈交通一体化发展合作因素分析》，《中国航务周刊》2022年第26期。

[3] 参见王眉灵《交通一体化发展试点，川渝携手试出了啥？》，《四川日报》2023年12月20日，第12版。

鲜明、协同高效的一体化发展道路，为全国经济高质量发展提供指导，成为区域协同发展的引领力量。展望 2035 年，建成实力雄厚、特色鲜明的双城经济圈，重庆、成都进入现代化国际都市行列，大中小城市协同发展的城镇体系更加完善，基础设施互联互通基本实现，具有全国影响力的科技创新中心基本建成，世界级先进制造业集群优势全面形成，现代产业体系趋于成熟，融入全球的开放型经济体系基本建成，人民生活品质大幅提升，对高质量发展的支撑与驱动效应显著增强，逐步蜕变为具有全球影响力的活跃经济增长极和强劲动力。

总之，成渝地区互联互通、管理协同、安全高效的基础设施网络正加速构建并取得了显著成效，成渝核心区域间基本实现"1 小时通达"。然而，在对比其他城市群交通一体化发展机制建立情况后可知，尽管成渝双城已经签署了多项合作协议，但在构建和完善交通运输一体化发展机制方面依然存在不足，① 主要体现在以下三个方面。一是区域合作机制尚未完善，监管职责的划分及协调机制不够清晰明确。双城在交通运输领域的统筹协同、合作共建、统一规划、一体部署、相互协作及共同推进等方面都存在短板，没有形成统一的领导管理小组，统筹协同机制的建设有待加强，绩效考核评价等责任监督机制有待建立完善。二是路网通畅度和密度有待提高，客货联运质量有待优化。对外运输网络的通畅度亟须提升，相邻区域路网连接受阻，交通枢纽的服务覆盖范围相对狭窄，城际间的联程联运出行服务不够便捷顺畅，货物多模式联运服务发展迟滞，此外，绿色低碳、智能化信息化的交通运输发展方向有待进一步深入探究。三是发展激励机制的效用亟须增强。区域共谋共建的积极性仍需进一步提高，要建立和完善共享机制和利益分配机制，让发展成果真正惠及群众。

（三）我国区域交通一体化的法治建设

跨省界、市界的区域交通建设与运营会受到不同行政属地在管理主体、

---

① 参见徐菀徽等《成渝双城经济圈交通运输一体化发展机制研究》，《运输经理世界》2023 年第 10 期。

执法依据及标准等各方面存在的差异的制约，亟待在硬件基础设施通达的同时加强顶层设计，为实现跨区域、同城化管理功能提供法治基础。

为加快法制一体化建设，全面落实"一张蓝图绘到底"的理念，京津冀地区积极推进交通领域联合立法。例如，2020 年 1 月 18 日，天津市第十七届人大三次会议审议并正式通过了《天津市机动车和非道路移动机械排放污染防治条例》，此前河北版、北京版的相关规范性文件已分别于 2020 年 1 月 11 日、17 日经两地人大会议审议通过，上述三部条例于同年 5 月 1 日起同步施行。上述文件的出台为京津冀乃至全国的交通一体化联合立法工作开创了新篇章。2023 年 9 月，京津冀人大立法协同工作机制第十次会议召开，三地人大常委会讨论通过了《京津冀人大协同立法规划（2023—2027年）》，明确了包括交通运输一体化在内的 5 个领域、20 余个立法项目，为京津冀地区交通一体化发展提供了体制机制保障。①

相较于京津冀的交通一体化发展，《长三角交通一体化规划》在机制完善部分明确提及法制一体化，但是其机制完善更侧重于政策和标准。如果国家层面缺乏相应法条进行引导、保障，地方制定法律法规就难以找到相应的立法依据。对此，部分地方人大代表提出，长三角地区三省一市应当进行联合立法，或在省级层面加快立法进程，并希望全国人大可以在长三角跨区域行政立法上进行赋权，使三省一市可先行先试、更好创新，在包括区域交通一体化等方面进行立法协同。② 未来如何有效整合立法资源，优化制度配置，确保长三角区域规划协调衔接、战略协同深化、专题合作强化、市场统一和机制完善仍是需要持久研究与实践的重要课题。

值得注意的是，与京津冀地区及长三角区域相比较，粤港澳大湾区的一体化发展要在"一个国家，两种制度"的框架下进行，存在政策特殊性，同时涉及不同法律管辖区和关税区之间各类资源、要素的跨境流通，又展现

---

① 《京津冀三地协同立法走实走深》，新华网，http://www.xinhuanet.com/legal/20240224/72c55d43c7cc4a68ab52953689467daa/c.html，最后访问日期：2024 年 11 月 16 日。

② 《近邻变"紧邻"，长三角跨区域联合立法正当时》，改革网，http://www.cfgw.net.cn/2019-11/21/content_24895086.htm，最后访问日期：2024 年 11 月 16 日。

出了独特的复杂性。未来创新粤港澳交通区域合作机制，应坚持"一国之本"，善用"两制之利"，致力于建立有明确法律基础、有利于推进交通便利的长效法治机制，在宪法和基本法的框架下，探索粤港澳交通合作的法治框架，为大湾区的交通协同提供法律基础。

自成渝地区双城经济圈建设国家战略实施以来，交通一体化进程跑出了"加速度"，其背后的法律保障机制值得探究。2021 年 7 月 1 日，成渝两地出台了《重庆市优化营商环境条例》和《四川省优化营商环境条例》，是川渝区域协同方面的典型立法成果，有利于推动两地有关制度的对接，激励合作发展，促进区域经济高质量发展。2021 年 10 月，中共四川省委印发了《法治四川建设规划（2021—2025 年）》，明确提出要推进成渝地区双城经济圈法治一体化建设，内容囊括区域立法协同、执法监督联动、区域司法协作、法律服务供给一体化四个方面。另外，成渝地区围绕嘉陵江生态保护、铁路安全管理等重点领域的共性问题开展协同立法，并研究了一批针对性强、适用性高的"小快灵"法规，促进了协同立法的常态化。[1] 未来，成渝地区还需要加强交通重点领域的协同立法，加快推进成渝地区交通一体化，实现区域间人、财、物等资源的高效流通，进而促进成渝双城经济圈建设走深走实。

总之，在我国未来区域交通一体化推进的进程中，亟须出台相关法规，为跨区域交通建设、运营安全提供法治保障。对于交通一体化建设较为成熟的区域，法治建设必须跟上工程建设步伐，以"整合规划、统筹建设、贯通运营、协同运输"为总体原则，[2] 在服务、功能、网络、体制等方面协同发展，选择能反映都市圈城市间共性问题与共同需求的单一事项作为议题进行研究探讨，着力推动实质性的区域协同立法尝试与探索；而对于交通一体化刚刚起步的区域而言，应当进一步强化跨区域城市治理的法治支撑，加强与周边地区的法治协同，更好地服务和保障区域交通一体化的战略实施和区

---

① 王亚同：《川渝协同立法跑出"加速度"》，《重庆日报》2023 年 9 月 12 日，第 6 版。
② 《关乎你的出行！广佛首个"协同立法"通过一审》，澎湃网，https://m.thepaper.cn/baijiahao_15333003，最后访问日期：2024 年 11 月 16 日。

域协调发展,以先进区域交通一体化建设经验为标杆,切实为区域内交通规划、建设、运营提供有力的法治保障。

二　我国区域交通一体化建设进程中存在的问题

需肯定的是,我国的交通领域建设于短期内取得了显著成就,但想要进一步深化交通发展仍面临巨大的挑战。部分交通一体化建设起步较早的国家或地区,目前已经拥有了全球领先的综合交通运输网络,并建立了相对健全的区域交通法律体制。而对于起步较晚的我国都市圈交通一体化体系建设而言,要发展方式多元、层次分明、规划合理的区域交通综合体系,有必要明晰以下现实困境,进而探索适合我国国情的区域交通一体化模式。

(一)亟须高效力法律法规及配套政策保障

我国主要从国家、省政府、市政府以及其他参与投资和运营的投资者和经营者这四个层面保障区域交通一体化过程中的法制运转。上级能够通过向下级发布指令来实现有效沟通,而由于缺乏高层级带来的相应权力,同级政府之间以及下级对上级的反馈及沟通效果会大打折扣。而区域一体化的交通发展是跨区域、跨方式的,因此构建由多个政府部门组成的区域规划与协调机构,并通过立法明确其效能与职权,显得尤为迫切。① 以京津冀地区为例,自京津冀交通一体化上升为国家战略以来,党和政府各级部门已出台一系列相关的文件与协议。然而,这些文件与协议的法律约束力相对较弱,甚至在某些情况下还会和部分地方既有文件的精神相悖,一些地方政府对这些文件与协议的有关规定不以为然,进一步加大了其执行难度。此外,已出台的文件与协议更多聚焦于宏观规划与目标导向,而具体的、与之相补充的、

---

① 参见张京祥、王雨《"制度距离"对区域一体化的作用机制及其治理应对——来自全球大都市区治理的经验与启示》,《国际城市规划》2023 年第 5 期。

能切实适用于京津冀区域协同发展的诸如资金筹措、国土规划等配套政策的制定与实施则相对滞后。[①] 据此，缺乏高效力法律法规及配套政策支持是我国区域交通一体化发展的严重阻碍。

相对而言，在美国的交通一体化发展机制中，具有一定法律效力的州际协定和相关法案的缔结确保了区域协同共建能得到一定的法律支撑和保障。譬如，美国通过立法的手段扩宽交通投资、规划所需涉及的领域，明确要求将环境保护、经济发展和社会公平等方面纳入其中。[②]

总之，目前我国部分地区制定的关于区域交通一体化发展的文件指导实践的能力有限，区域协同的常态事务主要依赖于政府间协商进行处理，亟须制定高权威、高效力的法律法规及配套政策，构建一套有效、健全的区域协调机制。

（二）一体化区域内缺乏综合性的交通管理机构

目前，我国区域交通一体化规划中缺乏综合有效的管理机构。在都市圈规划与发展的进程中，日本中央政府、美国联邦政府及英国中央政府均起到了引领性作用，其中，东京都市圈交通计划协议会、纽约大都会交通委员会、伦敦协会等机构承担着关键执行职责，负责收集区域内各城市的意见、建议，在充分协商的基础上迅速、及时地作出反馈。值得一提的是，英国将运输部、环境保护部以及地方事务部合并为全新的英国交通部，该部门不仅是实现多种运输模式技术整合的组织平台，还为环境保护政策和交通规划的融合发展提供了坚实的制度支撑，致力于满足每个人对经济、环境和社会等多方面实现平衡的需求。不仅如此，英国运输部下属各地方综合交通规划机构能独立地对区域内各种交通规划方案进行过滤并赋予其不同的优先级，各地交通主管机构要收集关于交通通道及公共基础设施投资等问题并形成相应的政策建议，在每年形成交通政策及发展规划的阶段统一提交，且中央不以

---

① 参见韩兆柱、董震《基于整体性治理的京津冀交通一体化研究》，《河北大学学报》（哲学社会科学版）2019年第1期。

② 参见程楠等《美国交通规划体制中的大都市区规划组织》，《国际城市规划》2011年第5期。

行政指令形式规定各地方的政策工具，运输部只对相关地方政府自己提出的方案进行审核批准，让地方在方案执行层面能获得最大限度的自由。可见，英国区域协同交通规划实践的重点是，基于区域交通一体化的持续发展，地方交通规划机构能在中央赋权的范围内享有对本区域交通规划最大限度的自由。据此可知，构建一体化交通运输体系有赖于综合运输管理部门的设立。

相比之下，我国目前亟须构建能够覆盖各级城市并专业化指导交通协同发展规划和重大决策的体制机制，由此化解区域交通一体化发展过程中存在的交通布局规划不统一、交通网络建设不对接、运输服务运营协调性差等问题。国家层面上尽管交通运输部进行的职能改革已明确了其优化交通运输布局，调整交通运输模式的相互衔接方式，加快形成便捷、通畅、高效、安全的综合运输体系的职能，然而，由于我国以往对不同的交通行业采取分别管理的措施以及铁路行业仍然维持独立管理的现状，零散化、碎片化管理等问题突出，极大地阻碍了上述职能的完善与实现。当前，国家虽已意识到这些问题，但仍需循序渐进地推动交通一体化稳步发展。在此过程中既要对原有体制进行深化改革，还需要推陈出新，建立起更科学、合理、高效的一体化交通运输管理体制。总之，只有构建起有效且统一的交通规划立法机构，才能在规划制定与执行过程中明确责任分工，有效减少乃至消除责任推诿现象。

（三）区域经济发展水平存在差异引发财政协同难题

在推动区域交通一体化的进程中，地区经济发展水平差异难免导致各地参与交通合作建设的财政支出存在差异。对此，美国主要通过颁布法案的方式构建了一套与资金申请相关的程序体系。该程序体系以美国联邦政府的交通基础设施投资为指引，明确了由多个政府机构成员组成的"大都市区规划组织"（Metropolitan Planning Organization，MPO）在区域协调中的关键地位与作用，旨在确保资金使用的区域协调效能。[①] 就我国而言，以

---

① 参见苏海龙、高圣义《美国区域交通规划编制对我国省级空间规划的借鉴意义——以美国加州为例》，《城乡规划》2018 年第 6 期。

京津冀地区为例，交通一体化作为一项跨行政区的经济战略，依赖于政府间的互助协作来保障其实施，且需要政府的共同投资来满足资金需求。然而，京津冀地区内部经济发展存在不均衡现象，根据地区生产总值评估，北京与天津已经进入后工业化时期，而河北则尚处于工业化进程中，且河北各地的发展亦不均衡。京津地区在经济发展模式、人才创新能力、信息技术资源及交通基础设施等方面较河北有显著优势，导致经济发展相对滞后的河北在参与交通一体化共建的进程中承受巨大的财政压力。鉴于河北的交通设施建设资金主要由本省财政承担，而其财政收入与京津两地存在较大差距，因此，任务负担与财政能力之间的不匹配问题凸显，进而引发了如何合理确定各地政府投资比例的问题。① 京津冀地区在交通一体化建设上的财政差异，充分反映出三地在交通一体化战略中面临的财政协同难题。又如，长三角地区各城市的财政收支规模差异显著，任何承担合作成本的一方都很难在一体化进程中得到相应的利益补偿，在交通一体化建设过程中开展深度合作举步维艰。②

总而言之，区域交通一体化战略往往涉及各地区的共同参与，其所完成的战略成果将由各地区共享，各地区如果忽视地方财政在交通基础设施建设上的协同问题，会导致相对落后地区的地方财政难堪其重，进一步拉大区域间的差距，削弱落后地区参与协同发展的主动性和积极性。因此，在区域交通一体化进程中存在客观差异的各地区应当大力统筹财政协同机制，消解财政不均衡问题对交通一体化造成的阻碍。

（四）交通运输体系内外部存在衔接不畅问题

目前，我国区域交通统一规划仍存在若干问题。就交通运输体系内部而言，我国铁路、公路、港口、航空等一直属于行业管理，条块分割，多个城市存在"最后一公里"现象，交通网络规划与沿线地区及城市规划之

---

① 参见郑翔《京津冀交通一体化之协同立法》，《中国经济报告》2017 年第 4 期。
② 参见孙红梅、姚书淇《长三角城市群一体化协同发展的空间实证研究——以财政水平差异分析为支撑》，《城市发展研究》2020 年第 8 期。

间不协调，亟待研究解决。诸如港口、车站等交通枢纽与各类交通运输方式及城市通道的衔接不畅，为旅客换乘带来诸多不便。若孤立看待各类运输方式的规划与建设效益而忽视整个综合运输体系的整体效能，不仅浪费资源，还会加剧拥堵，进而降低交通系统的综合运作效率。就交通运输体系与其他部门之间的协作而言，当前各行业、各地区的规划割裂问题依旧突出，缺乏有机统一结合。各行业倾向于加速自身线路与港站的发展，却在一定程度上忽略了不同运输方式间的协调配合与合理分工，尤其是综合交通枢纽的建设被边缘化，涉及未来运输业发展总规模与综合运输网总前景的顶层设计及其与土地资源、能源供给、环境保护之间的协调关系，尚未得到应有的重视与审慎考量。同时，信息壁垒阻碍了权威性官方信息发布平台的构建，导致实时交通信息难以实现区域间有效共享，公众大多依赖于非官方的软件来了解道路交通的动态状况，区域交通实时信息一体化建设滞后。

（五）区域交通一体化社会开放程度尚待提升

推进交通一体化建设对国家实行宏观调控提出了很高的要求。为保证区域交通协同目标的实现，应当正确处理交通一体化发展过程中政府与市场、政府之间以及政策与法律之间的关系，落实政府的宏观调控权责，最大限度地发挥市场在交通资源配置过程中的决定性作用，促进一体化发展提质增效，为经济高质量、可持续发展提供有力支撑。

当前，政府的规划及投资在我国交通一体化协同机制中占据核心位置，相较之下，社会与市场力量的融入较为薄弱，社会开放程度仍有待提升。政府在高沉没成本的交通基础设施投资中起主导作用，导致地方财政背负巨大压力，而较高的投入门槛亦在一定程度上制约了区域交通协同合作的发展。同时，社会在决策与监督过程中的参与度有限，可能会导致实施效果与社会实际需求相脱节的现象发生。此外，政府在交通规划与建设中的过度参与也会产生干预过度的潜在问题。政府在制度构建相对成熟后，由于制度惯性难免存在干预过度的情形。政策倾斜、特殊照顾使得区域可在较短时间内实现快速发展，但同样也会加剧地区间发展不平衡现象，导致能力较弱的区域很难在经济发展的过程中获得平等的机会，长此以往，"不平等变得天经地义，这种不平等将被加深"①。故而，有必要在政府的引领下联结社会与市场的力量，不断吸纳社会资本到投资融资、决策与监督的环节中。此举既能有效缓解地方财政压力，还有助于构建政策与市场需求相契合、市场依据政策导向健康发展的良性循环格局。

三　推进我国区域交通一体化进程的政策建议

（一）制定区域高权威效力法律法规，明确区域合作协议法律效力

通过制定区域综合交通法规厘清区际关系，为区域间的协调发展工作提供规范与导向，强化全局性战略部署与规划，有利于清晰界定政府权责，同时能节约资源，避免重复建设，化解区域间的利益矛盾，进而推动区域交通一体化科学、有序、顺畅进行。因此，应适时、及时出台区域交通一体化基本法律，以更高层次的立法突破行政区划的刚性限制，在基本法律的统一框架下解决区域内总体规划、合作协议、集体决策、组织机构、协同执行等各项问题。详言之，一方面，要强化区域协同立法，制定具备高度权威性和法律约束力的法律法规。鉴于部分区域的协同规划、发展纲要等文件效力有限，无法满足区域交通一体化深入发展的需要，出台具有高权威效力的专有法律法规刻不容缓。例如，日本在首都圈规划实施前后，相继颁布了《首都圈整备法》《首都圈城市街道开发区整备法》以及后续相关的法律法规。这些法律对东京都及周边多个县的协作规划管理进行了有效指导，为首都圈计划提供了有益补充，推动了首都圈统一协调的建设发展。② 另一方面，要

---

① 丁庭威：《促进区域协调发展的经济法路径——以"发展规划法"的制定为中心》，《地方立法研究》2021 年第 4 期。
② 参见王超、郭婷《京津冀交通一体化体制机制建设的国际经验及对策研究》，《交通运输部管理干部学院学报》2021 年第 4 期。

建立健全区域一体化发展的配套政策。如构建区域法规协同机制，促进各地人大在法规、政策的制定与监督实施层面进行有效沟通与协调，增强法规政策之间的统一性、协同性和有效性。此外，将区域合作协议纳入法律调整范畴是促进区域交通协同的又一关键举措。以长三角地区为例，自改革开放以来，长三角各地区之间签署了大量合作协议，如《沪苏浙共同推进长三角创新体系建设协议书》《长江三角洲地区城市合作协议》等。这些合作协议内容广泛，涵盖保障民生、促进环保、优化产业等方面。然而，由于我国《宪法》及《立法法》并未赋予地方政府联合立法的权力，这些协议的法律地位尚未明确，法律效力也悬而未决。相较之下，美国的州际协议具有极高的法律效力，不仅凌驾于州内法律之上，还受宪法保护，确保协议成员严格遵守协议内容，为协议的长期稳定缔结提供了坚实保障。因此，我国也确有必要将区域间协议纳入法治轨道，可借鉴美国对州际协议效力的规定，通过基本法优先明确区际协议的基本效力及法律责任，保障既有协议条款得以有效执行。具体而言，鉴于区际协议的跨行政区特性，其法律效力应高于缔约机关制定的地方政府规章及行政规范性文件，并附带违约责任的有关规定，确保协议的缔约主体及其管辖范围内的公民均受协议约束。此外，还应为协议的履行配备相应的争端解决机制。[①] 总之，各地应以区域交通协同发展为出发点和落脚点，制定、签署及全面履行各项协议并在违约后承担相应责任。

（二）协调区域内行政管理，统一行使行政职能

综合运输管理部门的设立能对区域交通一体化建设进行统一监督管理。以域外相关经验为例，美国在 20 世纪 60 年代率先创立了联邦运输部，负责统一监管各类运输方式，在 20 世纪 90 年代后期更是通过整合运输主管部门与其他相关机构，逐渐形成了更为综合的部门。当前，虽然各国在运输管理

---

① 参见陈婉玲、陈亦雨《我国区域经济一体化的命题逻辑与法治进路——以长三角一体化为视角》，《法治现代化研究》2021 年第 4 期。

机构的命名上有所不同，美国、英国为运输部，法国为公共工程、住宅、国土规划与运输部，日本为土地、基础设施、交通和旅游部，但实质着力点都大同小异，即紧跟全球综合运输管理的趋势，通过行政组织的融合，实现各类运输方式的融合协同和对运输业的综合管理。因此，在我国交通运输部进行职能改革的背景下，宜将铁路及城市道路的规划管理也纳入交通运输部的职能范围内，进而更广泛地整合各项职能，促进我国一体化交通规划得到全方位开展。首先，构建多层次、一体化、专业性强的组织架构。大交通部的综合交通管理部门进行全国性、宏观层面交通协同规划的制定与执行，并在各省市设立不同层级的分支机构；同时，在各机构内部设立铁路、公路、航空等专业化管理部门，负责各类运输方式的常态化运营与监管，为了一体化交通建设的持续深入推进，有必要建立多式联运分管部门来进行协同管理。其次，要促进区域综合交通管理机构进行有效协商。在大交通部综合交通管理部门的领导下，各城市设立的分支管理机构为实现一体化交通规划提供了关键支撑。国家铁路网规划、国家高速公路网规划等全国性的交通规划，在涉及设立区域综合交通管理机构的地区时，需与该地区及其综合交通管理机构协商，保证这些规划能与地方及其综合交通规划顺利融合。最后，确保区域综合交通管理机构具有一定的独立性和权威性，能够负责区域内交通规划方案的筛选与优先级排序，并协调优先项目获得国家与地方财政资助。与此同时，区域综合交通管理机构还需要承担促进公平运输、确保区域内交通项目达到地区环保标准、接受公众监督等责任。可借鉴美国的相关经验，美国 MPO 由地方政府代表及联邦运输机构指派的人员共同构成，是专门负责规划、设计及协调美国大都市区域内联邦高速公路和公共交通的运输政策制定机构。通过上述机构的设立，交通一体化的各项目标得以更好地贯彻和实现。

（三）平衡一体化进程中区域间财政投入与回报分配

为进一步平衡区域内各地交通协作的财政支出，各地区可以通过设立"交通一体化财政基金"达到此目的。不同于税收共享，共同财政基金是从

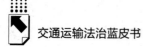

区域财政支出协同的角度出发来协调区域内部的财政平衡。具体而言，各地方政府在结合自身财政收入的基础上，依据中央的一般性及交通专项转移支付政策，因地制宜地做出相应资金安排以共同筹集资金，形成专门用于交通一体化建设的联合财政基金并投放到共同基金中。当交通一体化建设过程中产生的税收及财政收入存在利益分配困难时，可将总收入的部分或全部纳入上述共同基金，并由专门负责协调区域交通共建财政安排的机构对基金的安全性及使用的有效性等方面进行监督和管理，使其为交通协同建设提供充分的物质支撑。同时为了进一步加大基金监管规范化的力度，应敦促各地立法部门及时制定相应的监管措施，明确基金使用的手续、流程及相关违法责任。在获取相应的建设基金后，各地的交通管理部门及建设单位必须严格遵守资金用途的有关规定，对于建设单位在使用基金过程中的违规行为，各地交通主管部门应及时向财政协同常设机构通报并采取相应措施。区域交通一体化财政基金的构建为交通一体化建设提供了多元化的财政支持，充分发挥了转移支付资金的平衡作用，能有效弥补地区间财政能力的差异，是推动交通一体化深入发展的具有切实可行性的财政策略。

除了需要协同整体的财政支出外，还需要最大限度地平衡区域交通一体化中的投资与收益分配。目前，政府和市场是交通基础设施建设投资的主力军，鉴于交通建设的投资成本及相应的沉没成本巨大，民间资本虽有弥补不足之效但尚难以独立承担，因此，政府投资应为主要来源。在多地政府共同参与的交通建设项目中，应基于收益与投资相匹配的理念，依据各主体的投资占比来进行相应的利益分配。然而，值得注意的是，上述"收益"不仅指直接经济效益，即交通基础设施建成后本身的收益，还应包括交通设施建设推动沿线区域经济发展所获得的间接收益，因此，应综合考虑交通基础设施的直接收益与其对区域经济的间接贡献来确定各方利益。依据上述解决路径，交通基础设施产生收益后，对于跨越多个地区的收入分配应注意以下几方面：首先，已经约定的从约定，依协议将收益分配到各地区，再于地区中的各个辖区内进行二次分配，所得收益主要用于覆盖财政投入成本、债务利息、管理维护等开支；其次，没有约定的根据投资比例进行分配；最后，需要注意，要在全面评估收益的基础上构建相应的投资机制，促使各方达成科学、合理、有效的协议，方能在彰显公平性的同时充分激发各方的主动性与积极性。①

（四）优化区域交通布局，建设综合交通运输系统

构建综合交通运输发展是推动区域交通一体化的客观要求，具体包括以下几个方面。一是交通网络一体化。综合交通在国家区域发展重大战略、都市圈通勤交通网络建设以及城市群交通一体化发展中发挥着关键作用，区域综合交通发展要保证一体衔接，打造一体多层的综合交通枢纽与网络体系。二是交通基础设施布局与国土空间开发一体化。要统筹集约利用综合运输通道线位、桥位、土地、岸线等资源，提高国土空间综合利用率。三是运输服务一体化。要促进航空、铁路、公路及水路等多种运输方式的深度融合与互联互通，聚焦于解决"最后一公里""关键一公里"等难题，提供高质量的运输服务，实现人享其行、物畅其流。② 还应发展多式联运，扩大综合交通运输规模，依据各类运输方式的特点与条件，因地制宜、适时适量地推进交通建设与发展；同时，将城市群划分为不同的层级圈域，在发挥各圈层交通运输优势的同时强化圈际层际连接，实现跨圈层交通的无缝对接，进而保障区域内不同交通运输方式的协调发展，形成高效协同的多式联动交通一体化体系，提高综合交通运输效益。

另外一个在构建综合交通运输体系中可以借鉴的经验是，交通发展需与区域内的城市规划布局保持统一、协调。通过观察国内外主要区域交通一体化的发展历程可知，城市群的空间发展会极大程度地影响综合交通体系发展，在城市群经济圈层不断扩展的进程中，单一中心城市逐渐演变为多个中心城市共存，这些中心城市间需明确分工并展开合作，不同经济圈层之间亦需紧密配合，相互协调。这种空间布局的转变将对交通运输的发展方向产生

---

① 郑翔：《京津冀交通一体化之协同立法》，《中国经济报告》2017 年第 4 期。

② 参见《国务院关于印发"十四五"现代综合交通运输体系发展规划的通知》，国发〔2021〕27 号。

深远影响，推动其由单一的点轴式纵向发展转变为更复杂的纵横交织、立体化的网络格局。这种空间布局不仅要满足单一经济圈层内部的交通需要，还要兼顾各圈层间及整个城市群与外部的交通运输需求，由此可见，交通发展的空间架构必须与城市群发展的空间结构相契合，从而保障交通对经济社会发展的支撑与引领功能得以充分实现。① 为实现上述目标，必须对交通一体化发展进行长远而周密的规划，区域都市圈发展的各个阶段均需制定科学、系统且详尽可行的发展蓝图，并结合各区域、地区特色与实际条件，明确交通发展的总体目标以及各地区或各种运输方式的具体发展目标，由此，区域内的综合交通运输体系得以完善，为推动区域交通一体化进程打下坚实基础。

（五）推进区域交通一体化的政府与市场合作

2020 年 6 月 28 日，国家发展改革委联合多部门发布《关于支持民营企业参与交通基础设施建设发展的实施意见》（以下简称"2020 年《意见》"），指出要坚持各类投资主体一视同仁，遵循交通基础设施经济属性和发展规律，聚焦重点领域，优化市场环境，强化要素支持，鼓励改革创新，减轻企业负担，切实解决民营企业参与交通基础设施建设发展的痛点、堵点、难点问题。2020 年《意见》中提出了若干指导建议，对于鼓励市场力量参与交通一体化基础设施建设进程、增强政府与市场之间的优势互补有所裨益。

2020 年《意见》指出，应当破除市场准入壁垒，维护公平竞争秩序。第一，全面审视并清理当前交通基础设施领域内存在的不合理资质与资格条件限制，消除对民营企业参与交通基础设施建设、运营设置的隐性门槛，并针对具体情况分类施策，以消除不平等现象。第二，营造公平开放的政策环境，持续优化相应的体制机制。构建并完善运输企业间的协商调度机制，促进各方在平等的基础上进行有效沟通与事务合作。健全行业资产的结算整理

---

① 参见姜策《国内外主要城市群交通一体化发展的比较与借鉴》，《经济研究参考》2016 年第 52 期。

机制，作出科学合理的铁路运输收入清算安排并保持对公众开放，确保各类市场参与者享有平等的准入机会和公平的竞争环境，从而有效激发企业参与投资建设的积极性，同时，要为投资者打造一个稳定且可信赖的投资环境，切实保护其正当权益。第三，创新商业形态，提高企业的参与度。积极鼓励并支持民营企业涉足重大铁路工程等项目的开发建设以及快递物流业等业务的开展和运营。第四，维护企业合法权益，切实减轻企业负担。严禁向民营企业违规收取各项不合理的费用。促进营商环境不断优化，确保各类所有制主体平等享有税费优惠政策支持。第五，充分利用并增强各类资源要素应对企业现存挑战的支撑能力。具体而言，要确保投资支持政策及相关的保障制度在公益性交通项目的投资建设方面能平等适用于民营企业与其他市场主体。支持民营企业合规参与交通基础设施项目，鼓励发展政府与社会资本合作模式（Public Private Partnership，PPP）项目。支持更多民营企业参与交通基础设施项目股份制改革上市融资。支持符合条件的交通领域民营企业在科创板上市以及符合条件的铁路企业实施债转股或资产股改上市融资。上述指导意见意在确保各类投资主体受到平等对待，依据交通基础设施自身的经济特性及固有的发展规律，持续改善市场环境，鼓励支持改革创新，进而推动交通基础设施高质量发展，为我国交通一体化进程增添新的活力。

此外，交通运输部门也对支持引导民营企业参与交通运输行业给予了积极回应。2020年2月3日，国家铁路局印发《国家铁路局关于贯彻落实中共中央国务院〈关于营造更好发展环境支持民营企业改革发展的意见〉的实施意见》，提及"鼓励、支持和引导民营企业积极参与铁路行业高质量发展，是深入贯彻落实党中央国务院关于更好支持民营企业改革发展决策部署的具体体现，是充分调动和激发民营企业从业人员积极性、主动性、创造性的有效举措，是实施交通强国战略，深化铁路供给侧结构性改革，推动和实现铁路行业高质量发展的迫切需要"。未来将持续强化法治支撑体系，依法保障民营企业及企业家的正当权益，促使民营企业坚守底线，做到守法合规经营；坚持一视同仁对待所有企业，持续优化营商环境，营造平等开放的市场氛围，明确公平竞争的政策导向并提供相应的法治框架支持，进而确保各

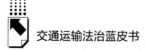
市场主体公平地获得权利、机会，平等地受规则约束及承担责任；以鼓励、支持的态度对待改革创新，促使民营企业加快转型并不断优化升级，持续提升铁路行业的技术创新实力与核心竞争力，深入推进供给侧结构性改革；坚持问题导向、目标导向、结果导向，加强政策引导，协调解决问题，充分调动和激发民营企业参与铁路行业高质量发展的积极性、主动性、创造性。

简言之，区域交通一体化是牵涉多方利益的跨区域、跨部门的交通发展新思路，需在多方共谋共建的过程中进行平等合作与科学协调。为促进区域交通一体化的可持续深入发展，既要激励各方代表参加到相关组织管理机构中，还要结合地域特色，因地制宜地建立健全规划、管理、考核等多项保障机制，同时，要构建多渠道社会资本参与机制，确保交通基础设施的投资、规划、建设与运营等环节资金充足。此外，要逐步构建涵盖土地一级开发、银行贷款、社会股权投资等在内的多样化投融资体系，为区域交通协同发展提供指导，使区域一体化合作朝着规范化、常态化的方向发展。

自国家交通部门实施大部制改革后，新设立的交通运输部为我国一体化交通发展提供了重要支撑，但相对于长远的区域一体化交通战略而言，我国现有运输管理体制还存在若干不足，如缺乏对多种交通运输方式进行综合协调管理，区域内缺乏统一交通法规的政策制定与实施环节，区域内政府间财政状况的差异引发的财政协同难题，以及交通发展与社会福利、环境利益的不协调等。高效率的交通服务是国家经济活动中的重要组成部分，我国未来的区域交通一体化建设必将呈现全国范围内的多区域同时推进格局。为推动交通、环境、社会健康公平的可持续发展，需要在硬件基础设施通达的基础上，加强法制建设以明确区域合作协议的法律效力，协调区域内行政管理而统一行使行政职能，同时平衡一体化进程中区域间财政投入与回报分配，优化区域交通布局和建设综合交通运输系统，进而推进区域交通一体化的政府与市场合作。

中国多式联运法治发展的现状、挑战与未来

王　玮　张翠怡*

摘　要：　多式联运是指以至少两种运输方式完成的运输过程。我国在践行"一带一路"倡议的过程中应大力发展多式联运，以达到整合运输资源、实现"碳中和"和拉动经济增长的目的。我国多式联运的发展目前还需要法治化的建设，多式联运单据、多式联运经营人的责任认定和多式联运合同的诉讼时效等问题存在规制不足的情形。未来，我国需要明确多式联运合同的法律适用方式，实现"一单制"和电子单据的应用，探索赋予多式联运单证物权化功能，并积极参与相关国际规则的制定。

关键词：　中国多式联运　多式联运合同　《海商法》第105条　一单制多式联运单证

推动多式联运的应用是顺应我国"一带一路"倡议的必行之策，也是对国务院《2024—2025 年节能降碳行动方案》的重要回应。① 2021 年 12 月 25 日国务院办公厅印发《推进多式联运发展优化调整运输结构工作方案（2021—2025 年）》（国办发〔2021〕54 号），指出要"推动加快建立与多式联运相适应的法律法规体系"，明确多式联运中各主体的法律关系。随后，2023 年 8 月 21 日，我国交通运输部、商务部、海关总署和国家金融监

　＊　王玮，北京交通大学法学院助理教授，主要研究方向为国际法学；张翠怡，香港城市大学仲裁与争议解决法学院硕士研究生，主要研究方向为国际法学。
　①　《国家发展改革委负责同志就〈2024—2025 年节能降碳行动方案〉答记者问》，国家发展和改革委员会网，https://www.ndrc.gov.cn/xxgk/jd/jd/202405/t20240530_1386561.html，最后访问日期：2024 年 11 月 16 日。

督管理总局等主体发布了《关于加快推进多式联运"一单制""一箱制"发展的意见》，旨在推动落实"一单制""一箱制"相关法律制度的建设，这是加速多式联运在中国发展的关键。同年，交通运输部和国家发展改革委发布了《将中欧班列集装箱多式联运信息集成应用示范工程等19个项目命名为"国家多式联运示范工程"的通知》，并指出希望这些企业起到发展多式联运的示范作用。2024年，海关总署发布《关于启动出口货物铁公多式联运业务模式试点有关事项的公告》，其中提及多式联运电子数据的使用规定。由此可见，我国多式联运的发展势在必行，目前正在推进"一单制""一箱制"相关法律制度的构建，完善多式联运各主体法律关系及责任的确定，并进行了一系列的试点工作。

一 中国多式联运发展现状

（一）从三个视角看中国多式联运发展意义

多式联运是指借助两种或多种的交通工具完成运输过程的运输方式。至于是何种特定的运输方式，我国《民法典》中并未提及。但是，我国《海商法》规定了多式联运中的"其中一种运输方式为海运"。[①] 从实践案例以及近年国家发布的政策性规定来看，目前多式联运并未强调必须有一种方式为海运，铁空运输、空陆运输等方式也称为多式联运。从国际角度来看，《联合国国际货物多式联运公约》对多式联运的定义是，按照国际多式联运合同，以至少两种不同的运输方式，由多式联运经营人把货物从一国境内接管地点运至另一国境内指定交付地点的货物运输，其中并无对海运的特别要求。因此，未来我国是否会对《海商法》此项规定做修改以便接轨国际还有待商榷。总体而言，发展多式联运是我国目前一项重要的发展战略，对我

[①] 《海商法》第102条："本法所称多式联运合同，是指多式联运经营人以两种以上的不同运输方式，其中一种是海上运输方式，负责将货物从接收地运至目的地交付收货人，并收取全程运费的合同。"

国"交通强国"等目标的实现有着重要意义。

1. 降本增效，整合运输资源

传统的单一运输方式在运输时长、运输距离、运输机动性或运输成本上各有缺陷。如铁路运输可以实现较长距离的运输，但速度较慢；空运在运输速度上有绝对优势，但运输成本也大大提升。多式联运是一套组合拳，可以规避单种运输方式的劣势而择优规划组合。为提高多式联运的效率，我国正大力推行"一单制""一箱制"的落实及其法律法规的研究，以期达到优化整合国际交通运输资源的目标。

2. 环保节能，促进"碳中和"

作为一种集约高效的运输方式，多式联运还具有资源利用率高、绿色低碳等特点，与传统的运输方式相比能够起到减污降碳的效果。因此，发展多式联运对实现我国所提倡的"人类命运共同体"以及"新发展理念"大有裨益。具体而言，不同交通运输方式所造成的碳排放有所不同，公路运输单位周转量的碳排放量是铁路、水路运输的将近 20 倍。[①] 因此，如果在多式联运的过程中将公路运输更多转化为水运、铁运等运输方式，就可以减少碳排放。这也与"推动交通运输装备低碳转型，加快发展多式联运，推动重点行业清洁运输"的理念不谋而合。[②]

3. 拉动经济增长，顺应经济全球化趋势

综合来看，多式联运可以降低物流成本，为中国经济注入新活力。2024年 10 月 27 日，中国（新疆）塔城重点开发开放试验区首单出口货物铁公多式联运通关，这种模式的推行在推进地区物流提质降本增效、探索"一带一路"运输贸易新规则、深化外贸体制改革等方面作出了有益探索和尝试。大范围推广实施后，将为保障塔城重要物资运输、提升物流服务水平、

[①] 宣城市交通运输局：《"双碳"背景下的交通运输行业发展路径思考》，宣城市人民政府网，https：//jtj.xuancheng.gov.cn/News/show/1491220.html，最后访问日期：2024年 11 月 16 日。

[②] 《国家发展改革委负责同志就〈2024—2025 年节能降碳行动方案〉答记者问》，国家发展和改革委员会网，https：//www.ndrc.gov.cn/xxgk/jd/jd/202405/t20240530_1386561.html，最后访问日期：2024 年 11 月 16 日。

培育壮大外贸主体、带动外向型经济发展提供更加坚实有力的支撑。①

"一单制""一箱制"的推进将会为整个运输过程节省许多制单、包装的成本。其中，发展"一单制"的最终目的是赋予其物权属性，发挥其金融功能。目前，各国都在进行多式联运的建设，多式联运的发展是顺应经济全球化趋势的必然。

（二）中国多式联运法规、政策概述

与多式联运的蓬勃发展相反，我国目前尚未形成系统、独立的多式联运法律规范，与之相关的规定在以《海商法》《民法典（合同编）》为主、以《民用航空法》《铁路法》等其他单一运输法为辅的法律体系中得以体现。《海商法》是我国最早规定多式联运的法律，主要规范多式联运的海上运输部分。《民法典》对于多式联运来说是最具有普适性的法律，因为目前实践中的纠纷主要出现在多式联运合同上，如最常见的是货损时多式联运各主体的法律责任，而《民法典》在"运输合同"一章单独对多式联运合同作出了规定，与其他类别的运输合同相区分，因此在实践中以适用《民法典》的规定为主。

实际上，多式联运的法律问题在国际上也并无统一定论，目前主要依靠相互分割的单式运输国际公约和纷繁的各国国内立法共同组成的庞大的网状法律框架来进行调整。1980年《联合国国际货物多式联运公约》和《鹿丹特规则》都旨在统一国际多式联运的相关规定，然而前者对多式联运承运人的责任规定饱受诟病，最终因远未达到公约生效要件的30个国家数而长期被搁置，并未生效，更谈不上实现原定的作用与效力；而后者评价不一，是否签署《鹿特丹规则》亦是我国政府和学界讨论的热点和难点问题，多数国家也仍在观望。多式联运的整体规则也存在排异现象。票证单据没有完全统一，加剧了信息孤岛现象；各系统接口标准不一、业务单据复杂多样，

---

① 《高质量发展调研行｜出口货物铁公多式联运业务模式落地昭示着塔城地区物流业新机遇》，"塔城市零距离"微信公众号，https://mp.weixin.qq.com/s/-TEebqDDSLrNgBpATsd0dA，最后访问日期：2024年11月16日。

多方信息交换共享成本较高，严重阻碍了多式联运各主体业务合作的效率，成为发展瓶颈。① 目前，我国加入了《国际铁路货物联运协定》《华沙公约》《海牙议定书》《蒙特利尔公约》等国际条约，并多次在关键政策性文件中指出我国积极参与国际多式联运公约及标准制定的重要性。

尽管国内关于多式联运的法规仍处于建设进程，但我国政府发布了一系列政策文件，为多式联运法律建设作出重要指引（见表1）。可以看出，我国目前发展中国多式联运的法律工作重点有二：一是推行"一单制""一箱制"的落实，二是加强与国际接轨。

表1 多式联运法律建设的政策文件

文件	制定机关	发文日期	重点内容
国务院办公厅关于印发《推进多式联运发展优化调整运输结构工作方案（2021—2025年）》的通知	国务院办公厅	2021.12.25	（八）……深入推进多式联运"一单制"，探索应用集装箱多式联运运单，推动各类单证电子化。探索推进国际铁路联运运单、多式联运单证物权化，稳步扩大在"一带一路"运输贸易中的应用范围
交通运输部 国家发展改革委关于印发《多式联运示范工程管理办法（暂行）》的通知	交通运输部、国家发展改革委	2022.03.03	多式联运示范工程创建年度工作报告编制指南……（五）信息交互共享情况。主要包括:企业多式联运信息系统与铁路、公路、水运、航空等运输方式和海关、口岸等部门之间信息互联互通情况;多式联运运营管理信息系统建设进展、功能实现和实际运行情况,货物多式联运轨迹全程动态追踪实现情况。（六）"一单制"发展情况。主要包括:"一次委托、一单到底、一次结算、一次保险、全程负责"的多式联运服务模式推行情况;统一的集装箱多式联运单证创新应用情况……

① 参见张利等《我国多式联运存在问题及发展策略》,《现代管理科学》2020年第2期。

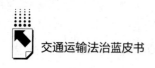

续表

文件	制定机关	发文日期	重点内容
交通运输部、商务部、海关总署、国家金融监督管理总局、国家铁路局、中国民用航空局、国家邮政局、中国国家铁路集团有限公司《关于加快推进多式联运"一单制""一箱制"发展的意见》	交通运输部、商务部、海关总署等	2023.08.21	……二、主要任务（一）推进国内多式联运信息互联共享……（二）推进国际多式联运单证应用创新……（三）拓展多式联运"一单制"服务功能。1. 探索赋予多式联运单证物权凭证功能……2. 探索发展多式联运"一单制"金融保险服务……

二　中国多式联运面临的法治挑战

（一）多式联运单据的应用：尚未成熟

1. 我国多式联运单据应用现状

结合我国《民法典》第 840 条的规定，多式联运单证是指多式联运经营人收到托运人交付的货物时签发的单据。这是证明多式联运经营人接管货物并按多式联运合同的要求运输货物的凭证。按照托运人的要求，多式联运单据可以是可转让单据，也可以是不可转让单据。

我国多式联运单证较为复杂。在海上货物运输中，主要使用海运提单。我国《海商法》第 71 条规定，提单是指用以证明海上货物运输合同和货物已经由承运人接受或者转船，以及承运人保证据以交付货物的单证。在航空货物运输中，使用航空货运单。《民用航空法》第 118 条规定，航空货运单是航空货物运输合同订立和运输条件以及承运人接受货物的初步证据。因此，在多式联运中，同一批货物在运输过程中可能会产生多张单证，且容易产生单证丢失或权属不清的问题。多式联运的实质是由多种运输方式组合而成的运输过程，如果硬要将其解构，在每一运输区段中都使用不同的运输单据，则会增加物流成本和权利归属的不确定性。

总体而言，目前我国多式联运单证的应用面临着诸多法律困境。首先，多式联运单证的概念模糊不清。这一问题直接体现在名称上，《民法典》之前的《合同法》并没有对多式联运单证作概念规范，只在货运合同部分采取了"运输单证"的表述，在多式联运部分采取了"多式联运单据"的表述，在《铁路货物运输规程》中对相关概念表述为"货物运单"，而未提到提单。可见，本文所称"多式联运单证"还未在我国法律上有一个明确的定义与概念，可能会对实践中多式联运单证的认定造成困扰。我国在翻译国际公约时，提到相关概念，往往采用"多式联运单证"的翻译方法。但在我国《合同法》中，相关概念体现为"多式联运单据"，而实际上"单据"和"单证"都是由"document"一词翻译而来，因此，为避免实践中的多式联运单证定位出现问题，应首先在法规中将说法统一，可以考虑将"单据"都换成"单证"。

其次，多式联运单证的凭证功能缺乏法定性。在我国目前的单证规则中，仅海运提单发展较为成熟，例如我国《海商法》规定了海运提单是承运人凭单交货的一种保证。然而其他单证规则较为缺失，如铁路提单暂时不能作为物权凭证，仅能证明发货人与承运人之间存在运输合同关系。[①] 我国法律并没有对多式联运单证作特别规定，其权利功能暂无法律依据。2023年8月21日，交通运输部、商务部等部门联合印发《关于加快推进多式联运"一单制""一箱制"发展的意见》（交运发〔2023〕116号），对多式联运单证的功能进行了回应，提出探索赋予多式联运单证物权凭证功能，探索发展多式联运"一单制"金融保险服务，积极推动试点。

最后，合同证明功能下多式联运经营人的法律缺位。多式联运经营人可能是某一运输方式的承运人，也可能是具有多式联运运力的承运人，也可能是并不实际负责运输的物流代理。这些人是否都能称为法律意义上的多式联运经营人，法律并无明确规定，可能会引发合同证明功能的效力问题。

---

① 参见周伟、李文姬《论河南自贸区物流便利的法治化》，《河南财经政法大学学报》2022年第6期。

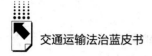

2."一单制"与电子单据的构想

多式联运中不同运输区段中反复填报单证、单证信息互不相通、单证金融功能欠缺等问题十分突出。我国正大力推行"一单制",即全程只需要一张单据便可以完成整个多式联运运输过程,相关的法律建设进程是物流便利法治化的体现。①

《关于加快推进多式联运"一单制""一箱制"发展的意见》反映了我国发展多式联运法治中的两个重要构想,推行"一单制"与电子单据的应用,两者相辅相成。自"十三五"规划以来,我国已出现许多推行"一单制"的实践。而在这些实践中,电子单证的效力问题颇受争议。在这一问题上,我国可以参考《鹿特丹规则》对电子单证的创新。《鹿丹特规则》对电子单证的要求、使用及效力都作出了细致规定,如承认了电子签名的效力,以及规定了纸质单证与电子单证替换的机制。② 在能够确保电子数据安全性和保密性的前提下,电子单证取代传统纸质单证已成趋势。

"一单制"实行的难点主要在于信息壁垒,即多个运输区段之间如何实现信息共享,如何实现多式联运单证的流通。对此,上述意见提出了三点引导。一是加快推进多式联运数据开放。开放的数据包括多式联运各区段的运输轨迹、货物信息、运输时长、货物单证信息等,这需要负责各运输区段的铁路、水路、道路等企业通过市场化机制进行合作。二是支持多式联运信息集成服务发展。这就要求企业向多式联运信息集成服务商转型,也需要建设一个统一平台进行信息填报、业务办理、单证流转等工作,合理配置运输资源。三是推广应用标准化多式联运电子运单。由纸质单据向电子单据的转变是实现"一单制"的必行之策,同时对电子运单在格式、内容上实现标准化,有利于多式联运单据的流通。实现多式联运单据数据共享、数据集成和电子化离不开数据安全,区块链技术可以大幅提高电子单据的安全性和可靠

---

① 参见周伟、李文姬《论河南自贸区物流便利的法治化》,《河南财经政法大学学报》2022 年第 6 期。

② 参见刘子钰、尉明洋《国际多式联运电子单证法律规制初析》,《西南石油大学学报》(社会科学版)2023 年第 5 期。

性，因此加强对区块链技术的监管和法治化亦是推进多式联运应用的一大攻克难点。

（二）多式联运经营人赔偿责任的认定：适用法律不清

我国多式联运合同纠纷主要集中于多式联运经营人赔偿责任问题。多式联运经营人的角色是本人或者委托他人以本人名义与托运人订立多式联运合同的人，负责履行或者组织履行多式联运合同，对全程运输享有承运人的权利，承担承运人的义务。

关于多式联运经营人赔偿责任问题，最普遍的两种责任承担形式是统一责任制和网状责任制。统一责任制是指规定经营人对全程负责，全程采用单一责任的制度。统一责任制给予了货方足够的风险可预见性，但是并不利于多式联运经营人对区段承运人追偿，而且会造成法律适用冲突。网状责任制的模式是将多式联运合同拆解为多个单式运输合同组成的合同，由此根据货损发生的单个运输区段来确定应适用的赔偿规则。① 随后还发展出了"经修正的统一责任制"和"经修正的网状责任制"。经修正的统一责任制规定经营人原则上对全程负责，发生定域损失而且符合条件时，可以例外地适用支配该运输区段的国际公约或者国内法的责任限制规定，通常认为其代表为1980年《联合国国际货物多式联运公约》。经修正的网状责任制是指无法确认货损区段时，立法直接规定应指向何种法律的适用，通常认为其代表为1991年《多式联运单证规则》。

从我国《海商法》有关多式联运经营人责任的条款来看，我国总体上采取的是网状责任制。然而是纯粹的网状责任制，还是经修正的网状责任制，并无定论。实际上，确定多式联运经营人的赔偿责任问题关乎的仍是法律适用问题。

1. 法律适用问题

在我国多式联运实践中，常常出现此种情形：货物在中国境外的运输区

---

① 参见徐春龙、周茜《论定域损失多式联运经营人赔偿责任的法律适用》，《中国海商法研究》2022年第3期。

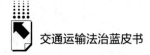

段发生货损，双方已经在合同中约定适用的准据法为中国法，此时便指向了我国《民法典》第 842 条或《海商法》第 105 条。这两条的内容实质上是相同的，都阐明在此种情形下，多式联运经营人的赔偿责任和责任限额适用"调整该区段运输方式的有关法律规定"。由此产生两个难点，一是准据法的选择问题，二是"有关法律规定"指向的究竟是何种法律，该条款的性质在理论和实践上都存在争议。

首先，在多式联运合同中，选择准据法是一个法律适用问题。在我国建设"一带一路"的进程中，跨越数个国家、区域的国际多式联运给选择准据法增加了难题。但从当前的实践来看，法院在不触及我国公共秩序保留的情况下倾向于尊重当事人的意思自治，以当事人选择的准据法为准。例如，在"三井住友海上火灾保险株式会社诉中远海运集装箱运输有限公司多式联运合同纠纷案"中，上海海事法院认为，在涉外多式联运合同法律关系下，应首先依照《涉外民事关系法律适用法》的规定或当事人的选择，确定准据法，再根据准据法中关于多式联运合同是否采用"网状责任制"，确定调整某一区段责任的具体法律规定。面对准据法的确定，也要做到充分尊重当事人的意思自治，以期更好地促进合作和对"一带一路"倡议的认同。① 再例如，在"青岛某国际物流有限公司与某航运有限公司、上海某国际物流有限公司海上货物运输合同纠纷"一案中，② 法院意见倾向于认为，当事人如已就多式联运具体区段发生货损责任认定的法律适用作出明确约定，在不触及我国公共秩序保留的情况下，人民法院对该选择应予以认可。③

其次，在双方都选择了中国法作为准据法后，如何解释和应用《海商法》第 105 条或《民法典》第 842 条便是重点。一种观点认为，虽然没有明确如何识别和认定，但从文法和情景上推测，货损发生在境外，那么调整

---

① 参见上海市高级人民法院（2018）沪民终 140 号民事裁定书。

② 参见上海海事法院（2018）沪 72 民初 929 号民事判决书。

③ 参见顾全、牛晨光《国际货物多式联运合同纠纷的法律适用》，《人民司法》2021 年第 23 期。

境外该段运输区段的法律应指外国法律。另一种观点则认为，适用《海商法》第 105 条和《民法典》第 842 条的首要前提是法院已经根据冲突规范或当事人的选择确认了合同的准据法是我国法律，如果再指向外国法律，则不符合我国不适用反致的原则。① 同时，如果在此时指向外国法律，也与世界其他国家的立法和实践都相悖。② 德国、荷兰关于多式联运经营人责任赔偿的规定与我国《海商法》第 105 条相类似，但两国的立法和司法实践都明确指出了"特定运输区段适用的法律"仅指本国法，也即该条款是作为实体规范而非冲突规范来适用的。③

适用不同国家的法律所裁判出的多式联运经营人赔偿金额可能会因各国标准不同而产生悬殊差距。例如，在"新加坡某海运股份有限公司与某保险股份有限公司多式联运合同纠纷"④ 中，如果《海商法》第 105 条作为实体规范适用，则新加坡某海运股份有限公司应赔偿 300 多万美元，如果该条款是作为冲突规范而适用的，则新加坡某海运股份有限公司只需要赔偿 1700 多美元。

在前述"青岛某国际物流有限公司与某航运有限公司、上海某国际物流有限公司海上货物运输合同纠纷"一案中，法院对《海商法》第 105 条的适用最终指向了墨西哥法。从判决原文看，法院并没有给出该条款是如何指向外国法的说明，而是认为从"调整该区段运输方式的有关法律规定"可以直接得出适用墨西哥法的结论。有学者认为，这种做法不利于保护我国出口货物的托运人利益，也会造成当事人诉讼中额外的诉讼成本支出，造成诉讼拖延。⑤ 外国法的查明和适用在我国目前司法实践中情况并不乐观，容

---

① 参见刘丹《国际货物多式联运定域损失赔偿责任法律适用问题分析》，《世界海运》2021 年第 11 期。

② 参见张珠围《国际多式联运合同法律适用问题研究——以中国〈海商法〉第 105 条为中心》，《国际经济法学刊》2021 年第 1 期。

③ 参见董灵、王晓宇《网状责任制之下国际货物多式联运定域损失赔偿责任法律适用问题》，《世界海运》2024 年第 3 期。

④ 参见最高人民法院（2018）最高法民再 196 号民事判决书。

⑤ 参见张珠围《国际多式联运合同法律适用问题研究——以中国〈海商法〉第 105 条为中心》，《国际经济法学刊》2021 年第 1 期。

易出现反馈周期长、查明效果不理想、缺少公证公认等问题，[①] 如果外国法查明无法实现预期结果，最终还要适用中国法来解决。有观点认为，应推进我国法律域外适用，[②] 然而这一做法很可能也会受到货损区段强行法适用的阻碍，并非良策。

总之，实践中对该条款的适用分歧动摇了多式联运纠纷案件在中国裁判的可预测性和稳定性，从长远计并不利于中国发展多式联运。

2. 网状责任制是否适用于诉讼时效

我国《民法典》和《海商法》都没有对多式联运合同的诉讼时效作出特别规定，因此在实践中亦引起许多争议。我国多式联运的运输方式中常常包括海运，如按照《民法典》第 188 条的规定，则诉讼时效期间为三年，如按照《海商法》第 257 条的规定，海上货物运输向承运人要求赔偿的请求权诉讼时效期间为一年。多式联运合同是否能适用《海商法》这一诉讼时效的规定存疑，因为其仅包含海上货物运输，现实中还存在其他的运输方式。根据《涉外民事关系法律适用法》第 7 条的规定，诉讼时效期间适用相关涉外民事关系应当适用的法律。按照这个逻辑，在多式联运中发生货损时，诉讼时效仍然与货损区段法律如何适用相关，但实践却并非如此。

在"新加坡某海运股份有限公司与某保险股份有限公司多式联运合同纠纷"一案中，案涉货物灭失于曼萨尼亚至墨西哥城的陆路运输过程中，法院将《海商法》第 105 条的规定指向了墨西哥法。但是法院亦同时指出，鉴于《海商法》第 105 条规定的多式联运经营人"网状责任制"有其明确适用事项，即赔偿责任和责任限额，在案件审理中尚不宜将该"网状责任制"扩大解释适用于诉讼时效。在此基础上，由于《海商法》没有特别规定有关多式联运合同的诉讼时效，因此应当依据我国在案涉运输行为发生当

[①] 参见俞旭明、李根《〈海商法〉中多式联运经营人"网状责任制"的法律适用问题》，《世界海运》2023 年第 1 期。

[②] 参见许庆坤、陈雨《冲突法视野下我国国际货物多式联运网状责任制之检视》，载黄进等主编《中国国际私法与比较法年刊》第 30 卷，法律出版社，2022，第 179~189 页。

时所施行的法律规定的普通诉讼时效，即《民法通则》第 135 条关于 2 年的诉讼时效。[①]

由此可见，我国法院否认了多式联运诉讼时效与货损区段法律相关联的观点，而倾向于适用我国的规定，这在 2022 年最高人民法院《全国法院涉外商事海事审判工作座谈会会议纪要》的第 68 条中也有所体现，"当事人就多式联运合同协议选择适用或者根据最密切联系原则适用中华人民共和国法律……有关诉讼时效的认定，仍应当适用中华人民共和国相关法律规定"。然而这种裁判思路实则与我国目前对多式联运规定的"网状责任制"相悖，将诉讼时效与货损区段法律切断的做法可能会对多式联运经营人赔付后再向区段承运人追偿造成影响，因此还需考虑如何与实践相衔接。

（三）与国际条约的衔接

我国目前在多式联运上的立法和司法实践都和其他国家的实践有所区别，国际上也还未形成统一的做法。推动我国多式联运法治与国际接轨，并积极促成国际上多式联运统一标准的适用是我国的目标。

从国际层面来看，关于国际货物多式联运的唯一一个国际公约，1980年《联合国国际货物多式联运公约》至今仍未生效，而实践中对旨在结束现行国际海上货物运输领域中《海牙规则》《海牙—维斯比规则》《汉堡规则》三足鼎立局面的《鹿特丹规则》褒贬不一，因此目前看来探求一种统一的责任形式仍只是一种美好的设想。国际上对铁路、公路、海运和航空都有不同的运输规定，海运和空运较为完善，而铁路和公路运输的相关规定还未成熟。以空运为例，国际上主要有《华沙公约》和《蒙特利尔公约》两套体系，加入这两者的成员数几乎持平，目前两套规则体系属于并行状态。我国在铁路运输方面选择加入了《国际铁路货物联运协定》，在公路运输方面选择加入《国际公路运输公约》以达到通关便利的目的，在空运方面选择加入《华沙公约》和《蒙特利尔公约》。在海运方面，我国没有加入包括

---

① 参见最高人民法院（2018）最高法民再 196 号民事判决书。

《鹿特丹规则》在内的任一国际公约。海运承担了我国货物贸易 70% 以上的运输，足以说明海运对我国发展的重要性，因此在国际公约的选择问题上就不得不更加慎重。不过，尽管中国没有加入任何现有的国际海上运输公约，但《海牙规则》《海牙—维斯比规则》《汉堡规则》的主要原则在我国的《海商法》中皆有体现。

中国可以贯彻"人类命运共同体"理念，促进其他国家加入《国际铁路货物联运协定》《泛亚铁路网政府间协定》《国际公路运输公约》等重要协议，[①] 推动国际规则制定。

三　中国多式联运的法治发展趋势

（一）建立统一的多式联运法规，明确多式联运经营人赔偿责任适用法律

多式联运法规散见于《民法典》与《海商法》中且内容规范简略欠缺、两部法律的条款高度重合的情形严重阻碍多式联运法治发展，在实践中出现责任划分模糊不清、法律缺乏可操作性的问题。未来，我国应将目前《海商法》与《民法典》中多式联运的内容合并，增加关于多式联运定义、多式联运内容、多式联运各主体的权利义务、多式联运"一单制"效力、多式联运电子提单效力、多式联运电子提单具有物权属性的条款或司法解释。

同时，尤应明确解决《海商法》第 105 条的法律性质问题。从我国近年来司法实践的态度来看，司法审判从最初认为该条款指向中国实体法逐渐转变成该条款指向货损区段的外国法。从我国目前的发展国策来看，这种做法确实有利于多式联运经营人承担责任后依照国际公约或货损区段法律向货损区段承运人追偿，也有利于我国司法实践与国际接轨，促进我国国际多式

---

① 参见张晓君等《学习贯彻习近平总书记在新时代推动西部大开发座谈会和视察重庆的重要讲话重要指示精神》，《西南政法大学学报》2024 年第 3 期。

联运的发展，符合"一带一路"的倡议。① 为避免实践中仍然出现对该条款定位不清的应用现象，应出台相关司法解释，统一裁判尺度，以免出现当事人择地诉讼的情形。此外，我国在明确将"调整该区段运输方式的有关法律"认定为货损区段所在国法律后，必然面临外国法查明的困局。在"江苏某玻璃工艺股份有限公司与青岛某集运物流有限公司连云港分公司多式联运合同纠纷"一案中，法院最终是根据中国政法大学外国法查明研究中心的查明结果来进行裁判的。② 在外国法查明中，查明主体包括人民法院、仲裁机构、行政机关等。实践中，人民法院常常会委托高校中的外国法查明中心或者由当事人聘请的外国法律专家完成。③ 但由当事人聘请的外国法律专家常常会遭到另一方的质疑，也存在公证、公认等问题，因此人民法院还应与境内的外国法查明中心加强合作，这也有利于提高外国法查明的效率、可信度与公信力。

最后，我国还应在立法中进一步明确多式联运合同的诉讼时效适用我国法律规定，目前仅在最高人民法院《全国法院涉外商事海事审判工作座谈会会议纪要》的第 68 条中有所体现。

（二）加强与国际社会接轨，积极参加国际标准制定

发展我国多式联运须加强与国际社会的接轨，因此我国必将积极推进多式联运相关国际规则的修改和制定，这有助于我国在经济全球化贸易中的话语权增强，也有助于我国法院更好地把握多式联运纠纷的裁判尺度。

一是，我国应在国际社会积极探究多式联运"一单制"与电子单据的理论与应用。尽管我国还未批准《鹿丹特规则》，但其对电子单据的规定已经十分成熟，我国可以借鉴其关于电子单据的规定，完善国内立法，在法律

---

① 参见俞旭明、李根《〈海商法〉中多式联运经营人"网状责任制"的法律适用问题》，《世界海运》2023 年第 1 期。
② 参见俞旭明、李根《〈海商法〉中多式联运经营人"网状责任制"的法律适用问题》，《世界海运》2023 年第 1 期。
③ 参见顾全、牛晨光《国际货物多式联运合同纠纷的法律适用》，《人民司法》2021 年第 23 期。

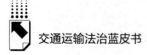

层面明确电子单证在满足特定条件后与纸质单证的效力等同，厘清电子单证的权利功能，构建系统的电子单证规则。

二是，我国应推动在国际规则层面解决铁路运输单证物权凭证问题，从而推动赋予多式联运单据物权属性。早在 2019 年联合国国际贸易法委员会第 52 届会议上，我国就已提出要解决铁路运输单证不具备物权属性的问题，国际社会也已普遍认识到可转让多式联运单证的实际价值。[①] 当前，《国际铁路货物联运协定》规定，铁路运输单证不能转让。我国作为该协定的成员国，应促进该公约的修改，以从立法层面破解多式联运单据可转让性的困境。

[①] 参见刘萍《国际铁路货物运输单证"不能转让"的制度改进》,《法律科学（西北政法大学学报）》2024 年第 5 期。

B.10
空间交通运输的国际法治进程与中国路径

摘　要：　空间交通运输是交通运输新领域，属国际交通运输新分支。我国和美国已经启动建造巨型微小卫星星座计划，欧盟、日本、俄罗斯等国家都有自己的微小卫星星座计划。建立微小卫星星座会占用大量的轨道和无线电频谱资源，对《国际电信联盟组织法》中的公平使用原则提出挑战，一旦数量庞大的微小卫星进入近地轨道，将给近地轨道的空间交通管制安全带来巨大的挑战，在外空商业化背景下，目前以政治外交手段为主的争端调解机制无法高效解决公私主体间因微小卫星产生的损害纠纷问题。现行国际法只可为微小卫星星座的空间交通管制提供一些原则性的规则，但这些规定比较宽泛且零散，缺乏系统；软法性规则虽可提供很多直接的指引，但都是自愿性的，缺乏强制性，作用有限。结合相关国家和国际组织的立法实践，国际社会应建立微小卫星星座轨道和无线电频谱资源分配协调机制，微小卫星轨道参数和无线电频谱数据库建立和信息分享机制，微小卫星技术标准机制，微小卫星星座空间运行阶段的协调和避碰机制，微小卫星使用周期末期回收处理机制，损害赔偿争端解决机制等。新形势下，我国既需要完善国内法律机制为我国微小卫星星座的安全运行保驾护航，又要积极参与空间交通管制国际规则的谈判和制定。

关键词：　微小卫星星座　空间交通管制　法律基础　国际规则

---

* 颜永亮，北京交通大学法学院副教授，主要研究方向为国际法学；杨祎文，华东政法大学国际法学院硕士研究生，主要研究方向为国际法学。

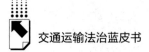

近几年，随着各航天大国加快其微小卫星星座的建设和相关空间交通意外事故的发生，国际社会日益重视空间交通运输法律规则的谈判与制定。例如，2023年世界无线电通信大会制定了"后里程碑程序规则"和轨道特性参数容限规则，对巨型微小卫星星座进行严格的限制，以避免不合理部署导致频率和轨道资源浪费和空间交通运行风险。① 美国在空间交通的国内法制定方面的立法工作起引领作用。例如，2023年11月1日，美国参议院通过《轨道可持续性法案》，鼓励美国国内相关职能部门致力于空间交通的协调和发展避免空间物体碰撞的手段和措施。② 值得注意的是，2024年3月至10月13日，美国太空探索技术公司SpaceX的星舰火箭连续成功进行了三次试射实验。星舰火箭一旦投入使用，美国卫星发射能力将大幅度提高，预计SpaceX的星链计划和其他依赖星舰发射卫星的国家的卫星星座计划将加快完成。在此背景下，国际社会将加快相关国际规则的谈判和制定，以应对多个巨型卫星星座带来的空间交通管制问题。

当前，我国相关部门已开始研究制定卫星导航条例，正计划修订空间物体登记管理办法，持续规范民用航天发射许可管理，研究制定卫星频率轨道资源管理条例以加强卫星频率轨道资源管理，③ 这对规范我国空间交通运输有重要意义。然而相对于美国而言，我国对空间交通运输相关机制建设似乎还不够重视。目前我国航天法虽已进入全国人民代表大会常务委员会立法规划二类项目，但航天立法研究与起草工作始于1998年，20几年来还没有构筑一部系统的部门法级别的航天法律文件，进度并不理想。截至2024年9月，有19个国家已经颁布了国家航天法，包括澳大利亚、阿塞拜疆、丹麦、芬兰、法国、印度尼西亚、日本、哈萨克斯坦、列支敦士登、荷兰、新西

---

① 国际电信联盟：《2023年世界无线电通信大会（WRC-23）最后文件》，2023世界无线电通信大会，阿拉伯联合酋长国迪拜，2023年。

② "Orbital Sustainability Act of 2023" or the "ORBITS Act of 2023", S. 447—118th Congress (2023—2024), Engrossed in Senate (10/31/2023).

③ 《〈2021中国的航天〉白皮书（全文）》，国务院新闻办公室网，http://www.scio.gov.cn/zfbps/ndhf/2022n/202207/t20220704_130728.html，最后访问日期：2024年11月16日。

兰、波兰、葡萄牙、俄罗斯、南非、斯洛文尼亚、瑞典、乌克兰、英国。①
美国虽然没有一部统一的航天法典,但从 1958 年开始已陆陆续续在航天法
领域颁布了 20 多部法律(act)级别的文件,已建成世界上最为全面的国内
航天法律体系。航天经济的重要性日益凸显,出台航天法的国家数量显著增
加。我国是世界上唯一没有航天法的航天大国。为适应商业航天快速发展需
求和我国微小卫星星座建设需要,我国需加快航天法制定的步伐,为包括空
间交通运输在内的航天活动建立顶层法律机制框架,为积极参与相关国际规
则谈判提供支撑。此外,最近几年我国天宫空间站和部分卫星都受到美国卫
星不同程度的干扰,外空安全形势不容乐观,我国需加快制定空间交通运输
管制技术标准和规则政策,加强国际合作和空间交通运输国际协调,为我国
天宫空间站和其他空间资产安全保驾护航。

一 空间交通运输及其规则发展现状

近年来,全球空间物体发射数量明显增加,2023 年一年全球空间物体
的发射量达 2664 颗,创造历史发射纪录。② 根据泰伯智库发布的数据,
2024 年上半年全球卫星发射量 1319 颗,其中我国发射 79 颗,同比有所下
降。③ 截至 2024 年 5 月 4 日,在轨工作的卫星数量约为 9900 颗。④ 除了空
间物体发射运输,空间站与地面之间的人员和货物运输也是空间交通运输的
重要组成部分。2022 年 12 月,中国天宫空间站正式全面建成投入使用。截
至 2024 年 10 月,天宫空间站与地面的往返运输已经经历了神舟 14 号、15

---

① National Space Law, United Nations Office for Outer Space Affairs, https://www.unoosa.org/
oosa/en/ourwork/spacelaw/nationalspacelaw/index.html, 最后访问日期: 2024 年 11 月 16 日。
② A Record Numder of Objects Went into Space in 2023, Edouard Mathieu, https://ourworldindata.
org/data-insights/a-record-number-of-objects-went-into-space-in-2023, 最后访问日期:
2024 年 11 月 16 日。
③ 《2024 上半年度中国商业航天产业进展》,泰伯智库网, https://tiu.taibo.cn/p/496, 最后
访问日期: 2024 年 11 月 16 日。
④ Active Satellite Orbit Data, Orbiting Now, https://orbit.ing-now.com/, 最后访问日期: 2024
年 11 月 16 日。

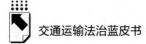

号、16 号、17 号和 18 号载人飞船以及天舟 4 号、5 号和 6 号货物飞船的运输，运输非常频繁。国际空间站的空地运输更不必多言，更为频繁。今后还有月球科研站甚至火星村，这些都可能成为空间交通运输的重要组成部分。

空间交通运输管制问题在太空时代早期，并没有受到太多的关注，主要原因是当时参与外空活动的国家不多，而且当时在轨空间物体数量还不多，并没有发生在轨空间物体相互碰撞的意外事件。空间交通管制问题最初引起科学家和法学家关注的原因是在轨空间碎片的增加可能会对在轨卫星和空间站的安全构成威胁。早期国际社会对空间交通事故只停留在设想中，所以迟迟没有讨论空间交通管制有关问题。直到美国 2009 年 2 月 10 日，俄罗斯停留在轨道上的已报废卫星"宇宙-2251 号"与美国在轨运行卫星"铱星 33 号"发生相撞，国际社会才意识到空间交通管制的紧迫性。这次空间交通事故是太空史上第一次卫星相撞事故。2020~2021 年，我国天宫空间站曾两次受到美国太空探索技术公司 SpaceX 星链卫星的无故抵近，被迫两次机动变轨避碰。2022 年 8 月，我国"云海一号 02 星"遭遇不明物体撞击失联，经修复，300 天后才恢复工作。这些事件不断提醒国际社会和世界各国，建立空间交通运输机制刻不容缓。

2015 年，美国太空探索技术公司 SpaceX 公布星链计划，将在地球近地轨道布置一个由 12000 颗微小卫星组成的巨型星座，近地轨道资源和无线电频谱资源争夺战由此拉开帷幕。2020 年，该公司又把卫星数量改为 42000 颗。截至 2024 年 9 月，我国主要规划了 3 个巨型星座计划："GW"星座计划（1.3 万颗卫星）、"千帆"星座计划（1.4 万颗卫星）、"鸿鹄-3"星座计划（1 万颗卫星）。不少国家的商业公司，如德国的星瓦达空间网络公司（600 颗）、美国的亚马逊公司（3236 颗）和波音公司（147 颗）、韩国的三星公司（2956 颗）、英国一网公司（900 颗）等都计划建造自己的卫星星座。令人出乎预料的是，卢旺达竟然于 2021 年向国际电信联盟提交申请建造由 327230 颗微小卫星组成的超巨型卫星星座。这种近乎疯狂的举动再次证实不少国家已对地球轨道资源的无序争夺心存不满。值得注意的是，美国太空探索技术公司 SpaceX 星舰火箭在 2024 年 3 月到 10 月成功进行了第三、

四、五次试射，这意味着其将很快投入使用。据称，星舰火箭搭载卫星能力
强大，其运载能力为 100 吨，一次性可发射 400 颗卫星。① 虽然业界对这个
数据还有争议，但毫无疑问，星舰的运载能力将超过现存所有的运载火箭。
一旦投入使用，其强大的运载能力将大大加快美国及其他国家星座计划的实
施。可以想象，未来 10~20 年，近地轨道将布满大量的微小卫星。根据赛
迪顾问的研究数据，近地轨道的容纳量大约是 60000 颗卫星。② 虽然国际社
会对这个容纳量还没有定论，但可以确定的是，近地轨道的容纳量肯定是有
限的。③ 根据目前各个国家向国际电信联盟提交的申请数据，后来崛起的一
些空间国家可能就没有机会使用这些轨道资源。更为重要的是，卫星数量的
迅猛增长，必将增加空间交通事故发生频次。

其实，早在 2005 年国际宇航科学院就发表了一份关于其在空间交通管
理方面的立场报告，名为《空间交通管理的宇宙研究》，并于 2006 年 6 月
提交给联合国和平利用外层空间委员会（以下简称"联合国外空委"）。该
报告虽然分析了空间交通管制的合理性，但并没有阐明空间交通管制的紧迫
性，最后认为彼时建立空间交通管制机制的时机还不成熟。④但 2009 年发生
的空间交通事故直接否定了这一结论，空间交通安全事故已是现实，自此
国际社会兴起一股讨论空间交通管制的热潮。早在 2007 年通过的联合国
外空委《空间碎片减缓指南》中就有一条"限制在轨意外碰撞的概率"指
南，虽然这条指南比较简单，但却是最早的空间交通管制软法规则。2015
年，联合国外空委把"空间交通管制"列为其常项议题，作为《外空活动长
期可持续性准则》的一部分内容进行讨论。2016 年，国际宇航科学院发布了
名为《空间交通管制——走向实施的路线图》（Space Traffic Management
Towards a Roadmap for Implementation）的新报告。与 2006 年的报告不同，

① 参见龙雪丹《超重-星舰运输系统及其未来影响简析》，《飞航导弹》2021 年第 8 期。
② 《吉利背后的中国商业卫星》，新浪财经网，https://finance.sina.com.cn/tech/2022-06-09/doc-imizirau7329162.shtml，最后访问日期：2024 年 11 月 16 日。
③ A. Lawrence et al., "The Case for Space Environmentalism", *Nature Astronomy* 6（2022）：428.
④ Corinne Contant-Jorgensona, Petr La lab, Kai-Uwe Schrogl, "The IAA Cosmic Study on Space Traffic Management", *Space Policy* 22（2006）：283.

该报告分析了与空间交通管制相关的法律规则以及介绍空间交通管制法律制度构建的基本框架。2019 年 10 月，卫星行业协会（Satellite Industry Association，SIA）发布了《空间行为者空间安全原则》，建议采取一些有利于避碰和减少空间碎片产生的措施。① 2019 年 6 月联合国外空委确定的《外空活动长期可持续性准则》21 条准则的草案中就包含有关空间交通的软法规则。虽然这些软法准则并没有直接指明其是空间交通管制规则，但为如何避免空间物体相互碰撞提供技术操作指南。不过这些准则都是自愿性的软法规则，其执行效力和效果远不如国际条约。值得一提的是，2019 年 11 月，世界无线电通信大会确定了非对地静止卫星星座网络投入使用的定义，建立了"里程碑规则"，即一定时间阶段内须完成一定比例申报卫星部署数量的要求，② 这对微小卫星星座的交通管制意义重大。2023 年的世界无线电通信大会为非对地静止卫星系统制定了"后里程碑程序规则"和轨道特性参数容限规则，对巨型微小卫星星座进行严格的限制，以避免不合理部署导致频率和轨道资源浪费，以及空间交通运行风险。③

在国内法建设方面，截至 2024 年 10 月，我国还没有直接相关的法律机制可为我国卫星交通管制提供法律基础。不过《中华人民共和国国家安全法》（以下简称《国家安全法》）第 32 条把外空安全定位为国家安全的重要组成部分，强调"增强安全进出、科学考察、开发利用的能力"，维护我国在外太空的活动、资产和其他利益的安全。这条规定可为我国空间交通管制提供原则性指导。在美国，美国时任总统特朗普于 2018 年 6 月 18 日签署了《航天政策 3 号令》——国家空间交通管理政策，该政策明确美国国内职能机构的职责分工与协调机制，强调要制定与空间交通管制相关的准则、

---

① Kaitlyn Johnson：《太空治理三个关键问题》，中国工程科技知识中心网，http：//www.ckcest. cn/home/focus/details? id = C913AEEC98F00001E8283F16155AAD70，最后访问日期：2024 年 11 月 16 日。

② 国际电信联盟：《2019 年世界无线电通信大会（WRC-19）最后文件》，2019 世界无线电通信大会，埃及沙姆沙伊赫，2019 年。

③ 国际电信联盟：《2023 年世界无线电通信大会（WRC-23）最后文件》，2023 世界无线电通信大会，阿拉伯联合酋长国迪拜，2023 年。

标准和要求以确保美国空间活动与资产安全。① 2018 年 6 月 27 日，美国众议院科学、太空及技术委员会通过了《空间态势感知与实体框架管理法案》，授权美国商务部向民用和商业卫星企业提供碰撞预警与态势感知服务。② 另外，美国卫星工业协会、太空安全联盟、交会与服务操作执行联盟等行业组织也积极主导或参与"最佳实践""原则"等的制定，使美国在空间交通管理相关规则制定方面走到了各国前列，其他国家在空间交通管制的技术发展、能力建设、体系构建等方面与美国都存在很大的差距。③ 例如，美国太空安全联盟（Space Safety Coalition，SSC）《太空运营可持续性最佳实践》已获得美国及其盟友的多个航天器运营商认可，④ 有可能影响正在拟定的国际标准——《ISO/CD 9490 空间系统空间交通协调标准》。2023 年 11 月 1 日，美国参议院投票通过了《轨道可持续性法案》⑤，该法案责成美国商务部太空商务办公室、美国国家航空航天局、国家太空委员会和联邦通信委员会优先处理风险最大的碎片，发展空间碎片清除技术，并通过多个机构对现有碎片标准进行更新，鼓励协调空间交通，避免碰撞手段的发展。在欧洲，欧盟于 2022 年 2 月 15 日发布了首份官方空间交通管理方案《致欧洲议会和欧盟理事会的联合通报——欧盟空间交通管理方案》。这是欧盟官方发布的第一份有关外空交通管制的法案，体现了欧盟对空间交通运输管理事务的高度重视和欧盟各成员国的一致意愿，也使欧盟成为全球空间交通管理建设的重要力量，预示着空间交通管理事务将在欧盟的顶层设计和指导下进入一个全新的发展阶段。⑥

---

① Space Policy Directive-3, National Space Traffic Management Policy, White House, United States, https：//rosap. ntl. bts. gov/view/dot/60966，最后访问日期：2024 年 11 月 16 日。

② 参见刘海印等《美国太空态势感知能力建设及职能调整分析》，《中国航天》2019 年第 2 期。

③ 参见王国语等《空间交通管理内涵与发展趋势研究》，《国际太空》2020 年第 11 期。

④ Best Practices for the Sustainability of Space Operations, Version 2. 35, November 2023.

⑤ "Orbital Sustainability Act of 2023" or the "ORBITS Act of 2023", S. 447—118th Congress (2023—2024), Engrossed in Senate (10/31/2023) .

⑥ 参见段锋《欧盟太空交通管理方案研究》，《空间碎片研究》2023 年第 3 期。

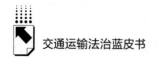

二　空间交通运输的法律规则

（一）空间交通运输的现有法律框架

在外空法领域，自 1963 年开始，为了规范空间国家的外空活动，保证各国能够为和平目的探索和利用外层空间，国际社会签订或者通过了一些国际软法和硬法文件，形成了五大条约体系，包括 1967 年《关于各国探索和利用包括月球和其他天体在内外层空间活动的原则条约》（以下简称《外空条约》）、1968 年《关于营救宇航员、送回宇航员和归还发射到外空的物体的协定》（以下简称《营救协定》）、1972 年《空间物体造成损害的国际责任公约》（以下简称《责任公约》）、1974 年《关于登记射入外层空间物体的公约》（以下简称《登记公约》）和 1979 年《关于各国在月球和其他天体上活动的协定》（以下简称《月球协定》）。由于包括中国在内的主要空间国家没有加入《月球协定》，所以《月球协定》的规则并没有得到广泛承认，下文将不对其作介绍。

目前能为空间交通运输管制提供规范和指导意义的国际软法性文件包括 1963 年《各国探索和利用外层空间活动的法律原则宣言》（以下简称《外空原则宣言》）、1996 年联合国《关于开展探索和利用外层空间的国际合作，促进所有国家的福利和利益，并特别要考虑到发展中国家的需要的宣言》（以下简称《国际空间合作宣言》）、2007 年《和平利用外层空间委员会空间碎片缓减指南》（以下简称《空间碎片减缓指南》）。此外，还有部分规则草案已经确定的《外空活动透明度和建立信任措施》和《外空活动长期可持续性准则》也可以为微小卫星星座交通管制提供软法性指导。最后，国际电信联盟有关地球轨道资源和无线电频谱资源的规则也可为微小卫星星座交通管制提供规范规则。下面对这些法律文件进行简要介绍。

1967 年《外空条约》是外层空间法领域最重要的国际条约，被誉为"外空宪章"。《外空条约》为后面外空法领域所有国际条约和软法性文件的制定提供法律基础。我国于 1983 年加入《外空条约》，截至 2024 年 6 月，《外空条约》的缔约国为 115 个。《外空条约》确立了外层空间法最基本的原则和规则，具体包括共同利益原则、自由探索利用原则、不得据为己有原则、遵守国际法原则、和平目的原则、保护航天员规则、国家监管规则、国际责任原则、空间物体登记和管辖规则、保护空间环境原则、国际合作原则、外空活动国际通报规则等。[①] 这些原则和规则对空间交通管制都具有规范和指导意义。

1968 年《营救协定》是对《外空条约》第 5 条保护航天员规则和第 6 条空间物体管辖规则的细化。我国于 1988 年加入《营救协定》，截至 2024 年 6 月，该协定有 98 个缔约国。它确立了比较完善的空间营救和空间物体归还制度，具体包括营救对象、营救条件、归还对象、缔约国的义务等。[②] 作为全人类派往外层空间的使节，航天员的生命健康在载人航天中应得到优先保障。在空间交通管制法制建设中，基于人道主义的需要，应制定优先保护航天员生命健康的交通管制规则。

1972 年《责任公约》是对《外空条约》第 6 条国家承担责任原则和第 7 条国际损害赔偿原则的细化。我国于 1988 年加入《责任公约》，截至 2024 年 6 月，该公约的缔约国有 98 个。它确立了现行外空活动国际责任制度，具体内容包括损害赔偿范围、责任主体、绝对责任原则、过错责任原则、第三方损害赔偿责任、共同连带责任、免责抗辩和不能抗辩事由、求偿途径和期限、赔偿程度和方式等。[③] 上述外空活动国际责任制度对空间交通责任事故的责任追究和赔偿处理具有规范意义。

---

① Treaty on Principles Governing the Activities of States in the Exploration and Use of Outer Space, including the Moon and Other Celestial Bodies, United Nations General Assembly in its Resolution 2222 (XXI), October 1967.

② Agreement on the Rescue of Astronauts, the Return of Astronauts and the Return of Objects Launched into Outer Space, United Nations General Assembly in its Resolution 2345 (XXII), December 1968.

③ Convention on International Liability for Damage Caused by Space Objects, United Nations General Assembly in its Resolution 2777 (XXVI), September 1972.

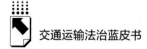

1974 年《登记公约》是对《外空条约》第 8 条空间物体登记规则的细化。具体内容包括：发射国的登记义务、登记情报公开、登记的基本内容、危险情况下的空间物体辨认协助等。[①] 需要登记的卫星核心信息是卫星轨道参数，包括交点周期、倾斜角、远地点、近地点。卫星实时轨道参数是空间交通管制的基础，实时掌握卫星实时轨道参数是维护空间交通安全、避免空间交通碰撞事故的前提条件。我国于 1988 年加入《登记公约》，截至 2022 年 6 月，已有 72 个国家加入该公约。

《国际电信联盟组织法》和《国际电信联盟公约》可为微小卫星的轨道和无线电频谱的协调使用提供法律基础。《国际电信联盟组织法》和《国际电信联盟公约》是国际电信联盟的基本法规，后者是前者的补充内容。它们共同规定了国际电信联盟的性质、组织机构、工作程序和电信管理的一般原则等，其中有关无线电的特别规定可以为微小卫星的轨道和无线电频谱的协调使用提供法律基础。我国于 1989 年签署《国际电信联盟公约》，于 1997 年加入《国际电信联盟组织法》。此外，2019 年世界无线电通信大会第 35 号决议建立了"里程碑规则"，该规则要求各国在 7 年内完成非对地静止轨道卫星系统网络的卫星全部部署，而且要求他们在不同的时间节点完成申报的卫星总数的一定百分比的部署，否则需缩减其申报的卫星数量。[②] 为解决完成里程碑部署后空间物体因故障或寿命到期等原因致使无法使用但仍占用轨道频率资源的问题，2023 年世界无线电通信大会又制定了"后里程碑程序规则"和轨道特性参数容限规则。[③]

1963 年《外空原则宣言》提出了外空法最基本的原则和规则，为 1967 年《外空条约》的制定提供了蓝本。这些原则和规则包括共同利益原则，自由探索利用原则，不得据为己有原则，遵守国际法原则，保护航天员规

---

① Convention on Registration of Objects Launched into Outer Space, United Nations General Assembly in its Resolution 3235（XXIX）, September 1976.

② 国际电信联盟：《2019 年世界无线电通信大会（WRC-19）最后文件》，2019 世界无线电通信大会，埃及沙姆沙伊赫，2019 年。

③ 国际电信联盟：《2023 年世界无线电通信大会（WRC-23）最后文件》，2023 世界无线电通信大会，阿拉伯联合酋长国迪拜，2023 年。

则，国家监管规则，国际责任原则，空间物体登记、管辖和返还规则，国际合作原则和国际磋商规则等。对比可知，1967 年《外空条约》基本保留了 1963 年《外空原则宣言》强调的基本原则和规则。

1996 年《国际空间合作宣言》为国际空间合作提供了专门性的软法规范。具体包括以下八项原则：遵守国际法规定原则、为所有国家谋福利原则、公平合理与自由原则、方式有效和适当原则、顾及发展中国家利益原则、适当发挥空间应用和国际合作的潜力原则、加强联合国外空委的作用原则和广泛参与原则。① 这些原则可为空间交通管制国际合作提供软法指引。

2007 年《空间碎片减缓指南》是联合国外空委科学和技术小组委员会（Scientific and Technical Subcommittee，STSC）以《IADC 空间碎片缓减指南》② 中的技术内容和基本定义为基础，拟定的一套推荐指南。该文件将空间碎片缓减措施分为两大类：一类是短期内减少生成具有潜在危害性的空间碎片，另一类是从长远上限制此类碎片的生成。前一类措施包括减少产生与飞行任务有关的空间碎片和避免分裂解体。后一类措施涉及寿终程序，从航天器运行区域（尤其是近地轨道和地球同步轨道）中清除退役的航天器和运载火箭的轨道级。这些指南可为空间交通管制中的轨道清理提供软法指引。

2013 年印发的《外层空间活动透明度和建立信任措施》政府专家组报告，是联合国外空委为增强空间利用的安全性、可预测性和可持续性制定的一套外层空间活动的透明度和信任建立措施，并建议各国在自愿基础上予以考虑和执行。这些措施包括：交流各种国家空间政策和活动的信息，通报外层空间活动以减少风险，接触并访问航天发射场和设施，国际合作，为防止事故、误解及不信任的协调和协商机制等。这些措施可为空间交通管制协调、避碰等提供指引。

---

① 参见尹玉海、颜永亮《浅析外空活动长期可持续性的国际合作问题》，《北京航空航天大学学报》（社会科学版）2017 年第 2 期。

② IADC Space Debris Mitigation Guidelines, https：//www.iadc-home.org/documents_public/view/page/1/id/172#u，最后访问日期：2024 年 11 月 16 日。

自 2010 年以来，推动制定和实施《外空活动长期可持续性准则》一直是联合国外空委的优先事项。《外空活动长期可持续性准则》第一期共有 21 条准则，是规范空间国家外空活动的专门性指南，21 条准则的文本草稿于 2019 年正式获得共识。该文件涉及空间运行安全、空间碎片减缓、有害干扰避免、空间天气、国际合作与能力建设等方面的制度与政策。同时，也尽可能涵盖了正在进行的或已有规划的所有空间活动，并包括了发射、运行和寿终处置等不同的飞行阶段。[①] 此外，该指南也考虑了《外层空间活动透明度和建立信任措施》政府专家组报告的相关内容。

（二）空间交通运输中现有国际性规则分析

伴随人类太空探索规模的扩大，空间碎片急速增加。而随着空间技术的进步、低轨巨型微小卫星星座的出现，空间活动秩序亟须规范，空间交通管理的需求应运而生。[②] 现有的相关国际规则，可以为空间交通管理提供部分框架与指导。

第一，国际空间法领域的部分条约可为空间交通运输管制提供原则性的管理机制。例如，《外空条约》中外空活动的原则性规定，《登记公约》中卫星发射、轨道登记等基本登记制度，《责任公约》中有关空间物体造成损害的归责与赔偿方法，《营救协定》中对于宇航员安全的保护及空间物体返还的相关规定，等等。根据自由探索和利用原则及遵守国际法原则，每个国家只要遵守国际法都有权利进行外空活动，在地球轨道上放置和运行自己的空间物体，进行载人航天活动等。但是这种自由不是没有限制的，各国不能在进行外空活动过程中将外空的轨道资源和无线电频谱资源据为己有。各国必须遵守国际电信联盟设置的规则获得和使用这些资源。在使用这些资源的过程中造成损害和环境污染要承担相应的国际责任，如若对他国的外空活动

---

① Adopted by UNCOPUOS 62nd session in 2019 （A/74/20）. Guidelines for the Long-term Sustainability of Outer Space Activities of the Committee on the Peaceful Uses of Outer Space.

② Corinne Contant-Jorgensona, Petr La ab, Kai-Uwe Schrogl, "The IAA Cosmic Study on Space Traffic Management", *Space Policy* 22 （2006）: 283.

构成有害干扰则需要通过国际磋商机制来协调解决。各国空间物体的轨道参数信息必须向联合国秘书长登记公开，以解决可能与其他空间物体产生干扰甚至碰撞的威胁。然而，当前主要空间条约的规则都是原则性规定，且订立年代较早，无法作为直接具体的管理规则。具体的实施细则还需要国际社会在基本成熟的技术规范的基础上加以制定。

第二，《国际电信联盟组织法》第七章有关无线电频谱和卫星轨道的使用（第44条）和有害干扰（第45条）条款可为微小卫星星座交通管制提供指导。同时，国际电信联盟为落实其组织法的规定，针对卫星频率和轨道位置申请及协调制定了更为专业、详细的《无线电规则》以公平地获得和合理地使用无线电频谱，解决不同主管部门的无线电业务之间的有害干扰的情况，并推进新型无线电通信技术的应用。《无线电规则》可以为微小卫星的轨道和无线电频谱的协调使用提供更为具体的规则框架。国际电信联盟为轨道位置和无线电频段的分配和使用设置了两种制度，包括先验制度和后验制度。[1] 先验制度是一种计划中的系统，它适用于地球静止轨道资源和无线电频谱 Ka 波段的分配。这一制度不适用于地球近地轨道的微小卫星星座交通管制问题。后验制度目前基于先到先得原则（principle of first-come-first-served）适用于 Ku 波段、C 波段和地球近地轨道资源的协调。如果用户遵守国际电信联盟《无线电规则》的要求，则国际电信联盟将承认其使用特定轨道位置和频段的权利，这主要涉及三个步骤：提前发布、协调和通知。[2] 根据《无线电规则》第1节第9条的规定，在预先公布的过程中，卫星服务开始前至少两年，服务实施前最早五年，服务提供商应向国际电信联盟提交关于其空间物体的技术信息，以及"尽职调查"信息，如"卫星网络和运营商的识别以及提供卫星和发射服务制造合同的证据"。根据《无线电规则》第2节第9条，协调主要涉及现有卫星系统供应商与新系统供应商

---

[1]　Adrian Copiz, "Scarcity in Space: The International Regulation of Satellites", *CommLaw Conspectus* 10（2002）：207.

[2]　Adrian Copiz, "Scarcity in Space: The International Regulation of Satellites", *CommLaw Conspectus* 10（2002）：207.

之间的谈判和技术调整，以防止无线电频谱的有害干扰。根据《无线电规则》第2节第11条，通知只有在协调没有发现任何技术问题之后才能进行，服务提供商随后应在国际频率登记总表中登记其使用的轨道位置和频率。自此，服务提供商被授予使用该轨道位置和频段的权利。换言之，国际电信联盟对地球近地轨道资源只有协调权，即只要成员国经过提前发布、协调和通知这三道程序没有技术干扰问题，就可拥有近地轨道资源的使用权。[①]《国际电信联盟公约》对近地轨道资源的取得采取先到先得原则正是引发近地轨道资源无序争夺的机制根源。为了公平、高效和合理利用无线电频谱和卫星轨道资源，2019年世界无线电通信大会第35号决议建立了"里程碑规则"，该规则规定非对地静止轨道卫星系统网络资料在提交之后只有7年的有效期，在"里程碑"起始日起，2年内投入使用的卫星数量须至少达到其申报卫星总数的10%，5年内须达到50%，7年内须完成全部部署（可允许少1颗卫星），否则将缩减其申报的卫星数量。[②] 为解决完成里程碑部署后卫星因故障或使用寿命到期等原因不能继续使用却仍占用频轨资源的问题，2023年世界无线电通信大会又制定了"后里程碑程序规则"。"一是随着卫星系统中卫星数量的增加，规模门槛逐渐严格，当卫星系统规模小于等于340颗卫星时，门限为50%；当卫星系统规模达4410颗左右时，门限为95%。二是卫星系统在完成里程碑部署后，需每4年向国际电信联盟提交一次报告，确定是否满足部署要求并提供相关材料。三是若卫星系统规模降至门限以下且无法在4年内恢复到门限以上，则需向国际电信联盟无线电通信局提交修改资料，减少通知或者登记的卫星数量。"[③] 此外，为了避免卫星不合理部署导致频轨资源浪费和空间交通运行风险，2023年世界无线电通

[①] Christian Koenig, Martin Busch, "Regulation in Outer Space-The Assignment of Rights to Orbit Positions and Frequency Usage by Telecommunications Satellites", *European Networks Law & Regulation Quarterly* 1 (2013): 39.

[②] 国际电信联盟：《2019年世界无线电通信大会（WRC-19）最后文件》，2019世界无线电通信大会，埃及沙姆沙伊赫，2019年。

[③] 国际电信联盟：《2023年世界无线电通信大会（WRC-23）最后文件》，2023世界无线电通信大会，阿拉伯联合酋长国迪拜，2023年。

信大会还建立了非对地静止轨道卫星系统轨道特性参数容限规则，限制非对地静止轨道卫星系统的轨道参数在实际部署和登记资料之间的差值，该规则规定："对于完成里程碑部署的卫星，运行轨道高度容限为30千米、倾角容限为2度；对处于部署阶段的卫星，运行轨道高度容限为70~100千米、倾角容限为2~3度。"①

第三，软法性国际法律文件，《空间碎片减缓指南》、《外空活动长期可持续性准则》和《外空活动透明度和建立信任措施》等可以提供软法性的指导。首先，《空间碎片减缓指南》中的"指南3"有关降低在轨道上发生意外碰撞可能性的规定、"指南6"有关低轨道空间物体在任务末期的处理规则以及"指南7"有关地球同步轨道空间物体在任务末期的处理规则等对空间交通管制都具指导意义。其次，《外空活动长期可持续性准则》有关空间运行安全的指南中至少有5条准则对空间交通管制有软法指导意义，例如空间物体轨道参数信息的分享（准则B.1）、提高空间物体轨道数据的准确性（准则B.2）、空间物体受控飞行交会评估（准则B.4）、空间物体发射前交会评估（准则B.5）、有关减少空间物体非受控重返地球风险措施（准则B.9）。最后，《外空活动透明度和建立信任措施》有关空间物体轨道参数和潜在轨道交会的信息交换措施、计划发射航天器的通知措施、关于可能对其他空间物体飞行安全造成风险的预定操纵通知措施、不受控制空间物体重返大气层的通知和监测措施、紧急情况的通知措施、空间物体有意破坏处理的通知措施等对空间交通管制都有指导意义。不过这些软法规则缺乏强制力，都是一些自愿性规则，依靠各国自愿履行。目前有些国家如英国、法国等每年会向联合国外空委提交履行这些软法性文件的情况报告，但是多数国家不提交相关的履行报告，所以这些规则的作用具有一定的局限性。

目前，我国还没有直接相关的法律机制可为我国卫星交通管制提供法律基础。不过我国《国家安全法》第32条强调应"增强安全进出、科学考

---

① 国际电信联盟：《2023年世界无线电通信大会（WRC-23）最后文件》，2023世界无线电通信大会，阿拉伯联合酋长国迪拜，2023年。

察、开发利用的能力"，维护我国在外太空的活动、资产和其他利益的安全。这条规定可为我国空间交通运输管制提供原则性指导。另外，我国为履行《空间碎片减缓指南》要求，于 2009 年发布了《空间碎片减缓与防护管理暂行办法》，并于 2015 年将该暂行办法修订为《空间碎片减缓与防护管理办法》。不过这些规则对空间交通运输安全管制而言还远远不够，其并不是直接具体的空间交通协调和管制机制。我国是航天强国，在地球轨道拥有很多空间资产，数量已居全球第二，仅次于美国。而且我国每年空间物体发射量稳居全球第二，仅次于美国，空间交通运输安全是我国交通运输安全的有机组成部分。我国应加快研制空间交通协调、避碰、应急管理等相关技术标准、政策和法律机制，在为维护我国空间交通运输安全提供制度保障的同时也为履行相关国际义务提供法律支撑。

三　空间交通运输发展中面临的主要问题

2021 年 12 月 3 日，中国常驻联合国（维也纳）代表团向联合国秘书长提起照会，并通报了对中国空间站搭载的航天员生命健康构成危险的现象。美国太空探索技术公司 SpaceX 发射的星链卫星先后两次接近中国空间站。出于安全考虑，空间站组合体分别于 2021 年 7 月 1 日和 10 月 21 日实施对美国星链卫星的预防性碰撞规避控制（紧急避碰）。该照会重申并提请各国注意《外空条约》第 6 条，"各缔约国对其（不论是政府部门，还是非政府的团体组织）在外层空间（包括月球和其他天体）所从事的活动，要承担国际责任，并应负责保证本国活动的实施符合本条约的规定"。

这是继 2019 年 9 月 2 日欧洲航天局（European Space Agenly，ESA）"风神"气象卫星对星链 44 号卫星实施紧急避碰后，[①] 星链卫星再次对政府运营的空间物体构成碰撞风险，空间交通管制问题再度成为国内外学者关注

---

① ESA, ESA Spacecraft Dodges Large Constellation, https：//www.esa.int/Safety_Security/ESA_spacecraft_dodges_large_constellation，最后访问日期：2024 年 11 月 16 日。

的焦点。近年来,微小卫星星座因其技术门槛较低、开发与发射成本低、服务效率高等特点,日益受到各国政府部门和商业实体的青睐,预计将成为未来太空业务商业化发展的重点方向。而以美国太空探索技术公司 SpaceX 为代表的私人航天企业,也因微小卫星星座的市场潜力,不断部署和扩张其相关业务,随之而来的外空交通拥堵、抢占轨道和无线电频谱资源等问题也日益凸显。

国际社会还没有针对空间交通管制制定专门的国际条约或规范文件,国际外空纠纷争端解决机制还不健全。在外空商业化背景下,目前以政治外交手段为主的争端调解机制无法高效解决公私主体间因微小卫星产生的损害纠纷问题,公平合理高效的外空争端解决机制亟须建立。

(一)微小卫星星座对空间交通管制带来的挑战

微小卫星体积小,组成星座的卫星数量庞大,容易造成空间交通拥堵,对空间交通运输安全和外空活动长期可持续性构成威胁。在国际社会公认的分类中,一般将质量在 150~500 千克的卫星称为小卫星(Minisatellite),10~150 千克的归为微型卫星(Microsatellite),1~10 千克的归为纳米卫星(Nanosatellite),0.01~1 千克的归为皮卫星(Picosatellite),而最小的飞卫星(Femtosatellite)则只有 0.001~0.01 千克。而质量在 200~300 千克、体积系数在 0.125~1 立方米的微小卫星星座,更是当前航天工业中的流行趋势,为宽带互联网、通信、大地测量等技术的进步提供了很多可能性。[①]

卫星星座的构建需要大量的微小卫星。以美国太空探索技术公司 SpaceX 的星链卫星星座为例,按照美国联邦通信委员会(Federal Communications Commission, FCC)批准的计划,其将在 2019~2024 年发射 1.2 万颗卫星以提供廉价便捷的互联网服务。而美国太空探索技术公司 SpaceX 向 FCC 提交批准的下一代星链"Gen 2"方案显示,该系统在近地轨道(Low Earth

---

① V. Lappas et al., "A Survey on Small Satellite Technologies and Space Missions for Geodetic Applications", *Satellites Missions and Technologies for Geosciences* (2020): 1.

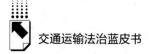

Orbit，LEO）中将约有 30000 颗卫星。近期美国国家航空航天局（National Aeronautics and Space Administration，NASA）也就星链"Gen 2"向 FCC 致信，并提出了对外空可持续性的担忧，如加剧近地轨道环境的拥堵状况、加大碰撞风险的协调难度、增加射频干扰、影响太空科学观测、增大载人太空飞行操作难度等。而自微小卫星星座计划实施以来，这些问题日益受到国际社会的关注。

虽然科学界对"近地轨道卫星容纳量为 6 万颗"的说法还没有取得一致意见，但是目前各国和私人商业航天公司申请的数量远远超过了这个数量。随着越来越多的微小卫星星座的建立，空间交通将越发拥堵，空间碎片的数量可能会激增。由于技术特性及功能的要求，微小卫星通常运行在距离地面高度较低的轨道上，一般在 2000 公里范围内的近地轨道。而近地轨道已有大量空间碎片聚集。[1] 根据美国的外空态势感知技术监测，大多数空间碎片位于地球表面 2000 公里范围内的轨道上，而位于 750~1000 公里的轨道区域的空间碎片更为集中。[2] 一方面，微小卫星不断涌入近地轨道；另一方面，近地轨道本身可用空间有限，再加上航天器的末期处理和空间碎片主动移动工作的落后状况，近地轨道交通环境的拥堵状况不断加剧，随之加大了空间交通事故发生的风险。[3]

未来，数以几万计的微小卫星可能组成多个独立的微小卫星星座，航天器间的近距离接触也会不断增加。因此，基于当前的系统技术水平，不应假设推进系统、地面探测系统和软件以及人工操作是完全可靠、无风险的。[4]即便这些星座得到了完善的管理，太空中的卫星之间亦没有相互碰撞，但在

<hr />

[1]　IADC Statement on Large Constellations of Satellites in Low Earth Orbit, IADC WG4, https：//www.iadc-home.org/documents_public/view/page/1/id/174#u，最后访问日期：2024 年 11 月 16 日。

[2]　Frequently Asked Questions, Nasa Orbital Debris Program Office, https：//orbitaldebris.jsc.nasa.gov/faq/，最后访问日期：2024 年 11 月 16 日。

[3]　Larsen，Paul，"Small Satellite Legal Issues"，*Journal of Air Law and Commerce* 82（2017）：275.

[4]　Jeff Foust，"NASA Outlines Concerns about Starlink Next-generation Constellation in FCC Letter，Spacenews"，https：//spacenews.com/nasa-outlines-concerns-about-starlink-next-generation-constellation-in-fcc-letter/，最后访问日期：2024 年 11 月 16 日。

日益拥堵的近地轨道上，卫星也有可能与空间碎片发生碰撞。[①] 由成千上万的航天器组成的微小卫星星座，不断拥堵的空间交通环境与增加的碰撞风险，对空间交通安全和外空活动及外空环境的长期可持续性构成威胁。[②]

地球轨道空间是不变的，卫星数量的增多使原有的卫星之间的间隙变小，这对卫星的协调和避碰提出更高的技术要求，需要小卫星配备机动变轨能力。此外，卫星之间间隙变小会增加产生无线电通讯干扰的可能性。而且目前有不少卫星发射后并没有向联合国秘书长登记，加上各国根据《登记公约》向联合国登记的卫星轨道信息并无法确定卫星的具体位置，所有这些问题会加大微小卫星交通事故的可能性。

（二）轨道和频谱使用的不公平问题

建立微小卫星星座会占用大量的轨道和无线电频谱资源，对《国际电信联盟组织法》中的公平使用原则提出挑战。《国际电信联盟组织法》第44条第2款规定了无线电频谱资源的公平使用原则："在使用无线电业务的频段时，各成员国须铭记，无线电频率和任何相关的轨道，包括地球静止轨道，均为有限的自然资源，必须依照《无线电规则》的规定合理、有效和经济地使用，以使各国或国家集团可以在照顾发展中国家的特殊需要和某些国家地理位置的特殊需要的同时，公平地使用这些轨道和频率。"《无线电规则》的相关规定也应以公平使用原则为宗旨。

如前文所述，微小卫星星座通常以阵列排布在2000公里以下的近地轨道，而近地轨道的卫星频率和轨道资源是有限的，如此必然会引起各类航天主体的争夺。类比航空交通管制通过中央航空交通管理程序来管控特定空域或高度的飞行器数量，同样地，空间交通管制也可以通过一个集成系统来限

---

① Joseph N. Pelton, "A Path forward to Better Space Security: Finding New Solutions to Space Debris, Space Situational Awareness and Space Traffic Management", *The Journal of Space Safety Engineering* 6（2019）: 92.

② Dan Swinhoe, "Satellite Boom Demands Better Space Traffic Management", https://www.datacenterdynamics.com/en/analysis/satellite-boom-demands-better-space-traffic-management/, 最后访问日期: 2024年11月16日。

制进入外空轨道的航天器数量，尤其是近地轨道的航天器数量。

目前美国 SpaceX 星链计划和我国的星座计划已经开始实施，欧盟的"安全星座"计划、俄罗斯的"球体"多卫星轨道星座计划和日本的"卫星星座"也正在酝酿之中。前面讲到，国际电信联盟没有地球轨道资源和频谱资源的分配权，只有协调权，各国在向国际电信联盟申报、协调和登记后就可获得轨道和频谱资源的使用权，这意味着先提出申报的卫星星座在某种意义上获得了优先权。① 这种"先占先得"的申报方式的价值在于能够使地球轨道资源和无线电频谱资源物尽其用，提高资源的利用效率，因为如果要分配给其他没有空间能力的国家会造成大部分轨道资源处于长期没有被利用的状态，毕竟大部分国家目前以及往后一段时间还没有能力进行外空活动。

但是像美国这种爆发式的轨道使用计划显然会对中国、俄罗斯、日本等现有的空间国家造成不公，且对《国际电信联盟组织法》中的公平使用原则提出挑战。现有申报规则的目的可能在于促进资源有效利用或防止不同国家在同一轨道位置或相邻轨道同时放置卫星而造成的无线电频率干扰及碰撞危险。② 但在此申报规则之下，后来申报者出于经济或技术水平等因素的限制，可能无法使用这些资源，而且还可能导致各国对近地轨道和无线电频谱资源的恶性抢占和投机行为。③

（三）商业化背景下微小卫星造成损害引发的争端解决机制问题

《责任公约》的损害赔偿机制适用于国家之间，并通过外交谈判的方式解决。具体方式是设立由三人组织的求偿委员会，其中两名委员由涉事国双方各指派一名，另一名由双方共同指派。

---

① Joseph N. Pelton, "A Path forward to Better Space Security: Finding New Solutions to Space Debris, Space Situational Awareness and Space Traffic Management", *The Journal of Space Safety Engineering* 6 (2019): 92.
② 参见孙茜等《微小卫星用频现状及国际空间法规应用研究》，《国际太空》2018 年第 5 期。
③ Amazon, Fighting Spacex's Starlink Plans, Says Elon Musk's Companies Don't Care about Rules, The Verge, https://www.theverge.com/2021/9/9/22664342/amazon-spacex-starlink-fight-elon-musk-jeff-bezos-fcc，最后访问日期：2024 年 11 月 16 日。

在外空商业化背景下，国家与私营实体之间、私营实体之间可能产生损害赔偿关系，在这种情形下通过外交途径解决，势必会增加沟通和求偿的时间，因为根据《外空条约》第 6 条和第 7 条的规定，不管是政府部门还是私营实体，其外空活动都是国家行为，都须由其国家监管和承担相关责任，对私营实体的求偿或赔偿都通过国内法来处理，也即国家赔偿之后再由国家向私营实体求偿或者国家获得赔偿之后根据国内法的程序再向私营实体支付赔偿金。通过外交途径解决的效率显然跟商业市场讲求效率的要求是有距离的。而且，通过外交谈判所确立的赔偿标准到目前为止似乎还没有确定。比如，在 1978 年宇宙 954 号核动力卫星事件中，加拿大的索赔金额是 1500 万美元，但是最终谈判确定的赔偿金是 300 万美元。外交谈判很难保证受害实体获得公正合理的赔偿，因为谈判的结果可能会受到国家力量对比以及发射国和受害国的外交关系好坏程度等因素的影响。

而且，在微小卫星星座的建立过程中，参与融资、开发、制造和发射的私营实体数量巨大，可能发生的纠纷会增多，如果发生纠纷都通过外交部来沟通解决也会增加国家外交部门的工作量和负担，可能会影响外交部门其他正常职能的发挥。《外空条约》和《责任公约》制定时，外空还没有商业化，外空活动主要由国家政府实体实施，而且外空事故很少，所以彼时其确立的机制是合理的，但是现在越来越多的私营实体进入航天领域，外空活动主体数量剧增，所以预计纠纷也会大量增加。换言之，《外空条约》和《责任公约》所确立的损害赔偿机制已经不适应外空商业化发展的需求了。

（四）现有国际法规范作用不足

目前，现行国际法只可为空间交通管制提供一些原则性的规则，但这些规定比较宽泛且零散，不是具体的空间交通管制规则，而且并不能涵盖空间交通管制的所有内容。软法性规则虽可提供很多直接的指引，但都是自愿性规则，缺乏强制性，作用有限，尚不足以解决目前商业化背景下微小卫星星座带来的种种问题与挑战。随着在轨空间物体数量的增加，特别是巨型的微小卫星星座的建设，空间交通管制面临的问题和隐患日益凸显。

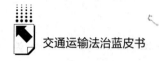

关于外空损害赔偿争端解决问题，《外空条约》第 9 条强调通过国际合作与磋商机制进行解决。此外，第 3 条也间接地将外空领域争端纳入《联合国宪章》中规定的争端解决办法之中，即依国际法院规约之规定提交国际法院。然而由于国际法院管辖权的特点，现实中国家间的航天争端解决仍然以政治外交手段为主。① 且国际法院只审理国家之间的争端，因而不适用涉及私营主体的争端解决。

《责任公约》第 8 条允许各国代表其自然人或法人向发射国提出损害赔偿请求，第 9、10 条规定赔偿损害请求应在一年内通过外交途径向发射国提出，如果一年内未能通过外交途径解决，第 14 条规定可以通过建立"赔偿要求委员会"进行解决，然而，第 19 条中规定"赔偿要求委员会"的决定或裁决的约束力仍然以各当事方同意为前提，否则该决定或裁决只具有建议性。由于"赔偿要求委员会"的特性和各种政治、舆论因素，在实践中各国政府几乎不会采用这种方式来解决争端，可能更不会愿意代表私营主体采取相关运作。1978 年发生的苏联"宇宙 954 号"核动力卫星返回地球落到加拿大境内造成损害的事件，加拿大和苏联是通过谈判的方式解决，并没有设立赔偿委员会。总而言之，《责任公约》的争端解决制度具有极大的不确定性，因为它并没有把所有的争端纳入其程序，而且这套程序持续时间很长，最终作出的决定可能无法使双方满意，甚至无法执行。除此之外，国际电信联盟也在《国际电信联盟组织法》第 56 条②和《国际电信联盟公约》第 41 条③中提供了仲裁的争端解决方式，但也因为其自愿性和缺乏有效的监督执行措施而落空。

---

① 蒋圣力、王天翼：《小卫星星座空间交通管理国际法律机制构建刍议》，《空间碎片研究》2021 年第 1 期。

② International Telecommunication Union, Effective Dispute Resolution: A Pressing Priority for Policy-makers and Regulators, https：//www. itu. int/itunews/manager/display. asp? lang = en&year = 2004&issue = 10&ipage = dispute&ext = html，最后访问日期：2024 年 11 月 16 日。

③ Dispute Resolution in the Telecommunications Sector: Current Practices and Future Directions. International Telecommunication Union (ITU), The World Bank. Geneva, 2004. https：//www. itu. int/ITU-D/treg/publications/ITU_WB_Dispute_Res-E. pdf，最后访问日期：2024 年 11 月 16 日。

四 完善空间交通运输现有国际规则的具体建议

（一）微小卫星星座轨道和无线电频谱资源分配协调机制

1. 设置轨道资源和无线电频谱资源的合理使用期限

对于有限的卫星频率和轨道资源，应在合理、有效和经济利用同时，明确公平使用原则，考虑后发国家的发展需要。对于近地轨道航天器的离轨期限，机构间太空碎片协调委员会（Inter-Agency Space Debris Coordination Committee，IADC）在其 2025 年修订的《IADC 空间碎片缓减指南》第 5.3.2 条中提出航天器在任务结束后 25 年离轨的寿命期限要求，并要求后期处置的成功率至少为 90%，但目标为 90% 甚至更高，并特别指出对于大型星座而言，可能需要更短的剩余轨道寿命和更高的成功率。[①] 但如果一方面大型星座每 5~8 年发射数万颗新卫星，而另一方面已发射的卫星仅仅保持 25 年的清除周期，显然是无法维持平衡的。因此，对于大型星座而言，5 年的清除期限是更为合理的。2019 年的"里程碑规则"要求卫星应在 7 年内完成部署，而 2023 年的"后里程碑规则"则要求卫星运营商在完成部署之后需每 4 年向国际电信联盟提交一次报告。这对约束各航天国家特别是有意建设巨型卫星星座的国家合理使用轨道资源和无线电频谱资源有重要的规范意义。

2. 设置罚款机制

在设置清除期限的同时，也可以引入罚款机制，[②] 如超过 5 年未及时进行航天器清除的，处以较清除成本而言更高的罚款，迫使卫星运营商进行及

---

① IADC Space Debris Mitigation Guidelines, https：//www.iadc-home.org/documents_public/view/page/1/id/172#u，最后访问日期：2024 年 11 月 16 日。

② 如法国卫星行动法（Loi relative aux opérations spatiales，LOS）第 9 条第 3 款中对于违反规定继续进行太空运行的，将处以 200000 欧元的罚款。https：//www.legifrance.gouv.fr/loda/id/JORFTEXT000018931380/，最后访问日期：2024 年 11 月 16 日。

时的离轨退出操作和技术改进。关于罚款额度，可以由专门机构根据外空环境、资源饱和情况进行制定，并将缴纳的款项用于太空碎片清除项目，以促进轨道资源的循环利用。美国联邦通信委员会于 2023 年 10 月 2 日针对美国电视提供商回声星通信公司未能将其即将退役的卫星及时脱轨处理和未能及时处理相关空间碎片的行为对其处以 15 万美元的罚款。美国这一做法为罚款机制的设立提供了实践范例。

（二）微小卫星轨道参数和无线电频谱数据库建立和信息分享机制

建立轨道参数数据库和无线电频谱数据库，是为了避免微小卫星引发的轨道运行干扰和无线电频谱的干扰，只有清楚卫星具体的轨道位置和使用的频谱，才能解决邻近卫星之间的干扰问题。《登记公约》第 4 条所要求的国家登记义务及五项基本内容（国名、标志或号码、日期和地点、基本轨道参数、一般功能），在各国实践中存在很大的差异。其中的原因可以归结为对公约义务条款的理解差异、空间物体的军事敏感性以及国家安全和政治因素的影响。[①] 对于发展迅速的商业化巨型卫星星座而言，政治或军事因素干扰较少，但为可持续发展而建立信息分享机制的需求却是更为迫切的。

应当在要求各国严格执行《登记公约》的前提下，细化数据库中微小卫星登记的信息参数。一般而言，要确定卫星的具体位置应当提供轨道六要素，包括半长轴、偏心率、轨道倾角、升交点赤经、近地点幅角和过近地点时刻，而《登记公约》所要求的四项基本轨道参数（波节周期、倾斜角、远地点、近地点）实际上并不足以确认卫星的位置。如果无法确认微小卫星的具体位置，很容易在拥堵的轨道上发生碰撞事故。因此，在微小卫星领域，应当制定更为科学、详细的数据分享要求，以增强空间交通事故的可预测性和可控性。同时随着卫星密度不断增加，为防止不同主管部门的微小卫星星座之间产生有害干扰的情况，在遵循《无线电规则》的基础上建立无线电频谱数据库，对于邻近卫星之间的频谱协调也有重要意义。最为重要的

---

① 参见龙杰《外层空间物体登记制度的立法问题》，《地方立法研究》2019 年第 3 期。

是，要定期更新微小卫星轨道参数。由于安全和避免干扰和碰撞等原因，在实际操作中，卫星需要经常调整轨道。在调整轨道后，需要及时通报国际社会和其他国家，并及时把改变后的轨道参数提交数据库。

（三）微小卫星技术标准机制

自 2010 年以来，国际标准组织（International Organization for Standardization，ISO）一直试图根据 IADC 和其他机构的指导方针和最佳实践发布一套全面的空间碎片减缓国际标准，以满足空间环境可持续性的需求。ISO 24113（空间系统—空间碎片减缓要求）于 2019 年 7 月进行了更新，并逐渐运用于一些国家的空间活动。而随着数千颗卫星组成的星座系统不断向近地轨道发射，该标准在未来也会变得更加严格。挑战在于如何在促进外空活动长期可持续性的同时，促进整个航天工业公平合理地发展。[1] 技术标准机制应涉及航天器各个轨道阶段和减轻碎片的所有重要方面，包括任务后处理、防止在轨解体、估计轨道寿命、限制再入风险以及微小航天器技术标准、在轨能力评估等。[2] 值得注意的是，目前微小卫星的质量与体积不断变小，给观测、碰撞风险评估带来了更大的挑战，ISO 可以根据现有的最先进和可靠的技术实践对微小卫星的大小和重量制定标准，避免出现盲点而发生碰撞或者干扰事件。此外，对于微小卫星应对如地磁风暴等空间天气的环境变化的能力，也应制定相应标准，以减少空间天气对微小卫星造成损害和安全威胁。

（四）微小卫星星座空间运行阶段的协调和避碰机制

对于在轨运行的微小卫星星座，应建立协调和避碰机制，以最大限度地减少操作阶段可能发生的分裂解体和轨道中意外碰撞的可能性。该机制大致包括，改进微小卫星的轨道定位，甄别微小卫星当前和计划中轨迹以避免潜

---

① Stokes H , YAkahoshi, Bonnal C , et al. , " Evolution of ISO's Space Debris Mitigation Standards", *Journal of Space Safety Engineering* 7（2020）：325.

② Gleason M. P. , " Establishing Space Traffic Management Standards, Guidelines and Best Practices", *Journal of Space Safety Engineering* 7（2020）：426.

在碰撞，确定碰撞风险及是否需要对轨迹加以调整以减轻碰撞风险，共享有关解释和使用交会评估信息的成果及经验，拟订关于评估碰撞风险、做出避免碰撞机动操作决定的方法和前后连贯的标准，并商定适用于不同类型交会的各类方法。其中，对于新兴的私营主体，应提供培训机会并传播避免碰撞机动操作决策进程的最佳实践、知识和经验。

（五）微小卫星使用周期末期回收处理机制

考虑缩短微小卫星使用寿命之后，超过使用周期的微小卫星如果不进行及时的末期回收处理，则会为空间交通带来安全隐患。对于微小卫星的回收处置，可有两种做法。其一，对于近地轨道的卫星，在结束寿命前有序脱离近地轨道，进入高度较低的报废轨道（Disposal Orbit，也称处置轨道），并从该轨道重新进入地球大气层。大气阻力将确保这些碎片在大气中迅速分解，不会对空间作业造成进一步的危险。[①] 在进行卫星设计时，也应使用能在大气层充分燃烧的材料以确保安全。其二，对于轨道较高的微小卫星，将其发射到更远的太空所需的燃料比将其送回地球所需的燃料更少，因而可以参考地球同步轨道航天器的处置办法，利用卫星上的推进器，将其轨道提高至地球同步轨道以上 300 英里的墓地轨道（Graveyard Orbit）。但墓地轨道只能是一个临时解决方案，随着废弃的卫星不断堆积和技术进步，未来人类也可能需要派出"太空垃圾车"来清理这些垃圾。通过这两种处置方式腾出轨道资源使其重新被利用，也符合外空活动长期可持续性原则。

（六）损害赔偿争端解决机制

对于航天器造成的损害，《责任公约》有两种责任形式：对于发生在空

---

① 这是目前 SpaceX、OneWeb 和波音等公司进行微小卫星废弃处置的主要方式和研究方向。但也可能带来一定的环境污染问题。Jon Brodkin, SpaceX and OneWeb Broadband Satellites Raise Fears about Space Debris, https：//arstechnica.com/information－technology/2017/10/spacex－and－oneweb－broadband－satellites－raise－fears－about－space－debris/，最后访问日期：2024 年 11 月 16 日。

气空间和地面的损害，为绝对责任；对于发生在外太空（地球表面之外）的损害，为过错责任（fault-based liability）。其中，损害对象分为人或财产。因此，对于微小卫星可能造成的损害可以分为以下情形：其一，微小卫星与微小卫星相撞；其二，微小卫星与国际空间站或载人飞船相撞（可能涉及人身损害）；其三，微小卫星对于地表的人或物的损害。

如前文所述，目前国家与国家之间的外空争端主要通过政治外交途径解决，国际法院和求偿委员会这两种争端解决方式也未能提供解决纠纷的有效手段。而随着商业化的微小卫星星座的发展，出于对太空纠纷的专业性考虑，临时仲裁或体制仲裁或许更能促进公平、高效地解决纠纷。[1] 2012 年海牙常设仲裁法院（Permanent Court of Arbitration，PCA）《关于外层空间活动仲裁争议解决的可择规则》[2] 和建立专门从事空间领域、了解外空法的仲裁员名单可以满足空间争议解决的许多要求。设立特定的太空争议解决部门，是当前学者讨论较多的问题。有观点提出，如果没有在空间问题上具有专门知识的超国家机构，那么 PCA 可能成为太空争议解决部门的有力选择。鉴于私营主体在空间活动中发挥的突出作用，应给予国家和政府组织以外的其他利益攸关方以充分、平等地进行争端解决的机会，强制太空争端提交仲裁，并在合同中确定适用的法律，同时确保专家的裁决以保密和有约束力的方式作出，可以更加合理、有效地解决涉及私营航天主体的外空争议，并为外空商业化提供便利。

五 推进我国空间交通运输发展进程的若干建议

继美国航天商业公司 SpaceX 申报建造星链计划之后，我国部分企业也积极向国际电信联盟提交微小卫星星座建造计划。在此情形下，我国既要完

① Kurlekar, Arthad, "Space-The Final Frontier: Analysing Challenges of Dispute Resolution Relating to Outer Space", *Journal of International Arbitration* 33 (2016): 379.
② Tronchetti F, "The PCA Rules for Dispute Settlement in Outer Space: A Significant Step Forward", *Space Policy* 29 (2013): 181.

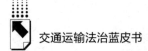

善国内法律机制为我国微小卫星星座的安全运行保驾护航，又要积极参与空间交通管制国际规则的谈判和制定，从而最大限度地维护我国的外空利益。

（一）国内层面

其一，最为重要的是加强我国外空态势感知能力建设。要想把握微小卫星星座空间交通管制国际规则制定的话语权，就必须拥有强大的外空态势感知能力，在一些国家不愿或不及时向联合国登记空间物体轨道参数信息的情势下，我们需要建立自己的外空态势数据库，及时掌握他国空间物体的实时轨道参数信息以确定其具体的位置，特别是临近我国微小卫星星座的空间物体的实时轨道位置，为我国微小卫星处理排除干扰、避碰预警等事项提供科学准确的信息，从而为我国微小卫星星座安全稳定运行提供安全保障。近年来，我国已经开展外空态势感知能力建设，通过建立地基和天基系统增强外空态势感知能力。但是与美国相比，我国还有较大的差距。目前国际社会主要依赖美国的外空态势感知系统监控外空环境、空间碎片、未登记卫星等。外空态势感知系统有军民两用性质，最初用于军事目的，主要用以监控潜在敌方的军用卫星以及不负责任甚至恶意的外空行为。近年来，随着空间碎片的激增以及在轨卫星数量的增多，外空态势感知系统逐渐应用于空间碎片的监控和空间交通管制。空间交通事故成功预警和空间物体成功避碰须建立在强大的外空态势感知能力的基础上。我国微小卫星星座建造计划已经开始实施，因此外空态势感知能力建设须加快步伐，为我国微小卫星星座的安全运行提供技术支撑。

其二，加快微小卫星星座建造速度。2019 年世界无线电大会确定的"里程碑规则"和 2023 年世界无线电大会确定的"后里程碑程序规则"及轨道特性参数容限规则，对巨型微小卫星星座的建设进行严格的限制。这对于我国的微小卫星星座的建设构成巨大的挑战。我国目前的航天发射能力相较于美国还有距离，要在七年内完成 1 万多颗卫星的全部部署难度极大。所以未来十年将是我国微小卫星星座建造计划能否顺利完成的关键时期。我国需加快发展航天发射能力，加快建造微小卫星星座的速度。美国的星链计划是军民两用性质的，而且得到美国国防部的资金支持。美国把中国作为潜在的竞争对手甚至是"假想敌"，所以美国星链计划极有可能对我国国家安全，特别是外空安全构成威胁。2021年，星链计划中的卫星两次逼近我国天宫空间站，对我国天宫空间站的安全构成威胁。天宫空间站被迫做出两次机动变轨以避免碰撞。我国需加快打造属于中国的卫星星座，为保护我国的外空安全、网络信息安全、通讯安全、国防安全等保驾护航。

其三，推进航天法治建设，将微小卫星星座管理机制从政策主导转变为规则主导。2018年，《航天法》被列入全国人民代表大会常务委员会立法规划（二类项目），其立法工作成为社会关注的热点问题。商业航天也是《航天法》草案的重要议题之一。① 目前，我国对商业航天的监管已有相关法律政策可以提供指导，与微小卫星星座相关的包括固定资产投资、科研生产监管、发射许可、空间物体登记等。但是这些规则层级比较低，且在实际监管中仍存在监管机构不明和职责不清的问题。② 未来《航天法》可能不会设计单独一条直接处理微小卫星星座的问题，但是可能提供一系列比较系统的基本原则和规则，包括空间物体登记管理、空间数据使用管理、民用和商业航天发射许可管理、空间物体无线电频谱和轨道资源管理等。由于微小卫星星座的卫星数量巨大，需要专门制定一个部门规则，以实施细则的方式对微小卫星的发射许可，登记管理，空间数据使用管理，无线电频谱和轨道资源申报、协调、登记和管理，空间交通协调、避碰以及任务末期处理等事项进行规制。将微小卫星星座相关的管理机制纳入航天法体系，可以使相关领域的管理由政策主导转变为规则主导，进而维护我国卫星频率轨道资源合法权益，有利于我国航天（尤其是商业航天）产业的发展。与此同时，我国已开始研究起草《无线电频谱资源法》和《卫星频率轨道资源管理条例》。应当在《国际电信联盟组织法》《国际电信联盟公约》《无线电规则》及其"里程碑规则"、"后里程碑规则"和轨道特性参数容限规则的基础上，根据

① 参见高国柱《〈航天法〉立法工作中若干问题的反思与建议》，《中国航天》2021年第11期。
② 参见高国柱《〈航天法〉立法工作中若干问题的反思与建议》，《中国航天》2021年第11期。

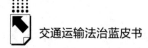

我国国情，从国内层面对从国际电信联盟申报获得的频谱资源的规划、配置、收回，以及卫星频率轨道资源管理作出安排，为我国微小卫星星座的发展提供规则支撑。

（二）国际层面

其一，积极履行《登记公约》和《外空活动透明度和建立信任措施》，定期向联合国外空委报告执行情况，以提高我国微小卫星星座活动的透明度，可为国际谈判提供信誉支撑。

其二，加强微小卫星星座成果分享，利用"一带一路"和亚太空间合作组织等平台惠及广大发展中国家，可为我国参与国际规则谈判建立牢固的外部力量支援。加强基于共同目标、服务"一带一路"建设的空间合作，使航天发展成果惠及沿线发展中国家；推动"一带一路"空间信息走廊建设，加强遥感、北斗卫星导航、通信卫星的应用合作；发挥亚太空间合作组织东道国作用，推动亚太空间合作组织数据共享服务平台建设；重视在金砖国家合作机制、上海合作组织框架、二十国集团合作机制下的空间合作。加强与广大发展中国家的合作，提高太空危机管控和综合治理效能，进行成果共享与技术交流，例如利用我国技术成果为七十七国集团的成员国提供通讯、太空科学观测、自然灾害监控、无线电网络直播服务等。同时，在相关国际规则谈判时积极维护发展中国家的权益和立场，也有利于为我国参与外空全球治理提供牢固的外部力量支援。

其三，积极参与关涉微小卫星星座交通管制国际规则谈判，把握话语权。我国主要规划3个巨型星座计划，"GW"星座计划（1.3万颗卫星）、"千帆"星座计划（1.4万颗卫星）、"鸿鹄-3"星座计划（1万颗卫星），小卫星数量达3.7万颗左右。在此背景下，我国积极参与与卫星星座相关的国际规则谈判，在国际规则制定上为我国争取最大利益。把握国际规则制定话语权的喉结在于拥有先进的技术能力，所以，加强微小卫星星座交通管制技术层面的研究是关键。同时，要坚持发展中国家立场和多边谈判框架。在国内，要调动航天实务与研究人员，建立行业组织，推动微小卫星领域行业规范的建立和信息交流。使适用于我们国家的微小卫星技术和技术规范和标准纳入微小卫星星座交通管制国际规则文件中，使我们的技术标准和规范成为国际规则，利用联合国外空委、ISO 等平台倡导空间交通管制国际规则制定，推动构建公正、合理和有序的微小卫星星座交通管制体系，促进外空活动长期可持续发展，在外空领域推动构建人类命运共同体、为促进人类文明进步作出更大贡献。

总之，随着我国一系列卫星的发射和在轨运行以及天宫空间站的投入使用，空间交通运输和管制安全已成为我国交通运输的重要内容。多国巨型卫星星座计划的相继实施将给近地轨道的空间交通管制带来巨大挑战，同时也会对我国在轨空间资产与航天员的安全构成严重威胁。然而现行国际法还没有一套系统的规则来应对多个巨型卫星星座同时存在带来的相关问题。在此情形下，结合相关国家和国际组织的立法实践，国际社会应建立一套系统的微小卫星星座管制机制；与此同时，为实现我国外空利益最大化，我国也需构建一套系统、科学的空间交通管制机制来为我国在轨空间资产和航天员的安全保驾护航。

B.11
中国网约车平台法治发展建设的现状、困境与建议*

王毅纯**

摘 要： 目前对于网约车平台的法律规制存在高位阶立法缺失、地方立法不统一的显著问题。网约车现行行政监管模式具有重事前监管而轻过程监管和事后监管的特点，未来可采取多方合作的混合监管模式，通过行业自律以及社会监管的方式对平台进行多方约束。由于在不同的网约车运行模式下，网约车平台的法律地位有所不同，故未来立法应针对网约车平台与司机之间的法律关系作出更具体的规定，从而明确在发生交通事故时不同法律关系下各责任主体的责任形态与责任范围。在保险种类缺失导致当前网约车保险相关问题频出的情况下，应当鼓励保险公司开发针对网约车的特别险种，将网约车强制保险纳入行业准入门槛之中从而实现强制投保的目的。网约车聚合平台应当具有独立于网约车平台的法律地位，针对网约车聚合平台的法定义务与责任承担，立法应作出与网约车平台的差异化规定。

关键词： 网约车平台 立法规制 法律监管 责任承担 网约车聚合平台

---

　* 本文系北京市社科基金青年项目"大数据时代数据的利用规则与保护制度研究"（项目编号：19FXC013）的阶段性研究成果。

　** 王毅纯，北京交通大学法学院副教授，硕士生导师，北京交通大学法学院网络与信息法治研究中心主任，主要研究方向为民商法学。北京交通大学法学院硕士研究生万勤梅（现为北京市延庆区人民法院法官助理）、山东大学法学院硕士研究生张禧悦为本文的写作提供了资料检索、文献整理、初稿撰写等方面的支持，特此感谢。

近年来，随着互联网技术的应用以及共享经济新理念的成形，依托互联网进行运作的平台经济应运而生，网约车平台便是其中之一。网约车的出现改变了人们的出行方式，丰富了人们的出行选择，一定程度上缓解了出行难的问题。在我国，传统的出租车行业有着严格的行政许可准入管制，政府对这一行业实行了严格的数量管制、运价管制以及质量管制。① 正因如此，自20世纪80年代以来，大部分城市出租车数量基本保持不变。但是随着经济的发展，民众的出行需求不断增加，打车难的问题愈发突出。② 网约车正是瞄准了这一市场"痛点"，因而受到大众的欢迎，"滴滴出行"等网约车平台规模不断扩张，但具体的法律问题也随之产生。

其一，网约车的兴起模糊了营运与非营运的界限，加大了政府监管的难度。多地仍秉持传统出租车行业的监管理念对这一新兴事物进行管制，不断有网约车司机因涉嫌非法运营被处以行政罚款，网约车司机为此提起行政诉讼的案例屡见不鲜。此外，监管的难点还在于网约车对处于垄断地位的传统出租车行业造成巨大冲击，甚至多地出租车司机提出抗议，认为网约车与"黑车"无异，要求政府严格管制。行政部门应如何平衡传统出租车行业与新兴网约车行业之间的关系，如何对网约车行业进行有效监管成为难题。

其二，网约车平台的法律地位和法律性质界定不明，导致其所承担的法律责任不清。网约车交通事故时有发生，被害人不知应向何者索赔的情况也并不少见。平台是否应当承担承运人责任，抑或作为信息中介服务商或其他网络服务商从而并不必然承担交通事故的终局责任等问题，在现实生活中尚存在理论争议与裁判分歧。

其三，保险领域对网约车的安全风险覆盖不足，导致理赔时常出现困难。在保险方面，运营车辆与家庭自用车辆投保费率不同，险种也不同，但

① 参见荣朝和、王学成《厘清网约车性质 推进出租车监管改革》，《综合运输》2016年第1期。
② 参见甄珍、谢新水《"互联网+"背景下网约车政策的制定过程及其示范价值》，《电子政务》2018年第5期。

许多车主并不清楚其中的差别或存在侥幸心理，导致私家车主进行网约车运营时没有及时通知保险公司，在发生交通事故理赔时遭遇障碍。而现行法律规范中，网约车平台保险义务的缺失更加剧了这一问题。

其四，在传统的网约车平台之外，还发展出了网约车聚合平台，演变出独特的交易模式与复杂的法律关系。此种聚合平台经济模式中至少存在网约车聚合平台、网约车经营平台、实际承运的网约车司机及乘客四方主体，其中网约车聚合平台主要发挥促进网约车平台、司机及乘客供需三方交易信息的高效流动及资源精准匹配的作用。然而，目前对于网约车聚合平台的法律规制存在定性争议、法律关系不明、义务和责任范围较为模糊等诸多问题。而且，由于各地平台经济发展状况不一，关于网约车聚合平台的地方立法在内容上也具有明显差异。由此可见，上位法的缺失和地方立法的参差不齐，导致难以实现对网约车聚合平台的有效监管。

针对以上突出问题，以《网络预约出租汽车经营服务管理暂行办法》（以下简称《暂行办法》）的出台为代表，近年来我国在立法层面针对网约车行业的法律规制取得了新的进展。目前虽尚未出台针对网约车平台的更高位阶的法律规范，地方立法却呈现向统一标准靠拢的趋势。如2024年修订后的《湖北省道路运输条例》和《江苏省道路运输条例》均明确要求网约车平台公司应当核验车辆、驾驶员的资质。也有一些城市开始采用更灵活的许可准入机制，同时结合动态监管手段，优化了传统出租车与网约车的共存机制。但目前仍然存在上位法缺失、各地针对网约车的地方性规章和政策差异较大、行业监管标准不一的显著问题。

网约车行业在2024年及未来的发展中，将面临更加清晰的法律框架和更高的行业规范要求。未来，国家层面有望出台更系统的网约车行业专项法规，明确规范行业各方主体的权利与义务，并制定与网约车行业特点相适应的劳动、税收和消费者权益保护制度。在法律保障和社会责任的双重驱动下，网约车行业有望进入健康、可持续发展的新阶段。

一 网约车平台国内立法的规制现状与发展趋势

近年来，虽然我国已逐步完善网约车行业的相关立法，但当前我国网约车行业法律规制问题突出，立法无法满足现实需求的矛盾仍然较为尖锐。

（一）网约车平台法律规制的体系结构

1.网约车平台的统一立法效力层级较低

在我国网约车平台规制的法律体系中，现行效力层级最高的是由交通运输部、工业和信息化部等部委于2016年联合发布的《暂行办法》。该部门规章承认了网约车平台的合法地位，并且明确了其客运承运人的性质定位，[①] 为网约车市场迎来更广阔的发展空间奠定了基础，[②] 也标志着我国网约车行业正式踏入规范健康发展的新征程。[③]《暂行办法》于2019年进行首次修正，但实质变化不大，仅删除第6条第1款第3项中的"外商投资企业还应当提供外商投资企业批准证书"，以及对个别条文进行了语言表述的修改，仍未改变相关规定效力层级较低的状况。《暂行办法》于2022年再次进行了修正，其中第34条对"擅自从事或者变相从事网约车经营活动"的情形及其法律责任作出了细化规定，第36条删除了网约车驾驶员因"未按照规定携带《网络预约出租汽车运输证》《网络预约出租汽车驾驶员证》"而承担法律责任的规定。虽然《暂行办法》第16条明确规定网约车平台公司承担承运人责任，但由于民事审判中不得径行依据行政规范性文件判决，法院无法直接依此规定判决平台承担相应责任。[④]

同时，对网约车平台相关法律问题进行专门规定的主要部门规范性文件

---

① 2016年《暂行办法》第16条："网约车平台公司承担承运人责任，应当保证运营安全，保障乘客合法权益。"

② 参见吕海林《网约私家车致第三人损害交通事故侵权责任承担》，《东南大学学报》（哲学社会科学版）2020年第S2期。

③ 参见唐清利《"专车"类共享经济的规制路径》，《中国法学》2015年第4期。

④ 参见钱玉文《论网约车交通事故中的民事责任配置》，《政治与法律》2021年第12期。

如下：2016 年《关于网络预约出租汽车经营者申请线上服务能力认定工作流程的通知》（交办运〔2016〕143 号）对网约车平台申请线上服务能力认定所需证明材料及流程进行了规定；2016 年《交通运输部办公厅关于网络预约出租汽车车辆准入和退出有关工作流程的通知》（交办运〔2016〕144 号）对网约车车辆准入和退出工作流程进行了细化；2016 年《交通运输部办公厅关于印发〈网络预约出租汽车监管信息交互平台总体技术要求（暂行）〉的通知》（交办运〔2016〕180 号）提出了网约车平台应将平台数据库接入行政部门平台的相关要求；2016 年《网络预约出租汽车运营服务规范》（JT/T 1068-2016）作为交通运输行业标准对于网约车经营者、驾驶员、运输车辆、经营者服务流程、驾驶员服务流程及服务评价与投诉处理的要求进行了明确；2022 年印发的《网络预约出租汽车监管信息交互平台运行管理办法》（交运规〔2022〕1 号）对于网约车平台与网约车监管信息交互平台进行的数据传输、运行维护、数据传输质量测评等予以规范；2022 年《关于加强网络预约出租汽车行业事前事中事后全链条联合监管有关工作的通知》（交办运〔2022〕6 号）规定了对网约车行业尤其是网约车平台的违规违法行为进行约谈等举措以加强多部门、跨省市、全链条、全流程联合监督；2023 年《关于切实做好网约车聚合平台规范管理有关工作的通知》（交办运〔2023〕23 号）明确规定了网约车聚合平台对网约车平台的核验责任以及向乘客提供车辆牌照和驾驶员基本信息的义务，而且允许乘客依据《消费者权益保护法》相关规定要求网约车聚合平台承担先行赔偿责任。

此外，《小微型客车租赁经营服务管理办法》《巡游出租汽车经营服务管理规定》《出租汽车驾驶员从业资格管理规定》等部门规章也对网约车相关问题进行了分散规定。如《巡游出租汽车经营服务管理规定》第 52 条第 3 项对"网络预约出租汽车经营服务"的概念进行了界定。① 但总体来看，相关文件涉及网约车平台实体法律问题的规定仍然较少。

---

① 《巡游出租汽车经营服务管理规定》第 52 条第 3 项："'网络预约出租汽车经营服务'，是指以互联网技术为依托构建服务平台，整合供需信息，使用符合条件的车辆和驾驶员，提供非巡游的预约出租汽车服务的经营活动。"

2. 网约车平台的地方立法内容宽严不一

在网约车出现的最初几年时间里，部门立法尚未承认其合法地位。地方监管机关倾向于以传统的出租车规则对网约车进行规制，从而必然得出网约车未取得运营资质而进行非法运营的结论。[①] 例如，2014 年 7 月 29 日发布的《上海市查处车辆非法客运办法》规定，利用互联网网站、软件工具等提供召车信息的服务商，应当遵守客运出租汽车调度服务规范，并向市交通行政管理部门提供客运服务驾驶员和车辆的信息。对于市交通行政管理部门认定客运服务驾驶员或者车辆不具备营运资格的，则该服务商不得提供召车信息服务。2014 年 8 月，北京市公安局公安交通管理局发布通知禁止私家车和其他非租赁车辆进行汽车租赁经营。2015 年 1 月，广州市交通委员会认定，互联网专车召车服务构成"预约出租汽车经营服务"，当前各"专车"所使用的车辆、司机均不具备合法的客运营运资格，涉嫌非法营运，广州交委将对其予以严厉处罚。[②]

由于出租车市场的准入管制，私家车进行网约车服务时面临被认定为非法运营的风险，各地也频繁发生网约车司机因非法运营而遭到行政处罚的案件。因为网约车主多通过诉讼方式维护自身权益，使得司法机关成为最先直面网约车合法性问题的官方主体。[③] 2015 年 3 月 18 日，济南市市中区人民法院正式受理了"陈超诉济南市城市公共客运管理服务中心行政处罚案"，该案被称为"中国专车第一案"。经审理，济南市市中区人民法院认为，网约车作为客运服务的新业态和共享经济产物，其运营有助于提高闲置资源的利用效率，缓解运输服务供需时空匹配的冲突，有助于在更大程度上满足人民群众的实际需求，同时关系到公众的生命财产安全，关系到政府对公共服务领域的有序管理，应当在法律、法规的框架内进行有效的监管。基于此，对待网约车案件"既要依据现行有效的法律规定审查被诉行政行为的合法性，以体现法律的

---

① 参见彭岳《共享经济的法律规制问题——以互联网专车为例》，《行政法学研究》2016 年第 1 期。

② 参见李慧燕、李冰如《广州交委："专车"服务不合法》，《信息时报》2015 年 1 月 9 日，第 A12 版。

③ 参见王霁霞《共享经济的法律规制逻辑——以网约车行政案件为切入点的分析》，《法学杂志》2019 年第 1 期。

权威性和严肃性，同时也要充分考虑科技进步激发的社会需求、市场创新等相关因素，作出既符合依法行政的当下要求，又为未来的社会发展和法律变化留有适度空间的司法判断"①。此判决对网约车运营的合法性予以了明确承认。

2016年《暂行办法》出台以后，基于贯彻《暂行办法》的需求，全国各地出台了大量网约车管理的地方立法。截至2024年11月，在北大法宝以"网络预约出租汽车""管理"为关键词进行标题检索，限定结果为"现行有效"，得到地方政府规章12部，地方规范性文件236部，以及地方工作文件125部。② 如2021年8月成都市交通运输局、成都市互联网信息办公室、成都市经济和信息化局、成都市公安局、成都市商务局、成都市市场监督管理局六部门联合印发实施《成都市网络预约出租汽车经营服务管理实施细则》（成交发〔2021〕46号），在2016年《成都市网络预约出租汽车经营服务管理实施细则（暂行）》的基础上进行了多方面的完善。此外，近年来，各地也逐步将网约车规制问题纳入其地方性法规即道路运输条例之中，例如2024年修订的《江苏省道路运输条例》以及2023年修订的《河北省道路运输条例》均对网约车平台的法律地位、义务范围、责任承担等进行了细化规定。由此，形成了以《暂行办法》为基础，地方实施细则因地制宜予以细化的网约车平台法律规制体系。

然而，部分地方性法规在《暂行办法》基础上提高了准入条件。例如，《北京市网络预约出租汽车经营服务管理实施细则》（京交文〔2016〕216号）中限制网约车司机必须为本地户籍，并对车辆轴距、排气量等作出了严格的限制。③此类限制提高了北京市私家车主进行网约车运营的准入门槛，但对保障乘客出行安全、提高网约车运营服务水平的实际助益并不明显。

---

① 参见《中华人民共和国最高人民法院公报》2018年第2期。
② 北大法宝，https://www.pkulaw.com/advanced/law/lar，最后访问日期：2024年11月16日。
③ 《北京市网络预约出租汽车经营服务管理实施细则》第8条："在本市申请《网络预约出租汽车驾驶员证》的驾驶员，应当符合下列条件：（一）本市户籍……"第9条："在本市申请办理《网络预约出租汽车运输证》的车辆，应当符合下列条件：（一）本市号牌且为出租汽车经营者或个人所有的车辆（机关企事业单位及社会团体非营运车辆不得从事网约车运营），满足本市最新公布实施的机动车排放标准，在车辆检验有效期内，没有未处理完毕的交通事故和交通违法记录；（二）5座三厢小客车车辆轴距不小于2650毫米（含新能源车），排气量不小于1.8升；7座乘用车排气量不小于2.0升、轴距不小于3000毫米……"

（二）网约车平台法律规制的完善空间

1. 网约车平台法律规制的重点问题有待细化

《暂行办法》中对网约车平台的规制主要围绕以下几方面展开：第一，平台经营资质的取得；第二，平台对车辆及司机的监管责任及其他职责；第三，平台竞争问题。网约车平台法律规制的重点在于，一方面需要维护市场秩序，营造公平、有序的竞争环境，另一方面需要加强平台监管责任以维护乘客出行安全。平台作为最便于掌握各类行程、交易信息的一方，也最应该担负起保障乘客出行安全的责任。在规制方法上，规制主体以网约车平台公司为主，忽视了与网约车平台合作的出租车运营公司、汽车租赁公司等相关主体，在规制思路上仍然秉持传统的行政许可监管的思路，重视准入门槛的设置而轻视监管运营过程。同样地，多数地方立法沿袭了《暂行办法》的规制思路，重点规制如下几方面的问题：第一，网约车经营者，即平台公司在各地取得经营许可的条件和申请流程；第二，车辆和驾驶员的准入条件；第三，网约车经营者、司机、乘客三方的权利义务关系；第四，监管部门的监管责任及其对相关主体的违规处罚等内容。

《暂行办法》对待新事物采取了较为谨慎的态度，较为粗疏，未对相关事项予以细致规制。部分地方立法在《暂行办法》的基础上，进行了创新和补充，以更好地解决实际问题。如《成都市网络预约出租汽车经营服务管理实施细则》对网约车平台进行了分类规制，区分了运营平台与信息服务平台，相较于《暂行办法》中的界定更为细致，并且还将为平台提供车辆和人员的汽车经销商、汽车租赁公司等第三方经营合作商也一并纳入规制范围。① 对网

---

① 《成都市网络预约出租汽车经营服务管理实施细则》第 2 条："在我市从事网约车经营服务，应当遵守本实施细则。本实施细则所称网约车经营服务，是指以互联网技术为依托构建服务平台，整合供需信息，使用符合条件的车辆和驾驶员，提供非巡游的预约出租汽车服务的经营活动。本实施细则所称网约车经营者（以下称网约车平台公司），是指构建网络服务平台，从事网约车经营服务的企业法人。本实施细则所称第三方信息服务平台经营者，是指为网约车经营者从事网约车经营提供信息服务的企业法人。本实施细则所称第三方经营合作商，是指与网约车平台公司开展经营合作，为网约车平台公司从事网约车经营提供车辆和人员的汽车经销商、汽车租赁公司等企业法人。"

约车平台、第三方信息服务平台的安全保障义务、社会责任进行了明确,以加强过程监管,并规定了网约车平台的先行赔付责任。① 同时还规定网约车平台应为乘客购买承运人责任险等相关保险。②《杭州市网络预约出租汽车经营服务管理实施细则》(杭政办函〔2023〕47号)则要求网约车平台企业建立经营管理、安全生产、服务质量等保障制度以及防止非营运车辆利用合乘信息服务平台从事经营活动的相关制度,并要求在申请网约车运营时提交相应文本,且要求平台确保提供服务的车辆均具有营运车辆相关保险。这些规定都在《暂行办法》的基础上对网约车平台提出了更高更具体的要求,以加强事前和事中监管,提高运营安全。

以目前已出台的地方立法为参考,未来各地方对网约车平台的立法应重点从以下几个方面进行完善。第一,强化事前资质审查与备案制度,进一步细化网约车平台的申请条件和审核标准,例如要求平台在申请过程中提交更加详细的经营、安全和服务保障制度文本。第二,加强动态监管与数据共享,更加注重事中监管,要求网约车平台定期向监管部门报送运营数据,主动公开服务质量评估和安全保障情况。通过引入大数据监管技术,实现实时监控与精准执法,提升监管效率。第三,明确保险义务与风险保障机

---

① 《成都市网络预约出租汽车经营服务管理实施细则》第13条:"网约车平台公司承担承运人责任,应当保证运营安全,保障乘客合法权益,维护社会稳定。网约车平台公司接入第三方信息服务平台从事运营服务的,仍承担承运人责任。网约车平台公司、第三方信息服务平台经营者知道或者应当知道平台内经营者有侵害乘客合法权益的行为,未采取必要措施的,或者未尽到安全保障义务,造成乘客损害的,按照《中华人民共和国电子商务法》等有关法律法规的规定承担相应责任。网约车平台公司应当与第三方经营合作商共同承担社会责任,保障驾驶员合法权益,做好新增驾驶员的经营风险提示。网约车平台公司、第三方经营合作商不得以虚假、夸大宣传及其他违法违规行为欺骗、误导驾驶员从事网约车营运。网约车平台公司在我市的服务机构,应当设立专门的安全管理部门,配备安全管理人员,履行企业营运安全管理、内部安全保卫、治安防范、网络安全等主体责任。对服务过程中发生的安全责任事故承担先行赔付责任。"

② 《成都市网络预约出租汽车经营服务管理实施细则》第20条:"网约车平台公司应当依法纳税,并为乘客购买承运人责任险等相关保险,充分保障乘客权益,车内人员伤、亡保险额度不低于每人每次事故100万元。营运中发生道路交通死亡事故的,网约车平台公司应及时向服务机构所在地县级交通运输行政主管部门报告。"

制，进一步强化平台在保险方面的责任，要求提供服务的车辆必须投保营运车辆相关保险，并明确平台在事故理赔中的保障责任，以减少纠纷，提高出行安全。第四，规范合乘行为，防止非法营运，对合乘行为作出更明确的界定，建立防止非营运车辆利用合乘平台从事经营活动的监管机制，同时完善举报和处罚措施，严控非法营运风险。第五，推动行业标准化与区域协同监管。随着网约车行业的全国化和跨区域发展，建议地方立法机关或政府同步关注其他省市的立法现状，加强区域间的协同监管，探索建立统一的行业标准，避免地方政策割裂，进一步优化网约车市场环境。第六，构建公众参与和监督机制。地方立法还应注重公众参与，探索建立乘客评价机制和投诉举报渠道，确保平台企业的服务质量和安全保障措施能够接受社会监督。总之，未来网约车平台地方立法的发展趋势应呈现为更加注重细化监管措施、强化安全保障和优化市场环境，以实现行业的规范、有序与可持续发展。

2. 网约车平台法律规制的基本路径亟待创新

以《暂行办法》为核心的部门规章、部门规范性文件和对其进行细化的地方规范性文件组成了我国当前网约车平台法律规制的主要体系。《暂行办法》授权地方政府自主决定车辆的具体准入标准和条件、司机的准入条件，以及是否实施数量管控、运价管制等，并且要求三证齐全，即车辆、司机、平台事前均需要取得行政许可，这与传统对出租车的准入管制无异。同时，《暂行办法》要求网约车平台在地级市有相应的分支机构进行管理，一定程度上加大了网约车平台的运营成本。

从当前的法律文件来看，网约车平台法律规制的基本路径在于注重事前准入门槛限制，以行政许可、各地实体分支机构、具体办事人员等准入要求对网约车平台进行规制。这一规制路径使得网约车平台公司与传统出租车运营公司之间并没有理论研究上所想象的那般截然不同，甚至可以说，在一定程度上，网约车仅仅是一种能进行网上预约的出租车。① 由此可见，目前国

---

① 参见方俊《网约车合法化后的保险真空与法律应对》，《电子政务》2019 年第 1 期。

内立法对于网约车平台的规制路径实际上沿用了对传统巡游出租车的行政监管模式，"强调的是垂直型、多层级、相对僵化的传统科层制应对方案，而互联网平台则刚好是扁平化、去中介化、相对灵活的"①。因此，有研究认为，《暂行办法》是传统科层制思维的产物，其以政府为主导的一元监管模式未必适合当前的网约车平台经济模式。②

网约车平台的法律规制应适应平台经济的特点，传统的"一元主导"监管模式已难以适应扁平化、去中介化的互联网平台经济特性，未来的规制路径应更多借助技术手段与社会力量，形成"政府+企业+社会"的多元协同监管模式。例如，引入行业自律组织，规范平台的市场行为；通过公众评价和举报机制，强化社会监督；结合大数据与人工智能技术，提升监管精准性与效率。网约车平台与传统巡游出租车在运营模式上虽有共性，但二者在技术依赖度、服务灵活性和市场化程度等方面存在本质区别。建议未来立法根据平台规模、运营范围、服务类型等因素，对网约车行业实施分级分类管理，对不同主体制定差异化的监管要求，以提高法规适配性。此外，法律规制路径应鼓励网约车平台发挥自治能力，例如要求平台建立更加完善的安全管理、数据保护、保险保障等内部治理机制。通过法律明确平台的合规责任边界，使其在审核驾驶员资质、保障用户安全、提供保险服务等方面更好地承担责任。

此外，当前网约车行业的快速发展伴随着商业模式的创新，未来可能出现更多智慧出行的新兴业态。建议在立法过程中注重法规的包容性和前瞻性，为行业创新预留一定的弹性空间，同时在国家立法层面出台上位法，为部门立法和地方立法的执行提供统一框架，以减少下位法与上位法不符的情形以及各地法规差异导致的监管不一致问题。

---

① 张茂元、廖安：《技术视角下的互联网平台监管研究——以网约车平台为例》，《行政论坛》2021 年第 6 期。
② 参见侯登华《"四方协议"下网约车的运营模式及其监管路径》，《法学杂志》2016 年第 12 期。

二 网约车平台行政监管的既定模式与完善路径

（一）网约车平台行政监管的现行模式

正如前文所述，当前网约车平台监管主要依托《暂行办法》和地方规范性文件进行。具体而言，其行政监管具有如下几个特点。

1. 侧重事前监管，过程监管和事后监管不健全

在监管方式上，《暂行办法》对网约车实施以事前监管为主的行政监管模式。事前监管主要体现为以经营资质管理为本位，在准入门槛上进行诸多限制。①《暂行办法》沿用了传统出租车条块管理思维，②将网约车纳入客运监督体系，对平台、车辆和驾驶员均实行许可管理。其对网约车经营者资质和经营条件等都进行了较为具体的限制，地方立法则只能在此基础上进行更细致的要求，因此不利于地方结合具体实际进行差异化探索和有益性尝试，比如其对驾驶员的基础条件规定就过于严苛。③地方规范性文件在《暂行办法》原有的严格条件之下，又层层加码，提出了更高的要求，使得很多司机车主被阻挡在行业之外。例如，上海市要求司机具有上海市户籍，但截至 2017 年 7 月底，在上海市已激活的 41 万余名司机中，具有本地户籍的不足 1 万名。④北京市不仅要求司机具有本地户籍，还要求车辆具有本地牌照。同时，《暂行办法》对网约车平台资质要求也很严格，不仅要求平台在服务地有相应的服务机构、拥有线上线下服务能力，还规定网约车平台公司的线上服务能力需要由注册地省级交

---

① 参见唐清利《"专车"类共享经济的规制路径》，《中国法学》2015 年第 4 期。
② 参见侯登华《网约车规制路径比较研究——兼评交通运输部〈网络预约出租汽车经营服务管理暂行办法（征求意见稿）〉》，《北京科技大学学报》（社会科学版）2015 年第 6 期。
③ 参见唐清利《"专车"类共享经济的规制路径》，《中国法学》2015 年第 4 期。
④ 参见万雪飞《网约车新政周年考：仅 10 万合格司机如何满足超 2 亿用户?》，经济观察网，https://www.eeo.com.cn/2017/0802/309663.shtml，最后访问日期：2024 年 4 月 16 日。

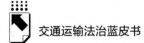

通运输主管部门商同级通信、公安、税务、网信、人民银行等部门审核认定,①
门槛不可谓不高。

在对平台、司机、车辆都进行严格的准入门槛限制的同时,对于网约
车服务过程、服务质量、运营状况等的监管则相对较为粗放。严格的事前
准入审查一定程度上可以提高网约车的安全性,但门槛的高低与安全性的
高低并非简单的线性关系,与安全性并不完全对应的门槛要求也会将大量
并不存在安全隐患的司机、车辆等排除在行业之外,比如本地人、本地车
的要求与安全之间的联系就很难证成,那些应当被认定为不具有安全风险
的外地司机和车辆却因此排除在外,此种"一刀切"的处理方式也难谓
公平。

对进入网约车行业的车辆、司机进行诸多限制会导致从事网约车的私家

---

① 2022年《暂行办法》第5条:"申请从事网约车经营的,应当具备线上线下服务能力,符
合下列条件:(一)具有企业法人资格;(二)具备开展网约车经营的互联网平台与拟开
展业务相适应的信息数据交互及处理能力,具备供交通、通信、公安、税务、网信等相关
监管部门依法调取查询相关网络数据信息的条件,网络服务平台数据库接入出租汽车行政
主管部门监管平台,服务器设置在中国内地,有符合规定的网络安全管理制度和安全保护
技术措施;(三)使用电子支付的,应当与银行、非银行支付机构签订提供支付结算服务
的协议;(四)有健全的经营管理制度、安全生产管理制度和服务质量保障制度;(五)在
服务所在地有相应服务机构及服务能力;(六)法律法规规定的其他条件。外商投资网约
车经营的,除符合上述条件外,还应当符合外商投资相关法律法规的规定。"第6条:"申
请从事网约车经营的,应当根据经营区域向相应的出租汽车行政主管部门提出申请,并提
交以下材料:(一)网络预约出租汽车经营申请表(见附件);(二)投资人、负责人身份、
资信证明及其复印件,经办人的身份证明及其复印件和委托书;(三)企业法人营业执照,
属于分支机构的还应当提交营业执照;(四)服务所在地办公场所、负责人员和管理人员
等信息;(五)具备互联网平台和信息数据交互及处理能力的证明材料,具备供交通、通
信、公安、税务、网信等相关监管部门依法调取查询相关网络数据信息条件的证明材料,
数据库接入情况说明,服务器设置在中国内地的情况说明,依法建立并落实网络安全管理
制度和安全保护技术措施的证明材料;(六)使用电子支付的,应当提供与银行、非银行
支付机构签订的支付结算服务协议;(七)经营管理制度、安全生产管理制度和服务质量
保障制度文本;(八)法律法规要求提供的其他材料。首次从事网约车经营的,应当向企
业注册地相应出租汽车行政主管部门提出申请,前款第(五)、第(六)项有关线上服务
能力材料由网约车平台公司注册地省级交通运输主管部门商同级通信、公安、税务、网信、
人民银行等部门审核认定,并提供相应认定结果,认定结果全国有效。网约车平台公司在
注册地以外申请从事网约车经营的,应当提交前款第(五)、第(六)项有关线上服务能
力认定结果。其他线下服务能力材料,由受理申请的出租汽车行政主管部门进行审核。"

车显著减少，从而减弱网约车平台的网络效应。[①] 有研究指出，网约车平台对乘客和司机的价值取决于双方的数量，这直接决定了乘客候车时间和司机等待派单的时间，当双方人数达到一定的临界值时才能产生网络效应，降低双方的等待时长，促进效率的提高，并产生正反馈，持续增加双方数量。[②] 而过于严格的准入限制可能影响网约车平台网络效应的实现，使合格网约车的数量难以达到临界值，无法形成正反馈，从而加大平台的运营成本，进而提高单次乘车费用。长此以往，也将加速乘客退出。[③] 因此，长久来看对行业发展不利。

从根本上来看，通过增强过程监管来提高安全性才是更为精准的监管方式，但目前网约车运行过程中的安全问题多依赖于平台自身的措施予以保障，例如，要求车辆全程录音、提醒乘客设置紧急联系人等，而行政监管部门对此并无具体措施予以实时保障。立法方面，交通运输部于2022年印发了《网络预约出租汽车监管信息交互平台运行管理办法》，旨在加强网约车监管信息交互平台的运行管理工作和规范数据传输，并在此基础上保障网络预约出租汽车行业健康稳定发展和提升行业服务水平，规定了网约车监管信息交互平台在数据传输、运行维护、数据质量测评等方面的内容，体现了网约车监管信息交互平台的约束效力和实用价值，有助于提升各网约车平台的运行管理和数据传输能力，进一步为网约车行业的合规运行和全链条监管提供更为健全有效的制度保障和技术支持。

2.倾向于限制性管制，市场促进作用兼顾不充分

在监管内容上，《暂行办法》对网约车的监管也沿用了传统巡游出租车数量管制、价格管制的方法，虽然具体规定上有所不同，但规制手段大同小异。多地对网约车司机与车辆提出的本地人、本地车要求使得合格的网约车

---

① 参见张茂元、廖安《技术视角下的互联网平台监管研究——以网约车平台为例》，《行政论坛》2021年第6期。

② 参见〔美〕杰奥夫雷·G.帕克等《平台革命：改变世界的商业模式》，志鹏译，机械工业出版社，2017，第17页。

③ 参见张茂元、廖安《技术视角下的互联网平台监管研究——以网约车平台为例》，《行政论坛》2021年第6期。

数量大减。例如，在 2017 年，广州市只核发网约车驾驶员证 4215 张，巡游出租车驾驶员申领网约车驾驶员证 4179 张，而在 2016 年 6 月，仅广州市的网约车注册司机就将近 50 万人。①

同时，《暂行办法》第 21 条对网约车平台提出要求，不得以低于成本的价格运营，② 从而限制了平台通过价格补贴抢占市场的空间。立法部门做出此规定的理由在于网约车平台存在"妨碍市场公平竞争""排挤竞争对手""独占市场"的问题，甚至还有部分地方规范性文件提出必要时对网约车实行政府指导价。③ 如前所述，网约车平台需要司机和乘客都达到足够的数量才能实现网络效应，从而充分发挥网约车数字化、网络化的优势，而网络效应的实现原理决定了网约车行业必然会出现一定程度上的聚集。网约车平台间进行低价、补贴等价格大战并未损害消费者合法权益，这是其行业特性所决定的必然会存在的竞争行为，后来者若想占有一定的市场份额以实现双边网络效应，必然需要以低价优势和高价补贴吸引消费者和司机。倘若后来者不能使用一定的手段与在先的平台企业相互竞争，市场垄断只会加剧。低价限制对于已经占有较大市场份额的平台公司而言并无不利影响，但对于意图进入该行业的新平台公司而言，则相当于变相提高了准入门槛。因为即便新平台公司进入市场，由于其规模难以达到一定程度，无法获得盈利，最终也只能被市场淘汰，反而导致行业垄断的加剧。

3. 采用区域化属地化监管，导致平台运营成本增加

《暂行办法》第 5 条要求网约车平台公司"在服务所在地有相应服务机构及服务能力"，各地的实施细则对这一实体化要求作出了更为具体的规

---

① 参见万雪飞《网约车新政周年考：仅 10 万合格司机如何满足超 2 亿用户？》，经济观察网，https://www.eeo.com.cn/2017/0802/309663.shtml，最后访问日期：2024 年 4 月 16 日。

② 《暂行办法》第 21 条："网约车平台公司不得妨碍市场公平竞争，不得侵害乘客合法权益和社会公共利益。网约车平台公司不得有为排挤竞争对手或者独占市场，以低于成本的价格运营扰乱正常市场秩序，损害国家利益或者其他经营者合法权益等不正当价格行为，不得有价格违法行为。"

③ 例如《西安市网络预约出租汽车经营服务管理暂行办法（2020 修订）》第 3 条第 2 款规定，"网约车运价实行市场调节价，必要时实行政府指导价"。

定。例如，《上海市网络预约出租汽车经营服务管理若干规定》第 6 条要求网约车平台"在本市有与注册车辆数和驾驶员人数相适应的办公场所、服务网点和管理人员"，即本市实体机构管理人员、办公场所等应与本市网约车数量相匹配。但实际上，由于互联网虚拟空间的数字化与非实体性，信息等资源可以免费传输与共享，平台运营并不需要在每一个市均设立实体机构才能实现对平台系统的管理维护，网约车平台线下扩张、运营也并不以实体机构的扩张为必要。《暂行办法》和各地方立法的规定使得网约车平台虽然可以依靠中央服务器服务全国，但仍然必须在各地设置分支机构，安排相应人员进行运营管理，其依托于互联网共享经济而存在的非实体化优势大大减弱，运营成本显著提高，而这些运营成本最终也都将转嫁到消费者身上。①

与此同时，《暂行办法》第 22 条、② 第 35 条第 1 款第 4 项③还对网约车平台的经营区域作出了限制，即必须在划定的区域内经营，超出划定区域的，起讫点一端也应当在许可的经营区域内，否则将受到行政处罚。由此将网约车的经营范围严格限定在了同一行政区域内，限制了网约车平台依托网络的跨区域经营能力。此类规定的目的主要在于保护地方利益，如地方财政税收等，但对网约车行业发展本身并没有直接的正向作用。网约车经由网络空间与平台发生联系，网络的虚拟性以及数字化使得平台在无规则制约的情况下，可以无视物理空间的限制，扩大运营范围，通过规模效应显著降低运营成本。④ 由此可见，实体化、行政许可化的监管模式忽视了平台经济的技术属性，带来的后果是监管成本与收益不成正比，监管效率低下。作为监管

---

① 参见张茂元、廖安《技术视角下的互联网平台监管研究——以网约车平台为例》，《行政论坛》2021 年第 6 期。

② 《暂行办法》第 22 条："网约车应当在许可的经营区域内从事经营活动，超出许可的经营区域的，起讫点一端应当在许可的经营区域内。"

③ 《暂行办法》第 35 条："网约车平台公司违反本规定，有下列行为之一的，由县级以上出租汽车行政主管部门和价格主管部门按照职责责令改正，对每次违法行为处以 5000 元以上 10000 元以下罚款；情节严重的，处以 10000 元以上 30000 元以下罚款……（四）起讫点均不在许可的经营区域从事网约车经营活动的……"

④ 参见张茂元、廖安《技术视角下的互联网平台监管研究——以网约车平台为例》，《行政论坛》2021 年第 6 期。

依据的《暂行办法》还可能存在违背上位法的问题，使得行政主管部门对网约车平台进行监管的合法性受到质疑。① 我国《立法法》规定部门规章是一种执行性立法，不具备创制性立法的功能，不享有行政许可设定权。② 《暂行办法》对平台、司机、车辆需要获得行政许可的规定违背了《立法法》以及《行政许可法》的相关规定。③

（二）网约车平台行政监管的既存问题

第一，监管目的不明，导致监管制度本末倒置。当前我国对网约车平台的监管多聚焦于防止平台进行垄断、加强准入监管方面。其规制目的在于减轻网约车给传统出租车行业带来的冲击。但政府应将规制重心转移到保障乘客出行安全上，由此减少对网约车车辆的限制，如轴距、排量等非必要性内容，而加强对司机和乘客安全风险的评估，并同时增加强制保险的内容。实际上，安全与否不在于司机专职或是兼职，车辆是不是营运车辆，而在于是否实施了可靠的车辆和司机准入标准，以及是否配备了充足的保险。④ 现行的网约车规制法规忽视了网约车可以依托网络进行司机、乘客等信息收集以保障出行安全的特点，陷入了特许经营的窠臼，这样的监管模式会导致更多问题。⑤

第二，沿用传统出租车监管模式，忽略了平台的监管作用，造成监管空白以及监管资源浪费。以与传统出租车监管方式相同的沿路随机抽查的方式进行网约车交通执法不仅效率低下，⑥ 还会带来选择性执法问题，使得网约

---

① 参见沈福俊《网络预约出租车经营服务行政许可设定权分析——以国务院令第 412 号附件第 112 项为分析视角》，《上海财经大学学报》2016 年第 6 期。

② 参见沈福俊《部门规章为什么没有行政许可设定权》，《政治与法律》2005 年第 6 期。

③ 参见沈福俊《网络预约出租车经营服务行政许可设定权分析——以国务院令第 412 号附件第 112 项为分析视角》，《上海财经大学学报》2016 年第 6 期。

④ 参见王军《出租汽车经营行政许可之合宪性分析》，《行政法学研究》2016 年第 2 期。

⑤ 参见曹勇、叶海波《网络预约出租汽车服务的法律规制》，《哈尔滨工业大学学报》（社会科学版）2019 年第 3 期。

⑥ 参见冯骅、王勇《网约车监管的改革方向：实施双重监管体系》，《企业经济》2020 年第 2 期。

车行业监管失序。忽视网约车平台的技术特征,技术性监管措施配套不足,必然导致监管效率低下。网约车平台掌握着司机、乘客、车辆的具体信息,承载审核司机身份、加强运营过程的安全监管等内容,也就是说,依托平台技术本可以达到高效监管,但当前未能充分发挥平台作用,仍以行政审核为重点。

第三,监管依据不足,行政许可授权受到质疑。《暂行办法》对网约车平台、营运车辆和驾驶员所应获得的行政许可作了规定。"这一规定权来源于 2004 年国务院令第 412 号国务院决定所设定的行政许可。依照《行政许可法》,国务院决定设定的行政许可为临时性行政许可"①。以临时性行政许可授权平台长达 4 年、驾驶员长达 8 年的经营许可显然并不恰当。并且按照《行政许可法》,《暂行办法》作为国务院部门规章是没有行政许可设定权的,② 这也为平台、司机、车辆所需的三证设置带来了诸多质疑之声。

(三)网约车平台采用多元监管模式的未来趋势

鉴于当前以政府为主导的一元监管模式存在诸多弊病,学者们提出了新的监管模式。这些模式总体上可以分为两类:一是政府与平台结合的二元监管模式,即"政府管平台,平台管车辆"③;二是多方合作的混合监管模式。④

二元监管模式相较于我国当前的一元监管模式而言,能够充分发挥平台的技术特性。一方面,网约车平台更熟悉行业内的技术知识,并拥有大量数据能对出行趋势进行预判,进而可以迅速制定与实施应对方案,快速解决问题,降低政府治理的成本,保证公共服务规模化与差异化,提升公共服务品

---

① 沈福俊:《网络预约出租车经营服务行政许可设定权分析——以国务院令第 412 号附件第 112 项为分析视角》,《上海财经大学学报》2016 年第 6 期。

② 参见沈福俊《网络预约出租车经营服务行政许可设定权分析——以国务院令第 412 号附件第 112 项为分析视角》,《上海财经大学学报》2016 年第 6 期。

③ 侯登华:《网约车规制路径比较研究——兼评交通运输部〈网络预约出租汽车经营服务管理暂行办法(征求意见稿)〉》,《北京科技大学学报》(社会科学版)2015 年第 6 期。

④ 参见唐清利《"专车"类共享经济的规制路径》,《中国法学》2015 年第 4 期。

质与社会福利。① 其技术专业性也能加快处理具体问题的进展，使监管更具时效性。另一方面，政府部门缺乏相应技术能力，实际上也难以对网约车司机进行有效的实时监管，监管时效性大打折扣，"黑车"问题可能会更加严重。政府为平台设置管理职能，通过规范平台的行为监管司机等主体，既可以减轻政府的监管任务，也有助于大大提高监管效率。

但二元监管模式也存在相应的弊端。研究发现，网约车平台可能因为其逐利性而缺乏对司机、车辆等的资质审查动力。② 通过监管和法律责任的双重约束虽然可以促使平台不得不去完成相应的监管任务，但网约车平台作为一个营利性组织，"其参与治理的积极性取决于治理目标与利润目标的协同程度"③，对司机身份等的审核若严格按照标准执行则可能会带来合格的网约车数量减少的问题，因而导致其审核动力不足，由此造成司机身份存疑、乘车安全难以保障的后果。

因此，为了克服二元监管模式的隐患，可以尝试多方合作的混合监管模式，即将乘客评价纳入管理体系，建立司机与乘客的双向评价机制，以社会评价约束平台与司机。④ 还可通过行业协会建立最低安全保障的专项或综合性自律机制，⑤ 加强自律组织的监管职能，由此可以部分弥补平台自我监管的不足。通过行业自律以及社会监管的方式对平台进行多方约束，从而提高其对司机、车辆的审核积极性。

三　网约车平台的法律关系框架与责任规则适用

随着网约车的兴起，网约车道路交通事故也时有发生。由于网约车平台

---

① 参见张茂元、廖安《技术视角下的互联网平台监管研究——以网约车平台为例》，《行政论坛》2021年第6期。
② 参见王俪、周向红《平台型企业参与公共服务治理的有效机制研究——以网约车为例》，《东北大学学报》（社会科学版）2018年第6期。
③ 王俪、周向红：《平台型企业参与公共服务治理的有效机制研究——以网约车为例》，《东北大学学报》（社会科学版）2018年第6期。
④ 参见王军《出租汽车经营行政许可之合宪性分析》，《行政法学研究》2016年第2期。
⑤ 参见唐清利《"专车"类共享经济的规制路径》，《中国法学》2015年第4期。

与所涉主体之间法律关系复杂，此时被侵权人究竟应该向司机还是平台抑或其他主体寻求损害赔偿的救济成为实践难题。从实际出发，不同的网约车平台采用了不同的运营模式，同一个网约车平台也可能同时采用多种运营模式，可以说该行业并无统一的服务模式，在进行法律责任划分前有必要厘清各主体之间的法律关系，而法律关系定性的前提在于理顺网约车平台的不同运营模式。

（一）网约车平台的服务模式类型多样

为清楚描述网约车平台的具体服务类型，笔者以最具行业代表性的滴滴出行为例，介绍其服务类型与运营模式。根据滴滴出行官方网站显示，滴滴出行旗下包括多种业务，例如滴滴公交、滴滴货运、滴滴代驾等，仅供通常情形下旅客运输的模式就有快车、出租车、顺风车、专车、豪华车五种类型，此处仅讨论与传统出租车行业存在竞争的旅客运输服务模式。

滴滴出租车是传统出租车公司与滴滴合作的结果，出租车公司将司机信息提供给滴滴平台，平台将乘客的用车信息与之匹配，这样司机就可以接收到乘客的订单，并由司机向乘客索取乘车费，在此过程中滴滴平台并不收取出租车公司或者乘客服务费。

滴滴快车模式下还有优享和拼车之分，即乘客可以选择独享一辆车的服务或者选择与路程有较大重合的其他乘客拼车，共享车内空间，以此享受更优惠的出行价格。滴滴快车的车辆来自社会上的私家车主，滴滴平台将乘客的用车信息提供给私家车主，促成二者之间交易的达成。

滴滴顺风车旨在节约出行资源，为路线相近的人提供匹配服务，使乘客可以搭乘私家车主的顺风车并少量分担费用。①

滴滴专车则采用"四方协议"模式，涉及滴滴平台、司机、汽车租赁公司、劳务派遣公司四方主体。这一模式下法律关系较为复杂，即私家车挂靠在汽车租赁公司名下，再由私家车主担任司机，与汽车租赁公司、劳务派

---

① 参见杨志航《在网约车现实与民事法律规范之间》，《重庆社会科学》2019 年第 3 期。

遣公司签订协议，营造出由汽车租赁公司出车、劳务派遣公司出人、滴滴平台提供服务信息的法律关系外观，平台则以此来规避监管风险。① 由于我国传统的出租车行业受到严格的准入限制，而提供代驾或者汽车租赁业务则无需专业从业资格，故而平台将车辆与司机拆分开来创设了"车辆租赁+代驾"的模式，即滴滴专车所采用的"四方协议"模式。② 这也从侧面反映出当前网约车行业适用出租车监管规则的不合理性。

实践中，"四方协议"模式根据司机、车辆来源的不同还可以进一步细分为三种模式：其一，"私家车+私家车主"模式；其二，"租赁公司车辆+劳务公司驾驶员"模式；其三，"平台自有车辆+劳务（平台）驾驶员"模式。大多数网约车平台公司与滴滴出行一样，采用的是"私家车+私家车主"模式，即表面上"人车分离"，实质上"人车合一"。③ 在该模式下，私家车主首先在网约车平台注册账号，将个人信息、车辆信息等上传至平台，平台将车辆挂靠到某汽车租赁企业名下，车主则成为某劳务派遣公司的签约司机。在乘客发起乘车订单时，平台将其发派给汽车租赁公司和劳务派遣公司，二者再根据要求派出相应汽车和司机。整体上来看，平台在这一过程中处于主导地位。④

（二）网约车平台的性质及其法律关系存在争议

厘清各主体之间的法律关系是准确界定各主体应承担的法律责任的前提。在法律关系的梳理中，网约车平台的法律地位以及平台与司机之间的关系则是最为关键的两个问题。

---

① 参见甄珍、谢新水《"互联网+"背景下网约车政策的制定过程及其示范价值》，《电子政务》2018 年第 5 期。
② 参见侯登华《共享经济下网络平台的法律地位——以网约车为研究对象》，《政法论坛》2017 年第 1 期。
③ 参见彭岳《共享经济的法律规制问题——以互联网专车为例》，《行政法学研究》2016 年第 1 期。
④ 参见侯登华《共享经济下网络平台的法律地位——以网约车为研究对象》，《政法论坛》2017 年第 1 期。

1. 网约车平台的法律地位界定不明

在不同的网约车运行模式下，网约车平台的法律地位有所不同。从前述运营模式分类中可见，不同模式的网约车平台存在至少两种法律地位：一是提供信息服务的居间人，即中介人；二是旅客运输合同的承运人。① 在具体的客运服务法律关系中，网约车平台究竟是上述两者之中的一种，抑或二者兼备，甚至是否存在新的可能的法律地位，都需要根据平台参与运营的作用以及与其他主体之间的关系而定，不同学者对此存在不同的理论认识。

在传统的出租车公司与网约车平台合作的模式下，网约车平台与司机二者间缺乏人身依附性，平台仅提供相应的信息服务，此时其法律地位应为居间人（中介人）。② 与之类似，在顺风车模式下，平台的法律地位仅为居间人（中介人）也已经基本达成了理论共识。③

但在专车模式、快车模式之下，网约车平台的定位就不再如此简单了。专车模式下，"四方协议"运营模式为网约车平台提供了逃避责任的空间和借口。实际上，汽车租赁公司、劳务派遣公司并不对车辆和司机进行实质上的管理，仅是名义上的管理者，是网约车平台将各方主体联系在一起。而由于通常所采用的"私家车+私家车主"模式下，车辆与司机实际上合一，"四方协议"在运行中简化为平台与司机的关系。④ 然而，各网络平台在其官网中均宣称，网络平台仅仅是需求信息的提供者或者运输合同的促成者，即信息服务商或者居间人角色，而非租车或者驾驶服务提供者。⑤ 正因如此，许多学者提出要加强监管，防止平台将自己的责任推给司机以及汽车租

---

① 参见张玉婷《网约车平台与司机的民事责任研究及裁判策略应对——从一则乘客起诉网约车司机、平台公司及保险公司案说起》，《法律适用》2018 年第 21 期。

② 参见钱玉文《论网约车交通事故中的民事责任配置》，《政治与法律》2021 年第 12 期。

③ 参见邓可人《私家车模式下网约车平台的法律地位与责任承担》，《人民司法（应用）》2018 年第 22 期。

④ 参见侯登华《共享经济下网络平台的法律地位——以网约车为研究对象》，《政法论坛》2017 年第 1 期。

⑤ 参见侯登华《共享经济下网络平台的法律地位——以网约车为研究对象》，《政法论坛》2017 年第 1 期。

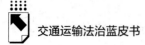

赁公司和劳务派遣公司。① 按照"四方协议"的定位，平台可能的法律地位是交通出行信息的提供者或者旅客运输合同的居间人，其存在目的在于促成乘客与汽车租赁公司和劳务派遣公司的两个合同的订立，而在平台与乘客之间建立起居间服务合同关系。

在"四方协议"之下，乘客的法律地位略显复杂。其并非只订立旅客运输合同，而是同时订立了两个合同：其一是汽车租赁合同，乘客是承租人和实际使用人；其二是劳务合同，乘客是驾驶劳务的雇佣人。② 作为承租人，需要承担的法律责任显然相较于客运合同中的乘客有明显的加重。一方面，其对租赁的车辆负有注意义务，应保证按照符合车辆用途的方式进行使用，并且在因己方过错造成车辆损坏时承担维修义务；另一方面，其被剥夺了乘客身份，也失去了旅客运输的相关法律规则对乘客提供的相应保护。同时，作为雇主，乘客还对司机的安全负有责任。如果因为司机的原因发生交通事故，乘客不仅不能得到赔偿，反而还可能承担替代责任或连带赔偿责任。

本质而言，网约车平台将自己的责任通过"四方协议"的模式从外观上转嫁给了乘客和其他服务商。但由于平台的强大力量和实质上超出中介的权能，这无疑成为其规避法律风险的方式，虚化了平台的法律地位。③ 由于认同专车模式下平台中介地位的观点仅考虑了法律关系外观，故而受到了批判。应当抓住网约车运营的实质，在网约车平台与乘客之间成立事实上的旅客运输合同。平台是提供运输服务的承运商，④ 主要的理由在于：平台是网约车运营行为的组织者、主导者、调度者，行使运输组织调度的职能，而非

---

① 参见侯登华《共享经济下网络平台的法律地位——以网约车为研究对象》，《政法论坛》2017年第1期。
② 参见彭岳《共享经济的法律规制问题——以互联网专车为例》，《行政法学研究》2016年第1期。
③ 参见彭岳《共享经济的法律规制问题——以互联网专车为例》，《行政法学研究》2016年第1期。
④ 参见侯登华《共享经济下网络平台的法律地位——以网约车为研究对象》，《政法论坛》2017年第1期。

信息中介功能，"四方协议"仅是其为规避自身风险所创设的，不应该被其迷惑。平台还是网约车服务运输合同的制定者、实施者、使用者，计费规则，收益分配规则，服务内容、标准、规范以及服务质量保障等均由平台制定。在实际运营中，乘客将费用支付给平台，并由平台进行处置分配、开具发票等。司机与平台之间的内部法律关系如何不应影响平台的网约车客运合同承运人地位。[①]

除上述理由外，《暂行办法》也将网约车平台定位为承运人，第16条指出网约车平台公司应承担承运人责任。由此似乎得到了理论认识与实定规范的统一。但也有学者对此质疑，认为《暂行办法》属于行政规范性文件，而《最高人民法院关于裁判文书引用法律、法规等规范性法律文件的规定》第4条规定，"民事裁判文书应当引用法律、法律解释或者司法解释。对于应当适用的行政法规、地方性法规或者自治条例和单行条例，可以直接引用"，故在民事审判中不得径行引用上述条文规定之外的其他规范行政文件进行判决，[②] 仅能在一定条件下作为裁判说理的依据。[③] 此外，也有观点认为《暂行办法》效力层级低，在诉讼中易产生适用障碍，由它来明确网约车平台的承运人责任并不合适。[④] 由此可见，如何证成平台的承运人法律地位，不能仅仅依靠规范性文件的实然规定，仍然需要进行充分的说理论证。在理论充分论证之前，司法实践中仍屡有法院判决认为平台是提供信息服务的中介商。

2. 网约车平台与司机之间的法律关系尚无定论

对于网约车平台与司机之间的法律关系，目前理论认识大致可以分为四种学说：劳动关系说，合作关系说，劳务关系说和新型劳动关系说。

---

① 参见侯登华《共享经济下网络平台的法律地位——以网约车为研究对象》，《政法论坛》2017年第1期。

② 参见钱玉文《论网约车交通事故中的民事责任配置》，《政治与法律》2021年第12期。

③ 《最高人民法院关于裁判文书引用法律、法规等规范性法律文件的规定》第6条："对于本规定第三条、第四条、第五条规定之外的规范性文件，根据审理案件的需要，经审查认定为合法有效的，可以作为裁判说理的依据。"

④ 参见梁分《网约私家车交通事故责任之认定与承担》，《法律适用》2017年第19期。

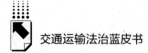

支持劳动关系说的学者较多，其理由如下。其一，平台对加盟车辆和车主具有审核义务，私家车主本身并无议价的权利和资格，而且还要受到平台规则的约束。① 其二，对于乘客而言，其所掌握的外观事实即乘客既通过平台打车，也通过平台付费，平台是提供租车服务的合同当事人，乘客并不关心由哪位司机提供服务，也难以意识到在使用网约车服务时自己要承担"承租人+劳务雇主"的责任。② 其三，平台凭借对市场接入权的垄断获得剩余控制权，并通过数据和算法介入劳动过程，由此平台至少与全职司机构成事实上的雇佣关系，即劳动关系。③ 同时，网约车司机劳动对资本的实际从属性有所加强，对于非私家车模式的网约车司机与平台之间应认定为正式的劳动关系而非劳务关系。④ 从属性是劳动关系的本质属性之一，学理认识中对于劳动关系的界定需要满足组织从属性、人格从属性、经济从属性三方面的要求，而司机对平台仅具备"组织从属性"与"经济从属性"，但这并不意味着二者不具备劳动关系。在认定劳动关系从属性时，需对"组织从属性"与"经济从属性"的重要性及其位序进行考察，革新我国的劳动关系认定标准。⑤

支持合作关系说的学者认为，司机与平台之间既不宜认定为劳动关系、劳务关系，也不宜认定为居间关系，而应认定为合作关系，二者共同构成旅客运输服务的承运人。⑥ 因为在私家车运营模式下，平台与私家车司机没有签订劳动合同，二者之间不存在人身隶属与经济制约关系，而且在报酬支付

---

① 参见吕海林《网约私家车致第三人损害交通事故侵权责任承担》，《东南大学学报》（哲学社会科学版）2020 年第 22 期。

② 参见彭岳《共享经济的法律规制问题——以互联网专车为例》，《行政法学研究》2016 年第 1 期。

③ 参见齐昊等《网约车平台与不稳定劳工——基于南京市网约车司机的调查》，《政治经济学评论》2019 年第 3 期。

④ 参见周绍东、武天森《个体自由与集体禁锢：网约车平台的劳资关系研究》，《河北经贸大学学报》2021 年第 2 期。

⑤ 参见叶嘉敏、李少军《共享经济视域下网约车平台用工劳动关系从属性认定标准研究——以"权重位序法"为核心进路》，《河北法学》2020 年第 11 期。

⑥ 参见张玉婷《网约车平台与司机的民事责任研究及裁判策略应对——从一则乘客起诉网约车司机、平台公司及保险公司案说起》，《法律适用》2018 年第 21 期。

上也不是直接支付工资，而是由平台扣除一定的服务费后再将每一单的剩余车费发放给司机，故而不属于劳动关系。在汽车租赁公司车辆与劳务公司驾驶员模式下，司机与汽车租赁公司发生关系，与平台之间不存在劳动关系。虽然二者符合雇佣关系，但由此平台作为雇主需对司机的职务行为造成的侵权问题全权承担，这样认定会造成平台过重的责任承担，权利义务不匹配的同时也不利于共享经济新模式的发展。此外，由于平台设计、启动、主导了这一经济模式的进行，并在客运服务中获益，故平台与司机之间的关系不符合居间关系的典型形态。这一共享经济利益体中，各个主体均有贡献，属于合作关系。而滴滴出行《专快车服务合作协议》的特别约定中也载明，"公司与所有提供网约车服务的司机仅存在挂靠合作关系"，对此似乎有所呼应。

也有学者认为网约车平台与司机之间应为非典型的劳务承揽关系。[①] 理由在于：对内，在网约车平台公司和私家车车主之间涉及劳动者权益保障问题时，应强化二者之间的从属性，认定为雇佣关系，有劳动合同的可以认定为劳动关系；而对外，从乘客或者被侵权人角度看，则应该弱化二者间的从属性，将之认定为承揽关系。私家车主向平台交付的并非劳务本身，而是将乘客送到目的地的劳动成果，私家车主在这一过程中可以自主决定工作时间、地点等，更符合劳务承揽的特征。[②]

由于网约车平台和司机的劳动关系与传统形式下具有较强人身、经济从属性的劳动关系不同，因此也有学者认为司机和网约车平台之间是依附性的新型劳动关系。[③] 司机处于劳动关系中的劳动者和劳务关系中的劳务者之间，其载客运营虽依附平台才能进行，但网约车司机自主接单、工作时间灵活。许多网约车司机已有一份全日制工作，仅业余时间从事非全日制的客运

---

① 参见吕海林《网约私家车致第三人损害交通事故侵权责任承担》，《东南大学学报》（哲学社会科学版）2020年第22期。

② 参见吕海林《网约私家车致第三人损害交通事故侵权责任承担》，《东南大学学报》（哲学社会科学版）2020年第22期。

③ 参见钱玉文《论网约车交通事故中的民事责任配置》，《政治与法律》2021年第12期。

服务，平台从中收取一定提成的劳动模式使司机对平台的人身和经济从属性弱化。滴滴平台以"四方协议"的方式隔离平台与司机之间的用工关系，然而实际上滴滴平台对用工进行全程控制和管理，网约车司机需要遵循网约车平台的各项规章制度和管理规范。司机需根据平台的指示提供运送乘客从起点至目的地的劳动成果，而非提供劳务本身。这种情形应确认平台与驾驶员之间存在新型劳动关系。

未来立法应针对网约车平台与司机之间的法律关系作出更具体的规定，以明确权利义务边界，平衡双方利益。立法层面可以区分不同平台运营模式，针对司机全职、兼职或短期合作等不同情形，明确劳动关系的认定标准。立法之所以要对网约车平台与司机之间的法律关系作出明确界定，除了出于保护新就业形态下劳动者合法权益的考量，更重要的还在于明确发生交通事故致乘客受损或致车外第三人受损情况下各责任主体的责任形态与责任范围。

（三）网约车平台侵权责任规则的适用分歧及其解决路径

对于道路交通事故中根据《道路交通安全法》等相关法律法规和司法解释确定网约车平台所涉车辆应承担侵权责任的情形，网约车平台是否应参与到最终的侵权责任分担中，在理论研究层面和司法实践层面目前均存在争议。

观点一认为，在私家车加盟模式下，私家车主与平台公司之间是挂靠合作关系，根据《民法典》第 1211 条，[①] 被挂靠人网约车平台公司应当对挂靠人司机的债务承担连带赔偿责任。根据《暂行办法》第 16 条，网约车平台公司应承担承运人责任。所以私家车加盟模式下，司机与平台应当共同承

---

① 《民法典》第 1211 条："以挂靠形式从事道路运输经营活动的机动车，发生交通事故造成损害，属于该机动车一方责任的，由挂靠人和被挂靠人承担连带责任。"条文内容来源于 2012 年《最高人民法院关于审理道路交通事故损害赔偿案件适用法律若干问题的解释》第 3 条，因条文内容已被《民法典》第 1211 条吸收，故 2020 年《最高人民法院关于审理道路交通事故损害赔偿案件适用法律若干问题的解释》已将该条删除。

担连带责任。对于责任分担的比例，则进一步认为不应该按照车费分配比例确定，而应根据二者间的协议约定。①

观点二认为，网约车交通事故责任承担中的争议主要是利益平衡与取舍的争议。从而根据不同的运营模式对责任分担予以类型化区分。如私家车主与网约车平台签订了劳动合同，约定发生交通事故时，私家车主作为员工不用承担责任，由网约车平台承担雇主责任（替代责任）。在劳务派遣情况下，由用工方即网约车平台承担侵权责任，劳务派遣方有过错的，承担相应的补充责任。在租赁情形下，由机动车使用人承担侵权责任。在订立合作协议或者承揽、承包协议以及顺风车模式下，网约车交通事故责任分担较为复杂，经利益权衡认为网约车平台公司与私家车车主基于偶然合伙关系应共同承担连带责任。② 该结论实际上与观点一的结论总体上基本一致，即考虑到行业的发展、乘客的利益保护与权利义务的公平性等，由网约车平台与车主二者共同承担侵权责任，仅在论证理由上各有侧重。

观点三则提出了新的侵权责任承担判断方式。第一步判断二者是否构成实质雇佣关系，即劳动关系，构成则适用用人单位的替代责任，否则应认定网约车平台为安全保障义务人，对其适用违反安全保障义务的侵权责任。③ 在此判断逻辑下，网约车平台无论如何均需承担相应责任。此种观点将安全保障义务的适用范围进行了扩张，但在具体规则的适用逻辑上有所不当，若网约车平台为安全保障义务人，那么无论是否构成劳动关系，平台均应承担违反安全保障义务的侵权责任，而非将责任划分层级具体适用。此外，忽视网约车运营不同模式的法律关系的区别，对网约车平台的侵权责任进行概括式认定的方式也不够合理。

观点四提出了责任承担的不同视角，其从完善我国机动车交通事故责任

---

① 参见张玉婷《网约车平台与司机的民事责任研究及裁判策略应对——从一则乘客起诉网约车司机、平台公司及保险公司案说起》，《法律适用》2018 年第 21 期。
② 参见梁分《网约私家车交通事故责任之认定与承担》，《法律适用》2017 年第 19 期。
③ 参见张素华、孙畅《民法典视野下网约车平台侵权的法律适用》，《河北法学》2020 年第 8 期。

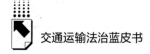

的角度出发，借鉴了比较法上的机动车保有人概念，认为对机动车的运行处于支配地位并享有因该机动车运行而产生的利益的民事主体是机动车保有人。原则上，机动车保有人是交通事故责任的责任主体。在专车、快车模式下，虽然机动车所有人为司机，网约车平台往往通过劳务派遣等方式避免与司机直接产生劳务关系，但是基于运行支配与运行利益理论，可以认为网约车平台处于机动车保有人地位，司机只是驾驶人。交通事故的受害人可以要求网约车平台承担责任，网约车平台承担责任后可以向有过错的司机追偿或者要求与其存在相应法律关系的实际经营企业追偿。① 当然，上述平台与司机的责任承担均是指由保险公司在机动车第三者责任强制保险责任限额范围内予以赔偿后不足的部分。此种观点基于道路交通事故侵权责任主体认定的基本法理对责任承担问题进行阐释具有理论正当性，但对不同网约车运行模式下网约车平台是否均具有机动车保有人身份没有区别分析。此外，对于保险公司是否愿意对私家车进行网约车运营产生的交通事故进行保险赔付的因素也未被考虑。

在上述观点的研究基础上，有学者进一步提出网约车平台不仅是机动车保有人，在专车、快车模式下，其分别与司机构成劳动关系和新型劳动关系。因司机原因造成乘客遭受损害的，网约车平台承担责任后可向存在故意或重大过失的司机追偿，若因第三人导致交通事故侵害乘客权益的，网约车平台公司需承担补充责任。在第三人直接侵权的情况下，还需要考虑网约车平台违反安全保障义务的责任。②

总体而言，针对网约车平台在道路交通事故中侵权责任的研究思路大体上均为先界定网约车运行类型，通常对最有争议的专车、快车模式进行研究，再判断网约车平台的法律地位及其与司机之间的法律关系，最后得出责任承担的结论。目前来看，在机动车保有人理论的基础上，进一步区分网约车平台与司机之间的法律关系，从而确定平台所承担的侵权责任形态，较能

---

① 参见程啸《民法典侵权责任编中机动车交通事故责任的完善》，《法学杂志》2019 年第 1 期。

② 参见钱玉文《论网约车交通事故中的民事责任配置》，《政治与法律》2021 年第 12 期。

兼顾理论的正当性与实践的多样性，是可供借鉴的解决思路。如前所述，立法层面首先应明确劳动关系的认定标准，从而为网约车平台与司机的责任分配提供清晰的规则框架，减少司法裁判中的分歧。

四 网约车平台重点保险法律问题的解决对策

实践中机动车辆投保的险种可以分为两类：一是交强险，属强制投保；二是商业险，为自主投保。保险公司确定承保费率时需要对实践中该事件发生的概率予以评估，以保证自己的盈利。可以说，保险的核心在于风险概率。私家车进行网约车运营后，其车辆性质由家庭自用车辆变为营运车辆。由此，保险公司认为其发生交通事故的危险显著增加，对司机的保险理赔诉请提出了异议，而司法实践中也有多起案件，法院支持了保险公司拒赔商业险的意见，还有法院对交强险与商业险一并拒赔予以了支持。保险公司拒绝赔付的理由通常为《保险法》第52条①规定的保险标的危险程度显著增加时被保险人对保险公司的通知义务以及合同中对该义务的约定。② 家庭自用车辆转变为网约车是否构成"危险程度显著增加"，保险公司拒绝赔付理由是否正当等问题受到学界关注。

（一）危险程度显著增加的判断标准亟待明确

实践中，大量司法裁判案件仅依据私家车从事网约车服务即认定危险程度显著增加，而未对不同情况予以区分。③ 例如，仅在上下班途中顺路搭载

---

① 《保险法》第52条："在合同有效期内，保险标的的危险程度显著增加的，被保险人应当按照合同约定及时通知保险人，保险人可以按照合同约定增加保险费或者解除合同。保险人解除合同的，应当将已收取的保险费，按照合同约定扣除自保险责任开始之日起至合同解除之日止应收的部分后，退还投保人。被保险人未履行前款规定的通知义务的，因保险标的的危险程度显著增加而发生的保险事故，保险人不承担赔偿保险金的责任。"

② 梁鹏：《网约车商业三者险拒赔质疑》，《保险研究》2019年第2期。

③ 参见江苏省南京市江宁区人民法院（2016）苏0115民初5756号民事判决书，上海市浦东新区人民法院（2016）沪0115民初75306号民事判决书。

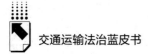

乘客，分担车费，其行驶路线、里程均未明显增加，难谓危险程度显著增加。对于实践中存在的裁判乱象，核心是危险程度是否显著增加的判断标准尚不明确。

危险程度显著增加的含义在于"危险增加的程度超过保险人承保时可预见的范围，足以影响保险人决定是否继续承保或者提高保险费率"，这也是实质性的判断标准。[①] 但这一标准过于抽象，难以在司法实践中予以直接适用，理论研究对此予以了更为细化的阐释。学界对危险程度显著增加的判断标准大致可以分为三种。第一种，以营运与否为判断标准，车辆的使用性质改变为营运车辆则危险程度显著增加，反之则不属于危险程度显著增加的情形。[②] 而营运与否则依网约车运营模式而定，学界普遍认为快车、专车属于营运车辆，[③] 而顺风车是否属于营运车辆则存在争议。第二种，从保险法理论出发，以重要性、持续性、不可预见性三要素为判断标准。[④] 这意味着危险程度发生细微变化、暂时变化或者在订立合同时已经被预见到的变化均不属于危险程度显著增加。在这一标准之下区分快车、专车等网约车与拼车、顺风车等私人小客车合乘，前者属于危险程度显著增加，后者则不属于。[⑤] 第三种，以车辆的运行时间、使用频率和运行里程为依据将网约车按照不同运营模式分为全运营、半运营、偶尔运营三种类型，全运营类型车辆危险程度显著增加，偶尔运营的网约车则危险程度并未明显增加，而对半运营状态的网约车是否属于危险程度显著增加则依据其接入平台次数更接近全运营还是偶尔运营车辆的次数而定。[⑥]

① 参见邹森《共享经济背景下网约车的责任保险问题研究——以"快车"和"顺风车"模式为视角》，《山西青年职业学院学报》2018 年第 4 期。
② 参见武亦文、赵亚宁《网约车情境下危险增加通知义务的法律适用》，《湖北社会科学》2019 年第 6 期。
③ 参见武亦文、赵亚宁《网约车情境下危险增加通知义务的法律适用》，《湖北社会科学》2019 年第 6 期。
④ 参见王鹏鹏《论网约车危险显著增加与保险法应对》，《重庆大学学报》（社会科学版）2021 年第 2 期。
⑤ 参见邹森《共享经济背景下网约车的责任保险问题研究——以"快车"和"顺风车"模式为视角》，《山西青年职业学院学报》2018 年第 4 期。
⑥ 参见梁鹏《网约车商业三者险拒赔质疑》，《保险研究》2019 年第 2 期。

上述三种判断标准均存在一定的局限性。标准一与标准三逻辑较为接近，差别在于标准一联系网约车实际的运营模式，依此进行了粗略的划分，而标准三本质上是以接入平台的次数为最终依据，判断是否属于危险程度显著增加，但由于缺少对实践中不同模式下网约车接入平台次数的数据调研，该标准难以在司法实践中予以适用，并且其核心理念与保险法原理不符。保险人仅关心危险程度是否显著增加，若显著增加且投保人未履行通知义务，则保险人可拒赔，而至于将危险程度划分等级并依次归入某一等级并不是保险人关心的问题。标准二虽然意从保险法理论出发，在理念上值得赞同，但实际上界分网约车与私人小客车合乘存在困难，其适用仍存在障碍。①

另有第四种观点认为，危险程度显著增加的判断关键在于是否处于营运状态。但与标准一不同的是，该观点认为私家车并非从事网约车服务就属于营运车辆，而仅在其进行网约车服务时属于营运状态，此时危险程度显著增加。② 具体而言，驾驶员打开 App 尚未接单而处于为接单的空驶状态时属于营运状态，且即便此时司机存在其他非接单目的亦然，因为"此时若有派单，驾驶员仍需执行任务"③。当发生交通事故时，重点并不在于车辆是不是网约车，而要看其当时所处的状态，若是在家庭自用过程中，则谈不上危险程度显著增加。虽然该观点仍是以营运与否为标准，但是其与标准一的简化式判断显然大有区别。

（二）商业险能否全额拒赔尚待立法层面细化

即便危险程度显著增加，被保险人未履行通知义务，保险公司全然拒赔

---

① 参见贺剑《网约车保险的私法规制——以危险增加通知义务和平台涉保险义务为中心》，《中国法律评论》2021 年第 2 期。

② 参见贺剑《网约车保险的私法规制——以危险增加通知义务和平台涉保险义务为中心》，《中国法律评论》2021 年第 2 期。

③ 贺剑：《网约车保险的私法规制——以危险增加通知义务和平台涉保险义务为中心》，《中国法律评论》2021 年第 2 期。

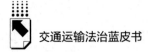

是否恰当？根据我国《保险法》第 16 条、[①] 第 52 条之规定，此种情形下保险人可以全额拒赔，但该规定是否妥当？对此学界存在两种完全不同的观点。一种观点认为应将《保险法》第 52 条第 2 款之"全有全无"责任改为比例责任，此为否定说；[②] 另一种观点则认为该规定恰当，即便在立法上予以修改，在解释论层面其比例责任仍不适用于网约车场景，此为肯定说。[③]

否定说认为部分学者从单纯的保险法理论上支持全然拒赔商业三者险的理由均值得怀疑。其一，被保险人并未了解己方负有通知义务不应认为其有违诚信，而且即便对保险公司进行通知，按照目前保险公司的规则也无法变更为营运车辆保险，存在过失不等于有违诚信。其二，对被保险人违反通知义务的行为课以惩罚性责任，不符合该责任的基础理论，惩罚性责任主要应适用于侵权行为责任而不是合同责任，课以惩罚性责任的前提通常是存在严重不法行为。其三，保险人自我救济本无可厚非，但全然拒赔有违比例原则。保险人采用部分赔付的措施足以实现自我救济，全然拒赔超出了合理限度，既不符合比例原则中必要性的要求，也不符合相称性要求。[④] 持否定说的学者认为将比例原则引入私法领域，即让保险公司按照家庭自用车辆保费

---

① 《保险法》第 16 条："订立保险合同，保险人就保险标的或者被保险人的有关情况提出询问的，投保人应当如实告知。投保人故意或者因重大过失未履行前款规定的如实告知义务，足以影响保险人决定是否同意承保或者提高保险费率的，保险人有权解除合同。前款规定的合同解除权，自保险人知道有解除事由之日起，超过三十日不行使而消灭。自合同成立之日起超过二年的，保险人不得解除合同；发生保险事故的，保险人应当承担赔偿或者给付保险金的责任。投保人故意不履行如实告知义务的，保险人对于合同解除前发生的保险事故，不承担赔偿或者给付保险金的责任，并不退还保险费。投保人因重大过失未履行如实告知义务，对保险事故的发生有严重影响的，保险人对于合同解除前发生的保险事故，不承担赔偿或者给付保险金的责任，但应当退还保险费。保险人在合同订立时已经知道投保人未如实告知的情况的，保险人不得解除合同；发生保险事故的，保险人应当承担赔偿或者给付保险金的责任。保险事故是指保险合同约定的保险责任范围内的事故。"

② 参见梁鹏《网约车商业三者险拒赔质疑》，《保险研究》2019 年第 2 期；王鹏鹏《论网约车危险显著增加与保险法应对》，《重庆大学学报》（社会科学版）2021 年第 2 期。

③ 参见贺剑《网约车保险的私法规制——以危险增加通知义务和平台涉保险义务为中心》，《中国法律评论》2021 年第 2 期；武亦文、赵亚宁《网约车情境下危险增加通知义务的法律适用》，《湖北社会科学》2019 年第 6 期。

④ 参见梁鹏《网约车商业三者险拒赔质疑》，《保险研究》2019 年第 2 期。

与营运车保费之比例进行赔付而非全额拒赔，有助于各方利益平衡，使保险人与被保险人之间达到新的对价平衡，可在一定程度上弥补保险责任的僵化。①

支持肯定说的学者则与上述见解相反，认为不应在私家车进行网约车运营未履行危险增加通知义务时让保险公司承担比例赔付责任，但其中的具体理由并不相同。有学者认为，虽然在立法论上，被保险人违反危险增加通知义务时保险人应当按照比例赔付，但在网约车情景下，由于被保险人通常故意造成保险标的危险增加，故不应采用比例责任。② 也有学者认为，在立法论层面保险人就不应该进行比例赔付，而非仅在网约车情景下不应采比例赔付。第一，比例赔付观点忽视了被保险人过错对比例责任的影响，在自用私家车用作网约车时，被保险人不仅故意或过失违反了危险增加通知义务，往往还故意违反了不增加危险之义务。第二，比例赔付观点是价值判断的产物，并非自用车辆保险的应有之义，在保险人按照比例赔付后，其承担的并非自用风险，而是部分营运风险，二者并不等同。并且，按照比例赔付等于重新在二者之间拟制了一个新的保险合同，完全忽视了保险人的合同意愿，这样并不合理。③

总体来看，无论两种学说之间如何争论，目前都仅在立法论层面进行探讨，基于我国《保险法》的现行规定，保险公司因被保险人未履行危险增加通知义务而解除保险合同进而全额拒赔仍然很大概率可以得到法院支持。

（三）解决相应保险问题的具体对策与建议

当前网约车保险相关问题频出，其根源在于我国网约车保险领域的保险

---

① 参见王鹏鹏《论网约车危险显著增加与保险法应对》，《重庆大学学报》（社会科学版）2021 年第 2 期。

② 参见武亦文、赵亚宁《网约车情境下危险增加通知义务的法律适用》，《湖北社会科学》2019 年第 6 期。

③ 参见贺剑《网约车保险的私法规制——以危险增加通知义务和平台涉保险义务为中心》，《中国法律评论》2021 年第 2 期。

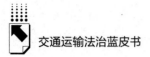

种类缺失，相关配套制度不完善，政府部门也缺乏利用保险进行共享经济治理的意识，① 难以有效保障乘车安全。对于如何解决现存的网约车保险相关问题，建议如下。

其一，鼓励保险公司开发针对网约车的特别险种。有学者认为，网约车商业险容易出现拒赔纠纷，可以用保险费适用不合理加以解释，倘若可以设计出合理的保险费，这一纠纷可以大幅减少。② 网约车保险应是全新的险种，是介于营运保险和非营运保险之间的第三种保险。③ 新险种的出现可以很好地化解当今实践中难以界定营运与否、危险程度是否显著增加等问题，届时保险人将无理由主张危险增加，也无理由拒赔。④ 特别险种应兼顾不同阶段的网约车特性，分别针对等待期、载客期、迎接期设计不同费率、不同种类的保险。⑤ 具体费率可以使用基于驾驶行为定价的个性化车险（Usage-Based Insurance，UBI）定价模式予以确定，基于用户使用行为，对不同的使用情况进行差异化定价，使保费更加公平、合理。⑥

其二，要求强制保险。将网约车强制保险纳入行业准入门槛之中可以实现强制投保的目的。无论将投保审核义务赋予平台抑或赋予行政主管部门，均可以有效提高网约车保险率，保障交通事故受害人及时获得赔偿。对不投保的司机或者网约车平台课以相应的行政处罚也可起到强制保险的作用。对于如何提高保险率，也有学者提出强制保险外的其他可能路径，即加强平台的涉保险义务，使平台承担起审核及确保驾驶员投保的义务。而确保投保还包括为驾驶员投保、代驾驶员投保等方式。⑦

其三，在当前相关保险制度并未更新的情况下，对于争议较大的顺风

---

① 参见方俊《网约车合法化后的保险真空与法律应对》，《电子政务》2019 年第 1 期。

② 参见梁鹏《网约车商业三者险拒赔质疑》，《保险研究》2019 年第 2 期。

③ 参见方俊《网约车合法化后的保险真空与法律应对》，《电子政务》2019 年第 1 期。

④ 参见梁鹏《网约车商业三者险拒赔质疑》，《保险研究》2019 年第 2 期。

⑤ 参见方俊《网约车的规制困境与法律应对》，《苏州大学学报》（法学版）2017 年第 2 期。

⑥ 参见掌博文、张玉萍《中国网约车保险模式的缺陷及发展方向》，《淮海工学院学报》（人文社会科学版）2017 年第 5 期。

⑦ 参见贺剑《网约车保险的私法规制——以危险增加通知义务和平台涉保险义务为中心》，《中国法律评论》2021 年第 2 期。

车，举证责任分配上应由司机对车辆并未处于营运状态进行举证。[①] 换言之，虽然对违背危险增加通知义务的被保险人，保险公司可以全额拒赔，但是要求对危险程度显著增加予以个别认定，保险人可举证交通事故发生时车辆所处状态，如果车辆处于家庭自用状态，则可证明危险程度并未显著增加。这一方式在保险现状尚未改变的情形下不失为一种缓解网约车保险拒赔问题的权宜之计。而且笔者认为，不仅对顺风车危险程度是否增加应予具体认定，对于其他诸如快车、专车等网约车形式也应予以具体认定，并由司机一方承担举证责任。基于行车记录仪以及网约车平台使用记录等工具的辅助，完成相关举证应该并不困难，可以较好地达到预期效果。

五　网约车聚合平台的新兴法律问题与制度配置

近年来，以"高德地图"提供的打车服务为典型代表的网约车聚合平台发展迅速，为出行服务提供了新的选择。作为网络服务提供者、网络交易平台提供者或电子商务平台经营者的网约车聚合平台的出现，使得网约车市场格局出现了明显变化。

（一）网约车聚合平台的立法现状分析

随着网约车聚合平台交易规模的不断扩大，其所涉的法律关系较为复杂，亟待纳入法律规制的范畴。但目前在国家层面的立法中，除了诉诸《民法典》《电子商务法》《网络安全法》《消费者权益保护法》《道路交通安全法》等法律的个别条文之外，尚未形成针对网约车聚合平台的专门法律或行政法规，仅有《暂行办法》和《关于切实做好网约车聚合平台规范管理有关工作的通知》作为基本的规范依据。对于网约车聚合平台领域新兴问题的法律规制，在上位法处于立法空白状态的情况下，实践中各地通过

[①] 参见裴丽萍等《网约顺风车的保险责任思考——以〈保险法〉第 52 条为中心》，《西南石油大学学报》（社会科学版）2020 年第 5 期。

出台地方性法规、政府规章、其他规范性文件等方式对实际需求予以回应，目前已有多个地区针对网约车聚合平台专门出台或拟出台相应的规范性文件。总体来看，已有的关于网约车聚合平台的地方立法非常分散，且各地新规对于网约车聚合平台的定性、义务、责任等关键问题的内容也存在分歧，并未形成系统的法律规制体系。

（二）网约车聚合平台与网约车平台的区分

根据《关于切实做好网约车聚合平台规范管理有关工作的通知》，网约车聚合平台系"依托互联网技术、与网约车平台公司合作、面向乘客并匹配供需信息，共同提供网络预约出租汽车服务的平台"。《暂行办法》第2条则将网约车平台界定为"以互联网技术为依托，整合供需信息，使用符合条件的车辆和驾驶员，提供非巡游的预约出租汽车服务"的网络服务平台。不同于诸如滴滴出行、神州打车等网约车平台经营者，网约车聚合平台经营者在交易结构上只提供促成交易的信息服务而非客运服务。网约车聚合平台经营者与网约车平台经营者在运营模式、与其他主体的法律关系、性质界定及义务内容等方面存在显著差异，因此网约车聚合平台应当具有独立于网约车平台的法律地位。

1. 运营模式的差异

相较于传统网约车平台运营模式，网约车聚合平台模式增加了网约车平台（第三方平台）和司机（实际承运人）之外的第四方平台。网约车聚合平台通过聚合多家网约车平台的方式向用户提供"一键全网叫车"的服务，缩短乘客和承运人之间的信息差，与网约车平台及司机共同合作，为乘客提供网约车匹配供需信息，从而实现互利共赢。此种模式下，乘客与司机的交易实际是通过聚合平台达成的，聚合平台虽并非实际承运人，但负有对平台内网约车平台经营者的审核、监管等注意义务。网约车聚合平台模式下发生道路交通事故侵权行为的责任认定，须同时考虑网约车聚合平台经营者的义务与责任、网约车平台经营者的义务与责任，以及承运司机的义务与责任。

2. 法律关系界定的差异

网约车聚合平台与网约车平台在法律关系上的区别主要表现在，前者是"居间型信息服务者"，而后者是实际承运人。依据《暂行办法》第 16 条，①网约车平台经营者为网约车客运服务的承运人，是网约车运营行为及客运服务达成的组织者、主导者、调度者，其主导网约车运输服务合同内容的订立、履行，且网约车计费规则、服务内容、标准规范以及服务质量保障等均由网约车平台制定和执行。网约车平台和乘客之间成立运输服务合同关系，在客运法律关系中扮演承运人的角色。网约车聚合平台负责为网约车平台经营者与乘客提供信息中介、交易撮合服务，系居间型信息服务者。网约车聚合平台分别与乘客、网约车平台成立平台服务合同。网约车聚合平台通过聚合各网约车平台资源，为乘客提供"一键式叫车服务"，其中最主要的功能是将乘客端信息、网约车平台端信息以及最重要的价格信息便捷地传递。

3. 义务内容的差异

在审核义务的对象及内容上，《暂行办法》第 17 条②规定了网约车平台对平台内车辆适驾及驾驶员适格均负有审查监管义务。因网约车聚合平台只提供网约车平台与乘客之间的信息连接，不参与平台内司机或车辆的管理维护、规则制定及报酬分成，故其与承运司机无相对性法律关系。此外，网约车聚合平台经营者无法向司机提供信息，不具有指派、惩戒网约车平台司机的能力，也不向司机收取信息服务费，故不具备监管平台内司机、车辆适格的必要性和可行性。网约车聚合平台一般只承担对聚合平台内网约车平台（经营者）的资质审核及监管义务。

---

① 《暂行办法》第 16 条："网约车平台公司承担承运人责任，应当保证运营安全，保障乘客合法权益。"

② 《暂行办法》第 17 条："网约车平台公司应当保证提供服务车辆具备合法营运资质，技术状况良好，安全性能可靠，具有营运车辆相关保险，保证线上提供服务的车辆与线下实际提供服务的车辆一致，并将车辆相关信息向服务所在地出租汽车行政主管部门报备。"

（三）网约车聚合平台法定义务的范围与内容

为维护交易秩序，保障消费者权益，作为《消费者权益保护法》第44条所称的网络交易平台提供者、《电子商务法》第9条第2款所称的电子商务平台经营者，网约车聚合平台经营者应当承担三个方面的义务，分别是事前审核义务、事中传递义务以及事后止损义务。以上三类义务应被纳入未来关于网约车聚合平台的统一立法之中。

1. 事前审核义务

目前，各地立法文件中有关网约车聚合平台事前审核义务的严格程度并不相同，主要表现为对驾驶员和车辆的审核义务的归属不同，大体上可以分为两种。一种立场是网约车聚合平台不负有对网约车平台内车辆和驾驶员的审核义务，上海市、合肥市、湖州市、济南市、烟台市、咸宁市、绵阳市等对此作出了规定。例如，《济南市客运出租汽车管理条例》第24条第2款、①《合肥市出租汽车管理办法》第34条第2项②等，划定了网约车聚合平台审核义务的边界，规定网约车聚合平台审核的对象仅为网约车平台经营者，对于平台内车辆和驾驶员的审核义务则由网约车平台公司承担，但网约车聚合平台可能仍对网约车平台负有督促其审核的义务。另一种态度则是网约车聚合平台负有对网约车平台内车辆和驾驶员的审核义务，浙江省、贵州省、广州市、东营市、南阳市、周口市、湖州市、定州市等对此作出了规定。例如，《南阳市交通运输局关于加强网约车聚合平台经营服务管理的通

---

① 《济南市客运出租汽车管理条例》第24条第2款："网约车经营者取得经营许可后方可入驻聚合平台。聚合平台应当对接入的网约车经营者进行审核，未取得经营许可的不得接入。"

② 《合肥市出租汽车管理办法》第34条："依托互联网为网约车平台公司、乘客提供网约车信息发布、交易撮合的第三方聚合平台，应当遵守下列规定：（一）做好对接入网约车平台公司的核验登记工作，不得接入未取得经营许可的网约车平台公司；（二）督促网约车平台公司做好接入车辆和驾驶员的管理，确保提供服务的车辆、驾驶员取得相应许可；（三）在移动互联网应用程序显著位置展示接入网约车平台公司的名称、经营许可、投诉举报方式以及服务协议、服务规则等信息；（四）及时处置运营安全事故，依法承担先行赔付责任，保障驾驶员和乘客合法权益；（五）实际从事网约车经营活动的，应当依法取得经营许可，并承担承运人责任；（六）法律、法规、规章的其他规定。"

知》第1条第1款①，认为对车辆和驾驶员的资质审查属于网约车聚合平台经营者的审核义务范围。甚至还有地方立法将网约车聚合平台视同网约车平台进行管理，认为网约车聚合平台需要履行等同于承运人的、更加严格的审核义务，包括审核提供服务车辆和驾驶员是否具备合法营运或从业的资质。②

2. 事中传递义务

鉴于网约车聚合平台的义务主要是为用户提供线上的信息服务，其负有保障用户信息安全的义务。多地已出台及尚在征求意见阶段的网约车聚合平台相关管理规定中，仅有少量规范涉及信息传递义务，主要为信息披露方面的内容。以绵阳市和太原市为代表，《绵阳市城区网络预约出租汽车经营服务管理实施细则》第18条第3款、③ 太原市《关于规范网络预约出租汽车

---

① 《南阳市交通运输局关于加强网约车聚合平台经营服务管理的通知》第1条第1款："聚合平台应严格按照法律法规要求拟接入的网约车企业进行资质审核与背景核查，登记备案网约车企业的营业执照、网约车平台经营许可证、经营地址、联系方式、《网络预约出租汽车经营许可证》、拟接入车辆的《网络预约出租汽车运输证》、拟接入驾驶员的《网络预约出租汽车驾驶员证》等真实信息，进行核验，登记，建立登记档案，并至少每六个月核验更新一次。不得接入未在我市取得相应许可的网约车企业、驾驶员和车辆。"

② 《定州市网络预约出租汽车经营服务管理暂行办法》第15条："网约车平台公司承担承运人责任，应当保证运营安全，保障乘客合法权益。"第16条："网约车平台公司应当保证提供服务车辆具备合法营运资质，技术状况良好，安全性能可靠，具有营运车辆相关保险，保证线上提供服务的车辆与线下实际提供服务的车辆一致，并将车辆相关信息向服务所在地交通运输主管部门报备。"第17条："网约车平台公司应当保证提供服务的驾驶员具有合法从业资格，按照有关法律法规规定，根据工作时长、服务频次等特点，与驾驶员签订多种形式的劳动合同或者协议，明确双方的权利和义务。网约车平台公司应当维护和保障驾驶员合法权益，开展有关法律法规、职业道德、服务规范、安全运营等方面的岗前培训和日常教育，保证线上提供服务的驾驶员与线下实际提供服务的驾驶员一致，并将驾驶员相关信息向服务所在地交通运输主管部门报备。网约车平台公司应当记录驾驶员、约车人在其服务平台发布的信息内容、用户注册信息、身份认证信息、订单日志、上网日志、网上交易日志、行驶轨迹日志等数据并备份。"

③ 《绵阳市城区网络预约出租汽车经营服务管理实施细则》第18条第3款："网约车聚合平台应当在移动互联网应用程序（APP）及相关网页显著位置展示合作网约车平台公司名称、网约车APP名称、网约车经营许可、投诉举报方式、用户评价等信息，以及聚合平台用户协议、服务规则、投诉举报方式、纠纷处理程序等，并如实向乘客提供车辆牌照和驾驶员基本信息，保障乘客知情权……"

聚合平台经营服务管理的通知》第 3 条①规定网约车聚合平台经营者应当尽到信息披露义务，不得提供虚假的网约车平台信息，或者隐瞒网约车平台经营者的信息。

3. 事后止损义务

部分地方立法对网约车聚合平台的事后止损义务亦作出了相关规定。以成都市和广州市为例，《成都市网络预约出租汽车经营服务管理实施细则》第 13 条第 2 款、②《广州市交通运输局关于进一步规范网络预约出租汽车聚合服务经营行为的通知》第 9 条第 2 款③的规定表明，网约车聚合平台经营者的事后止损义务所指向的具体内容主要为"必要措施"，包括但不限于下架、断开链接、限制或者停止该网约车平台的经营服务等措施。其中，制止交易较为常见，一般表现为终止网约车平台经营者与特定用户之间的交易，其他交易尚不受影响。终止服务，则指的是完全禁止该网约车平台经营者在网约车聚合平台的经营服务，取消其在该平台的交易资格。

（四）网约车聚合平台侵权责任承担的制度构造

关于发生道路交通事故时网约车聚合平台的责任承担，各地规定不一。

---

① 太原市《关于规范网络预约出租汽车聚合平台经营服务管理的通知》第 3 条："聚合平台应做好要求合作网约车平台公司依法及时履行信息公示义务，切实保障乘客合法权益。（一）聚合平台应在移动互联网应用程序（APP、小程序等）显著位置展示接入的网约车公司企业名称、网约车 APP 名称、经营许可、计价规则、服务规则、投诉举报方式、用户评价等信息，以及聚合平台的用户协议、服务规则、纠纷处理程序等。如实向乘客提供车辆牌照、驾驶员基本信息。（二）合作网约车平台公司发生公示信息变更的，聚合平台要做好有关更新工作，要求网约车平台公司提前报备信息变更内容并进行核验，依法提前公示的按照相关规定履行提前公示义务。"

② 《成都市网络预约出租汽车经营服务管理实施细则》第 13 条第 2 款："……网约车平台公司、第三方信息服务平台经营者知道或者应当知道平台内经营者有侵害乘客合法权益的行为，未采取必要措施的，或者未尽到安全保障义务，造成乘客损害的，按照《中华人民共和国电子商务法》等有关法律法规的规定承担相应责任。"

③ 《广州市交通运输局关于进一步规范网络预约出租汽车聚合服务经营行为的通知》第 9 条第 2 款："聚合服务经营者知道或者应当知道平台内网约车企业提供的网约车服务不符合保障人身、财产安全的要求，或者有其他侵害乘客合法权益行为，未采取必要措施，属于《中华人民共和国电子商务法》第三十八条规定情形的，依法与该平台内网约车企业承担连带责任。"

例如浙江省《网约出租车数字化监管改革专项行动方案》规定网约车聚合平台应当承担承运人责任；①《广州市交通运输局关于进一步规范网络预约出租汽车聚合服务经营行为的通知》则指出，网约车聚合平台可能承担的责任形态因侵权场景不同而有差异，包括不能提供网约车企业相关信息时的先行赔偿责任、明知或应知对乘客的侵害行为而未采取必要措施时的连带责任、未尽审核义务或安全保障义务时的相应责任。② 总体来看，关于网约车聚合平台责任承担的规范较为笼统和模糊，某些地方立法甚至将网约车聚合平台和网约车平台的责任混为一谈。根据网约车聚合平台在客运交易全流程的不同阶段所发挥的作用对其在网约车承运关系中的责任分配进行具体分析，网约车聚合平台的法律责任包括以下五个方面。

1. 未尽身份审核义务的不真正连带责任

网约车聚合平台经营者应当对网约车平台经营者的身份信息、资质进行审核，不同的审核义务对应不同的法律责任。如果未对网络平台经营者的身份信息进行审核，由于其不涉及用户的人身、财产安全，而只关涉用户在侵

① 《浙江省网约出租车数字化监管改革专项行动方案》主要任务第8条："加强对聚合平台的监管。加强对网约车聚合平台的监管，厘清聚合平台运营边界，明确聚合平台安全管理责任，保护消费者和驾驶员权益。督促聚合平台依法履行事先核验与其合作的网约车平台、驾驶员和车辆的有效许可信息。督促聚合平台不得从事或变相从事招募驾驶员、直接开展供需匹配、侵犯乘客约车选择权、干涉网约车平台自主定价、直接调度或控制运力等行为。督促聚合平台及其合作的网约车平台公司依法建立健全咨询服务和投诉处理的首问负责制度，及时妥善处理乘客和驾驶员的咨询、投诉。聚合平台从事网约车经营活动的，应督促其依法取得经营许可，并承担承运人责任。"

② 《广州市交通运输局关于进一步规范网络预约出租汽车聚合服务经营行为的通知》第9条："聚合服务经营者应当建立便捷、有效的投诉、举报机制，公开投诉、举报方式等信息，依法建立健全咨询服务和投诉处理的首问负责制度，及时受理并处理投诉、举报。乘客合法权益受到损害，且难以向平台内网约车企业进行追偿时，聚合服务经营者应当积极协助乘客维护合法权益。聚合服务经营者不能提供网约车企业的真实名称、地址和有效联系方式，乘客要求聚合服务经营者承担先行赔偿责任的，聚合服务经营者应当按照《中华人民共和国消费者权益保护法》有关规定承担相关责任。聚合服务经营者知道或者应当知道平台内网约车企业提供的网约车服务不符合保障人身、财产安全的要求，或者有其他侵害乘客合法权益行为，未采取必要措施，属于《中华人民共和国电子商务法》第三十八条规定情形的，依法与该平台内网约车企业承担连带责任。聚合服务经营者对平台内网约车企业等相关资质资格未尽到审核义务，或者对乘客未尽到安全保障义务，造成乘客损害的，依法承担相应责任。"

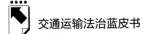

害发生之后的索赔，网约车聚合平台经营者应当承担的是《消费者权益保护法》第44条第1款规定①的附条件不真正连带责任，即先行赔付责任；如果未对网约车平台经营者的资质进行审核，因牵涉消费者的人身、财产安全，则网约车聚合平台须依照《电子商务法》第38条第2款的规定②承担相应的责任。

网约车聚合平台作为网络交易平台经营者，应当要求网约车平台经营者提供公司营业执照、地址、有效联系方式和与其经营业务有关的行政许可，对以上信息进行核验和登记，并定期更新。如若网约车聚合平台经营者因未尽到审核网约车平台身份信息的义务，未能如实提供网约车平台经营者的真实名称、地址和有效联系方式，乘客可以向网约车聚合平台请求赔偿，此即为网约车聚合平台承担的先行赔付责任。网约车聚合平台经营者承担责任后，可以向作为服务者的网约车平台经营者追偿。但需要注意的是，网约车平台内司机的真实名称、地址和有效联系方式并不在网约车聚合平台经营者承担先行赔付责任的条件范围内。原因在于，《消费者权益保护法》第44条第1款规定的先行赔付责任，是网络交易平台提供者对进入该平台的服务提供者承担的责任。网约车平台内的司机不属于网约车聚合平台内的服务提供者，而是网约车平台内的服务提供者，因而网约车聚合平台经营者不负有如实提供网约车平台内司机身份信息的义务，也不必为此承担先行赔付的责任。

2. 未尽资质审核义务的补充责任

网约车聚合平台的交易模式决定了网约车聚合平台与乘客乘坐网约车发

---

① 《消费者权益保护法》第44条第1款："消费者通过网络交易平台购买商品或者接受服务，其合法权益受到损害的，可以向销售者或者服务者要求赔偿。网络交易平台提供者不能提供销售者或者服务者的真实名称、地址和有效联系方式的，消费者也可以向网络交易平台提供者要求赔偿；网络交易平台提供者作出更有利于消费者的承诺的，应当履行承诺。网络交易平台提供者赔偿后，有权向销售者或者服务者追偿。"

② 《电子商务法》第38条第2款："对关系消费者生命健康的商品或者服务，电子商务平台经营者对平台内经营者的资质资格未尽到审核义务，或者对消费者未尽到安全保障义务，造成消费者损害的，依法承担相应的责任。"

生损害后果之间存在法律上的因果关系。因此，网约车聚合平台应在其可控范围内承担对乘客的安全保障义务，体现为对网约车平台经营者的资质审核、及时下架处理不符合规范的网约车平台经营者等行为，以维护安全健康的网约车客运交易秩序。网约车聚合平台未尽到资质审核义务和安全保障义务，依据《电子商务法》第38条第2款应承担"相应的责任"，但由于该条款关于责任形态的规定模糊不清，存在连带责任、补充责任以及不真正连带责任等多种责任形态的解释可能。首先，若将聚合平台承担的责任形式解释为承担连带责任会导致逻辑体系的不自洽。如若理解为连带责任，则可以纳入《电子商务法》第38条第1款的范畴，而不应根据《电子商务法》第38条第2款予以保护，否则第1款将被架空。其次，也不能将其认定为按份责任。理由在于，网约车聚合平台未审查网约车平台资质通常不是造成消费者损失的全部或主要原因，如若要求网约车聚合平台承担按份责任会增加网约车聚合平台的负担，降低真正侵权人的责任。因此，将"相应的责任"解释为补充责任更为妥当。在消费者权益受到损害的情况下，网约车聚合平台通常只起到间接致损的作用，补充责任更符合网约车聚合平台与网约车平台的责任分担方式。

3. 未尽信息传递义务的补充责任

网约车聚合平台的信息传递义务来源于网络平台的安全保障义务，具体内容表现为提供真实准确的网约车平台信息，及时对用户反映的不合格平台、司机做出回应处理，及时下架链接、做出警示等。[1] 这就要求网约车聚合平台经营者建立便捷有效的投诉、举报机制，公开投诉、举报方式等信息，建立健全的咨询服务和投诉处理的首问负责制度，以及时受理并处理投诉、举报。即使网约车聚合平台无法直接管理网约车平台及车辆和驾驶员，但应督促、通知与其合作的网约车平台公司健全咨询、投诉服务，及时对异常驾驶员、车辆进行处理。当网约车聚合平台经营者未尽到上述义务致使乘客遭受损害时，构成对安全保障义务的违反，属于《电子商务法》第38条

---

[1]　参见刘文杰《网络服务提供者的安全保障义务》，《中外法学》2012年第2期。

第 2 款违反安全保障义务"依法承担相应的责任"的情形。

"相应的责任"应当是包括连带责任、补充责任和按份责任在内的广义理解，网络平台经营者未对平台内经营者资质资格尽审核义务，或未对消费者尽安全保障义务，原则上应当承担补充责任。① 侵权行为发生的因果关系不仅关系侵权责任的有无，也与确定侵权责任的范围密切相关。网约车聚合平台信息传递义务瑕疵与网约车交通事故发生之间仅具有间接因果关系，在网约车交通事故这类数人侵权关系中，作为次要责任人，网约车聚合平台也应按照过错承担相应的补充责任。但若网约车聚合平台在多次接到相关投诉的情况下仍拒绝采取应对措施，则涉嫌恶意不履行安全保障义务，此时主观状态已由过失转变为故意，极大地增加了其主观可责性。网约车聚合平台的不作为，事实上为真正侵权人的侵害行为提供了帮助，进而从违反安全保障义务转向帮助他人实施侵权行为，此时网约车聚合平台便应当承担连带责任。

4. 未采取必要措施的连带责任

网约车聚合平台经营者负有事后止损义务，网约车平台经营者实施侵权行为后网约车聚合平台经营者未采取必要措施及时止损的，也须承担侵权责任。其责任形态根据网约车聚合平台经营者是否知道或应当知道网约车平台经营者实施侵权行为而区分。②

网约车聚合平台经营者已经知道或应当知道网约车平台经营者实施了侵权行为，但未采取必要措施制止网约车平台经营者的侵权行为，实质上为其侵权行为提供了帮助，构成帮助侵权。根据《民法典》第 1197 条③、《消费者权益保护法》第 44 条第 2 款④以及《电子商务法》第 38 条第 1 款，网约

---

① 参见姚海放《网络平台经营者民事责任配置研究——以连带责任法理为基础》，《中国人民大学学报》2019 年第 6 期。

② 参见杨立新、李怡雯《网约车聚合平台经营者的注意义务与侵权责任》，《法律适用》2022年第 6 期。

③ 《民法典》第 1197 条："网络服务提供者知道或应当知道网络用户利用其网络服务侵害他人民事权益，未采取必要措施的，与该网络用户承担连带责任。"

④ 《消费者权益保护法》第 44 条第 2 款："网络交易平台提供者明知或应知销售者或服务者利用其平台侵害消费者权益，未采取必要措施的，依法与该销售者或者服务者承担连带责任。"

车聚合平台经营者应当与网约车平台经营者承担连带责任，且这一连带责任的范围指向全部损害。原因在于，在用户通知网约车聚合平台经营者之前，其已经知道或应当知道网约车平台经营者的侵权行为，其未采取必要措施的行为与全部损害之间存在因果关系，需要为全部的损害承担责任。

当网约车聚合平台经营者不知道且不应当知道网约车平台经营者实施侵权行为时，经用户通知，网约车聚合平台经营者知晓了侵权事实存在的可能性，若网约车聚合平台经营者经过判断，认定网约车平台经营者的行为不构成侵权，可以拒绝采取必要措施。此时网约车聚合平台经营者"未采取必要措施"的行为，并不必然构成侵权，其导向的结果是不再适用"避风港规则"。如果网约车聚合平台经过判断，认定网约车平台经营者的行为有可能构成侵权，但其拒绝采取必要措施，放任损害结果的发生，则构成对网约车平台经营者相应行为的放任，其导向的结果是适用《民法典》第1195条第2款①的规定，网约车聚合平台经营者应当与网约车平台经营者承担连带责任，但这一责任范围仅限于"损害扩大的部分"，而不及于全部损害。原因在于，在网约车聚合平台经营者接收到用户通知以前，其不知道也不应当知道网约车平台经营者的侵权行为，其未采取必要措施的行为与该损害扩大之前的损害不存在因果关系，因此也无须为扩大之前的损害承担责任。

5.变相从事网约车运营的责任

如前所述，网约车平台和网约车聚合平台因运营模式、义务内容、责任承担等方面的差异而被区分为法律性质不同的主体。网约车平台以互联网技术为依托构建服务平台，从事网约车经营服务，扮演承运人角色；网约车聚合平台负责为网约车平台经营者与乘客提供信息中介、交易撮合服务，系居间型信息服务者。尽管二者的法律地位存在显著差异，却又存在业务上的部分混同，实践中容易滋生网约车聚合平台以"聚合服务"的名义从事或变相从事网约车运营的乱象，从而导致公平竞争的市场秩序被破坏。因此有必

---

① 《民法典》第1195条第2款："网络服务提供者接到通知后，应当及时将该通知转送相关网络用户，并根据构成侵权的初步证据和服务类型采取必要措施；未及时采取必要措施的，对损害的扩大部分与该网络用户承担连带责任。"

要对网约车聚合平台和网约车平台进行差异化监督和管理，促使二者基于各自的服务内容，在合作协议中明确主体职责，划清管理界限，尽可能规避因责任分配不明而导致的风险。

《关于切实做好网约车聚合平台规范管理有关工作的通知》明确指出，"网约车聚合平台不得干预网约车平台公司价格行为，不得直接参与车辆调度及驾驶员管理"。根据该部门规范性文件以及各地立法文件的有关规定，网约车聚合平台可能被认定为变相从事网约车运营业务。网约车平台运营模式的基本特征主要表现为：一是网约车平台自行制定价格规则；二是网约车平台直接开展车辆调度，根据自身的派单机制向驾驶员派单，尽管有部分平台采取抢单制，但均由平台向驾驶员提供订单信息；三是网约车平台直接管理平台内驾驶员，并通过算法直接将驾驶员和乘客进行匹配，达成出行的合意。因此，若网约车聚合平台实际从事的行为具备上述特征之一，则可视为变相从事网约车经营服务活动，从而实际上承担网约车平台的义务与责任。

六　结语

随着"互联网+"、共享经济等新业态的不断发展，网约车行业应运而生，对网约车平台的运营服务进行法律规制或监管已成为大势所趋。但目前立法反应较为滞后，《暂行办法》的效力等级较低，存在对部分问题呈现立法空白或各地立法不统一、不明确等问题，上位法与下位法尚未实现有效衔接。现有的法律规范对于网约车平台的规制路径沿用了对传统巡游出租车的行政监管模式，存在监管目的不明、易造成监管空白以及监管资源浪费、监管依据不足等问题，亟须构建多元监管路径。发生道路交通事故时，应当依据网约车平台的服务模式类型，明晰网约车平台的法律地位以及平台与司机之间的法律关系，最终确定网约车平台应当承担的法律责任。

除了关注网约车平台的法治发展现状之外，随着平台经济的发展，网约车行业涌现的新的聚合平台商业模式也应进入研究的视野。网约车聚合平台这种新业态新模式在国家立法层面尚未有直接的法律法规对其进行规制，导致其在法律定性和责任认定方面仍然较为模糊。网约车聚合平台应当具有独立于网约车平台的法律地位,但由于实践中针对网约车聚合平台的具体规则分散存在于部门的规范性文件和地方的实施细则中,网约车聚合平台和网约车平台监管的区域化差异明显,其中不乏混淆网约车平台和网约车聚合平台法律地位的立法规定。为促进公众出行行业良性、健康发展,保障新型城市个性化交通运输体系的完善,理论研究和立法规定均应适时对网约车聚合平台的法律定位和性质进行厘清,对网约车聚合平台的法律关系的责任认定进行梳理和辨明,从而为目前越来越多的相关案件提供尺度参考,同时也为后续相关立法奠定基础。

Abstract

The Blue Book provides a comprehensive review and analysis of the development of the rule of law in China's transportation sector, detailing legal framework construction across multiple domains including railways, highways, water transport, aviation, and logistics. It systematically presents the evolving landscape and challenges in transportation legal governance while proposing targeted strategies and recommendations. As transportation constitutes a fundamental, pioneering, and strategic industry in the national economy, it faces increasingly complex circumstances during the 14th Five-Year Plan period. In railway transportation, challenges include lagging specialized legislation, underdeveloped market-oriented mechanisms, inconsistent law enforcement standards, and inadequate emergency response capabilities. Recommended measures involve advancing specialized legislation, deepening government-enterprise cooperation mechanisms, harmonizing enforcement standards, and enhancing comprehensive emergency management capacities. In highway transportation, issues requiring attention encompass suboptimal legislative structure, irrational enforcement methodologies, and insufficient safety training for enforcement personnel. Proposed solutions focus on intensifying legislative reforms, promoting intelligent supervision mechanisms, strengthening protections for regulated entities, and improving law enforcement professionalism. In waterway transportation, deficiencies manifest in legislative gaps and limited intelligent enforcement capabilities. Recommendations emphasize strengthening top-level legislative design, leveraging guiding case precedents, and optimizing enforcement mechanisms. In maritime transportation, challenges involve imperfect legislative frameworks, ambiguous standards for marine environmental public interest litigation, and unclear enforcement jurisdictions. Suggested approaches include active participation in international legislative cooperation, enhancing maritime judicial specialization, and clarifying maritime enforcement responsibilities. In aviation transportation, while legislative progress continues under the *Special Plan for Civil Aviation Legislation under the 14th Five-Year Plan*, improvements are needed in enforcement service quality. Priorities should include reinforcing regulatory frameworks in key areas, maintaining safety baselines in enforcement, and enhancing supervisory efficacy. In modern logistics, current shortcomings comprise low legislative hierarchy, incomplete legal systems, and ambiguous enforcement jurisdictions. Required actions involve perfecting relevant legislation, advancing proactive judicial reforms, strengthening interagency enforcement coordination, and improving integration with international regulatory standards.

This year's Blue Book additionally conducts thematic analyses on China's regional transportation integration, multi-modal transport, space transportation governance, and legal development of ride-hailing platforms. Regional transportation integration faces challenges including incomplete supporting legal frameworks, absence of dedicated regulatory bodies, fiscal coordination difficulties, inefficient intra/inter-regional connectivity, and inadequate market openness. Proposed solutions involve enacting high-authority legislation, coordinating administrative governance, balancing fiscal investments and returns, optimizing transportation networks, and advancing public-private partnerships. Multi-modal transport development contends with issues such as ambiguous documentation concepts, lack of statutory validation for documentation functions, and unclear liability attribution for operators. Recommendations emphasize establishing unified regulatory frameworks, clarifying applicable laws for operator liability determination, and enhancing alignment with international standards. Space transportation legal governance reveals deficiencies in regulatory frameworks, insufficient integration of international legal norms, and inefficient dispute resolution mechanisms. Priorities include expediting space legislation, improving domestic legal mechanisms, and actively participating in international rulemaking to safeguard space assets. Ride-hailing platform governance struggles with undefined legal status for platforms and ambiguous delineation of platform liabilities. Required

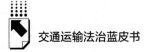
actions encompass strengthening legislative frameworks, clarifying rights and obligations of stakeholders, and intensifying regulatory oversight to standardize industry operations.

Keywords: Rule of Law in Transportation; Transportation Powerhouse; Transportation Legislation; Transportation Law Enforcement; Transportation Jurisdiction

Contents

I General Report

Abstract: 2024 is a critical year for achieving the goals and objectives of the 14th Five-Year Plan. China's legal construction in transportation has adhered to Xi Jinping's thought on the rule of law as its fundamental guidance, deeply implemented the spirit of the 20th National Congress and the Second and Third Plenary Sessions of the 20th Central Committee, closely centered on the goal of accelerating the construction of a powerful transportation nation, and has rapidly improved the comprehensive transportation legal system. It has continuously advanced overall planning and accelerated legislation in key areas, providing solid legal support for the construction of a powerful transportation nation; comprehensively promoting the construction of a government department under the rule of law in transportation, promoting the modernization of the industry governance system and governance capabilities. During this period, the legal construction in transportation, covering multiple fields including railways, highways, waterways, civil aviation, and postal services, has been continuously deepened, providing strong support for the stable development of the transportation industry. In the future, China's transportation sector should base itself on a new

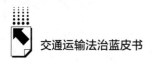

stage of development, implement new development concepts, build a new development pattern, comprehensively enhance the level of modern governance and governance capabilities in transportation, and lay a solid legal foundation for achieving the strategic goals of a powerful transportation nation.

Keywords: Transportation Rule of Law; Strong Transportation Nation; Comprehensive Rule of Law

Ⅱ   Sub-reports

B.2   Review, Problems, and Strategies for the Development of the Railway Transportation Rule of Law in China

Huang Lin, *Shao Aiqing* / 026

Abstract: As an important national infrastructure, railroads are the backbone of comprehensive transportation and an important industry that ensures the normal operation of the national economy, shouldering an important mission and great responsibility in serving and supporting the construction of Chinese-style modernization. At present, the development of the rule of law in China's railroad transportation focuses on the common development of legislation, law enforcement, judicial three levels. At the legislative level, China attaches importance to railroad safety supervision, for railroad construction, passenger transport, freight transport, information security and other content to develop the corresponding law norms; at the law enforcement level, China in line with the needs of the development of the railroad industry rule of law, the relevant departments are required to combine the iron administrative penalties, railroads, such as administrative licensing and other means of law enforcement to play the role of service and protection; at the judicial level, China to standardize the design of specialized courts and railway prosecutors public interest litigation function as a working target, focusing on promoting the reform of specialized courts and procuratorates. But at the same time, the development of the rule of law in

China's railroad transportation is also facing a relative lag in railroad safety legislation and the market-oriented mechanism of the railroad construction industry, the railroad law enforcement standards are not uniform, the lack of emergency response capacity in the field of railroad, the international railroad transport regulations are not sound and other issues. Therefore, in order to improve China's railroad rule of law system, in line with the needs of the times, efforts should be made to make up for the railroad safety supervision legislation, promote the diversification of investment in railroad construction, promote the unity and coordination of law enforcement standards and enhance the emergency response capacity of railroad law enforcement; at the same time, it is also necessary to build up a unified legal system of international railroad transportation, improve the rule of law system of China's railroads on multiple levels, ensure the healthy development of the railroad industry, and promote the reform of the railroad system.

Keywords: Railway Transportation Rule of Law; Railway Safety; Marketization of the Railway Industry; International Railway Transportation

B.3　Report on the Development of the Road Transportation Rule of Law in China (2022-2024)

Pei Honghui, Guo Xize and Gu Yuhao / 051

Abstract: In recent years, China's road transportation sector has achieved remarkable progress, yet the advancement of its legal framework has lagged, grappling with issues such as incomplete laws and regulations, irregular enforcement practices, and other challenges that hinder the sector's further development. This paper undertakes a systematic review of the evolution of China's road transportation legal system, dissects the predicaments and challenges faced by current legal construction efforts, and tentatively proposes a series of improvement strategies. The aim is to accelerate the legalization process of China's road transportation and establish a solid foundation for the sustainable and healthy development of the

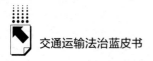

transport industry. The report begins with a macroscopic overview of the development trajectory and future trends of China's road transportation legal system. It then analyzes existing issues within legal construction, including the incompleteness of the legal and regulatory framework, non-standardization in law enforcement practices, and inefficiencies in regulatory mechanisms. Building upon this analysis, the paper further presents targeted solutions encompassing multiple dimensions, from refining the legal and regulatory system, enhancing interdepartmental collaborative supervision strengthening standardized law enforcement, improving the level of information-based and intelligent supervision, and reinforcing legal awareness training for professionals, to enhancing regulatory efficiency. Through a comprehensive examination of the development of China's road transportation legal system, this paper uncovers deficiencies in the existing legal framework and offers a set of practical improvement suggestions, contributing invaluable intellectual support and practical guidance to expediting the legalization of China's road transportation and ensuring the sector's long-term sustainable development.

Keywords: Road Transportation; Construction of the Rule of Law; Standardization in Law Enforcement; Intelligent Supervision

B.4 Practice of the Development of the Waterway Transportation Rule of Law in China (2022–2024)

Huang Chicheng, Yu Miao and Liang Yanping / 077

Abstract: Waterway transportation rule of law is the cornerstone to ensure the healthy development of the waterway transportation industry and provides core guarantee in the construction and development of the national "Belt and Road Initiative" and "maritime power". However, under the background of the continuous growth of foreign trade and the prevalence of green logistics, the waterway transportation industry is facing many challenges brought by changes in

.

the market environment and technological updates, which will inevitably affect the introduction and revision of relevant legislation on waterway transportation in China, judicial application and law enforcement supervision. Based on this, this report first summarizes the revision process and normative changes of waterway transportation laws and regulations, analyzes the current situation of judicial application through typical cases and extracts and summarizes the latest legal policy content. Then, it summarizes the problems of lack of legal systems in the aspects of legislation, judicature and law enforcement of waterway transportation. Looking forward to the future, we should strengthen top-level design legislation and pay attention to special legislation in emerging fields; include inland shipping in the scope of application of the rules of the Maritime Code to enhance the operability of the rules; improve the law enforcement mechanism, strictly implement the supervision system and implement information-based law enforcement reform; pay attention to policy orientation and gradually lead the transformation and upgrading of waterway transportation rule of law.

Keywords: Waterway Transportation Rule of Law; Waterway Special Legislation; Waterway Cargo Transportation; Transportation Law Enforcement Mechanism

B.5 Globalization Process and Domestic Practice of the Maritime Transportation Rule of Law in China (2022−2024)

Lyu Ningning, Liang Yingying, Liu Qianrui / 104

Abstract: After the establishment of the People's Republic of China, especially since the reform and opening up, China has made great achievements in the rule of law in maritime transportation. However, with profound changes in the international and domestic legal environment, as well as the structure of the shipping industry, the current legal system constructed by the Maritime Law has fallen behind in many aspects and cannot effectively adapt to the needs of shipping and trade development.

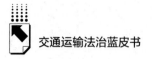

Therefore, a comprehensive revision is urgently needed. On the legislative front, China continues to revise relevant laws and regulations, such as the Marine Environmental Protection Law of the People's Republic of China (2023), the Port Law of the People's Republic of China, and the International Maritime Regulations of the People's Republic of China (2023), etc. , to meet the legislative needs of shipping in the new situation and promote the modernization of the national governance system and governance capacity. On the judicial front, combined with the development of maritime justice in practice, we should give full play to the important role of judicial interpretations and typical cases in maritime court trials, adjust the functions of China's maritime justice, and deepen the case guidance system. On the law enforcement front, China's maritime legislation and related policy documents are accelerating the formulation and improvement, laying a foundation for maritime law enforcement activities to be based on laws and regulations.

Keywords: Maritime Transportation; Maritime Legislation; Maritime Jurisdiction; Maritime Law Enforcement

B.6 Aviation Transportation Rule of Law Practice and Normative

Innovation in China   *Lu Keying, Fan Zhiyong* / 121

Abstract: In the past three years, under the guidance of Xi Jinping Thought on Socialism with Chinese Characteristics for a New Era, the civil aviation transportation industry has achieved positive progress and results in the construction of the rule of law. In terms of legislation, focusing on the "14th Five-Year" Civil Aviation Legislation Special Plan, the CAAC has strengthened the construction of key laws and regulations in the three areas of basic system, safety and development, and promoted the implementation of major legislative projects, so as to systematically push forward the rule of law construction work. In the area of law enforcement, we will continue to deepen the reform of "release management and service", improve the system and mechanism of administrative law enforcement, optimize the ways and means of administrative law enforcement, and comprehensively enhance the efficiency and quality of administrative law enforcement, so as to promote the construction of a government based on the rule of law and accelerate the optimization of the business environment. On the judicial front, we will give full play to the role of legal interpretation and coordinate the application of domestic and foreign laws.

Keywords: Civil Aviation; Legislation in Emerging Areas; Law-Based Government; Foreign-Related Rule of Law

B.7 Practices, Reflections, and Prospects of the Development of the Modern Logistics Transportation Rule of Law in China

Yu Xiaodie, Zhao Hongying and Wang Yuxuan / 168

Abstract: The logistics industry plays a pivotal role in the modern industrial system, serving as a vital conduit for national economic advancement, a crucial force in the economic cycle, and an important guarantee to the development of a robust and efficient industrial framework. Presently, the development of China's logistics industry is hindered by several factors, including high logistics costs, an absence of uniform regulatory standards, substandard service quality, high transaction costs, and other challenges. A notable advancement had been observed in the professionalization of these logistics-related laws and regulations in recent years. The system, however, remained challenges including regional limitations, inconsistent standards, and intricate management. In particular, with the advent of the digital age, the logistics industry is facing the urgent need for digital, intelligent, and green transformations. This has led to a greater demand for a well-developed legal framework and a more robust institutional structure. In this regard, the establishment of unified rules with the aim of coordinating the standards among different sectors and regions, improving the judicial rule system for disputes related to logistics, clarifying the supervisory responsibilities of different sectors, and strengthening the guiding role of the laws would lead to the promotion of efficient

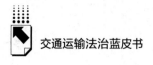
operations in modern logistics and the stimulation of high-quality economic development.

Keywords: Modern Logistics; Logistics Law; Rule of Law in Logistics and Transportation; Coordinated regulation

III Special Reports

B.8 Legal Issues and Suggestions in the Development of Regional
Transport Integration in China

Wang Yijue, Gao Ge and Li Jia / 207

Abstract: The construction of regional transportation integration, as a key means to promote economic development integration, holds significant strategic importance for the comprehensive construction of a modern socialist country. Currently, China's regional transportation integration is facing issues such as imperfect supporting legal systems, lack of comprehensive transportation management institutions, varying levels of regional economic development, poor connectivity within the transportation system, and insufficient degree of social openness. To achieve the overall optimization and coordinated development of the regional transportation system, it is necessary to strengthen legal construction to clarify the legal effectiveness of regional cooperation agreements, coordinate regional administrative management to unify the exercise of administrative functions, balance fiscal input and return distribution among regions in the integration process, optimize regional transportation layout, and build an integrated transportation system, thereby promoting government and market cooperation in regional transportation integration.

Keywords: Regional Transportation Integration; Regional Cooperation Agreement; Administrative Management; Public-Private Partnership

Contents ↰

B.9 Practices, Challenges, and Prospects of the Development of Multi-Modal Transport Rule of Law in China

Wang Wei, Zhang Cuiyi / 235

Abstract: Multi-modal transport refers to a transport process that is completed by at least two modes of transport. China has made great efforts to develop multi-modal transport in the course of implementing the 'Belt and Road', with a view to integrating transport resources, achieving 'carbon neutrality' and stimulating economic growth. The development of multi-modal transport in China still requires the construction of the rule of law, and there are insufficient regulations on issues such as multi-modal transport documents, the liability of multi-modal transport operators and the statute of limitations for multi-modal transport contracts. In the future, China needs to clarify the legal application of multi-modal transport contracts, realize the 'one single document' and the application of electronic documents, explore the function of real right of multi-modal transport documents, and actively participate in the formulation of relevant international rules.

Keywords: Multi-Modal Transport in China; Multi-Modal Transport Contract; Article 105 of the Maritime Law; Single Document System; Multi-Modal Transport Document

B.10 Space Transport's International Rule of Law Process and China's Approachs

Yan Yongliang, Yang Weiwen / 251

Abstract: Space transportation is a new field of transportation and a new branch of international transportation. China and the United States have launched plans to build giant microsatellite constellations, while the European Union, Japan, Russia, and some other countries have their microsatellite constellation plans.

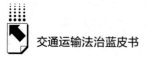

Establishing a constellation of small satellites will occupy many orbit and radio spectrum resources, challenging the principle of fair use as enshrined in the International Telecommunication Union Constitution. Once a large number of small satellites enter low Earth orbit, they will pose a huge challenge to the safety of space traffic control in low Earth orbit. In the context of the commercialization of outer space, the current dispute mediation mechanism, which mainly relies on political and diplomatic means, cannot efficiently resolve disputes between public and private entities over damage caused by small satellites. The current international law can only provide some principled rules for space traffic management of small satellite constellations, but these regulations are relatively broad and scattered, lacking a systematic approach. Although soft law rules can provide some direct guidelines, they are voluntary and lack enforceability, with limited effectiveness. Based on the relevant legislative practices of relevant countries and organizations, this report suggests that the international community should establish a coordination mechanism for the allocation of orbit and radio spectrum resources of microsatellite constellations, a mechanism for the establishment and information sharing of microsatellite orbit parameters and radio spectrum databases, a mechanism for microsatellite technical standards, a mechanism for coordinating and avoiding collisions during the space operation phase of microsatellite constellations, a mechanism for the recovery and handling of microsatellite end of use cycles, and a mechanism for resolving disputes over compensation for damages. Under the current situation, this report suggests that China not only needs to improve its domestic legal mechanism to ensure the safe operation of its microsatellite constellation but also actively participates in the negotiation and formulation of international rules for space traffic management.

Keywords: Microsatellite Constellation; Space Traffic Management; Legal Basis; International Rules

B . 11   Current Status, Dilemmas, and Suggestions for the

Development of the Ride-Hailing Platforms Rule

of Law in China   *Wang Yichun* / 282

Abstract: Currently, the legal regulation of ride-hailing platforms faces significant challenges, including the lack of high-level legislation and inconsistencies among local regulations. The existing administrative regulatory model for ride-hailing platforms prioritizes pre-entry regulation while neglecting process and post-event oversight. In the future, a hybrid regulatory approach involving multi-stakeholder collaboration could be adopted. This would include industry self-discipline and social oversight to impose multifaceted constraints on platforms. Regarding the liability of ride-hailing platforms in traffic accidents, their legal status varies depending on the operational model. Future legislation should provide more specific provisions on the legal relationship between ride-hailing platforms and drivers to clarify the forms and scope of tort liability for each party under different legal relationships in the event of a traffic accident. In light of the frequent issues arising from gaps in the current insurance offerings for ride-hailing vehicles, insurance companies should be encouraged to develop specialized insurance products tailored to the industry. Incorporating mandatory ride-hailing insurance into the industry entry requirements would ensure that all operators meet the obligation of compulsory insurance coverage. Ride-hailing aggregator platforms should hold a legal status independent of standard ride-hailing platforms. Therefore, legislation should establish differentiated regulations on the statutory obligations and liabilities of aggregator platforms as compared to ride-hailing platforms.

Keywords: Ride-Hailing Platform; Unified Legislation; Legal Regulation; Liability; Ride-Hailing Aggregator Platform

社会科学文献出版社

皮书

智库成果出版与传播平台

✣ 皮书定义 ✣

皮书是对中国与世界发展状况和热点问题进行年度监测，以专业的角度、专家的视野和实证研究方法，针对某一领域或区域现状与发展态势展开分析和预测，具备前沿性、原创性、实证性、连续性、时效性等特点的公开出版物，由一系列权威研究报告组成。

✣ 皮书作者 ✣

皮书系列报告作者以国内外一流研究机构、知名高校等重点智库的研究人员为主，多为相关领域一流专家学者，他们的观点代表了当下学界对中国与世界的现实和未来最高水平的解读与分析。

✣ 皮书荣誉 ✣

皮书作为中国社会科学院基础理论研究与应用对策研究融合发展的代表性成果，不仅是哲学社会科学工作者服务中国特色社会主义现代化建设的重要成果，更是助力中国特色新型智库建设、构建中国特色哲学社会科学"三大体系"的重要平台。皮书系列先后被列入"十二五""十三五""十四五"时期国家重点出版物出版专项规划项目；自2013年起，重点皮书被列入中国社会科学院国家哲学社会科学创新工程项目。

权威报告·连续出版·独家资源

皮书数据库
ANNUAL REPORT(YEARBOOK)
DATABASE

分析解读当下中国发展变迁的高端智库平台

所获荣誉

- 2022年，入选技术赋能"新闻+"推荐案例
- 2020年，入选全国新闻出版深度融合发展创新案例
- 2019年，入选国家新闻出版署数字出版精品遴选推荐计划
- 2016年，入选"十三五"国家重点电子出版物出版规划骨干工程
- 2013年，荣获"中国出版政府奖·网络出版物奖"提名奖

皮书数据库

"社科数托邦"
微信公众号

成为用户

　　登录网址www.pishu.com.cn访问皮书数据库网站或下载皮书数据库APP，通过手机号码验证或邮箱验证即可成为皮书数据库用户。

用户福利

- 已注册用户购书后可免费获赠100元皮书数据库充值卡。刮开充值卡涂层获取充值密码，登录并进入"会员中心"—"在线充值"—"充值卡充值"，充值成功即可购买和查看数据库内容。
- 用户福利最终解释权归社会科学文献出版社所有。

数据库服务热线：010-59367265
数据库服务QQ：2475522410
数据库服务邮箱：database@ssap.cn
图书销售热线：010-59367070/7028
图书服务QQ：1265056568
图书服务邮箱：duzhe@ssap.cn

社会科学文献出版社　皮书系列
SOCIAL SCIENCES ACADEMIC PRESS (CHINA)
卡号：656195594616
密码：

S 基本子库
UB DATABASE

中国社会发展数据库（下设 12 个专题子库）

紧扣人口、政治、外交、法律、教育、医疗卫生、资源环境等 12 个社会发展领域的前沿和热点，全面整合专业著作、智库报告、学术资讯、调研数据等类型资源，帮助用户追踪中国社会发展动态、研究社会发展战略与政策、了解社会热点问题、分析社会发展趋势。

中国经济发展数据库（下设 12 专题子库）

内容涵盖宏观经济、产业经济、工业经济、农业经济、财政金融、房地产经济、城市经济、商业贸易等 12 个重点经济领域，为把握经济运行态势、洞察经济发展规律、研判经济发展趋势、进行经济调控决策提供参考和依据。

中国行业发展数据库（下设 17 个专题子库）

以中国国民经济行业分类为依据，覆盖金融业、旅游业、交通运输业、能源矿产业、制造业等 100 多个行业，跟踪分析国民经济相关行业市场运行状况和政策导向，汇集行业发展前沿资讯，为投资、从业及各种经济决策提供理论支撑和实践指导。

中国区域发展数据库（下设 4 个专题子库）

对中国特定区域内的经济、社会、文化等领域现状与发展情况进行深度分析和预测，涉及省级行政区、城市群、城市、农村等不同维度，研究层级至县及县以下行政区，为学者研究地方经济社会宏观态势、经验模式、发展案例提供支撑，为地方政府决策提供参考。

中国文化传媒数据库（下设 18 个专题子库）

内容覆盖文化产业、新闻传播、电影娱乐、文学艺术、群众文化、图书情报等 18 个重点研究领域，聚焦文化传媒领域发展前沿、热点话题、行业实践，服务用户的教学科研、文化投资、企业规划等需要。

世界经济与国际关系数据库（下设 6 个专题子库）

整合世界经济、国际政治、世界文化与科技、全球性问题、国际组织与国际法、区域研究 6 大领域研究成果，对世界经济形势、国际形势进行连续性深度分析，对年度热点问题进行专题解读，为研判全球发展趋势提供事实和数据支持。

法律声明